"明经学堂·新闻传播理论前沿系列教材"编委会

编委会主任

张红军

编委会委员（按姓氏笔画排序）

王辰瑶　朱丽丽　刘　源　李晓愚　郑丽勇　胡翼青　潘祥辉

明经学堂
新闻传播理论前沿系列教材

本书为南京大学研究生"三个一百"优质课程建设项目成果

◀◀◀ 媒介史

MEDIA HISTORY

王蕾 ◎ 主编

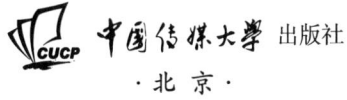
中国传媒大学 出版社
·北京·

总　序

　　历经多年的努力,"明经学堂·新闻传播理论前沿系列教材"陆续出版了。这一系列教材立足于新文科建设背景,秉持南京大学新闻传播学院"明理求真、经世致用"的办学理念,对数字时代新闻传播教育发展进行原创性探索,旨在为我国新闻传播学自主知识体系的构建贡献力量。

　　随着全球新闻传播领域发生深刻变革,新技术、新理念、新格局层出不穷。构建我国特色的新闻传播学自主知识体系,既是应对时代挑战的必然要求,又是服务国家发展战略的重要使命。经过多年的学科建设与发展,我国新闻学领域立足于我国深厚的文化底蕴和实践基础,将马克思主义新闻观与中国特色社会主义制度相结合,基本构建起富有中国特色的新闻理论体系。然而,在数字技术的冲击下,新闻创新发展仍有很长的路要走。与此同时,我国传播学领域处在西方传播学思想引入与本土化传播学思想形成的交融阶段,西方传播思想史与中国传统文化传播并行不悖,政治传播、经济传播、文化传播,以及健康传播与计算传播等新兴交叉研究方兴未艾。在这一时期,编纂高等教育理论教材成为推动我国新闻传播学自主知识体系不断完善的关键任务。

　　南京大学新闻传播学院发端于1936年金陵大学孙明经先生创立的"电影与播音专修科",这是中国最早的电影广播教育单位,也是中国影音传播高等教育的起点。2022年,为纪念孙明经先生诞辰111周年,南京大学新闻传播学院专门召开孙明经影音教育思想论坛。在论坛上,学者们不仅高度赞扬了孙明经先生以家国情怀投身高等教育,以"筚路蓝缕,以启山林"的精神,培养了一大批我国影音传播事业的中坚力量,创作了大量珍贵的早期影音作品,而且追溯了孙明经先生早期电影媒介研究。与会的韩丛耀教授由衷感叹:同为1911年生人,麦克卢汉的媒介技术思想举世闻名,而孙明经先生的电影媒介观却因为缺乏继承与发展被遗忘在历史的角落。由此可见,早期对当代新闻传播理念的重视与梳理不足,在很大程度上造成了当前新闻传播学理论大量从西方传入而本土化创造不足的现状。此次南京大学新闻传播学院齐心协力，编纂一系列教材并命名为"明经学堂"，旨在缅怀孙明经先生，传承其开山创业之精神，同时为我国自主知识体系的构建与发展作出贡献。

此次"明经学堂·新闻传播理论前沿系列教材"的编著主要由南京大学新闻传播学院的中青年骨干教师担纲。近些年，随着新闻传播学学科发展，一批中青年骨干教师在资深教师的传帮带下，逐渐崭露头角，独当一面。他们具有扎实的新闻传播学功底，接受过严谨的社会科学方法训练，拥有跨学科的知识体系，在长期教学工作中积累了一批专业性、系统性和时效性强的前沿课程讲义。在学院的统筹规划下，经过多轮精细雕琢和修改，这些讲义终于被打磨成涵盖新闻传播基础史论与新兴分支研究的系列教材。这套教材不仅体现了对西方新闻传播学的批判性继承，也展现了我国新闻传播研究独特视角和原创性贡献。

这一系列教材的陆续出版，彰显了南京大学新闻传播学院作为双一流学科在人才培养方面的百尺竿头、踔厉奋发。我对此感到由衷的欣喜，并深深感谢"明经学堂"系列教材的每一位作者，感谢精心筹划的编委会成员，感谢中国传媒大学出版社专业敬业的编辑老师们。期望这套"明经学堂"系列教材能够为中国新闻传播学教育发展与卓越新闻人才培养更上一层楼而添砖加瓦。

是为序。

张红军

2024 年 1 月 8 日

序

"历史研究"是当下国内外学术界的研究热点领域。西方历史哲学家贝内德托·克罗齐(Benedetto Croce)指出:"一切历史都是当代史。"[①]"历史的当代性"是支配他写作《历史学的理论和历史》的重要命题。他引入编年史的概念进行对比:编年史与(真)历史是两种不同的精神态度。历史是当前的历史,编年史是过去的历史;历史主要是一种思想活动,编年史主要是一种意志活动。英国著名历史哲学家R.G. 柯林武德(Robin George Collingwood)认为:"一切历史都是思想史。"[②]即,历史的叙事、评判与信念,离不开思想的主观判断。历史的因因果果,是非定论,无一不是思想纵横驰骋的结果。

从历史哲学的角度去理解,"当代"并不仅仅是一个时间概念,而更多地是一个思想概念。"当代"是对历史做出叙述时所出现的一种思考状态。这种思考无疑是思想的现实化和历史化。因此,所谓"当代",是指历史构成了我们当前精神生活的一部分。历史是精神活动,而精神活动是当下的、鲜活的,而不是已死去的过去。现在之所以成为现在,是由于过去种种事件而造成的,没有过去,也就没有现在、没有当下。一切历史归根结底都是一种历史认识,即对历史事实的重建、重构或重组。一切传承都站在过去与未来的连接点上,而这个点就是我们所栖身的当代。只有立足当代谈历史,我们才能把握历史的生命脉搏。[③]历史跟当代、当下息息相关,不可剥离。

媒介史是新闻传播学科的专业基础课,如果不了解媒介发展变迁的历史过程和基本规律,媒介的从业者、研究者、学习者就会像失忆一般,对媒介的现实无法理解和

[①] 克罗齐. 历史学的理论和历史(修订版)[M]. 田时纲,译. 北京:中国社会科学出版社,2018:译序8.
[②] 柯林武德. 历史的观念(增补版)[M]. 何兆武,张文杰,陈新,译. 北京:北京大学出版社,2010:115.
[③] 李彬. 全球新闻传播史(公元1500-2000年)[M]. 北京:清华大学出版社,2005:11.

把握，对媒介的未来也无从预测和判断。① 只有从当代性的角度切入，才能把握媒介史的真谛。"当代性"，而非"历史性"，才是媒介史的根本所在。媒介的发展和变迁，以各种或隐或显的形态，融汇于人类社会发展的方方面面，从而成为联结过去、现在和未来的鲜活记忆。

本书正是立足当代视角去回望媒介变迁史，力图在宏观视野下对媒介的历史进行观察，梳理人类传播历史上重要媒介的发展沿革及其特点，探索媒介演变、媒介技术与人类社会发展的关系，引介关于媒介和传播的相关理论研究及思想，探寻媒介发展的历史规律，评述不同媒介对人们的思维模式和对人类社会的深刻影响。引领读者从技术与社会、媒介与人的关系层面进行思考，思考当下，展望未来，力求在历史哲学的层面上深入探索媒介变迁与人类社会发展中的深层命题。在这一点上，笔者非常认同并沿袭媒介环境学派的理论思想。

孕育于20世纪初、崛起于20世纪60年代的媒介环境学派，从芝加哥学派吸收精神养料，历经三代学者的不懈努力，如今已成为西方传播学研究领域颇有影响的理论学派，成为与西方传播学经验学派和批判学派比肩而立的第三大传播学学派。媒介环境学派有一套清晰的理论主张和研究方法，其所关注的重点是技术进步和媒介对人及社会的影响，侧重研究媒介技术、文化、传播和社会的互动关系，强调媒介对人的感知系统、社会组织和文化结构的潜在影响和冲击，从而确立了自身不同于经验学派和批判学派的学术研究路径和学术思维方式，开创了一个独特的传播学研究范式。

媒介环境学派继承了以帕克为代表的芝加哥学派早期传播研究成果：泛媒介观和"媒介即环境"的观点。该学派从生态学的视角去理解媒介和文化，如其范式内容的核心主题之一：媒介对文化的影响表现在形式上和环境上，而人们的思维方式和社会组织则是由业已内化的主导性的传播模式塑造的。② 在某种程度上，人们并非置身于他们使用的媒介之外；相反，他们置身于媒介之中。在这个层次上，媒介环境学者把媒介当作符号环境、感知环境和社会环境来研究。从思维层面看，每一种传播媒介都可以被看作一种符号环境，人们的思维通过识别、感知和理解这种符号环境得到形塑，从而在头脑中构建出关于世界的认知和理念。因此，更宽泛地说，媒介环境学者研究的是媒介与意识的关系，或者说媒介与思维过程的关系。

开创美国社会学领域的"芝加哥学派"，不仅创建了美国本土第一个社会学系（芝加哥大学社会学系）、第一家社会学研究协会，创办了第一本社会学学术期刊——《社会学研究杂志》，而且对后来的传播学理论研究影响深远。以罗伯特·帕克（Robert Park）为首的芝加哥学派在对传播研究的关注中表现出对技术促进社会进步的乐观态度，他们认为，传播远远超出单纯的信息传递和交流，传播创造和维持社

---

① 崔林. 媒介史[M]. 北京：中国传媒大学出版社，2017：序1.
② 林文刚. 媒介环境学：思想沿革与多维视野[M]. 何道宽，译. 北京：北京大学出版社，2007：10.

会，是人类关系的本质。①他们认为，对人的本质，尤其是现代社会中人的本质的认知，是通过对传播的研究得来的，传播是人性形成的关键因素。帕克之所以被认为是媒介环境学派思想史中的先驱人物，主要在于他对传播技术之社会影响的深刻且具有开拓性的认识。芝加哥学派关于传播技术的观点经过伊尼斯、麦克卢汉等学者的发展，最终建构了传播的技术主义范式。②

受芝加哥学派影响，媒介环境学派的第三代代表人物保罗·莱文森（Paul Levinson）对媒介技术发展、媒介技术对于社会的促进与人类价值观的建构秉持乐观主义的态度。他认为，我们就是媒介种类的环境，与物竞天择的生物进化不同的是，媒介的进化不是自然选择，在媒介演变过程中，主动进行选择的是人类。为了阐释媒介的这种进化规律，莱文森创造了"人性化趋势"这一概念，他试图阐明：媒介是朝着增加人类功能的方向进化和发展的。③莱文森对数字媒介时代的传播过程中人的主观能动性给予充分的肯定，他认为，在电子媒介传播中，人拥有了更多的自主权和选择权，能更积极主动地驾驭媒介。从进化论的视角，他进一步指出，媒介的演变是人类的需求和理性的选择，人决定媒介的演变④，"人性化趋势"是媒介发展的最终方向。

正如何道宽所言，媒介环境学有其显著特点：第一，具有深厚的历史视野，关注技术、环境、媒介、知识、传播、文明的演进，跨度大；第二，主张泛技术论、泛环境论、泛媒介论，关注重点是媒介而不是狭隘的媒体；第三，重视媒介长效而深层的社会、文化和心理影响；第四，怀有深切的人文关怀和现实关怀。⑤

由此，一众媒介环境学者以他们的集体智慧和力量，为我们揭开了一个充满生机的世界，这是文化、技术和传播相互关系的生动景观。至关重要的是，这幅景观展现了我们在现代技术社会里的地位。

可见，媒介环境学关注的是宏观的媒介环境，它不仅是一种社会思想学说，也是一种实践哲学和人文主义思潮。媒介环境学有助于我们拓宽历史、哲学和人文研究的视域。

本书尝试突破新闻传播史类书籍常用的编年史写法，秉承媒介环境学派的思想理论，在梳理每一种媒介发展史时，努力探索并思考技术进步、传播媒介对人和社会发展的深刻影响。全书以宏观的视野，通过对"口语传播与书面文化""报刊""电报""电话""广播""电视""电影""网络媒介""手机与移动互联网"等各类媒介史的梳理和探讨，从纵深层面挖掘媒介发展变迁的历史，剖析每一次新旧媒介的交锋所

---

① 罗杰斯.传播学史：一种传记式的方法[M].殷晓蓉，译.上海：上海译文出版社，2012：198.
② 胡翼青.试论社会学芝加哥学派与传播学技术主义范式的建构[J].国际新闻界，2006（8）：49-53.
③ 莱文森.人类历程回放：媒介进化论[M].邬建中，译.重庆：西南师范大学出版社，2017：序2.
④ 莱文森.手机：挡不住的呼唤[M].何道宽，译.北京：中国人民大学出版社，2004：12.
⑤ 林文刚.媒介环境学：思想沿革与多维视野[M].何道宽，译.北京：北京大学出版社，2007：总序2.

带给人类社会的冲击和改变，探索媒介演变背后呈现的人类社交本能、人类思维的发展脉络，以及推动媒介演变的社会因素和深层逻辑，力图在历史的视角下呈现媒介变迁、技术发展与人类文明的关联，引导读者深入思考。

王 蕾

2023 年 1 月 12 日

扫码获取更多数字资源

目 录

绪 论 / 1
  第一节　关于媒介 / 1
  第二节　媒介的历史及其演变 / 4
  第三节　媒介技术对人、社会、文化的影响 / 8

第一章　口语传播史与书面文化史 / 16
  第一节　口语传播 / 16
  第二节　文字的诞生 / 22
  第三节　书面文化 / 30

第二章　报刊史 / 39
  第一节　早期报刊的产生 / 40
  第二节　报刊事业的发展 / 45
  第三节　报刊的功能与影响 / 61

第三章　电报史 / 70
  第一节　电报的产生与发展 / 71
  第二节　电报对传播体系和新闻行业的影响 / 81
  第三节　电报对人类社会的影响 / 88

第四章　电话史 / 94
  第一节　电话的发明与发展 / 95
  第二节　电话对传播体系和新闻行业的影响 / 101
  第三节　电话对人类社会的影响 / 104

第五章　广播史　/ 115

第一节　广播的诞生：技术发展与社交传播　/ 115

第二节　广播的发展：黄金时代下的大众传播　/ 118

第三节　中外广播事业的发展　/ 127

第四节　竞争中求变的广播　/ 135

第六章　电视史　/ 144

第一节　电视的诞生与技术发展　/ 144

第二节　电视的传播特性与社会功能　/ 149

第三节　西方电视事业的发展　/ 153

第四节　中国电视事业的发展　/ 158

第五节　中国电视节目　/ 164

第六节　西方电视传播研究　/ 170

第七章　电影史　/ 175

第一节　电影技术发展史　/ 175

第二节　电影产业发展史　/ 182

第三节　电影媒介的社会功能　/ 192

第四节　电影与其他媒介的互动　/ 201

第八章　网络媒介史　/ 206

第一节　互联网的诞生与发展　/ 206

第二节　互联网在中国的发展历程　/ 216

第三节　网络媒介的类型与特征　/ 224

第四节　网络媒介的社会影响　/ 228

第五节　互联网媒介的理论影响　/ 234

第九章　手机与移动互联网史　/ 243

第一节　移动创造未来　/ 243

第二节　4G前夜：手机影响社会　/ 251

第三节　移动互联网的纵深发展　/ 258

第四节　移动互联网时代理论的新发展　/ 263

参考文献　/ 270

后　记　/ 284

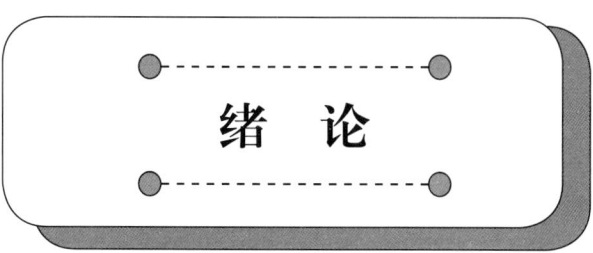

绪 论

本章要点

1. 媒介的定义、内涵与外延。
2. 媒介的历史分期。
3. 媒介演变的"人性化趋势"理论、"补救性媒介"理论。
4. 媒介技术的偏向性。
5. 媒介环境学派的媒介技术观嬗变。

第一节 关于媒介

一、媒介的定义

什么是媒介？约翰·费斯克（John Fiske）在其编撰的《关键概念：传播与文化研究辞典》中对媒介进行了定义：媒介是一种能使传播活动得以发生的中介性公共机构（agency）。具体来说，媒介就是拓展传播渠道、扩大传播范围、提高传播速度的一项科技发展。广义上讲，说话、写作、姿势、表情、服饰、表演与舞蹈等，都可以被视为传播的媒介。如今它越来越被定义为技术性媒介，特别是大众媒介。有时它用来指传播方式，但更常用于指使这些方式成为现实的技术形式（比如收音机、电视机、报纸、书籍、照片、影片与唱片）。①

早期的传播研究限于内容，将媒介看作介于传播者和受传者之间用以承传、延伸、扩大特定信息的物质实体。媒介作为信息传播的载体、渠道、中介物、工具、技术手段，居于传播者和受传者之间，使传受双方通过其交流信息、建立联系。从黏土、莎草纸，到马歇尔·麦克卢汉（Marshall McLuhan）的"电、光、马匹"，再到

---

① 费斯克，等.关键概念：传播与文化研究辞典（第二版）[M].李彬，译.北京：新华出版社，2004：161-162.

传统的报纸、广播、电视等大众传播媒介，很多时候媒介被认为是"透明容器"和中立渠道。

媒介环境学派的研究中，媒介常用于指使信息传播成为现实的技术形式，如媒介环境学的奠基人哈罗德·亚当斯·伊尼斯（Harold Adams Innis）的媒介研究，回溯到实际的书写工具。他对媒介的看法继承了芝加哥学派对媒介的理解，坚持一种泛媒介观念，认为媒介所包含的对象十分广泛，如写字的泥板、灯芯草笔、莎草纸、羊皮纸等物质载体是媒介；象形文字、楔形文字、字母表等也可以被视为媒介。① 麦克卢汉率先提出了"媒介是人的延伸"，他通过对 26 种媒介的详细分析，提出每一种媒介都是人的延伸，如衣服和住宅是人的皮肤的延伸，轮子、飞机是人的腿脚的延伸等。② 约书亚·梅罗维茨（Joshua Meyrowitz）对"传播媒介"进行了定义："传播媒介这个术语，指除了直接的面对面传播模式外，信息在人中间传播的所有渠道和手段……书信、电报、电话和收音机都是媒介的实例；语言和非语言行为则不是。媒介同时是许多东西：技术、文化制品、个人财产、存储和检索文化内容与载体，以及政治和经济工具。"③ 莱文森这样对媒介进行界定：任何用以交流的人造工具均可称为媒介，在媒介进化论研究中，此术语与"技术性传播"可交替使用。④

二、媒介的内涵与外延

由以上诸位学者对媒介的定义，可以看出："泛媒介观"成为媒介研究的一种趋势；"技术性媒介""技术性传播"也成为传播研究的热点。"万物皆媒"的概念将媒介视为某种形式和技术构建的意义空间，透过它能够看到重组着生活世界的各种社会关系，并由此反观我们存在的意义。媒介的内涵也在后续的发展中不断向内容、文本之外的自然、技术物、虚拟物等扩张，媒介从不具有自主意义的内容载体变为能够产生影响力的技术形式。雅克·艾吕尔（Jacques Ellul）认为，只有通过技术（媒介），人才能与自然和他人建立联系，这也表明在大众传播领域，技术（媒介）作为信息载体和渠道拥有了史无前例的支配个人的威力。⑤

尼尔·波兹曼（Neil Postman）在 1968 年公开介绍并界定媒介环境学的时候指出，媒介是复杂的讯息系统，媒介环境学试图揭示其隐含的、固有的结构，揭示它们对人的感知、理解和感情的影响。⑥ 也就是说，人们并非置身于他们使用的媒介之外；相反，他们置身于媒介之中。在这个层面上，媒介环境学者把媒介当作感知环境和符号环境来研究。一方面，我们凭借视觉、听觉、嗅觉、触觉和味觉来感知我们周围的

---

① 伊尼斯.帝国与传播[M].何道宽,译.北京：中国人民大学出版社,2003：19-22.
② 麦克卢汉.理解媒介：论人的延伸[M].何道宽,译.北京：商务印书馆,2000.
③ 梅罗维茨.消失的地域：电子媒介对社会行为的影响[M].肖志军,译.北京：清华大学出版社,2002：321.
④ 莱文森.人类历程回放：媒介进化论[M].邬建中,译.重庆：西南师范大学出版社,2017：185.
⑤ 林文刚.媒介环境学：思想沿革与多维视野[M].何道宽,译.北京：北京大学出版社,2007：73-75.
⑥ 林文刚.媒介环境学：思想沿革与多维视野[M].何道宽,译.北京：北京大学出版社,2007：27.

物质世界；另一方面，我们又从媒介的符号世界内部去思考、感知、言说物质世界。

在生理—感知层面，我们可以把每一种传播媒介设想为一种感知环境。我们感知周围的世界时，或多或少调动着我们全部的感官，因此，麦克卢汉认为媒介是人（感官）的延伸。每一种媒介都体现着一种感官特征或一套感官特征组合，如阅读延伸了视觉；广播延伸了听觉；玩电子游戏延伸的是视觉、触觉和听觉的组合。我们通过媒介感知或"构建/重构"外部世界，以便我们能够理解"现实"。而我们感知到的资料，就是多种媒介（或某一媒介）按照设计特征必须去进行编码和解码的基本素材。[1] 在符号层面上，我们可以把每一种传播媒介设想为一种符号环境——由独特的代码和句法有条不紊地构成的符号环境。当掌握这些媒介的时候，我们同时融入了这种符号环境中，这个符号环境也就是媒介本身。[2]

作为媒介环境学派的集大成者，麦克卢汉认为，媒介本身是环境的一部分，它不仅反映社会现实，而且构建了一个符号环境。符号作为媒介的可感知部分，其表意都是在符号系统的运作下完成的。媒介借助符号构建起了人们感知和获取信息的世界，在人与社会之间建立符号关系。每个媒介都有其独特的符号形式，当人们使用一种媒介时，就进入了该媒介所创造的符号世界。例如，看报纸的人进入由文字和图片构建的世界；看电视的人进入画面和声音构建的世界。[3] 卡洛琳·马文（Carolyn Marvin）认为，"媒介不是固定的自然物件，是在复杂的习惯、信仰与过程中被建构出来的，并镶嵌在反复的传播文化符号中"，这进一步表明了媒介与符号的不可分割。[4] 人类栖息在媒介营造的符号环境中，使用各种媒介与外界建立联系，在没有接触真正的世界之前，媒介就已经通过符号将外界事物描述并提供给我们，使得人对世界的认知和理解是符号化的。

波兹曼在《娱乐至死》一书中进一步指出"媒介即隐喻"，媒介用一种隐蔽但有力的暗示来定义现实世界。"不管我们是通过言语，还是印刷的文字，或是电视摄影机来感受这个世界，这种媒介—隐喻的关系为我们将这个世界进行着分类、排序、构建、放大、缩小、着色，并且证明一切存在的理由。"[5] 媒介以隐晦的手段影响人们的认知，由媒介传播、呈现的内容是经过选择的，而选择的首要标准是符合某种传播媒介的传播形式或符号特征。

媒介的概念从诞生之初，其含义就十分含混且复杂。在漫长的人类发展历史上，无论从何种角度对其进行分类、定义和描述，都不足以对媒介进行全面的概括。媒介既不是简单的符号表征，又不是完全的传播渠道、内容载体或社会机构，也不是大众

---

[1] 林文刚. 媒介环境学：思想沿革与多维视野[M]. 何道宽，译. 北京：北京大学出版社，2007：27-28.
[2] 林文刚. 媒介环境学：思想沿革与多维视野[M]. 何道宽，译. 北京：北京大学出版社，2007：28.
[3] 麦克卢汉. 理解媒介：论人的延伸[M]. 何道宽，译. 北京：商务印书馆，2005.
[4] MARVIN C. When old technologies were new: thinking about electric communication in the late nineteenth century[M]. New York: Oxford University Press, 1988: 8.
[5] 波兹曼. 娱乐至死[M]. 章艳，译. 桂林：广西师范大学出版社，2011：10.

传媒组成的内容生产系统,我们需要在发展中从不同的视角切入,对媒介进行动态的剖析和运用。

第二节 媒介的历史及其演变

一、媒介的历史分期

纵观人类传播史,人类传播的发展一直呈现加速度状态。从动物传播进化到人类的语言传播大约用了 140 万年;从语言传播进入文字传播用了 9.65 万年;从文字传播到印刷传播花了大约 4,000 年;从印刷传播迈进电子传播只用了 1,200 年;从电子传播进入网络传播的时间只有 120 年;以电脑为主体的互动或网络传播至今只有 50 多年。①

对于媒介发展的历史,传播学上有两个著名的比喻:一个是施拉姆的"最后 7 分钟"比喻,另一个是托夫勒的"第 800 代人"比喻。

传播学之父威尔伯·施拉姆(Wilbur Schramm)在 20 世纪 70 年代提出了一个著名的"最后 7 分钟"比喻。②

若把人类历史的 100 万年换算成 1 天的时间,1 天 =100 万年,1 小时 =41,666.67 年,1 秒 =11.57 年。

这一天中,人类文明的进展如下:

21:33——出现原始语言。(10 万年前)

23:00——出现正式的语言。(4 万年前)

23:53——出现文字。(3500 年前)

午夜前 46 秒——古登堡发明了近代的印刷术。(1450 年)

午夜前 5 秒——电视首次公开展出。(1926 年)

午夜前 3 秒——电子计算机、晶体管、人造卫星问世。(分别为 1946 年、1947 年、1957 年)

因此,施拉姆说:"这一天的前 23 个小时,在人类传播史上几乎全部是空白,一切重大的发展都集中在这一天的最后 7 分钟。"然而,正是这最后 7 分钟,谱写了人类历史的黄金时期,而午夜前的最后 3 秒,人类翻开了迈进信息化社会的新篇章。

阿尔文·托夫勒(Alvin Toffler)提出了"第 800 代人"比喻:③

如果从人类最近的祖先智人开始算,人类的历史只有 5 万年。如果 62 年为一代

---

① 郭庆光.传播学教程[M].北京:中国人民大学出版社,2002:28-40.
② 胡正荣.传播学概论[M].北京:高等教育出版社,2017:33.
③ 胡正荣.传播学概论[M].北京:高等教育出版社,2017:33.

人,那么人类迄今有800代人。

前面整整650代人都生活在山洞中,到第730代人才开始使用文字,到第794代人才掌握了印刷术,到第798代人才发明了电动机。如今人类使用的绝大多数物品,都是第800代人创造的。

在漫长的历史长河中,人类传播经历了四次重大的媒介变革。对于媒介的历史分期,媒介环境学派有一个分析历史演变的独特方式,这在一定程度上是受到刘易斯·芒福德(Lewis Mumford)提出的技术历史分期的影响。媒介环境学根据四个重要的传播时代来构想历史:①

第一,口语时代(口语文化)——对原生口语文化里的人而言,主要的交流手段是口语和其他非文字的工具,媒介环境学关心原生口语文化里的人如何思考和构想他们周围的世界。

第二,文字时代(文字或手写文化)——书面文化的普及夺走了长者在口语社会中扮演的特权角色,在文字普及的社会里,凡是学会读书写字并有书可读的人都可以掌控信息。

第三,印刷术时代(印刷文化)——印刷技术的开发和普及是人类传播在技术上的重大改进,产生了意义深远的社会、经济、政治和文化影响。

第四,电子时代(电子传播技术主导的文化)——电子传播技术引进的是一种认识世界和感知世界的全新方式。

随着互联网时代的来临,以及移动互联网、大数据、云计算、虚拟现实技术(VR)、人工智能(AI)等新一代信息技术的风起云涌和日益完善,人类社会已然步入数字时代。在媒介环境学的媒介历史分期基础上,现在通常将媒介发展分为五个历史阶段:口语传播时代、文字传播时代、印刷传播时代、电子传播时代和网络(信息)传播时代。

二、当代媒介的"三分说"

从媒介演变的层面看,媒介发展日新月异。在《新新媒介》一书中,莱文森提出了当代媒介的"三分说"观点:旧媒介、新媒介和新新媒介。莱文森完成了理论上的突破,对学界作出了新的贡献,但莱文森并未明确界定这三种媒介,译者何道宽根据书中内容和自己的理解做了如下总结和提炼。

旧媒介(old media)指互联网诞生之前的一切媒介,它们是空间和时间定位不变的媒介,比如书籍、报刊、广播、电视、电话、电影等。书籍的知识固定在一个地方,必须主动去寻找;报刊有周期,要阅读只能等待其出版;电影、电视有其特定的播映时间,只有到时间观看。旧媒介的突出特征是自上而下的控制、专业人士的

---

① 林文刚.媒介环境学:思想沿革与多维视野[M].何道宽,译.北京:北京大学出版社,2007:32-35.

生产。

新媒介（new media）指互联网上的第一代媒介，滥觞于20世纪90年代中期。其界定性特征是：一旦上传到互联网上，人们就可以在自己方便的时间随时使用，不必屈从于媒介确定的时间表。新媒介的例子有电子邮件、亚马逊网上书店、iTunes播放器、报刊的网络版、网上留言板、聊天室等。

新新媒介（new new media）指互联网上的第二代媒介，滥觞于20世纪末，兴盛于21世纪。例子有Blogging、Wikipedia、*Second Life*、Myspace、Facebook、Podcast、Digg、Twitter、YouTube等媒介。① 其界定性特征和原理是：其消费者都是生产者；其生产者多半是非专业人士；个人能选择适合自己才能和兴趣的新新媒介去表达；新新媒介一般免费，付钱不是必需的；新新媒介之间的关系既互相竞争，又互相促进；新新媒介的服务功能胜过搜索引擎和电子邮件；新新媒介没有自上而下的控制；新新媒介使人人成为出版人、制作人和促销人。

三、媒介演变的"人性化趋势"理论

在人类传播史上，媒介的更新迭代如此之快，那么，推动媒介演变的动因是什么？媒介进化的内在规律和趋势又是什么样的？对此，莱文森于1979年在其博士论文中提出了媒介演变的"人性化趋势"（anthropotropic）理论，认为媒介是朝着增加人类功能的方向进化和发展的。技术发展的趋势是越来越像人，技术在模仿、复制人体的感知模式和认知模式。回顾历史，我们确实可以发现，技术媒介越来越多地复制真实世界这一倾向，虽然来势汹汹，但其发展历史却已很长了。②

莱文森由查尔斯·罗伯特·达尔文（Charles Robert Darwin）的自然进化论得到灵感，提出媒介进化的"人性化趋势"理论。事实上，媒介正以与生物世界物竞天择同样的方式竞争生存，不同的是，对媒介进行选择的"环境"是人类对那些能够还原人类交流模式的媒介的偏好。

在这个理论体系中，莱文森创建了技术媒介发展进程"三阶段模型"③。A阶段，所有传播都是非技术性的或面对面的，真实世界的元素，如色彩、动作，都被呈现出来。跨时空传播能力的生物局限也被呈现出来。B阶段，早期的技术被发明出来，用以克服跨时空传播中的生物局限。这些早期技术以牺牲真实世界环境中色彩或动作等元素为代价。C阶段，先进技术试图重获早期技术丢失的、面对面传播中的元素，并同时保持对时空的延伸。因此，C阶段不断发展的先进技术将B阶段的延伸功能与A阶段的现实功能结合起来，使我们既拥有延伸时空的优势，又享有与现实世界无限接近的真实感。

---

① 莱文森.软利器：信息革命的自然历史与未来[M].何道宽，译.上海：复旦大学出版社，2011：前言4.
② 莱文森.人类历程回放：媒介进化论[M].邬建中，译.重庆：西南师范大学出版社，2017：5.
③ 莱文森.人类历程回放：媒介进化论[M].邬建中，译.重庆：西南师范大学出版社，2017：6.

也就是说，随着技术媒介的发展，它们倾向于更多地复制真实世界中前技术的或人性化的传播环境。即使没有时空的生物限制，媒介也正在朝着越来越多地再现面对面的或是人性化的传播环境这一方向发展。如果用香农—韦弗传播模式（Shannon-Weaver Model of Communication）中的编码解码术语来说，媒介的"人性化趋势"进化可以被描述为一场媒介运动：从"最小化的编码和最大化的解码"向"最大化的编码和最小化的解码"靠近。也就是说，随着媒介变得越来越先进，它们所传递的信息需要感知者进行越来越少的解码（相应地，则需要制作者进行越来越多的编码）。①

莱文森同时提出"补救性媒介"（remedial media）理论，用以说明人在媒介演变中进行的理性选择。他认为，任何一种后继的媒介，都是一种补救措施，是对前媒介功能的补救和补偿，人类媒介的演变必然越来越人性化。②这再次体现了他乐观的技术学派思想。

莱文森在充分研究并吸收许多先驱理论家的思想资源基础之上，通过探究不同学科前辈理论家研究成果的进步和局限，并回溯与分析媒介的过去、现在以及可能的将来，借助这两种途径来试图证明"媒介在朝着高度复制前技术时代传播环境或人性化的传播环境进化"。他指出，麦克卢汉虽然也注意到口语、印刷和电子技术的三部曲，但没有将其看成连续性的进化过程；生物学家彼得·梅达沃（Peter Medawar）描述了技术按照达尔文式进化的特征，但没有指出进化的具体方向；心理学家西格蒙德·弗洛伊德（Sigmund Freud）认为，媒介是人类欲望的表现；文化人类学家爱德华·霍尔（Edward Hall）认为，技术是生物性适应；历史学家伊尼斯阐述了时间和空间延伸的重要性；语言学家阿夫拉姆·诺姆·乔姆斯基（Avram Noam Chomsky）描述了受基因决定的技术的可能性；哲学家卡尔·波普尔（Karl Popper）对黑格尔（G. W. F. Hegel）做出评论，指出了媒介决定论的不足之处；数学家诺伯特·维纳（Norbert Wiener）认为，自然传播和高效传播之间存在相等性，并为此做好了基础工作；从神学家皮埃尔·泰亚尔·德·夏尔丹（Pierre Teilhard de Chardin）的上帝与人类模式中，人性和技术的模型可以获得解释。③

莱文森的"人性化趋势"理论就是在筛选、分析和判断不同理论框架的优势和不足中不断发展、完善的。他认为，"人性化趋势"理论嵌在众多理论观点当中，其要点已得到一半的认可，这或许就是人性化趋势最强有力的证据。从其对以往各学科理论思想的梳理中，可以看出"人性化趋势"理论批判性继承、创新、深化的思想发展脉络。在之后的几十年里，莱文森继续对这一理论进行检验和发展。他在2012年出版的《新新媒介》（第二版）第八章"地位稍次的新新媒介"中集中分析讨论地位下降的新新媒介，揭示了一条铁律：凡是贴近真实生活的媒介都地位上升，凡是远离真

---

① 莱文森. 人类历程回放：媒介进化论[M]. 邬建中，译. 重庆：西南师范大学出版社，2017：9.
② 莱文森. 软利器：信息革命的自然历史与未来[M]. 何道宽，译. 上海：复旦大学出版社，2011：前言3.
③ 莱文森. 人类历程回放：媒介进化论[M]. 邬建中，译. 重庆：西南师范大学出版社，2017：86.

实生活的媒介都地位下降。① 也就是说，符合人类自然需求和人性的媒介才能真正存活下来。这再次证明了媒介进化的"人性化趋势"。

总之，以莱文森等人为代表的第三代媒介环境学派，整体上对媒介发展秉持技术乐观主义态度。作为数字传播时代的学者，他们浸染在互联网技术与文化中，对所研究的各种新媒介及新新媒介更为了解，有着更深刻的切身体验，从而对人的理性更具信心，更坚定地认为技术终将在人的参与下发挥影响。此处借用莱文森的话："事实上，有什么能比技术更具人性、更有益于人性，且能够将人类的生命延伸至心灵所至之处呢？"②

第三节　媒介技术对人、社会、文化的影响

一、媒介技术与历史变革

20世纪科学研究中的巨大变化是阿尔伯特·爱因斯坦（Albert Einstein）的相对论取代了曾在人类科学中占据霸主地位的"牛顿学说"。物理学的相对论观点认为，人们认知的现实与人类探索、感知世界的传播工具（媒介）有关，传播工具（媒介）不同，认识的世界也不同。因此，媒介技术就成为认识真实世界所必需的研究范畴。

法国媒介学学者雷吉斯·德布雷（Régis Debray）认为，媒介学的出发点是研究技术和文化之间的关系，旨在明晰传承过程中的各种现象。③ 他主张将"文化"（人与人的关系史）与"技术"（人与物的关系史）相结合进行分析，从媒介（技术）作为人类记忆和历史传承的角度分析媒介（技术）在其中的作用。德国媒介技术哲学学者弗里德里希·基特勒（Friedrich Kittler）指出，历史的断裂是知识型断裂，而知识的断裂与新技术的出现紧密相关。④ 他认为19世纪根本性的历史变革就是从媒介技术的物质性层面的变化开始，以媒介技术变化为基础的"话语网络"对人类文明的影响甚至决定了不同的人类主体和文化模式。⑤ 艾吕尔则进一步指出，新媒介本质上首先是技术媒介。因此，现代大众媒介的特点总体上也是技术社会的特点。⑥ 技术通过不断延展时空界限，创造出新的媒介传播方式，推陈出新的媒介形式不但影响了人们的生活、工作方式，而且影响人与人之间的交流，甚至思维方式。

---

① 莱文森. 新新媒介（第二版）[M]. 何道宽, 译. 上海：复旦大学出版社, 2014：159-163.
② 莱文森. 人类历程回放：媒介进化论[M]. 邬建中, 译. 重庆：西南师范大学出版社, 2017：159.
③ 德布雷. 媒介学引论[M]. 刘文玲, 译. 北京：中国传媒大学出版社, 2014：序1.
④ 基特勒. 留声机　电影　打字机[M]. 邢春丽, 译. 上海：复旦大学出版社, 2017.
⑤ 张昱辰. 媒介与文明的辩证法："话语网络"与基特勒的媒介物质主义理论[J]. 国际新闻界, 2016（1）：76-87.
⑥ 林文刚. 媒介环境学：思想沿革与多维视野[M]. 何道宽, 译. 北京：北京大学出版社, 2007：60.

对于媒介技术，传播学的三大学派各持不同的研究态度。经验学派认为，人是主体，媒介技术是客体，其研究内容主要围绕"人如何利用技术"而展开，强调媒介技术作为工具的服务功能；批判学派则强烈批判媒介技术给人类社会带来的负面影响，批判其使人类必须面对可怕的异化力量，反思技术为何会给人类带来这些危害；媒介环境学派则跳出人类对媒介技术的操纵与批判视角，更关注媒介技术本身，认为媒介技术对人与社会的结构与发展具有决定性作用，思考媒介技术对文化和社会在形式上和根本问题上的冲击。

二、媒介环境学派对媒介技术的关注

20世纪是媒介环境学从酝酿到经历艰难曲折成长，直至成熟的重要年代。20世纪初，社会学的芝加哥学派孕育了其胚胎；20世纪上半叶，许多其他学科的巨人成为其先驱；20世纪中叶，传播学的多伦多学派和纽约学派融合，结成一支强大的学术队伍；新千年之际，媒介环境学跻身传播学核心，成为与经验学派和批判学派并列的三大学派之一。[①]

威廉·昆斯（William Quince）在《后工业时代的先知：对技术的诠释》（1971）中对7位"后工业时代的先知"（媒介环境学者）的研究做了很好的综合，指出他们相同的关注点：技术对社会和文化产生大规模的影响，或者说技术产生形式的、环境的和结构性的影响。[②]

1968年，波兹曼公开发表他给"媒介环境学"这个新兴领域的定名与界定：媒介是复杂的信息系统，媒介环境学试图揭示其隐含的、固有的结构。[③]他在《纽约大学年报》（1976）里指出："媒介环境学研究传播媒介如何影响人的感知、感情、认识和价值。"[④]纽约大学媒介环境学科的创始人之一，克里斯琴·尼斯特洛姆（Christine Nystrom）认为，媒介环境学以人为中心，研究传播系统作用下形成的环境，探寻人类、媒介技术、文化的共生关系中的真理。[⑤]媒介环境学者的研究兴趣在于：传播媒介、科技、技术和人们的感觉、思想、价值、行为过程的相互作用。[⑥]媒介环境学会（MEA，1998年成立）首任会长兰斯·斯特雷特（Lance Strate）提出，媒介环境学作为对媒介环境（media environments）的研究，其理念是科技和技术、信息模式和传播模式在人类事务中起主要作用。[⑦]林文刚在对媒介环境学派的理论思想做了梳理

---

① 何道宽．媒介环境学：从边缘到庙堂[J]．新闻与传播研究，2015（3）：117-125．
② 林文刚．媒介环境学：思想沿革与多维视野[M]．何道宽，译．北京：北京大学出版社，2007：16．
③ 林文刚．媒介环境学：思想沿革与多维视野[M]．何道宽，译．北京：北京大学出版社，2007：27．
④ 林文刚．媒介环境学：思想沿革与多维视野[M]．何道宽，译．北京：北京大学出版社，2007：23．
⑤ Nystrom. Towards a science of media ecology: the formulation of integrated conceptual paradigms for the study of human communication systems[D]. New York: New York University, 1973.
⑥ 梁颐．尼斯特洛姆和斯特雷特论"媒介环境学是什么"[J]．新闻界，2014（5）：2-7．
⑦ STRATE L. Understanding MEA, the official newsletter of the media ecology association[J].In Medias Res, 1999, 1（1）：1.

与总结后指出：媒介环境学研究的是媒介系统，其研究重点是传播媒介的结构冲击和形式影响，旨在探讨人与媒介技术、社会、文化之间的互动共生关系。①

从以上诸位学者对媒介环境学的定义和阐释可看出，媒介环境学主张泛技术论、泛媒介论、泛环境论、泛文化论。麦克卢汉说，"每一种技术都创造一种环境"②，即一切技术都是媒介、环境和文化。媒介环境学的关注点既有微观的媒介研究，也有宏观的文明演进研究，它关心媒介史和传播思想史，注重广义的技术—环境—媒介—文化的发生和发展，具有强烈的人文关怀和道德关怀。媒介环境学将"技术"理念回溯到史前的"前技术"，又延伸到未来的新技术。③ 由此，媒介环境学派着重探讨技术、文化、传播和社会的互动关系，将人的交往、文化传承和社会发展变迁均纳入传播技术视域中，以人、技术和文化的关系为研究重点，探索技术、媒介对人和社会的影响。

三、媒介技术的偏向性

媒介环境学的思想脉络由三个相互联系的深层理论命题构成：第一，传播媒介不是中性的，媒介固有的物质结构和符号形式发挥着规定性的作用，塑造着什么信息被编码和传输、如何被编码和传输；第二，传播媒介具有偏向性，如思想感情偏向、时空感知偏向、政治偏向等；第三，传播技术会对文化产生影响。如波兹曼在《技术垄断：文化向技术投降》中所言："每一种工具里都嵌入了意识形态偏向，也就是它用一种方式而不是用另一种方式构建世界的倾向，或者说它给一种事物赋予更高价值的倾向。"④ 我们知道，每一种媒介都有独特的物质形态和符号特征，其外在的物质结构与内在的符号形式塑造着信息的编码和解码。正是这些元素使得媒介有了时空、政治、认知和情感等偏向。没有任何一种传播媒介存在于真空中，技术也一样。

如果技术不是中立的，每一种媒介技术中都蕴藏着一些理由或意图，那么就是这些理由和意图界定了其物质结构和符号形式，从而构成特定的感知环境和符号环境。人们的思维通过理解使认知这种符号环境得到形塑，构建出我们头脑中关于世界的认知和理念。因此，在深层逻辑上，媒介环境学者研究的是媒介与意识的关系，或者说媒介与思维过程的关系。

四、媒介环境学派的媒介技术观嬗变

历史上所有关于技术与社会发展的讨论，都可以被划分为悲观主义和乐观主义两种，因此，在技术主义范式中本身就有一种二元对立的结构。当乐观主义占上风时，

---

① 林文刚.媒介环境学：思想沿革与多维视野[M].何道宽，译.北京：北京大学出版社，2007：1-5.
② 麦克卢汉，秦格龙.麦克卢汉精粹[M].何道宽，译.南京：南京大学出版社，2000：409.
③ 何道宽.媒介环境学：从边缘到庙堂[J].新闻与传播研究，2015（3）：117-125.
④ 波兹曼.技术垄断：文化向技术投降[M].何道宽，译.北京：北京大学出版社，2007：74.

人们认为牛顿和他的物理学就是上帝,科技能够解决人类面临的一切难题;而在悲观主义占上风时,人们也会像海德格尔那样,认为总有一天技术会脱离人类的控制,成为可怕的异化力量。受到上述理论结构的影响,传播学的技术主义范式几乎从一开始就天然地分成两个阵营:乐观主义与悲观主义。这种二元对立的结构构成了技术主义范式最大的特点。①

媒介环境学派以媒介技术为核心构建了独特的媒介理论和传播观念,开创了一个不同于经验学派和批判学派的传播学研究范式。然而,其学派内部对于媒介技术的态度,却因其代际、学术背景、知识构成和价值观念的不同而有较大差异。媒介环境学派先驱及三代学者对媒介技术呈现了不同态度和代际嬗变。据威廉·昆斯的观点,在技术—生态的学术队伍中,芒福德、艾吕尔被归为"机器的蚕食"立场一方,伊尼斯、麦克卢汉被归为"媒介决定文化"立场一方。②

(一)媒介环境学派先驱学者

芒福德与艾吕尔被视为媒介环境学派的先驱学者。他们都相信在技术化秩序的统治下,人生被机械化了,而且被非人性化了。芒福德在《技术与文明》中指出:"机器(技术)意识形态的基础是秩序、控制、效率和权力。"③比如钟表创造的媒介符号环境,使人们在把握精确时间的同时,被按照统一的标准和节奏组织起来,不仅在行动上实现了有序性,在思维上也被塑造得统一。芒福德认为,这种机器意识形态弥漫于世俗社会,技术作为媒介塑造的符号环境是对人心灵和思维的扼杀与奴役。他进一步批判:文明的进步并没有让统治消失,只是让权力的实施更加隐晦。即便如此,芒福德坚持以人为中心的生态平衡的有机技术观,即通过生态学视角的技术有机论来实现人与技术的共生。

与芒福德把重点放在技术本身不同,艾吕尔认为,技术本身不是问题,问题在于人对技术的回应,包括人对媒介技术的回应。在他看来,技术固有的意识方式过分依赖技术手段而非人文价值和伦理选择。技术先进的社会里固有的进程造成了追求效率的社会价值,而追求效率范式,即默许把一切任务交给更加有效的技术的倾向,最终会把道德话语驱逐出公共政策领域,直接或间接地使人类社会失去人性。④也就是说,艾吕尔并不反对技术本身,他反对的是这样一种精神状态:用技术手段及其价值来取代批判性的道德话语。因此,他更为关注体现为社会科学和媒介生产技巧的技术如何瓦解理性思维和批判思维。由于其关切的焦点从来不是具体的技术,而是人的意识,他的技术决定论立场不如其他媒介环境学者那么坚定。

---

① 胡翼青.传播学:学科危机与范式革命[M].北京:首都师范大学出版社,2004:184.
② 林文刚.媒介环境学:思想沿革与多维视野[M].何道宽,译.北京:北京大学出版社,2007:15.
③ 芒福德.技术与文明[M].陈允明,王克仁,李华山,译.北京:中国建筑工业出版社,2009:54.
④ 林文刚.媒介环境学:思想沿革与多维视野[M].何道宽,译.北京:北京大学出版社,2007:73.

（二）媒介环境学派第一代学者

媒介环境学第一代学者以伊尼斯、麦克卢汉为代表。伊尼斯开创性地关注了媒介本身，认为媒介是一种组织形态、社会机制和技术特征的合力，技术通过影响社会组织、制度和文化形态引发变革，从而在时间和空间上对社会组织产生了决定性影响。①他从媒介形态及其变化的角度解读社会历史变迁，提出"媒介偏向论"，直接推动了麦克卢汉的传播技术思想形成。

麦克卢汉认为媒介决定了社会关系，印刷媒介是将"部落化"的原始社会脱离部落化，而电子媒介的出现又将其重新部落化，形成"地球村"。他将媒介隐喻为一种环境："用电子时代的话来说，'媒介即讯息'的意思是，一种全新的环境被创造出来了。媒介和技术的所有延伸都创造了环境，每一种技术都立即对人的交往模式、感知模式和教育模式进行重组，实际上造就了一种新环境。"②这种环境对人的影响是隐蔽的、潜移默化的，如同空气般包围着人们的社会交往，亦即麦克卢汉指出的"媒介即按摩"。

麦克卢汉很多时候被认为是技术（媒介）决定论者，其实他对电子媒介并未持完全的乐观态度。如他提出了"媒介是人体的延伸"：电子媒介是中枢神经系统的延伸，其余媒介是人体个别器官的延伸。但他又进一步指出："延伸意味着截除"，人在使用媒介的同时，被延伸的那部分感官会逐渐麻木与退化，电子媒介既延伸了又截除了人的中枢神经，使人如温水煮青蛙般被技术奴役。

伊尼斯的"媒介时间和空间"平衡与麦克卢汉"人类感官的平衡"思想可谓一脉相承。他们均关注了媒介技术对人类社会产生的影响，但两人也有区别：伊尼斯研究的重点在于传播技术影响了社会组织和文化，麦克卢汉则认为传播技术主要影响人的感知和思想。因此，伊尼斯主要谈及组织机构，很少涉及感知与思考；麦克卢汉主要谈及感知和思考，很少涉及组织机构。③

由此，媒介环境学第一代学者持"悬置主体"的科学主义媒介技术观，其研究无论是历史主义的方法论倾向，还是形式主义的方法论思维，均要求悬置主体的价值判断和情感倾向，基本以揭示媒介技术本身的规律及其社会影响为主，致力于呈现问题和事实，以引起学界关注，并不急切表达对媒介技术的态度。④

（三）媒介环境学派第二代学者

以波兹曼为代表的媒介环境学派第二代学者对媒介变迁及媒介技术发展之于人类社会的影响进行了文化批判与反思，总体表现为悲观主义媒介技术观。波兹曼认为，新技术的出现彻底摧毁和改变了旧的技术生态，重新创造某种社会环境或文化生态，

---

① 伊尼斯．传播的偏向[M]．何道宽，译．北京：中国人民大学出版社，2003．
② 麦克卢汉．理解媒介：论人的延伸[M]．何道宽，译．北京：商务印书馆，2000：69．
③ Carey J W. Harold Adams Inns and Marshall McLuhan[J]. Antioeh Review, 1967, 27（1）：5-39．
④ 刘晗，田林．北美媒介环境学派媒介技术态度观探析[J]．吉首大学学报（社会科学版），2015（6）：83-87．

以电视为代表的电子媒介重构了印刷媒介主导的媒介、人与社会三者关系。例如，"童年"是一种现代性的建构，是印刷媒介技术发展的一种结果，但电视传播技术的发明，使童年的消逝难以避免。

与艾吕尔提出的"自主的技术"观点一样，波兹曼相信技术会自主发展，一旦被人接受，技术就会坚持不懈，按照它设计的目标前进。[①] 技术不仅仅是一个工具，而且会影响到人类历史的进程。到技术垄断文化阶段，技术的原则和逻辑从被压抑或遮蔽的状态凸显出来，则技术会取代文化，文化会变为从属地位，技术使传统的文化过时、失去意义、边缘化，甚至使其被彻底忽视。[②] 同时，技术重新定义文化，形成新的价值观，构建新的世界观。波兹曼对电子媒介持忧虑与悲观态度，他系统阐释了电子媒介对印刷媒介所构建的文化理性思维的冲击。他肯定印刷媒介所偏向的深刻和严肃的阐述式话语方式，批判以电视为主的电子媒介建构以娱乐为核心的平面、单维的碎片化话语方式，认为这将导致人类文化的深度和多维性的消失。

媒介环境学第二代学者看到了媒介技术对人类的控制和奴役，他们深入反思了媒介技术对现代文明与秩序的颠覆、对人类感知和思维多向性的破坏。他们对媒介技术的发展深感忧虑和恐惧，表现出一种文化保守主义立场和技术悲观主义态度。尽管如此，他们站在印刷文化的价值立场审视和批判电子媒介带来的单向度、碎片化和片面性，这值得现代人的反思。

（四）媒介环境学派第三代学者

以莱文森为代表的媒介环境学派第三代学者整体上持乐观主义媒介技术态度。莱文森提出的一系列理论观点都在印证：人类的理性力量控制了媒介技术发展的方向和形态，技术和媒介在人类积极主动的驾驭下发挥影响。媒介环境学前两代学者都持有"技术决定论"观点，认为媒介技术决定了社会发展和文化变迁，且是唯一性或决定性因素，这被称为"硬媒介决定论"。但莱文森认为，媒介技术只是影响社会文化形态及其变革的因素之一，使之成为可能而非决定性因素，社会文化的发展变革还有其他决定性因素，这被称为"软媒介决定论"。因此，莱文森认为，媒介技术与人、社会、文化之间是影响关系而不是决定关系。

莱文森在分析媒介技术对人类社会发展变革的作用时，更为关注人在使用技术中的主观能动性。他认为，技术不仅是人类机体的延伸，而且是人的思想延伸。"通过技术，我们体现和延伸自己的思想，把自己的思想注入客观世界，把我们的理论扩散到宇宙遥远的角落。在这个过程中，我们按照自己的设计来塑造世界。"[③] 因此，选择或不选择哪种技术，是人类根据自身的需求、原则和逻辑展开的，人类的理性力量能控制媒介技术的发展和变化，媒介技术体现了人类的思想。莱文森提出媒介进化的

---

① Postman N. Teaching as a conserving activity[M]. New York: Delacorte Press, 1979: 43.
② 波兹曼. 技术垄断: 文化向技术投降[M]. 何道宽, 译. 北京: 北京大学出版社, 2007.
③ 莱文森. 思想无羁: 技术时代的认识论[M]. 何道宽, 译. 南京: 南京大学出版社, 2003: 14.

"人性化趋势"理论和"补救性媒介"理论,从不同层面论证技术在模仿、复制人体的感知模式与认知模式,人类技术越来越完美,媒介技术发展的趋势越来越像人。媒介进化亦遵循着与生物进化相似的过程,只是选择的主体由自然变成了人,"一切媒介的性能终将越来越人性化"。①

被誉为"数字时代的麦克卢汉"的莱文森,认为数字媒介时代传统"把关人"概念被淡化,用户兼具传播者和受众的双重身份,不仅拥有更多的自主权和选择权,还能积极主动地驾驭媒介、创造内容,提出"因特网是传播的民主化"。②如今,以大数据、社交网络传播为核心的移动互联网时代,媒介技术的更新迭代更为迅猛,技术在21世纪更加彰显其重要性。自媒介技术出现以来,其发展始终为拓展传播的时空界限而努力,传播媒介总是向脱离人的身体、超越人的生物限制而独立存在的"离身性传播"方向发展。然而,随着5G、可穿戴设备、虚拟现实等技术的发展,人们从初始追求现场感转变为追求在场感。唐·伊德(Don Ihde)将这种数字时代呈现出的技术与身体融合的趋势称为技术的"具身化趋势"。③这再一次验证了莱文森的"人性化趋势"理论:技术传播媒介的发展,倾向于更多地复制真实世界中前技术的或人性化的传播环境,媒介正在朝着越来越多地再现面对面的传播环境这一方向发展。④

从以上对媒介环境学派三代学者媒介技术观及代际差异的分析可以看出,无论他们对媒介技术的影响持悲观还是乐观的态度,都突出强调了媒介技术变革对社会和文化发展的强大影响力。三代学者的媒介技术观的变迁,呈现出媒介环境学派对媒介技术认知的历史和发展,体现出学派内部价值观念的多样性和丰富性。

总之,从哲学高度俯瞰传播学三大学派,经验学派埋头实用问题和短期效应,其哲学基础是实用主义和行为主义,其方法论是实证研究和量化研究,服务于现存的政治体制和商业体制,重器而不重道;批判学派固守意识形态批判,对现存美国体制产生强大的冲击,高扬意识形态的旗帜,因水土不服,只能在高校和文人的圈子里产生影响,重道而不重器;媒介环境学者注重媒介的长效影响,偏重宏观的分析、描绘和批评,缺少微观的务实和个案研究,有强烈的人文、道德和社会关怀,具有明显的批判倾向,摆脱了服务现存体制。⑤

伊尼斯认为,在文明聚合的总体发展趋势中,"传播占有极其重要的地位"。⑥他将媒介放在历史性的宏观视角进行研究,力求论证媒介环境变革与社会历史变迁的动态作用关系。在他的全部著作中可提炼出:媒介是文明的精髓,文明史就是媒介史。

---

① 莱文森.软利器:信息革命的自然历史与未来[M].何道宽,译.上海:复旦大学出版社,2011:3.
② 莱文森.数字麦克卢汉:信息化新纪元指南[M].何道宽,译.北京:社会科学文献出版社,2001:21.
③ 伊德.技术与生活世界:从伊甸园到尘世[M].韩连庆,译.北京:北京大学出版社,2012:47.
④ 莱文森.人类历程回放:媒介进化论[M].邬建中,译.重庆:西南师范大学出版社,2016:7.
⑤ 何道宽.媒介环境学:从边缘到庙堂[J].新闻与传播研究,2015(3):117-125.
⑥ 伊尼斯.帝国与传播[M].何道宽,译.北京:中国人民大学出版社,2003:5.

"一种新媒介的长处,将导致一种新文明的产生。"① 媒介技术的每一次进步,都渗透着人类渴望突破自身交流困境的努力。如今,移动互联网技术的高速发展正进一步使新旧媒介在交锋中融合重组,不断改变、重构着人类传播的格局。

思考练习题

1. 人类传播经历了哪些发展阶段?
2. 每次媒介发展给人类带来的变化是什么?
3. 媒介发展与社会变革的关系如何?
4. 媒介演变发展有什么规律?
5. 媒介技术与社会、文化的关系是什么?
6. 媒介环境学派三个深层理论命题是什么?
7. 媒介环境学派对媒介技术表现出什么样的态度?

---

① 伊尼斯.传播的偏向[M].何道宽,译.北京:中国人民大学出版社,2003:34.

第一章　口语传播史与书面文化史

1. 口语的诞生，口语文化的特征与意义。
2. 文字的诞生和文字的意义。
3. 书面文化的形成，手稿文化时代的特点。

通过对口语时代流传下来的英雄史诗的分析，学者们意识到，口语文化与紧随其后的书面文化存在显著差异，以不同的方式形塑了人类思维与人类社会。

口语通常是重复、冗余的，内嵌于对话场景之中，对应情境式、操作性的思维模式，塑造外向却保守的、社群性的社会。文字则隔绝了交流双方，催生孤独的、静默阅读的个体。

口语是听觉媒介，而文字则倚重视觉，表达内容与表达者分离，促进信息的组织化和客体化，推动人类抽象思维的发展，为崇尚科学技术的近现代社会奠定基础。

在文字发明之初，受限于书写工具、载体，知识与教育被垄断于特定阶层内部，是少数人的特权。随着抄书人职业的世俗化与书写技术的发展，书面文化的影响逐渐扩大。

印刷术的推广不仅为教育的扩大化创造了条件，也促进了文化的标准化，将人类社会带入高度发达的书面文化时代。

第一节　口语传播

一、口语的诞生与源流

（一）口语的起源

语言诞生于人类交流的需要，但因历史久远难以稽考，探究口语的诞生正如探究人类的起源一样困难重重。至今为止，人类尚未完全弄清自身及语言的缘起，对史前史的争议正如对早期神话的解释一般众说纷纭。

关于人类的起源主要有两种说法，即神创论与进化论。

关于语言起源的理论恰与人类起源论相对应，也主要分为神授说与人创说两种。①如果语言不是普罗米修斯盗火那般由神

知识卡片1：人类起源的神创论与进化论

赐予人间的，那就是由人在与自然相搏斗、与社群相适应的过程中自主创造出来的。例如，人类语言可能首先缘起于原始人对自然界声音的模仿，即摹声说；或肇始于纯粹抒情的叫喊声，即劳动叫喊说；也可能来自人们为共同生活而制定契约的需要，即社会契约说；在有声语言之前，人类也可能经历过手势语言的阶段，即手势说。持进化论思想的恩格斯显然更为认同"语言从劳动过程中的叫喊声发展起来"的观点。

这些论说未必是语言起源问题的正确、唯一解答，但的的确确有据可循，也可以从自然界中找到依据。"语言是动物世界的联系方式"②，人类并不是地球上唯一也不是最先掌握有声语言的种族。科学研究证实，地球历史上最初始的有声交流是雄性珍蟾鱼为吸引雌鱼到巢穴里产卵而发出的嗡嗡声。③声音交流也被所有哺乳动物广泛应用，它们由此发展出适应族群社会与社会合作的能力。④

（二）语系的形成

人类的诞生距今约100万年。在卡尔·萨根（Carl Sagan）编制的"宇宙年历"中，近138亿年的宇宙历史被压缩为一年时间，而人类则诞生于这一年最后一天的夜间十点半。⑤施拉姆仿照萨根编制的年历，将人类诞生以来的历史塞进一天时间里，发现"前18个小时，只留下了稀少的历史记录"。这首先是因为语言的产生相较于人类的诞生是相当晚近的。口头传播时代的歌谣、诗篇、民间传奇等传播形式，尽管在石器时代就已经是"当时人类社群中相当重要的生活部分"⑥，但由于没有书写文字的记录，口语形成的文化与艺术内容没能留存下来，当今时代的人们只能依靠考古学发现与地质学研究管中窥豹。

人类使用工具的历史比掌握语言的历史更悠久。据考证，距今约50万年前的北京猿人已经懂得如何使用火，而那时人类的口头传播仍只是非语言的信号或原始的叫喊，所传递的信息量不会比珍蟾鱼求偶发出的嗡嗡声多多少。但在人类最初始的有声语言形式中，或许就已经孕育了抽象思维的种子，这种发声和思维的能力被智人所继

---

① 崔林. 媒介史[M]. 北京：中国传媒大学出版社，2017：15.
② 费希尔. 语言的历史[M]. 崔存明，胡红伟，译. 北京：中央编译出版社，2012：6.
③ 晏绍祥. 世界上古史[M]. 中国人民大学出版社，2009：9.
④ 费希尔. 语言的历史[M]. 崔存明，胡红伟，译. 北京：中央编译出版社，2012：10.
⑤ 萨根. 伊甸园的飞龙：人类智力进化推测[M]. 吕柱，王志勇，译. 石家庄：河北人民出版社，1980：6.
⑥ 施拉姆. 人类传播史[M]. 游梓翔，吴韵仪，译. 台北：远流出版公司，1994：17.

承，大约在 35 万年前形成了"现代人类思想和语言用法"①的雏形。人类语言发音的逐渐清晰和语法的日益完善是伴随人类进化的漫长进程完成的，在极其复杂的自然与历史情境中，不同的语言发展、合流、消失，逐渐形成了较为稳定的谱系："大约 1.4 万年前，从进化中唯一幸存下来的原始人——智人，已经把上千种语言分为数百个语言体系。"②

人类进入农业社会之后，社群稳定性增加，语言与土地的关系得到加强。现今世界上流传下来的语言有 2,000 多种，可划分为以塞姆—哈姆语系、印欧语系、阿尔泰语系及汉藏语系等为主的不同语系。③各语系又可进一步细分为诸语支/种。例如，汉语隶属于汉藏语系，英语隶属于印欧语系。语言与人类社会一同成长，并不是稳定不变的，而是受到族群迁徙、战争征服、文化传播等因素的影响有所变化和发展。现代汉语与古代汉语既有共性又存在着鲜明的差异，而各个时代的汉语也都会吸纳来自不同文化的词汇与用法。语言在继承传统与创新实践中不断发展，形成一段鲜活的历史。

（三）口语的早期运用

尽管不同地域通行的语言不同，但人们对语言的需求与用途是不谋而合的。远古时期人类的口语运用往往与生产劳动、祭祀仪式及求偶活动相联系，并在诗、歌、戏剧等艺术形式中大放异彩。④

在西方，远古时期的原始部落中就存在歌舞与狩猎表演等祈神活动。在原始人看来，神掌控着自然界的万物运作。他们希望通过歌舞表演活动来娱神，以祈求农事丰收、战争顺利，这些活动被称为"仪式"⑤。此类仪式场景是口语文化的集中演练场，但可惜的是，无论是日常生活中的口语运用，还是仪式中的口语艺术，都因为没有文字记载而无法展现在今人面前。

那么，人类文明最初的诗、歌、戏剧是如何流传下来的呢？世界范围内流传至今最古老的口语诗歌是两河流域地区的《吉尔伽美什史诗》。早在苏美尔时期，史诗的内容就在人们口耳相传中，经过无数轮集体创作，最终在巴比伦时期以文字形式被雕刻在泥板上。也正因为是口耳相传、集体创作，史诗、神话等口语时期流传下来的文艺作品总有许多不同的版本，内容存在差异甚至矛盾之处。

中国最早的诗歌总集是《诗经》，记录了自西周初年至春秋中叶的 300 多首诗歌。其内容分为风、雅、颂三类，"风"多为各地民歌，"雅"多为贵族与文人创作的宴会乐歌、祭祀乐歌和史诗，"颂"则是周王室的宗庙祭祀诗歌。这些诗歌反映时人的心声，也描绘出一个时代的社会百景图。后世或许只有读书人会读《诗经》，但对于那

---

① 费希尔.语言的历史[M].崔存明，胡红伟，译.北京：中央编译出版社，2012：48.
② 费希尔.语言的历史[M].崔存明，胡红伟，译.北京：中央编译出版社，2012：49.
③ 费希尔.语言的历史[M].崔存明，胡红伟，译.北京：中央编译出版社，2012：45.
④ 王次炤.艺术学基础知识[M].北京：中央音乐学院出版社，2006：4.
⑤ 周安华.戏剧艺术通论[M].南京：南京大学出版社，2005：18.

一时代的普通民众来说,国风中的民歌却是他们耳熟能详、代代传承的日用品。经由文人的记录和汇编之后,这些民歌及其他神话、传说等口语材料得以代代相传,凝聚成中华文化最初的积淀。

有记载的戏剧的历史比诗歌要晚许多。戏剧虽然是按剧本排演,但其表达是生活化和口语化的。它同样起源于祭奠仪式,本质是对生活的模仿。"戏剧"是西方概念,古希腊时期是西方戏剧艺术的第一个创作高峰时期,演剧、观剧是城邦庆典时全民参与的活动。中华上下五千年的历史中也孕育了与西方戏剧相似的戏曲文化,它与希腊悲喜剧、印度的梵剧并称为世界三大古老戏剧文化。中国的戏曲是歌、舞、剧相融合的艺术形式,经过长期发展,以京剧、越剧、黄梅戏、评剧、豫剧五大戏曲剧种为核心。

二、口语文化的特征与意义

人类文明史是文字产生之后的历史。长期以来,人们将语言等同于文字,忽略了口语自身的特征和意义。然而,事实上,在人类历史中存在过的成千上万种不同的语言里,只有一百多种语言曾经产生过文字[①],更多的语言只有口语一种表达形式。孕育了文字的语言兼具口语属性与文字属性,沃尔特·翁(Walter Ong)在此基础上区分了原生口语文化与次生口语文化,前者指"不知文字为何物的文化"[②],即文字产生之前、未受到文字影响的口语文化,后者则指受到文字影响的口语文化。这一分类方式所隐含的合法性前提是口语文化与文字文化之间存在根本性的,或至少是显著的差别。

知识卡片2:口语文化和书面文化的差异

这首先是因为,口语是"从无意识的深处涌入意识的"[③]。学习外语时,语法是不得不攻克的难关,而语法规则实际是伴随着文字的使用而被人为梳理出来的。对于原生口语文化而言,母语的学习是婴儿与生俱来的本领,也是参与社会生活时必须拥有的能力。口语的习得是那么自然而然,以至于语法规则的梳理成了一件并不必要的事情。任何一门语言,必然有其文法和句法上的特定规则,但口语的运用服务于社会生活,始终是实践的、灵活的,而不是固定下来的教条。现代的语言水平测试往往分"听""说""读""写"四个类目,这是因为一门语言中口语和书面语部分的表达与学习方式常常存在较大差异。

其次,口语只适用于面对面的、即时的现场交流,它既没有学者伊尼斯所说的时间偏向,也不存在空间偏向。在时间上,它无法像文字一样被记录并长久流传下去;在空间上,它也无法跨越距离传输信息。

口语是稍纵即逝的,因此,记忆是口语社会面临的重要问题。正是为了方便记

---

① 翁.口语文化与书面文化:语词的技术化[M].何道宽,译.北京:北京大学出版社,2008:3.
② 翁.口语文化与书面文化:语词的技术化[M].何道宽,译.北京:北京大学出版社,2008:2.
③ 翁.口语文化与书面文化:语词的技术化[M].何道宽,译.北京:北京大学出版社,2008:62.

忆，套语被编织进口语的表达方式里，成为口语时代的人们构筑思想的重要基础。在帕里的定义里，套语指的是"相同韵律条件下表达一个既定基本概念的一组词语，其使用规律是有章可循的"[1]，如谚语等约定俗成的固定语句。在此基础上，想要记住特定内容还需要经常重述，以加强印象。即使如此，拥有最超乎寻常的记忆能力之人也无法保证自己能够将曾说出口的口语内容原封不动地重现，尽管行吟诗人们往往声称他们能够做到。

知识卡片3：口语传播相关研究

有些时候，口语材料的内容也不得不因受众需求而改变。一个自言自语的人是奇怪的、不自然的，这表明口语天生是互动性的，它的使用场景是一个人对另一个人或一群人的交流过程中。对于行吟诗人来说，在使用套语辅助记忆长段史诗的同时，他也会在不影响韵律的情况下受到听众期待的影响而改变长诗的具体内容。因而，口传记忆是不稳定的。口语内生的互动性损害准确性，但也造就了外向、活跃的社群。若非如此，思想无以交锋，文化也无以留存。

在上述基础上，沃尔特·翁归纳了口头传统与口语文化的九大特征[2]，即口语是：附加的而不是附属的；聚合的而不是分析的；冗余的或"丰裕"的；保守的或传统的；贴近人生世界的；带有对抗色彩的；移情的和参与式的，而不是与认识对象疏离的；衡稳状态的；情景式的而不是抽象的。

知识卡片4：口头传统与口语文化的九大特征

语言的产生是人类传播史上的第一座里程碑，也是人类社会形成的起点。如果没有语言，就不会有逐渐发展壮大的聚落与人类社会，不会有代代传承下来的人类文明。在文字尚未出现之前，口头语言传播是人类主要的传播形式，口语自身的特性也影响着人们的思维和社会的组织结构。

口语是直观的、描述性的，因此，口语思维的人具有高度具象能力，但抽象和概括思维能力不强，缺乏概念性思维。没有文字等技术作为记忆的辅助工具，口语也造就了人们强大的记忆力和创造力。此外，口语具有操作与实践取向，因此，口语时代的人更偏向于外向型和社会性人格。由于口语具备维稳特性，口语社会的传统力量也是强大的。

三、口语与现代传播

口语是人们最熟悉也最陌生的媒介。在个体尺度上，每个人自出生起就在接触口语媒介；但在人类的整体尺度上，口语所经历的悠悠岁月甚至比人类的历史更加久远。

知识卡片5：口语的力量

---

[1] 翁. 口语文化与书面文化：语词的技术化[M]. 何道宽，译. 北京：北京大学出版社，2008：17.
[2] 翁. 口语文化与书面文化：语词的技术化[M]. 何道宽，译. 北京：北京大学出版社，2008：译者前言5-6.

通过思索声音本身的性质，沃尔特·翁认为，语音具有内在性，即可以做到记录物质的内在性而不去破坏它。这一点是嗅觉、味觉、视觉等无法企及的。听觉调动一体化的感知，而视觉则产生分离的效果，使人与观察客体分离开来。声音是以人为中心的，一切语词及其构建的事件都围绕发声者展开，制造出一种发声者处于宇宙中心的感觉。① 这也意味着口语文化天然带有一定的阶级属性，使发声者与聆听者形成予与取、强与弱、上与下的权力关系。因此，直到书面文化时代，人们才开始讨论文本的"作者中心"抑或是"读者中心"的问题。只有当文字将知者与知识分离后，知识的解释权归属才成为一个存在争议的问题。

麦克卢汉也认为，每种媒介的使用都会改变人的感觉平衡状态，由此产生不同的心理作用和对外部世界的认识和反应方式。口语是一种听觉媒介，而文字则是视觉媒介。从口语文化发展到书面文化的人们经历了从耳朵到眼睛、从听觉到视觉的感官变化，感知体系由统合走向分离，直至电子媒介时代才再次趋于统合。

在古典学家、多伦多学派代表学者埃里克·哈弗洛克（Eric Havelock）眼中，修辞传统代表着古老的口语世界，哲学传统则代表新的书写文化的思维结构。② 仍处于口语时代的古希腊是西方文化的重要源泉之一，而修辞研究无疑是古希腊教育和文化的核心。③ 修辞的思维和表达方式与口语一脉相承，往往是套语式的，且具有一定的对抗性。在西方，由于古典的修辞被广泛传授，思维与表达中存在套语式成分的长期传承。中世纪时期，大学虽然使用书面材料来开展教学，却不采用书面考试进行考核，而往往选用口头辩论来考察学生的知识掌握情况。在英国，都铎王朝的散文作品还带有口语风格的印记，到了浪漫主义时期，英格兰才抹掉了大部分的口语风格④，但同时期对于文艺作品创造力的要求也与口语文化的特征相契合。

在比西方晚一步迈入现代的国家和地区，口头传统的影响可能更为深刻。沃尔特·翁曾指出，许多所谓"西方"和其他观点的差别，似乎可以简化为另一种反差：深深内化的书面文化与意识里或多或少的口语遗存之间的反差。⑤

与此同时，口语传统也在受到新媒介的冲击，形成崭新的文化特征。修辞的口语属性也慢慢淡化，转而向文字世界迁移。人们现今所熟悉的中国古典修辞几乎都用于书面写作之中。相似的转变也发生在教育领域，培养目标从口语时代对抗性教育下的培养政治与公共服务人员，转向现代经济社会中明显的商务取向。⑥

前文提到，口语（特指母语）是人类在无意识中习得的，使用

知识卡片6：次生口语文化

---

① 翁.口语文化、书面文化与现代媒介[M]//克劳利，海尔.传播的历史：技术、文化和社会.董璐，何道宽，王树国，译.北京：北京大学出版社，2018：62.
②③ 翁.口语文化与书面文化：语词的技术化[M].何道宽，译.北京：北京大学出版社，2008：83.
④ 翁.口语文化与书面文化：语词的技术化[M].何道宽，译.北京：北京大学出版社，2008：19.
⑤ 翁.口语文化与书面文化：语词的技术化[M].何道宽，译.北京：北京大学出版社，2008：21.
⑥ 翁.口语文化与书面文化：语词的技术化[M].何道宽，译.北京：北京大学出版社，2008：85.

口语是近乎本能的行为,而使用文字则需要额外付出努力去进行系统性的学习。当代人在新的媒介场景中使用口语,已经脱离了本能,而是经由文字的中介,不可避免地带上内省的、分析的色彩。口语文化中的人是面向外部世界的,而文字则使人们转向内部世界。在次生口语时代,人们再度转向外部世界,并非如数千年前那样是无可选择之举,而是在已经面向内部世界之后做出的二次抉择。①

知识卡片7:辩论的变化

沃尔特·翁指出:"原生口语文化之所以促成自发性,那是因为由文字完成的分析性反思还没有问世;与此相反,次生口语文化之所以促成自发性,那是因为我们通过分析性反思做出判断,自发性是好东西。"② 互联网经济时代对于社群力量的挖掘就是这种分析性反思的结果。网络视频直播中,尽管也有人写好流程脚本,主播们的口语表达却明显比电视节目中更加随意和日常化,拉近了与听众的距离,充分发挥出自发性在凝聚群体信念上的优势,借此促进商业转化。

第二节　文字的诞生

一、文字的诞生历程

口语的应用场景局限于面对面的即时交流,在时间与空间维度上的传输都极为不易。口口相传的方式使神话、史诗等代代传递下来,但此种方式无法保证信息的准确性,也几乎没有办法进行验证。信息的存储与传递成为人类社会进一步发展所面临的重要挑战,口语之外的其他信息交流方式应运而生。

(一)洞穴壁画

据推测,早在语言诞生之前,也就是几十万年以前生活在旧石器时代(paleolithic)初期至中期③的人类祖先就懂得在他们居住的洞穴岩壁上作画来传递和保存信息④,但如此历史悠久的古文明痕迹并未留存至今。迄今为止,人类发现的世界上最早的洞穴壁画可追溯至4万多年以前的旧石器时代晚期,位于印度尼西亚苏拉威西的一处洞穴里。

知识卡片8:苏拉威西洞穴壁画

无论这些壁画的创作缘由与目的为何,它们的确向后世的人们讲述了数万年前原

---

①② 翁.口语文化与书面文化:语词的技术化[M].何道宽,译.北京:北京大学出版社,2008:104.
③ 施曼特-贝萨特.文字的先驱[M]//克劳利,海尔.传播的历史:技术、文化和社会.董璐,何道宽,王树国,译.北京:北京大学出版社,2018:6.
④ 文斯.人类进化史:火、语言、美与时间如何创造了我们[M].贾青青,李静逸,袁高喆,等译.北京:中信出版集团,2021:85.

始人类的生活故事,这是口语难以做到的。盖亚·文斯(Gaia Vince)认为,歌、诗等口语表达方式是人类在用讲述故事的方式来积累知识,而故事是"人类集体的记忆库"[①],是认知工具,更是团结人类、适应生存的手段。然而,随着人类的进化和人类社会的发展,故事不足以存储人类进一步发展所需的全部信息,非故事型信息的存储变得愈加重要,而这些信息难以通过口语的一再重述被长久记忆。结合生活实际,人类不仅需要壁画等具象艺术来记录信息,也需要更抽象的记录方式来满足计算与测量上的需求。[②] 除了用壁画来长期储存信息外,绳索、木板、竹片、龟甲等人们在日常生活中经常接触的材料和器具也逐渐超越其生产、生活的常规用途,被人们赋予了传情达意的全新功能。[③]

(二)刻痕记事

与洞穴壁画几乎同时代,同在两河流域的克巴拉(Kebara)人开始在骨片上刻痕来记录和传递信息。克巴拉洞穴出土骨片上的刻痕是迄今为止所发现的两河流域最早的人造符号,此外,在年代稍晚的以色列、黎巴嫩、科萨尔阿基尔等地的远古遗迹中也有相似的刻痕。在考古学上,这些用以计数的简单人造痕迹被看作一种记账标签,一道刻痕表示一件需要记住的事情。学者亚历山大·马沙克(Alexander Marshack)认为,刻痕被用于记录月亮出现的次数,因而有刻痕的制品作为历法存在。

到了旧石器时代晚期,西亚地区出现了更复杂的人造符号。约3万年前,以色列海约宁地区的人们就懂得如何在石板上用精细线条勾勒出马的形象;1万多年以前,土耳其贝尔蒂比洞穴的原始人就开始使用燧石描绘公牛和鹿。在这一阶段,人们使用的符号象征物更加具象和明确,代表两河流域的人们首次尝试储存并传播具体的信息。[④]

(三)结绳记事

结绳记事也是自远古时期就开始为人类所用的独特记事方式。世界范围内现存最为完整的结绳记事系统是印加帝国古秘鲁人所使用的"魁普"(quipus/khipu)。这种结绳系统通过调整绳索颜色,绳结的大小、数量和距离来记录不同的信息。印加人用一条绳子做主绳,在主绳上每隔一定的距离系上各种不同颜色的细绳来记录不同事项,记事范围包括日常事务、历史事件、军事命令、军队信息等。

东方人同样有使用结绳记事法的历史。古代中国的文献如《周易》《说文解字》中有远古时期人们"结绳而治"的记载,但并未言明具体的通行年代。研究发现,古琉球群岛上的工人也曾使用稻草或芦苇等材料编织成绳结状来记录自己的工资收入,用不同的结绳方式打成不同的穗饰样式,不同的样式和打结的不同位置组成了一套实

---

① 文斯.人类进化史:火、语言、美与时间如何创造了我们[M].贾青青,李静逸,袁高喆,等译.北京:中信出版集团,2021:79.
② 施拉姆.人类传播史[M].游梓翔,吴韵仪,译.台北:远流出版公司,1994:81.
③ 崔林.媒介史[M].北京:中国传媒大学出版社,2017:27.
④ 施曼特-贝萨拉特.文字的先驱[M]//克劳利,海尔.传播的历史:技术、文化和社会.董璐,何道宽,王树国,译.北京:北京大学出版社,2018:7.

用的位置值表示法①，以满足计数的需求。

结绳也可以用更为简单的方式来计量数目。公元前500多年，波斯帝国的皇帝大流士一世攻打西徐亚人前，将一条系有60个绳结的绳子交给留驻的军队，令其每天解开一个绳结以计算出征的时间。

除了结绳外，智慧的原始人还有许多计数方式，如用小卵石计数、在木条上刻痕计数等，英语中的"计算"一词的拉丁文原义是用以计数的小卵石。

（四）信息棒

上万年来，澳大利亚的土著部落使用"信息棒"（message stick）在语言不通的部落之中传递信息②，内容包括邀请、贸易谈判和请求等信息。信息棒通常由本土的木材制成，通过雕刻、绘制或在石头上焚烧留下符号来标识信息，往往由一位信使携带与传递，并承担翻译的职责。

（五）黏土符物

知识卡片9：刻痕造物与黏土符物的差异

新石器时代，随着农耕业的萌芽和发展，黏土符物作为一种全新的媒介出现。与刻痕骨器、石板不同，黏土符物是完全的人工制品。黏土容易获取和加工，与水混合之后有较好的延展性，晾晒或烘干后即可永久定型，这意味着人们可以根据自己的意愿改变黏土符物的形状。球体、锥体、圆柱体、立方体等各种形状的符物代表不同的意义。黏土符物伴随着一整套符号系统诞生，每件符物代表一个唯一的具体的概念，符物的使用有一套基本的句法规则，这使符物系统成为人类历史上的第一套代码体系。即符物是"概念符号"，是象形文字产生的先声。③

远古时期人们使用的绘画、结绳、石刻、木刻等非语言的信息传递方式都为文字的诞生奠定了物质基础，而人们对信息记忆的切实需要则是文字诞生的动因。《世界上古史》中记载："由结绳记事进一步发展，就出现了图画文字。不少古文字最初都用图画表示。"④文字学学者郑也夫认为，早期文字经历了表意符号与表音符号两个发展阶段，前者是指用单个图形或若干图形的组合记事，图形本身能表明意义，无须跟语言成分对应；后者的书写是口头语言符号（词、音节、单音）的视觉替代形式。⑤由此可知，图画文字由壁画、石刻等早期信息记录方式逐渐演变而来，在黏土符物的基础上又发展出象形文字，最后慢慢演变为现代文明常用的表音文字形态。

---

① 林凯，谢清果.重返部落化：结绳记事的传播模式、机理与功能探赜[J].国际新闻界，2021（2）：161.
② 什么是留言棒（message stick）[EB/OL].（2020-09-16）[2022-09-05]https://www.iiiff.com/article/432605.
③ 施曼特－贝萨拉特.文字的先驱[M]//克劳利，海尔.传播的历史：技术、文化和社会.董璐，何道宽，王树国，译.北京：北京大学出版社，2018：9.
④ 晏绍祥.世界上古史[M].北京：中国人民大学出版社，2009：25.
⑤ 郑也夫.文字的起源[J].北京社会科学，2014（10）：4-34.

二、早期源流和载体

文字是人类历史上伟大的发明，重要的文字诞生情况如表 1-1 所示。

表 1-1 文字年表①

时间	文字概况
约公元前 3,500 年	楔形文字，苏美尔
约公元前 3,200 年	象形文字，埃及
公元前 18 世纪	A 类线形文字，克里特岛
公元前 1,450 年	B 类线形文字，克里特岛
约公元前 1,285 年	甲骨文，中国

（一）古巴比伦：楔形文字

若将文字的诞生定义为人类进入文明时代的标志，那么古代西亚的苏美尔地区就是人类文明的滥觞之地。苏美尔人创制的文字多刻制在泥板之上，少数写于石头、金属或蜡板上，由于线条笔直形同楔形，故被称作"楔形文字"。苏美尔人用削尖的芦苇秆或木棒在软泥板上刻写，通过日晒或火烤使泥板变得坚硬，不易变形，易于保存。楔形文字被公认为世界上最早的成熟文字系统，书写时从右到左排列在泥板上，与黏土符物的排列方式一致。因此，有学者推断，楔形文字正是通过模仿三维的黏土符物演变而来。②

知识卡片 10：苏美尔地区

苏美尔语在五六千年前的美索不达米亚被口头使用，直到约公元前 3,500 年才形成了成熟的文字③，其中经历了漫长的演变过程。关于楔形文字的起源也有不同论断。在苏美尔地区流传的史诗《恩美卡与阿拉塔之王》中写道："乌鲁克国王把文字写在泥板上。此前，在泥板上书写文字尚未被发明。"④依史诗所言，乌鲁克国王恩美卡就是创造楔形文字的人。在另一神话传说中，文字是由乌鲁克的主神伊南娜（Inana）从智慧之神恩基那里获取的。

有考古学家认为，楔形文字的发明与苏美尔特殊的自然经济条件有关。苏美尔文明已形成了早期的国家行政体系与经济系统，纷繁复杂的政治、经济事务无法再依赖简单的刻痕、绳结来记录和传递，因此，文字的诞生亦来自现实的迫切需要。苏美尔

---

① 罗宾逊.文字的起源[M]//克劳利，海尔.传播的历史：技术、文化和社会.董璐，何道宽，王树国，译.北京：北京大学出版社，2018：35.
② 施曼特－贝萨拉特.文字的先驱[M]//克劳利，海尔.传播的历史：技术、文化和社会.董璐，何道宽，王树国，译.北京：北京大学出版社，2018：9.
③ 晏绍祥.世界上古史[M].北京：中国人民大学出版社，2009：29.
④ ETCSL，Enmerkar and the lord of Aratta[EB/OL].（2006-12-19）[2022-09-05].https://etcsl.orinst.ox.ac.uk/cgi-bin/etcsl.cgi?text=t.1.8.2.3#.

的城邦在诸国混战中几度沉浮，最早由古巴比伦人统一了文字，并传承了文明。古巴比伦的第六代国王汉谟拉比将法典刻于黑色玄武岩石柱上，上部雕刻神授王权的场景，下部用楔形文字雕刻法典正文。这些雕刻在泥板与石板上的楔形文字留存至今，向当代人展现出一幅模糊而生动的人类早期文明景象。

（二）古埃及：象形文字

最早的埃及文字约在公元前 3,200 年出现。古埃及文字脱胎于雕刻与绘画艺术中，符号形象好似实物的外形，古希腊学者最先将其称为象形文字。象形文字意为"神圣的刻符"，正与古埃及文字"与神沟通"的最初作用相契合。

古埃及人通常在正式场合使用象形文字，将其镌刻在陵墓的棺材和神庙的雕像上，也会用于珠宝、武器和家具的装饰等。尽管象形文字总体上属于表意文字的一种，但古埃及人所使用的象形文字体系中的部分符号并没有实际意义，只代表说话时发出的一种声音。此外，象形文字具有阴性和阳性的区分，还有部分需要结合上下文语境来理解的"限定词"。

在实际书写中，为提升速度，古埃及人的书写官创制了简体的象形文字，用芦苇笔沾着墨水写在莎草纸上。古希腊人将简体象形文字称为"僧侣体"（Hieratic），意为"祭祀专用"，而事实上，它们也常被用在世俗文书的书写中，如婚书、信件、文契等。[①]

罗马帝国入侵埃及之后，象形文字也随之灭绝。直到 1799 年拿破仑远征埃及时，一位名为布夏尔的军官在罗塞塔城外发现了刻着文字的玄武岩石碑，古埃及文字才重新为人们所知。这块石碑便是现藏于大英博物馆的罗塞塔石碑（Rosetta Stone），石碑上部刻着象形文字，中间是僧侣体文字，下部则是希腊文字。[②]

（三）古希腊：线形文字

古希腊最早的文明痕迹可追溯至公元前 3,000 年左右的爱琴文明。受《荷马史诗》的启发，考古学家在爱琴海南端的克里特岛上发现了古代文化遗址，又从岛上克诺斯王宫的王室档案馆中发掘出 2,000 多块刻着文字的泥板。这种欧洲最久远的文字被称作线形文字，人们先后在克里特岛发现了两种不同时序和形式的文字，即 A 类与 B 类线形文字。A 类线形文字是由象形文字演变而来的音节文字，泥板档案数量较少，且仅在克里特岛被发现，其含义尚未被破译。B 类线形文字属于早期希腊语，其泥板档案数量较多，在希腊半岛的迈锡尼、派罗斯等地亦有发现，20 世纪时已被学者成功破译。此外，考古学家还发现克里特王宫出土泥板上的线形文字大多出于同一人之手，据此推断当时已经有了专门的书写官，且已存在较为完善的档案书写与管理制度。[③]

---

① 里格斯. 古埃及的象形文字[J]. 曹磊, 译. 书摘, 2020（1）：88-91.
② 崔林. 媒介史[M]. 北京：中国传媒大学出版社, 2017：37.
③ 周东涛. 荷马史诗与线形文字泥版档案的发现[J]. 上海档案, 1985（3）：26-27.

（四）中国：甲骨文

古巴比伦、古埃及、古印度与古中国并称为四大文明古国，是人类文明的发祥地。四国之中只有古中国的文明未遭中断，传承至今。在中华上下五千年的历史中，夏朝是第一个世袭制王朝。古中国最早的成熟书写文字系统就诞生于夏朝之后的商王朝。商朝的文字主要刻在龟甲或兽骨之上，故而被称为"甲骨文"。甲骨文存有 5,000 余个单字，文字系统中已经存在象形、指示、会意、假借、形声和转注等 6 种后世造字方式。可惜的是，甲骨文主要为巫者所使用，用来为统治阶级占卜、问神，并未普及至民间。①

知识卡片 11：文字的常见载体

商朝以农业经济为主，但手工业也有长足发展，其中最受瞩目的是青铜冶炼业。考古界发现了大量商代留下的青铜器，自商朝迁都于殷地之后，青铜器上出现了铭刻于内侧的文字——金文。

西周末期，由金文发展而来的文字逐渐脱离图画，变得愈加线条化和规范化，它被称为大篆或籀文。籀文通常被手书于竹简上或刻于石鼓上，故又被称作石鼓文。直至秦始皇统一文字，且不再于钟鼎之上刻文，金文与籀文才渐渐退出历史舞台，取而代之的是通行的小篆。

三、文字的意义

（一）文字的用途

1. 日常事务

随着人类社会的发展，城邦初具规模，越发复杂的贸易往来与日常行政事务成为催生文字的重要因素。日常事务的记录是文字的常见使用场景之一。文字取代带有刻痕的木头、小卵石与绳结，记录下苏美尔人生产产品的明细、劳工名单与任务、田地归属权与神庙的收支情况等。克里特岛上的泥板文字同样起着记录货品库存等事务的类似功能。统治者及其他有地位的人士将文字刻在印章上，盖在泥板上、住宅里甚至街道上，将其作为身份的象征，用以显示自己的职位、所属社会团体或职业群体等。②

2. 丧葬祭祀

早期文字常常被刻在祭祀礼器、丧葬品上。伊特鲁利亚（Etruscans）人留下的文字记录为数不多，大多数都是葬礼中使用的铭文，用于记录死者的姓名、死亡日期与地点等信息。

文字也被用于宗教仪式中。中国古代的金文多被刻在用于祭祀活动的青铜礼器

---

① 晏绍祥. 世界上古史［M］. 北京：中国人民大学出版社，2009：75.
② 罗宾逊. 文字的起源［M］// 克劳利，海尔. 传播的历史：技术、文化和社会. 董璐，何道宽，王树国，译. 北京：北京大学出版社，2018：31.

上，而年代更久远的甲骨文则被用于占卜活动。商朝，人们用火烤"卜骨"——通常是龟甲或牛骨——直至出现裂纹，再将预言的答案刻在卜骨上。① 在沃尔特·翁看来，文字（书本）本身就犹如预言。古希腊人在特尔斐神庙中祈求神谕，经由女祭司佩蒂亚②之口说出神的指示。在神谕中，语词的责任者（神）与实际发声者（佩蒂亚）分离开来，犹如写作者与文字的分离。现代人无法在书本上挑战作者，正如古希腊人无法挑战隐于神谕之后的神。③

3. 政治宣传

文字一直是统治者用作政治宣传的工具。与转瞬即逝的语音不同，文字是不朽的。政治领袖们记录下自己的名字、成就与权威，刻在宫墙、庙柱等庄重肃穆的地方。然而，正因为写作者与写作内容的分离，文字宣传很可能具有欺骗性。如，同样描绘埃及人与赫梯人的战役，埃及凯尔奈克神庙外墙上记录了埃及人的伟大胜利，而赫梯人镌刻下的却是赫梯人的胜利景象。人们懂得"历史由胜利者写就"的道理，却终究无法穿越时空回到过去，去验证文字所记载事件的真实情况。明清时期的中国文人运用考据学方法去对抗文字记录的疏漏与矛盾之处，但其能力始终是有限的。

电子时代以前的口语无法在时空中停驻，而以石板、莎草纸等为载体的文字则有利于远距离传播或长时间留存。伊尼斯在《传播的偏向》中指出，诸如羊皮纸、石刻、泥板文字等媒介偏向时间，它们笨重而耐久，不适合运输，但适合时间上的纵向传播，这些媒介能够一代代地传承下去，有利于文化的延续。偏向时间的媒介将过去、现在和将来联结在一起，有助于树立权威，便于形成等级森严的社会体制，有利于维系传统的集权化宗教形式。莎草纸、报刊、书籍等媒介则具有空间偏向，使用和运输方便，能够远距离传播信息。文字的这些特性有助于集权国家的建立与维系。赫伯特·乔治·韦尔斯（H.G.Wells）在《世界史纲》中写道："文字记录协定、法律和敕令。拥有文字的国家将比之前的城邦拥有更大的规模。祭祀或国王的敕令和印鉴可以广泛传播，超越他的目力、嗓音所能传到的地方，而且在他身后流传下去。"④

（二）文字对人类思维的意义

1. 信息组织化

比之口语，文字是一种"次生模仿系统"，但文字并不是口语的书面记录，而是

---

① 罗宾逊.文字的起源[M]//克劳利，海尔.传播的历史：技术、文化和社会.董璐，何道宽，王树国，译.北京：北京大学出版社，2018：31.
② 蒋苓，魏庆征.特尔斐神谕浅说[J].自贡师专学报，1992（1）：21-24.
③ 翁.口语文化与书面文化：语词的技术化[M].何道宽，译.北京：北京大学出版社，2008：59.
④ 罗宾逊.文字的起源[M]//克劳利，海尔.传播的历史：技术、文化和社会.董璐，何道宽，王树国，译.北京：北京大学出版社，2018：30.

一种组织化程度更高的信息形式。[1] 口语的组织具有连续性，其中有大量套语、冗余的成分，以适应情景式、操作性的人类思维。文字为记忆的时限与准确度提供了保障，套语与冗杂结构不再被需要，文字作品也就变得更加简洁和精雕细琢，传递的信息密度更高。但作为代价，文字也被认为损害记忆与脑力。[2]

2. 信息客体化

文字使得信息与信息传递者分离，允许信息内容的客体化。这首先意味着语词可以脱离语境而存在。口语的言语是嵌入演说者与听众共在的场景中的，语义传达更为清晰明确，听众若有疑惑也可当面辩驳，由演说者澄清。而读者无法从文字中揪出作者来与之辩论。文字是单向的陈述，如柏拉图笔下的苏格拉底所认为的那般"不能像口语词那样捍卫自己"。读者和作者一样享有文字内容的解释权，从这个意义上来说，文字的意义表达是含混不清的。正因如此，特尔斐神庙中石刻的警句"认识你自己"的真实含义才会令学者们苦恼不已。尽管人们能够翻译原本的石刻文字，但它被写下的原始语境、动机、内涵都遗失了。

信息的客体化推动了人类抽象思维的产生。黏土符物作为文字的前身已经初具系统性，但仍不能做到将其所计量的物品与数字分离开来。为代表数量，符物系统需要确实数目的实体符物来指代，并没有抽象出数字的功能。而在字母表的基础上，希腊人率先开辟了演绎逻辑、抽象科学和理性哲学方面的研究，人类思维走向抽象化和理性化，为对客观性与科学性的追求奠定基础。

（三）文字对人类社会的意义

1. 个体化

口语催生社群感、凝聚共同体，而文字则使人转向内心世界。写作、阅读都是一个人的事情，这与本质是互动行为的口语截然不同。尽管文字同样是交流的媒介，但当文字脱离写作者而成为柏拉图口中"没有人情味"[3]的事物时，交流是断裂的。沃尔特·翁认为，写作与阅读可以被视为虚构活动，作者虚构出读者的形象，而读者则虚构自己置身于文字描绘的情景之中。口语文化塑造外向的、雄辩的、热情的个体意识，而书面文化则塑造与之相反的内向的、自省的个体意识。"口语交流使人实现群体团结；而书写和阅读是孤零零的个人活动，使人的心智回归自身"[4]，正是具有后一种意识的个体构成了个体化的现代社会。人们越发注重隐私、距离与个体价值。

2. 集权与民主

文字同时具有集权与民主这两个向度。

---

[1] 洛根. 文字与字母表的作用[M]//克劳利, 海尔. 传播的历史：技术、文化和社会. 董璐, 何道宽, 王树国, 译. 北京：北京大学出版社, 2018：49.
[2] 翁. 口语文化与书面文化：语词的技术化[M]. 何道宽, 译. 北京：北京大学出版社, 2008：60.
[3] 翁. 口语文化与书面文化：语词的技术化[M]. 何道宽, 译. 北京：北京大学出版社, 2008：60.
[4] 翁. 口语文化与书面文化：语词的技术化[M]. 何道宽, 译. 北京：北京大学出版社, 2008：52.

在古代中国,"车同轨,书同文"是秦始皇加强集权统治的手段之一。无论是在西方还是东方,各个地区与民族使用的口头语言有诸多方言变种,使用不同方言的人难以相互沟通。而文字解决了这一难题,为统一多民族国家的建立奠定了坚实的基础。

口语相对灵活,因而在使用过程中时刻都面临着变化,而文字则因滞后而相对稳定。因为能跨越时间流传后世,文字通常象征着神圣与权威。"如果人们选择用某种古老而刻板的书面语去记录语言,那往往是因为看重它通过漫长使用的历史而获得的稳定性和权威性。"① 当法律、敕令以成文的方式表述,也就自然而然地获得了某种严肃性与权威性。统治者利用文字进行政治宣传,也维系着集权国家中整个权力机构的运行。

文字象征着权力,但也孕育着民主的希望。在造纸术、印刷术发明之前,文字尚不普及,被垄断于上层阶级之中。文字的普及也意味着教育与知识的推广,人们思想更加轻灵和自由,社会也更世俗化和民主化。

第三节 书面文化

一、书面文化的形成

(一)文字的垄断

自从语言在远古时期被发明之后,口语是人们自然而然学会和使用的交流工具,使用文字则需要经过系统性的学习。读写与计算一样具有学习门槛,但在基础教育尚未普及的前现代社会,学习仅仅是社会精英阶层的人生历程,文字与知识长期为上层阶级所垄断。

在苏美尔,复杂的楔形文字使得识文断字的能力需要经过长期的训练才能获得,因此,城邦成立了专门的学校与培训中心,培养能够参与商业活动、行政事务的书记员与行政人员。由于苏美尔城邦的政治经济事务与神庙机构息息相关,神庙理所当然地控制了文字与教育的覆盖范围。在神庙控制下培养出来的识字阶层将宗教观点当作普遍知识运用,甚至将其作为司法判决的基础。神庙的力量随之变大,僧侣的权威性随之提高,直到依靠军事力量崛起的世俗政府代替了宗教国家。②

在埃及,即使在象形文字被简化、莎草纸被广泛运用之后,教育的大门仍然不向普通人敞开。抄写员是享受特权的特殊阶级,不必做繁重的体力活,不必纳税,甚至可以享用王室供给的食物。

---

① 里格斯.古埃及的象形文字[J].曹磊,译.书摘,2020(1):88-91.
② 伊尼斯.古代帝国的媒介[M]//克劳利,海尔.传播的历史:技术、文化和社会.董璐,何道宽,王树国,译.北京:北京大学出版社,2018:20-21.

在古代中国，读书识字也是贵族阶级的特权。西周年间，官办的学校主要招收贵族子弟，也接收极少数通过选拔入学的平民子弟。在春秋时期，孔子开始兴办私学，倡导"有教无类"，吸收各个阶层的人进入学堂。古代中国的读书人讲究"学而优则仕"，但在科举制建立以前，平民读书人并没有正式、稳定的官方渠道进入仕途，无论是世官制还是察举制、九品中正制，皆看重出身与门第。寒门出身的子弟只能凭借突出的品德、才能和交际能力受人推荐获得官职。在科举制建立之后，各个阶层的学子才拥有相对公平的机会凭借自己的知识水平走入仕途，参与国家政治决策，民间向学之气亦蔚然成风。

（二）西方书面文化的基础：希腊字母表

在西方，文字的普及不仅受到贵族与宗教势力的钳制，还面临另一重内在的技术挑战。

在哈弗洛克看来，希腊字母表是西方书面文化的基础。通过分析《荷马史诗》、希腊戏剧等文本，哈弗洛克提出，荷马及其代表的口头传统是描述性的，识字传统则是解释性的，而后者正是自字母表发明以来才建立的文化传统。[1] 在荷马时代之后，约公元前8世纪，部分地区就开始使用希腊字母。[2] 但字母表带来的识字革命（literate revolution）[3] 并非立即发生，而是到了柏拉图时代才发挥出能量[4]，这是因为早期文明的技术创新与应用之间所需要的适应时间比现代社会要长得多。字母表被发明之后，经过很长一段时间才逐渐被推广和标准化。

或多或少影响了麦克卢汉思想的哈弗洛克认为，人类使用感官的方式影响思考的方式。[5] 分解语音是希腊字母表的重要优势，这使它与文明早期的楔形文字、象形文字与线形文字具有本质上的不同。这一优点也令文字的学习变得容易，人在幼童时期就能完成字母表的学习，而文字所代表的线性的、演绎的、抽象的思维模式[6] 则成为人们条件反射式的思维习惯。正是在此基础上，现代社会的法律、科学与哲学思想结构得以建立与发展。[7]

---

[1] Havelock E A. The alphabetic mind: a gift of Greece to the modern world[J]. Oral Tradition, 1986, 1(1): 134-150.

[2] 哈弗洛克. 希腊遗产[M]// 克劳利, 海尔. 传播的历史：技术、文化和社会. 董璐, 何道宽, 王树国, 译. 北京：北京大学出版社, 2018: 42.

[3] Edmunds L. The literate revolution in Greece and its cultural consequences (review)[J]. Philosophy and Literature, 1982(95): 503-505.

[4] Spilo T A. The muse revisited: orality, writing, cognition, and culture in the works of Eric A. Havelock[D]. New York: New York University, 2022: 49.

[5] Spilo T A. The muse revisited: orality, writing, cognition, and culture in the works of Eric A. Havelock[D]. New York: New York University, 2022: 50.

[6] Spilo T A. The muse revisited: orality, writing, cognition, and culture in the works of Eric A. Havelock[D]. New York: New York University, 2022: 49.

[7] Edmunds L. The literate revolution in Greece and its cultural consequences (review)[J]. Philosophy and Literature, 1982(95): 272.

希腊字母表为语音提供了视觉化的记录，记忆的有限性不再成为人类文明发展的限制条件。人脑从记忆重负中解放出来之后，口语文化中的韵律、套语等辅助记忆的工具也不再被需要，这为新思想的孕育提供了空间。比口语方言更为标准化和统一化的文字亦促进了思想的交流，为科学、哲学及文学的发展奠定了坚实基础。正是从这个意义上来说，希腊字母表乃西方书面文化的基础。

（三）东方书面文化的基础：造纸术与印刷术

知识卡片 12：日本与韩国的文字发展

知识卡片 13：中国古代的书写载体

中国的汉字可能是世界通行语言中唯一的非表音文字。有学者认为，严格说来，汉字应该属于表意—音节文字（word-syllabic writing）或意音文字[①]，因为汉字虽不属于纯粹的表音文字，但汉字系统中存在表音的结构。此外，在古代和近现代，汉字均有标示读音的系统，只不过注音仅仅作为学习汉字的辅助工具。无论如何，中国并没有经历从表意文字到表音文字的转变过程。

哈维洛克曾写道："古代的书面文化受到书写材料性质的局限，也受到书写方法的限制。"在古代中国，书面文化发展的关键节点并非文字系统的转变，而是书写材料和方法的新发明。古代中国四大发明中的造纸术与印刷术，对于中国乃至世界的社会生活与文明发展产生了重要影响。

造纸术解决了书写材料的难题。东汉的蔡伦在前人的基础上改进了造纸术，将树皮、破布、渔网等用于造纸，原料更容易获取，制作工艺也更加简单，纸的成本大大降低。造纸术逐渐得到推广，解决了物质材料的困难，提升大众识字水平的技术阻碍得以消除。该技术传播到世界各地之后，促进了全球范围内书面文化的发展。

唐宋时期先后发明的雕版印刷术、活字印刷术更新了书写技术。如同人脑只能承担一定限度的记忆负荷，人的双手也有书写的限度。印刷术发明前，手抄的书本是珍稀之物，是寒门学子接受教育的又一隐形门槛。印刷术得到广泛运用之后，标准化印刷的书本通行于世，购买书籍来念书识字变得更加容易了。这一技术革新节点对应于西方则是古登堡印刷机的发明，哈弗洛克认为，自此之后字母表文化才能够克服方法上的局限，并完全开发自己的潜力。[②]

二、手稿文化时代

（一）抄书人与匠人文化

沃尔特·翁将前电子时代媒介变迁下的社会文化划分为"口语文化—口语遗存文

[①] 裘锡圭.文字学概要[M].北京：商务印书馆，1998：13.
[②] 哈弗洛克.希腊遗产[M]//克劳利，海尔.传播的历史：技术、文化和社会.董璐，何道宽，王树国，译.北京：北京大学出版社，2018：48.

化—高度发达的书面文化"三个阶段,哈弗洛克也认为希腊字母表发明之后书面文字经历了很长一段发展演变的时间才实现标准化,最终走向高度成熟的书面文化。其中的过渡期即自文字逐渐普及至印刷术发明的时间。在这段"口语遗存文化"阶段里,人们阅览的文字均由人力手书于纸张之上,信件、公文、书本等均以手稿形式存世。

知识卡片14:西方书写匠人使用的书写材料

这个阶段的早期文化也被哈弗洛克称为匠人文化(craft literacy)。也就是说,彼时书写能力是一种可以用以谋生的手工业技艺。匠人可以替人书写信件、文书,如同纺织、刺绣来赚取薪酬。识字的门槛和写字的烦琐程度使得书写匠人的工作从不缺乏市场。

知识卡片15:东方人的书写材料与书写工具

古代中国就有专业化的抄书人群体。据古籍记载,抄书人的出现不晚于战国时期。① 战国时期见证了"百家争鸣"的文化大繁荣,各家著述不计其数,口语时代的信息传播方式已经跟不上社会信息更迭的速度,书籍的复制和流通成为社会文化阶层的迫切需求。然而,受限于书写材料与书本来源,抄写一本书十分费时费力,以抄书为业赚取薪金的抄书人群体应运而生。不同于简单的书信撰写,抄书的技艺更为精细复杂。抄写其他手稿只是抄书活动中最基础的工作,在没有如印刷品般稳定、权威版本的情形下,编辑、校对都是极为困难但不得不做的事情。

知识卡片16:中国古代官制中的抄书人

秦始皇焚书坑儒的暴行之后,为复兴社会文化事业,汉高祖建立了一批抄书和藏书的机构,官方雇佣的抄书人群体随之形成。在官方重视书籍与文化的态度带动下,民间的著书与抄书活动也日益发展壮大。抄书人成为正式的社会职业,是在两汉之交时期,并呈现出官方抄书人与民间抄书人的两种不同类别。官方抄书人是国家公职人员,抄写内容以儒家经典、史料与行政文书为主,而民间抄书人的工作范围则超出了官学范畴,这也在一定程度上促进了世俗文化的繁荣发展。②

书写材料与书写工具的发展、社会文化传播的客观需要奠定了抄书人群体职业化的基础。造纸术的发明不仅降低了书写材料的成本,还提高了抄写速度,使书函更加便于阅读、携带和存放,极大地推动了抄书人行业的发展。与此同时,制作毛笔、墨、砚台的技术也愈加成熟精进。在魏晋时期,民间书肆开始被称作"书店""书铺",甚至出现了长途贩书的商人。两汉之际,佛教传入中国,佛教典籍的抄写活动

---

①② 徐栩.论中国古代"抄书人"的演变及其历史地位[J].郑州大学学报(哲学社会科学版),2011,44(4):103-106.

也随之展开。①

到了唐朝，随着雕版印刷术发明，书籍复制的效率、质量都大大提高。宗教领域率先开始了以印刷本代替手抄本的改革。而抄书人职业群体也逐渐没落，但不成规模的抄书活动仍长期留存于世，遗留下书稿文化时代的独特印记。

（二）书写者与书法文化

对于作为书籍复制人员的抄书人来说，印刷术的普及意味着职业生涯走向末路；而对于书籍、文章的原创者来说，手稿文化时期则要延续更长的一段时间。在新的书写工具未被发明之前，一手文稿均是作者用纸笔写下的，因此，尽管在市面上流通的是印刷品，文本最初的呈现形式仍然是手稿。

知识卡片17：书法风格的影响因素

原始手稿与手抄书稿的清晰度和标准化程度远远比不上打印本和印刷本，但手稿为书写的个性表达留下了广阔的空间。手稿文化时代孕育了独特的艺术形式——书法。传统儒家君子六艺中的"书"，不仅仅指读写能力，更是指文采与书法。古中国的文人墨客极富雅趣，不仅使用的笔墨纸砚讲究美学价值，书写的文字亦追求艺术风格的彰显。艺术风格往往受到时代、民族、地域和个人等因素的影响②，书法的艺术风格也是如此。文字的构造在古代中国经历了篆、隶、草、行、真（楷）的书体变迁，以毛笔为书写工具的书法艺术发展与汉字的演变相辅相成。

书法家在中国古代并没有形成专门化的社会职业。在当今时代被称为书法家的古人们，几乎都在书法技艺外别有职业。如王羲之、苏东坡等人，其书法作品在他们生前就负有盛名，在身后更是流芳百世，但他们的主业都是在朝为官，写字并不是他们养活自己的营生，而是研学考官的副产品。

知识卡片18：中国古代的书写官

可以说，中国古代几乎没有专职的书法家，书法的艺术性往往发挥在实用性的基础之上。这也意味着，除了文人私下创作外，古人写作文书、抄书人抄书，不太可能选用诸如草书等个人风格极其强烈、辨认度较低的字体。近代以来，在原本由毛笔承担的书写功能逐渐让渡给硬笔和电子键盘之后，书法才真正成为纯粹欣赏性的艺术形式。③西方同样发展出了自己的书法艺术，不同历史时期与地域有不同的艺术风格，如古罗马时期的大写体、12世纪末欧洲流行的哥特体、文艺复兴运动之后盛行的花体等。

书法艺术与绘画、雕刻、音乐、建筑等艺术形式一样，是人类文明史上的璀璨明

---

① 徐栩. 论中国古代"抄书人"的演变及其历史地位[J]. 郑州大学学报（哲学社会科学版），2011，44（4）：103-106.
② 徐利明. 中国书法风格史[M]. 郑州：河南美术出版社，1997：2.
③ 徐利明. 中国书法风格史[M]. 郑州：河南美术出版社，1997：4-5.

珠，集中展现了书稿文化的积极一面。而在消极一面，手写的书稿在字迹清晰度、保存难易程度、内容准确度方面都存在明显的缺陷，留待印刷术等后继的技术来弥补。

三、后手稿书面文化时代

印刷术解决了复制本的标准化流通问题，但人们在写文书时仍然使用纸笔的传统方式，同样存在写作效率、字迹清晰度等方面的问题。打印机及电子产品中的键盘掀起了一场书写工具的变革，将人类社会带入后手稿书面文化时代。

（一）近现代商业社会与打字机

文字的发明起源于人类社会对日益复杂的经济、行政事务的记录需要，因此，文书工作及文员职业的历史几乎与文字的历史一样悠久。中外自远古时期专门司书的各类岗位是近现代商业社会中办公室办事员的前身。办事员所做的通常是简单的文书工作，既无关宏旨，又不可或缺。工业革命与贸易全球化催生了越来越多的行政事务，使办事员的群体越发壮大。[①]但手写的速度在社会节奏的日益加快下逐渐显得吃力。

在两千多年前的古罗马，西塞罗的门徒泰罗（Tiro）就曾创制一套速记方式来加快书写速度、应对口语转写文字时的力所不逮。工业社会的快节奏推动了速记的发展[②]，也增加了对提高文书工作效率的普遍需求。

1808 年，世界上第一台打字机发明于意大利，是发明者佩莱格里尼·图里（Pellegrino Turri）为失明的好友设计的。但这台打字机失传了，只遗留下若干由其打印出的信件。[③] 其后，许多家机械公司开始钻研这项将书写机械化的技术。美国人肖尔斯为雷明顿公司设计了第一台商业使用的打字机，他制造的木制打字机能打出清晰的文字，但键盘按键较多，且人们无法在打字过程中看到打出的内容。曾与肖尔斯合作的约斯特在此基础上做了改进，将大小写字母合并，打字键盘上的键缩减到了一半数目，使用者也能实时看到打印出来的字母。打字机自 19 世纪 70 年代开始流通于市场，但起初由于墨水容易褪色，销量并不好。技术发展成熟之后，墨水的问题解决了，打字机本身也变得便携，打字技术被逐渐推广到更多国家。到了 20 世纪上半叶，打字机已经风靡于欧美市场，改变了办公室职员、文艺作者的书写方式。手稿书面文化时代也随之终结了。

能够处理汉字的打印机最初是在日本被发明的。中国人舒振东也发明了舒式打字机，新中国成立后生产的双鸽牌打字机正是在舒氏打字机的基础上改进的成果。[④] 不过，由于汉字并不使用欧美的字母系统，打字机的汉化之路走得多少有些不顺遂。西方文字能由有限个数字母的排列组合而成，而作为表意音节文字的汉字则是开放性

---

① 萨瓦尔.隔间：办公室进化史[M].吕宇珺，译.桂林：广西师范大学出版社，2018：5-7.
② 许寿椿.汉字复兴的脚步：从铅字机械打字到电脑打字的跨越[M].北京：学苑出版社，2014：96.
③ 刘柳.无视觉书写，第二次书写革命[J].中外文摘，2020（19）：10-11.
④ 晓宁.打字机、办公室与女打字员[J].装饰，2012（11）：48-50.

的,无法被键盘穷尽。因此,汉字打字机没有键盘,取而代之的是放着数千个铅活字的大字盘,被称为字盘式打印机,但即使这样也未必能覆盖所有需要的文字。因此,汉字打字机检字的自由度和操作容易度远远比不上西文打字机,更像是活字印刷术的延展应用。

知识卡片19: 汉字改革

对于中西方文化均有研究的林语堂根据汉字的特殊性,创新地发明了运用"上下形检字法"的新型打印机,简化了字盘式打印机,但因当时正处解放战争时期,这一发明并未得到推广。[①] 即使有林语堂的进一步改善,汉字机械打印机有诸多不便,但社会的现实需要使打字机在行政与商业领域被较为广泛地运用。直到电脑与手机等更个人化的电子科技产品流行之后,打字机才逐渐消失了,手稿也渐渐淡出了社会视野。

(二)打字机与女性

打字机的发明还具有解放手于书写职责之外的社会意义。打字机在工作领域的广泛运用推动了女性走出家庭、进入职业市场的进程。

知识卡片20: 女性走出家庭的进程

打字机登上历史舞台的时代正值美国内战期间,男性职工受征召加入军队,留下的职位缺口由原本囿于家庭的女性填补。与此同时,社会工业化、城市化的发展进程也推动了大众教育的普及[②],更多的中下层女性获得了基础的识字教育。因而,除了劳动阶层所在的工厂外,办公室中也出现了女性的身影。然而,先代女性工人的斗争并没有改变男性主导的社会对于女性的偏见,政府的反对者们对将男性的工作领域转交给女性仍然十分警觉,只允许办公室女性从事办事员、文秘等非原创性的机械工作,且付给女性更少的薪资。[③] 尽管有更多的女性从家庭中解放出来,但职业领域的男女不平等却积重难返。

打字机使用便捷、简单易学,女性很快展现出优秀的工作胜任力,一度几近垄断了打字员与秘书职业。英文中的打字机(typewriter)因此同时存在"打字机"与"女性打字员"两重含义[④],是女性"成为机器"的绝妙隐喻。女性控制着打字机,同时又为机器所控制,这既是女性被他者化、物化的性别隐喻,也暗含着人们对技术异化的隐忧。

无论如何,对于当时的女性来说,拥有工作总是一件好事。进入办公室成为打字员或文秘是比工人更轻松体面的工作,也的确是女性们挣钱养活自己,甚至实现阶层跃升的机会。肖尔斯评价打字机为"造福人类的工具,尤其造福了女性"。雷明顿甚

---

① 许寿椿. 汉字复兴的脚步:从铅字机械打字到电脑打字的跨越[M]. 北京: 学苑出版社, 2014: 14-22.
② 晓宁. 打字机、办公室与女打字员[J]. 装饰, 2012 (11): 48-50.
③ 萨瓦尔. 隔间: 办公室进化史[M]. 吕宇珺, 译. 桂林: 广西师范大学出版社, 2018: 77.
④ 吕黎. "打字机"的前世今生: 2017年媒介考古学著作举隅[J]. 中国图书评论, 2018 (2): 60-68.

至在广告中公然将打字机宣传为女性就业问题的解决之道。

早期职业女性所面临的职场差别对待是父权制社会结构下的必然结果，它不是工作领域的单一性问题，而是与女性在社会中的政治、经济地位密切相关的。正因如此，职场的性别歧视问题无法与其他社会因素割裂开来单独解决。1788 年，英国莱斯特地区的纺织女工们为改善自己的工作环境与工作待遇而抗争，女性尚未在政治领域获得一席之地。直到 19 世纪初，英国、美国等国家才陆续有人呼吁赋予妇女选举权；20 世纪初，女性选举权才真正得以落实。

（三）手稿—印刷—电子：不朽到速朽

尼采在中年时几近失明，想要订购一台打字机来辅助写作。使用打字机没多久，尼采就在信件中说道："我们的书写工具作用于我们的思想。"[1] 打字机的按键位置是固定的，记熟之后可以盲打，使盲人也能操作，这为尼采的写作提供了便利。但对于尼采来说，打字机终究不如手写令他感到习惯，他的写作风格也从从前的长篇大论转变为短小精悍的格言。[2] 马丁·海德格尔（Martin Heidegger）也在书中写道："打字机改变了存在与人之本质的关系。"[3] 在沃尔特·翁看来，文字是一种异己的技术，而打字机则更是如此。文字使人类的言语表达从嘴巴转向笔尖，打字机则又从笔尖夺过表达权，将其诉诸冰冷的机械键盘。人们对技术的依赖程度提高，技术因素对于表达的影响也进一步加深了。

手稿文化是欢迎个性化表达的文化。在手稿中，人们的笔迹、排版等风格均无限制，可供创作者自由发挥。由于中国古代的书籍不加句读，晦涩难懂，手抄本又无法保证原真性，因此，书籍注释成为文化传承的重要工具。然而，注释的解释力有限，且注释并非官方理解，各版本之间也有不同。印刷术则大大提升了书籍传世的规范化和标准化程度。只要在印刷时选定刊印的书籍版本，得到的

知识卡片21：古籍注释的起源

成品就不会出现手抄本时代难以捉摸的错漏之处。因此，印刷文本是一种"可以准确重复的视觉表达"[4]，其精确性和可重复性奠定了现代科学的发展基础。大规模批量复制为文化的世俗普及创造了条件，教育由此得以推广，惠及更多的中下阶层人士。与此同时，批量复制的文化艺术品也催生了知识分子对艺术"灵韵"消亡的担忧。

这一隐忧在电子文化时代甚嚣尘上。在手机、电脑等电子产品普及之后，手稿几近绝迹，而印刷品也成了怀旧品。书写工具从笔变为了电子键盘，书写形式也从文字变为了数据代码。信息被文字客体化、被打字机机械化、被电脑数据化，逐渐疏离、外在于作为使用者的人类。技术异化的威胁如达摩克利斯之剑始终高悬于人类头顶。

---

[1] 于成. 打字机、女秘书、计算机与思想的生成[J]. 读书, 2019（2）：68-72.
[2] 吕黎. "打字机"的前世今生：2017 年媒介考古学著作举隅[J]. 中国图书评论, 2018（2）：60-68.
[3] 于成. 打字机、女秘书、计算机与思想的生成[J]. 读书, 2019（2）：68-72.
[4] 翁. 口语文化与书面文化：语词的技术化[M]. 何道宽, 译. 北京：北京大学出版社, 2008：96.

媒介史

在文字诞生之初,这种偏向时间的媒介被用于记录最重要、最肃穆的信息,唯有这些信息才值得流传下去。文字与写作寄托着人们对不朽的原始渴望,滚滚而去的历史洪流中,只有留名青史、留下文字的极少数人方能名垂千古。人们对文字不朽的敬畏在铅字时代仍然成立,书籍的传世属性赋予被铅字记录的人莫大的肯定与荣耀。然而,到了电子信息时代,似乎任何人都拥有相差无几的表达权,人们被裹挟在文字及其他载体构成的信息洪流之中,文字的庄重感与严肃性早已荡然无存,原本不朽的文字也就变为了速朽之物。

思考练习题

1. 文字更易于记录和流传,为什么流传下来的纯口语语言数倍于有文字的语言?
2. 口语和文字在促进人类文明发展方面各有哪些优势?
3. 媒介有时空偏向,是否也有性别偏向?在何种条件下成立?
4. 现代电子信息社会中是否还有口语传统的遗存?你如何看待?
5. 后手稿书面文化具有怎样的特性?

第二章 报刊史

本章要点

1. 近代报纸产生的社会背景。
2. 中外报刊事业的发展历程。
3. 有关报刊的理论，尤其是关于报纸与权力控制之间的关系。
4. 报刊等印刷媒介对人类社会的影响。

根据现代报业的标准，一张印刷品能否称为报纸，要看它是否具备如下条件：至少每周出版一次；必须是用机械手段生产的；凡是愿意付费的人，不论是属于什么阶级或有什么特殊兴趣，都可以不受限制地购买；必须刊登一般公众感兴趣的事情；必须通俗易懂，对具有普通文化水平的公众具有吸引力；必须具有持续的稳定性。[1]

虽然中国古代也有被称为"报纸"的印刷品，但要按以上标准衡量，真正意义上的现代报纸是17世纪初在西欧出现的。此后，报业的发展一般被公认经历了官报、党报、商业报纸三大阶段。报纸的大众化革命将人类社会推向了大众传播时代。

迅速发展的报刊，逐渐进入人们的日常生活，改变着人类社会交往和互动的方式，促使传统社会向现代社会转型。新兴资产阶级借助自由报刊的力量，不断推进着现代民主理念的传播和实践，报刊成为为民主化保驾护航的"第四权力"。然而，随着报刊业垄断的加剧，报刊和民主政治之间的正向关系也逐渐淹没在商业化浪潮之中。在中国，报刊因政治体制、喉舌地位而与西方有所区别，呈现出自己的独特之处。

---

[1] 张昆.大众媒介的政治社会化功能[M].武汉：武汉大学出版社，2003：62.

第一节 早期报刊的产生

一、报刊诞生的背景

（一）社会经济基础——商业经济崛起与革命性技术创新

近代报纸是在欧洲由封建的中世纪逐渐迈向近代社会的历史洪流中诞生的。"作为西方近代化的标志，文艺复兴、宗教改革与地理大发现等社会运动的兴起强化了人们对信息的需求，同时也为信息的大规模扩散创造了条件。"[①]15世纪以后，文艺复兴和宗教改革瓦解了神学体系，世俗的民族国家逐渐形成，鼓励商业、科学研究和技术创新的人文主义成为西方世界的新潮流。政治、经济和文化等多个层面的变革，大大刺激了人们对新闻信息的需求，信息交流空前活跃。

城市的复兴和商业经济的崛起为近代报刊的产生提供了直接的社会需求。随着西方世界近代化进程的展开，商业逐渐取代农业生产成为主导社会发展的主要生产方式，航海技术的革新和美洲新大陆的发现促进了海上贸易的飞速发展。商船从大西洋西海岸驶向欧洲各国，众多港口城市因商贸而兴起，人们对船期、价格、销路、供需等商业资讯的渴望被极大地激发，市民阶级和资产阶级成为当时的新代表。在新兴资产阶级登上历史舞台、逐渐取代封建统治阶级的过程中，代表商业社会生产方式的资产阶级与原有的教会贵族之间的矛盾一直难以调和，导致社会矛盾尖锐、问题频发。社会矛盾和政治斗争的加剧，也使得人们对社会信息的需求发生了井喷式增长。"西方社会逐渐进入冲突多发的不稳定时期，进一步刺激人们去获取更多的信息。"[②]随着资本主义发展，经济重心和人口逐渐从农村转移至城市。急剧增长的城市人口为新闻纸带来了大量读者。到了17世纪，随着陆路交通的发展，英、法等国把政府和民间经营的两种邮递组织结合起来，建立了国家专营的邮政事业，四轮的公共驿车承担起长途运输任务。邮政系统的发展和完善降低了信息运送的成本，缩短了信息流通的周期，为定期出版物的出现提供了交通保障、奠定了制度基础。

革命性技术的创新带动了社会生产方式的变革，也为报纸的诞生提供了必要的技术条件。印刷术的诞生"对西方社会近代化过程中的信息扩散产生了至关重要的推动作用，并与当时的社会运动一起，形成势不可当的变革力量"[③]。1445年，德国人古登堡发明了欧式金属活字印刷术，标志着人类掌握了文字信息的大批量复制技术。一开始，人们只是利用这种新技术印刷各种版本的《圣经》和宗教宣传的小册子。但很快一些商人发现了印刷术更大的价值，他们用印刷机制作单页的新闻传单，"这些新闻

[①][②][③] 崔林.媒介史[M].北京：中国传媒大学出版社，2017：62.

传单上往往只有一条新闻，内容可能是异域传说、上帝显圣等。如果附有插图的话，这种机印的新闻传单会销售得更好"①。

（二）思想文化基础——取得言论自由与出版自由的抗争

中世纪时，出版权一直被教会牢牢控制。从6世纪到15世纪末印刷本取代手抄本为止，出版物都是由修道院里的修道士担任书籍抄写员，依据一系列常规手工复制的。②在这种情况下，敢于突破教会限制的出版内容极为稀少。印刷机的出现大大简化了书籍的传播过程，商人纷纷涉足印刷书领域。为了谋求更多的利润，一些商人印刷一些包含为教会所不容的内容的小册子，其中就包括文艺复兴和宗教改革运动的一些思想成果。出于对统治秩序被扰乱的担忧，天主教会和各国世俗当局采取了一系列严格措施。然而，此时的欧洲，文艺复兴和宗教改革两大思想解放运动已然勃兴，新兴资产阶级不满于天主教会对人们精神世界的控制，人文主义和自由平等等观念逐渐兴盛，思想家们围绕出版自由问题纷纷展开论战。

1643年，英国颁布《出版管制法》，引起了清教徒出身的约翰·弥尔顿（John Milton）的不满。1644年，弥尔顿写下了著名的小册子《论出版自由》。他从自然法角度出发，提出天赋人权，主张言论自由、出版自由是人与生俱来应该享有的权利。弥尔顿追溯了古希腊、古罗马以来人们对待文字和书籍的态度，进而强烈谴责教会和世俗当局对书籍出版的审查法令。他将书籍和生灵相比较，指出生灵尚可自由地降临人世，即使是魔鬼也可在出生之后将其毁灭，"但一本书在出生到世界上来以前，就要比一个有罪的灵魂更可怜地站在法官面前受审，它在乘渡船回到光天化日之下来以前就要在阴森黑暗的环境中受到拉达马都斯那一伙人审判，这件事是从未听说过的"③。

弥尔顿认为，言论自由是人类自由的重要组成部分，出版审查制度表面上针对诽谤和煽动性书籍，实则影响到人们对道德和真理的认识，妨碍了言论的自由表达。弥尔顿彻底否定了出版审查制度的存在基础。施拉姆在《报刊的四种理论》中论及弥尔顿的出版自由思想对现代社会的影响时提出，现代关于"观点的公开市场"以及"自我修正过程"概念的最初来源就是弥尔顿的思想。从弥尔顿的立场出发，人们都拥有自由地充分地表达自己思想的权利，这和正误无关。在意见交换过程中，虚假的和错误的思想会被修正，真实的、正确的思想会通过吸引新的力量保存下来，而这一过程根本不需要政府的参与。④这些宣传推动了人们的思想解放，为新闻报刊的发展创设了有利的思想条件，弥尔顿的《论出版自由》也因此被看作古典自由主义新闻观的奠基之作。

---

① 李磊磊.欧洲近代报纸产生的环境因素分析[J].中国出版，2011（24）：56-58.
② 芬克尔斯坦，麦克利里.书史导论[M].何朝晖，译.北京：商务印书馆，2012：79.
③ 弥尔顿.论出版自由[M].吴之椿，译.北京：商务印书馆，1958：12.
④ 聂卉.论西方言论出版自由思想的发展：以弥尔顿、詹姆斯·密尔和约翰·密尔的出版言论为例[J].新闻爱好者，2016（7）：40-43.

二、近代报刊的雏形

（一）手抄新闻的盛行

知识卡片1：中外古代历史上的手抄新闻

顾名思义，手抄新闻（Notizie Scritte）即用书写工具手工抄发或抄售的新闻报道，载体可为纸、帛、石膏板，是一种早期新闻传播媒介，也是现代报纸的雏形。作为印刷新闻的前身，手抄新闻确切的诞生时间已经无法考证，人们一般认为可以上溯至古罗马时期。

现代意义的手抄新闻出现于16世纪的意大利威尼斯。由于威尼斯属于地中海贸易中心，与地中海沿岸诸港及德国商业都市联络频繁，当地对信息流通的需求尤为迫切。同时，作为文艺复兴运动的兴起地，意大利的文化领域十分繁荣，在思想和学术方面也在欧洲大陆处于领先地位。因此，意大利的贵族、富商、学者十分关注欧洲各地和世界其他国家的情况，经常委派专人四处打听或用慷慨付酬的方式获得消息。在这种情况下，威尼斯就产生了一批在一般的通信业者外，以手动抄写并贩卖新闻为业的人。基于上述背景，手抄新闻往往满足的是特定群体的一些特殊需求，甚至某些手抄新闻就是专门定制的，因此，它往往是以订阅的方式发送。① 虽然当时已经有了欧式印刷术，但是当时欧洲拥有印刷机的作坊数量较少，且大部分作坊都在教会或世俗当局的控制之下，印刷新闻受到严格的控制和检查。手抄新闻早有其历史传统，在内容和形式上较少受到限制，也不太受到当局的关注，因此，经营手抄新闻的代理人相当多，手抄新闻在相当长一段时间内是新闻传播的主要形式。②

同一时期的富格尔新闻信（Fuggerzeitungen）也非常著名。当时，德国富商富格尔家族开设的金融贸易所遍布欧洲各大城市，为了方便业务开展，他们把当时手抄小报和互通消息的信件汇集成商业通讯。富格尔新闻信汇集了各地的政治、经济、军事信息，内容广泛、传递简便。与威尼斯的手抄新闻不同的是，这种新闻信主要是为了搜集当地的信息从而更好地服务商行运转，只供商行内部信息流通所用，并不公开。不过，后来部分商行见其新闻内容广泛有趣，会将其再次手抄复制，送给关系密切的王公贵族和官员阅读。③ 这和当代的信息服务提供商十分相似。

（二）新闻书的出现

"新闻书"（News-book）一词本源来自拉丁语"Mercurius"，其本意是"上帝使者"。新闻书的撰写者认为，他们是统治者的信使，因此，17世纪中叶前的大多数英国报纸都会采用这个词语作为报纸的名称。

早在13世纪，英国就已经出现了新闻书的雏形，但此时的新闻书只是手抄本，

---

① 陈长松. 论"手抄新闻"沿街叫卖的可能性[J]. 新闻爱好者，2009（15）：65-66.
② 林溪. 从手抄新闻到印刷新闻：浅谈欧洲新闻传播方式的早期进化[J]. 新闻战线，1984（12）：48.
③ 李磊磊. 欧洲近代报纸产生的环境因素分析[J]. 中国出版，2011（24）：56-58.

质量较差，时效性滞后，受众覆盖范围很有限，难以形成一种统一的公众舆论。[1]

1482年在德国奥格斯堡发行的《土耳其侵犯欧洲新闻》是欧洲最早的不定期新闻书，1508年在奥格斯堡发行的《巴西探险记》则是世界上最早的特写式新闻书。1583年，奥地利人迈克尔·艾庆（Micheal von Aitzing）在法兰克福发行不定期的新闻书，名为《博览会编年表》。英国较早出现的《西班牙新闻》（1611年）、《英国新闻》（1625年）也都是新闻书。

早期新闻书是一种不定期的新闻印刷品，没有固定订户，在市场上设摊公开发售，内容常常是对当时某些重大事件的报道和其他政治和经济方面的重要消息等，有时候会带有一些政治评论性内容。随着欧式印刷术的不断普及，17世纪初期，规模化的印刷式新闻书出现了，这也成为现代新闻传播业的先声。正如哈贝马斯所说，直到17世纪，社会才具备让大众知晓信息的条件，才有真正意义上的新闻传播业。[2]与此前偏重记事性的小册子相比，印刷式新闻书更加突出了新闻性，同时和手抄新闻相比可以更加方便地大量复制传播，但发行周期比手抄新闻长，后来也出现了定期出版的新闻书。

1640年，英国资产阶级革命爆发，不同的政治派别纷纷使用新闻书作为自己的政治宣传工具，并以此作为获得公众支持的重要途径，新闻书事业大放异彩，步入兴盛。革命开始后，英国先后取消了皇家特许出版公司和皇家出版法庭，新闻行业获得了较大自由。当时的英国国内基本上分为两大政治派别，即查理一世领导的保皇派和克伦威尔领导的议会派（资产阶级与新贵族）。在军事斗争之外，为了争取民众对本政治派别的支

知识卡片2：新闻书在英国资产阶级革命中的重要角色

持，政治性的新闻书受到了两大政治势力的关注，并被加以利用，以期对公众的政治倾向产生影响，获得公众的政治支持。

可见，在近代的政治斗争中，新闻印刷品扮演着一个极为特殊的重要角色。

三、定期报刊的出现与刊期的缩短

1457年，世界上第一张印刷新闻纸诞生于德国的纽伦堡，但当时的新闻主要是单张、单条的新闻传单。1568年至1604年发行的单页不定期报纸《德国特别新闻》是德国较早的不定期报刊。

1583年，奥地利人迈克尔·艾庆开始在法兰克福发行《博览会编年表》，并于1588年将这本不定期的新闻书改为每年两期，《博览会编年表》从而成为世界上最早的定期出版物。

一般认为，1609年出现于德国斯特拉斯堡地区的《通告——报道或新闻报》

---

[1] 郑超然，程曼丽，王泰玄.外国新闻传播史[M].北京：中国人民大学出版社，2000：53.
[2] 哈贝马斯.公共领域的结构转型[M].曹卫东，王晓珏，刘北城，等，译.上海：学林出版社，1999：16.

（*Relationoder Zeitung*）是世界上最早的周报。但据近年的考证，它可能在1605年就已经出现，因为德国古登堡印刷博物馆发现了报主约翰·卡洛勒斯（Johann Carolus）于1605年撰写的一封请求书，其中卡洛勒斯请求斯特拉斯堡市议会保护他的出版权，不要让其他人印刷他印制的报纸。① 他还在这份请求书中写道："在前几年的时间里，我获准向尊贵的先生们每周出售手抄消息……花重金从印刷商托比亚·尤宾那儿购买了印刷设备……手抄工作缓慢……为了更好地为尊贵的先生们服务，请允许我享有出售机印报纸的权利……"② 这既说明了手抄新闻的弊端和从手抄新闻过渡到印刷新闻的必要，又从侧面说明了宗教改革后该地区信息的通畅，从而为更多定期刊物的出现以及刊期的不断缩短打下基础。

在接下来的一个世纪内，作为定期出版物的新闻报纸在欧美各国相继出现。1615年，爱格诺尔弗·艾莫尔在法兰克福创办了《法兰克福报》，该报有固定名称，每周固定出版一次，每期有数条新闻，单面印刷且持续出版直到1902年，因而被视为世界上第一份真正的报纸，艾莫尔也被人们称为德国报业之父。③ 英国于1621年出现第一份定期刊物《来自意大利、德意志、匈牙利、波希米亚、莱茵河西岸地区、法兰西与荷兰的每周新闻》（简称《每周新闻》），其第一次取英文"news"作为新闻之意并用于刊名，从此"news"一词流行于世界。1665年11月，英国《牛津公报》创刊，后改名为《伦敦公报》。它首次采用了近代报纸的形式，单页两面印刷，每面两栏，作为官方公报延续出版至今，从而被称为英国第一张真正的"新闻纸"。法国于1631年出现了第一家周报《报纸》（*La Gazette*），但是这家周报仅仅存在了几个月，便被泰·勒诺多创办的《法国公报》所兼并。后者创刊于1631年5月，并且得到了国王路易十三颁发的特许状，这便是它得以兼并其他报纸的资本。1645年，当时意大利半岛（亚平宁半岛）最大的一个王国萨丁王国的国王萨服授予教士沙西尼发行周报的特权，为期5年，这是意大利最早的有关定期报刊的记录。1714年，意大利出现了近代第一家长期发行的报纸《罗马新闻》。1703年，圣彼得堡和莫斯科两地出版了俄国近代第一份报纸《新闻报》。1704年，由当地邮政局创办的《波士顿新闻信札》让北美拥有了真正意义上的报纸，也开启了"邮报"的传统。④

同时，新闻的刊期也在不断缩短，其最显著的标志是日报的出现与勃兴。1650年，德国书商蒂莫台斯·里兹赫在莱比锡创办日报《新到新闻》，这是世界上最早的日报，但仅仅维持了3个多月。1660年，莱比锡印刷局局长创办了《莱比锡新闻》，创刊时为周报，但于1663年改为日报，采用小册子形式，内容上评论多、新闻少，是世界上第二早的日报，但也并未维持下去，后改回周报。1702年，英国首次出现

---

① 潘玉鹏.印刷报纸400岁了：1605年的印刷"请求书"把报纸问世时间提前4年[J].新闻记者，2005（4）：71.
② 李磊磊.欧洲近代报纸产生的环境因素分析[J].中国出版，2011（24）：56-58.
③ 郑超然，程曼丽，王泰玄.外国新闻传播史[M].北京：中国人民大学出版社，2000：153-154.
④ 崔林.媒介的变迁：从印刷术到互联网[M].北京：中国传媒大学出版社，2020：38.

了日报《每日新闻》，该报创刊时每期仅半张，单页印刷，其形式与《伦敦公报》无异，在新闻的处理上也没有什么创新。1730年，英国《每日广告报》出现，该报起初以广告及少量股票动态为内容，后来逐渐成了消息与广告并重的报纸。随着资本主义工商业的发展，英国又陆续出版了几家权威性日报，如1758年创刊的《纪事晨报》、1772年创刊的《晨邮报》以及1785年创刊的《泰晤士报》等，这些报纸为确立英国新闻界独立的政治地位作出了贡献。而法国则到1777年才首次出现日报《巴黎新闻》，其创办者雅克·布里索是后来大革命时期吉伦特派的领袖。该报仿照英美日报的模式，以报道新闻为主。翌年，著名记者阿贝特将他主持的《小广告报》由周报改为日报，成为法国第二家日报。此后不久，法国大革命爆发。受形势推动，在革命期间，法国新创办了1,350多种报刊，新闻事业迎来了兴盛。美国1783年出版了日报《宾夕法尼亚晚邮报》，但这张报纸仅存在了17个月。[①] 1784年，约翰·邓勒普将费城的另一家周三刊报纸改为日报，名为《宾夕法尼亚邮报与每日广告报》。随后纽约等地也相继出现日报。在此之后，日报逐渐进入了稳定的发展时期，慢慢成为报业最主要的出版方式。

第二节　报刊事业的发展

一、在西方：从政党报刊到商业化大众报刊

（一）政党报刊的产生与"新闻业的黑暗时代"

政党报刊首先出现在资产阶级革命过程中。这段时期，报刊大都直接服务于某个资产阶级政党，成为不同政党的喉舌，故有政党报刊之称。17世纪以来，欧美各国的资产阶级革命运动风起云涌。1789年7月14日，法国大革命爆发，保王派、立宪派、共和派等各股政治力量轮番登上历史舞台，各派人马纷纷将新闻报刊作为政见宣传工具，都希望借此获得公众舆论的支持。

在这一历史段落中，报纸是唯一能够面向大众实现大范围传播的信息通道，在动员、说服、劝导和组织民众参与党派活动、政治斗争乃至战争过程中，报纸显然比大众集会、私人信函等传统方式更为有效，因此，它也就成为政党宣传的主要媒介平台。这个时期的报纸是观点纸，政党报刊的内容主要是政论，即使是新闻也大都带有比较明显的倾向性，而读者则基本局限于社会的中上层，因为会识文断字的主要是这些阶层。[②] 人们都认为报纸是政治体系的组成部分，各政党普遍认为报纸应该是用

---

① 崔林.媒介的变迁：从印刷术到互联网[M].北京：中国传媒大学出版社，2020：39.
② 李彬.全球新闻传播史（公元1500年—2000年）[M].北京：清华大学出版社，2005：155.

来为党派目标服务的。①法国大革命雅各宾派主要领导人让 - 保尔·马拉（Jean-Paul Marat）于1789年9月12日创办了《人民之友报》，这是在法国资产阶级革命中创办的最具影响力的报纸，也是革命民主派的宣传喉舌。该报用卢梭的名言"将生命献给真理"作为题词，代表着中下阶层民众的利益，主张消灭封建制度，直接依靠人民，将资产阶级革命进行到底。另一份有广泛影响力的报纸是《杜申老爹报》，创办人是雅各宾左派人物雅克·埃贝尔（Jacques Hébert），主要代表巴黎无套裤汉，因此，报纸紧跟形势，旗帜鲜明，文字通俗，文笔泼辣。

不可否认的是，报刊作为一种影响力甚广的大众媒介，在各国资产阶级革命时期为鼓动民众参与推翻封建制度、建立近代民主体制起到了非常重要的促进作用，政治派别间利用报刊进行舆论斗争也确实有其必要和进步的一面。但若不加限制，长此以往就容易走向无序的攻讦谩骂，反而不利于国家和社会的进步。在这一方面，美国较为典型。

知识卡片3：美国联邦党人与反联邦党人如何利用政党报刊进行斗争

从美国开国到19世纪后期，美国的政党报刊论战一直没有停息，辉格派和托利派针锋相对，逐渐演化成后来的共和派和民主派。报纸上充满着赤裸裸的侮辱和攻讦谩骂，各党派利用报纸谋求利益，从笔战上升到斗殴甚至持械决斗，这段时期也因此被美国新闻史学家们称为"新闻事业的黑暗时期"。就连杰斐逊本人也于1807年写道："如今报纸上的东西，没有一样是可以相信的……没有哪一个细节是可以依靠的……从来不看报的人，比看报纸的人更加消息灵通。"②

（二）大众商业报纸的出现

18世纪后半叶，欧美资本主义国家先后开始工业革命，一系列社会巨变随之而来，对近代报业的发展产生了极为重要的影响。19世纪30年代以后，西方资本主义国家诞生了一种集大众化、商品化和机器化为一体的廉价报刊，报刊开始了从"事业"向"产业"的转型。到了19世纪80年代，几乎所有西方国家都已经进入商业报刊时期。商业报刊正是在工业革命以来客观环境改善的基础上发展起来的，与当时的社会政治、经济、文化情况有着千丝万缕的联系。

首先，商业报刊的诞生与西方国家的政治民主化进程有着密切的联系。随着资产阶级民主革命的相继完成和与商业社会相适应的国家制度的普遍确立，西方诸国的资本主义在经济基础与上层建筑的不断调试中稳步发展起来，政治民主化程度和舆论自由化程度不断提高，民众拥有参政议政的热忱，并普遍关心社会事务。

其次，城市的发展对商业报刊的出现有着不容忽视的作用。经济和政治的发展促

---

① 崔林.媒介的变迁：从印刷术到互联网[M].北京：中国传媒大学出版社，2020：45.
② 伊尼斯.传播的偏向[M].何道宽，译.北京：中国人民大学出版社，2003：135.

进了中产阶级政治、经济权利的扩展。过着快节奏生活的城市中产阶级，生活在一个陌生人社会之中，通常缺少与他人的交流，更倾向于通过报纸等传播媒介来获取外界信息。商业报刊在报道中讲求时效性和独家性，在内容上对当地新闻的关注，以及在版面上对财经信息的重视，都满足了中产阶级关注自己的切身利益和参与经济、政治生活的需求。同时，发达的工业社会将大量人口吸纳到城市当中，大规模工业生产要求劳动者拥有更高程度的文化水平，这刺激了教育普及运动的大规模开展，民众的识字率显著提高。于是，社会中下层的普通民众作为重要的受众群登上了新闻传播的历史舞台，颠覆了以往"自上而下的指令性传播模式"[①]，逐渐形成了一个庞大的新闻市场。

再次，印刷技术的改进和新闻报道技术的革新，为大规模新闻市场的形成提供了强大的技术保障。1811年英国《泰晤士报》采用的还是柯尼格发明的辊筒印刷机，1814年就更新为了蒸汽印刷机。而后出现的轮转印刷机的工作效率又是蒸汽印刷机工作效率的10倍，从而将报纸的印刷效率提高到每小时1.1万份。[②] 此外，先进的插图、照相、铸字等技术在报刊印刷上的应用使得流水线的大批量生产成为可能。至此，报刊已经具备了向普通民众提供时效性强、廉价、高质量的新闻印刷品的能力。与此同时，新闻报道技术也随着工业革命的推进呈现出惊人的革新势头。电报的发明和交通运输业的一系列革命给新闻业带来了采集和传递技术上的重大突破，大西洋海底电缆的建成让北美洲和欧洲连成了一片，铁路、轮船、打字机、电话的发明也给新闻采集工作带来了巨大的影响。

最后，现代贸易的发展给报刊带来了摆脱政党控制、实现独立经营的机会。经历了工业革命之后的西方各国贸易繁荣、经济腾飞，商品经济的发展催生了对广告的大量需求。报纸"广而告之"的传播功能使其得以抓住这一商业机会，摆脱政党控制，成为独立的商业报纸。英国著名报人斯图亚特认为，广告在报业经营中具有双重作用：广告不仅能够增加财政收入，还可以吸引读者，提高报纸的发行量。发行量一旦增加，则又可以吸引更多广告。只要报纸采取商业手段在经济上保持自主经营，就不再需要政府和各党派的津贴，从而可以在政治上标榜独立，成为自由发声的"独立报业"。

"独立报纸的出现使报纸逐渐摆脱仅仅作为新闻转发媒介的职能定位，而成为具有独立见解的舆论工具，并逐步成为监督国家政策制定与执行、社会总体发展不可忽视的力量，新闻界成了社会的'第四等级'。"[③] 商业报纸创建了不同于政党报纸形式的报纸，实现了报纸在内容和形式上的多样性。报纸从政党的控制下独立出来，是工业革命带来的社会大变革在信息与媒介层面的体现。商业报纸的出现，意味着报纸作

---

① 李磊.外国新闻史教程[M].北京：中国传媒大学出版社，2008：181.
② 姜文姬.美国廉价报纸的兴衰[J].新闻爱好者，2009（18）：87-88.
③ 雷波.18世纪英国出版管制研究[D].郑州：河南大学，2010：33.

（三）廉价报纸与精英报纸的分野

"任何时候，只要现有的传播机构长期忽视了大批民众，那么最终总会有人设计出新的机构来满足这一需求。"[①]这句话用来形容西方廉价报纸的兴盛再合适不过。廉价报纸（cheap newspaper）指的是工业革命后各国出现的面向社会中下层的通俗小报，因售价低廉而得名。19世纪30年代以前，报纸所面向的受众群体并非社会上的普罗大众，而是针对"有产者"编辑出版，因此，其售价并不便宜，具有较高的阅读门槛。19世纪初的美国，一份报纸每年的订阅费从6美元到10美元不等，已经超过了绝大部分工人一周的收入。[②]19世纪30年代开始，由于工业革命对农村自然经济结构的破坏，大量破产的农民涌入城市，形成了一个新兴的数量庞大的市民、劳工阶层，这些具有基本阅读能力的普通民众对社会信息有很大的兴趣。此外，商品经济的繁荣刺激了市场对广告的大量需求，促使报业逐渐形成了以广告收益取代报纸发行收入的商业模式。高额的广告费收入使得报纸的低价销售成为可能，而符合社会中下层民众购买能力的极低售价又将新兴的市民、劳工阶层纳入了报纸的受众群。这种商业逻辑带来了廉价报纸的繁荣。在此背景下，英美先后迎来了廉价报纸革命，美国的《纽约太阳报》《纽约先驱报》，英国的《每日电讯报》等均在争议中走红。

1. 美国便士报革命

19世纪20年代末30年代初，美国进入"杰克逊时代"，政治和经济上的独立使得报刊有了扩大报道范围的可能，便士报也随之诞生。便士报改变了以往"制造新闻"的方式，在内容上另辟蹊径，使得新闻战胜了社论，事实战胜了观点[③]，客观报道的新闻写作手法也自此发轫。正如《纽约太阳报》的出版宗旨所示，"本报的目的是刊载每天所有的新闻"。便士报对客观报道的重视让报纸从观点纸转变为新闻纸，在内容上开创了"新闻"的概念，并使之成为报纸的重心。这场便士报革命给平等主义时代的美国新闻业画上了革命性的一笔。

1833年，本杰明·戴伊（Benjamin Day）创办的《纽约太阳报》是美国第一家成功的便士报，这份新颖的小报开启了新闻传播史的新纪元。《纽约太阳报》一份有4版，每一版的大小相当于现代小报的三分之二。报纸的头版分了栏，没有采用花哨的编排。该报的口号是："照耀所有人。"（It Shines for All.）不难看出，该报不是为有产阶级服务的，面向的受众是广大社会中下层读者。因此，在报道内容的选取上，该报摒弃了既往政党报纸上常见的政论和晦涩的哲学文章，主要刊登大量轻松、诙谐

[①] 埃默里 E，埃默里 M. 美国新闻史：大众传播媒介解释史（第八版）[M]. 展江，殷文，译. 北京：新华出版社，2001：127.

[②] 埃默里 E，埃默里 M. 美国新闻史：大众传播媒介解释史（第八版）[M]. 展江，殷文，译. 北京：新华出版社，2001：117.

[③] 舒德森. 发掘新闻：美国报业的社会史[M]. 陈昌凤，常江，译. 北京：北京大学出版社，2009：10.

的社会新闻，极具人情味和趣味性的小故事，以及发生在当地的自杀、失火、审判等琐事。此外，该报还在文章的写作上采用通俗的叙述方式和夸张的、富有戏剧性的情节描写，使读者读来饶有趣味。再加上《纽约太阳报》始终坚持1美分的低价发行，在短短6个月里，其发行量便达到了8,000份上下，几乎是与之最为接近的竞争对手的两倍，《纽约太阳报》也因此获得了巨额的广告收益。《纽约太阳报》在报纸内容上的革新与其发行量震惊了整个报业，它的成功为美国的廉价报纸开辟了一条道路，报界出现了许多追随者和效仿者。从前在新闻业看来微不足道的事情、普通人的日常生活、街头巷尾的琐事都有可能被刊登在报纸上，"报纸不再只反映一小群贵族和商业精英的生活，而是描摹大都会的迅速崛起以及多彩多姿的贸易、运输、制造业等中产阶层活动"[1]。

并非所有的便士报都通过耸人听闻的通俗新闻来吸引读者。1841年4月，《纽约论坛报》在纽约诞生，该报的创办人霍勒斯·格里利（Horace Greeley）是辉格党的三巨头之一。格里利认为，以《纽约太阳报》和《纽约先驱报》为代表的廉价报纸的煽情主义报道风格已经招致了不少有识之士，甚至下层民众的反感，因此，创办一份反其道而行之的"正派的便士报"一定会受到广大读者的欢迎。《纽约论坛报》在内容上摒弃了那些煽情、庸俗和耸人听闻的事件，致力于严肃公正的新闻报道，报道客观性强，被称为"道德机关报"。该报发表了大量关于社会改革的文章，主张废除奴隶制，表达对工人群体的同情，在19世纪中叶美国大部分重要的全国性问题中都产生了一定的影响力。[2]事实证明，格里利的判断是正确的，尽管日发行量始终落后于《纽约太阳报》和《纽约先驱报》，但编辑完善、印刷精美、内容严谨的《纽约论坛报》在当时的廉价报纸中成功地形成了自己的风格，成为便士报的典范，标志着廉价报纸发展到了成熟阶段。

2. 英国廉价报纸

知识税（tax on knowledge）长期阻碍着英国报刊事业的发展。1712年，英国颁布法案，规定对所有报刊一律征收印花税，同时对报刊使用的纸张征收纸张税，刊登的广告征收广告税。这些税及后来出现的报纸副刊税等被统称为知识税。沉重的税收导致许多报刊不堪重负，被迫停刊，廉价报纸也因政府的强力镇压而步履维艰，发展坎坷。

1832年英国议会改革之后，英国对报刊的经济压迫逐渐放松。1855年"报纸印花税"法案被正式废止，英国报业一时活力大增，发展步伐明显加快。在经济束缚被解除的情况下，廉价报纸迎来了发展的重要时机，从此开始了英国廉价报纸的新纪元。

---

[1] 舒德森. 发掘新闻：美国报业的社会史[M]. 陈昌凤，常江，译. 北京：北京大学出版社，2009：17.
[2] 崔林. 媒介史[M]. 北京：中国传媒大学出版社，2017：82.

1855年诞生的英国《每日电讯报》与知识税的废除密切相关。《每日电讯报》原名《每日电讯邮报》，是英国较早的便士报之一。爱德华·利维·劳森（Edward Levy Lawson）接任主编后，致力于在内容上扩大报道面，注重趣味性，使报纸富于感染力。① 在编辑上，《每日电讯报》打破英国报刊编辑思想的陈规，效仿美国，将重要的消息采用多项大字标题呈现，以示强调。劳森主持下的《每日电讯报》对国外新闻非常重视，致力于追求轰动性的报道。该报曾与《纽约先驱报》合资派遣记者H.M.斯坦利前往非洲探险采访，寻找失踪多年的英国著名传教士、非洲地理探险家利文斯顿。"斯坦利的非洲探险经历、栩栩如生的通讯报道、曲折生动的旅行故事吸引了大西洋两岸无数的读者，造成了国际轰动效果，致使在英国独家刊登斯坦利报道文章的《每日电讯报》身价倍增。"② 在劳森的主持之下，《每日电讯报》成为英国廉价报纸的先驱，标志着英国新报业的成功，而劳森则以其对英国报业作出的开拓性贡献被称为"英国报业之父"。

3. 欧美精英报纸

知识卡片4：欧美久负盛名的两大精英报刊

精英报纸并非与"大众化"完全对立，只是与早期以耸人听闻报道和煽情报道为主要内容的廉价报纸相对的另一类商业报纸。"当大众传媒最早去开发一类新的公众时，其吸引力总是处在情感刺激的水平上。"③ 而当商业报刊渐趋成熟，许多报人渐渐意识到，即使不诉诸"煽情"，报纸也能通过自身办报的质量吸引受众。恰恰是以《泰晤士报》《纽约时报》为代表的这部分精英报纸，"真正让新闻成为历史的初稿，使报业拥有内在的精神气质和文化品格，也拥有了历史的气度而成为历史的载体"④。

（四）黄色报刊的泛滥与反思

19世纪末到20世纪初是西方报刊自由主义发展的极端时期。这一时期，新闻业已经摆脱了政府的压制和政党的束缚，追求自由发展，但商业化浪潮下无序的自由发展不可避免地带来了一些伦理问题，其中最为突出的就是黄色新闻的泛滥。黄色新闻是指以犯罪和色情为主要内容，大量使用插图和软广告，从而使报道和报纸本身受到更为广泛关注的新闻报道。⑤ 黄色新闻具有以下几个特征：以夸张刺激的手法刻意报道天灾人祸、暴力犯罪、政治丑闻、明星秘闻等低俗趣味的题材；以各种欺骗手法捏造新闻和访问记录，以假科学、假学术及歪曲性的标题蒙蔽读者；刊登各类肤浅刺激

---

① 崔林.媒介史[M].北京：中国传媒大学出版社，2017：83.
② 李磊.外国新闻史教程[M].北京：中国传媒大学出版社，2008：199.
③ 埃默里 E，埃默里 M.美国新闻史：大众传播媒介解释史（第八版）[M].展江，殷文，译.北京：新华出版社，2001：127.
④ 崔林.媒介史[M].北京：中国传媒大学出版社，2017：92.
⑤ CAMPBELL J. Yellow journalism: puncturing the myths, defining the legacies[M]. Westport: Greenwood Publishing Group, 2001: 7.

的文章及彩色滑稽连环画，以取悦大众；滥用、窃用甚至伪造照片；运用煽动性大字号标题夸大普通新闻，试图制造轰动效果；对民众表示虚假同情，鼓吹改革运动，以图增加报纸销量等。①

在黄色新闻泛滥过程中，最为突出的是美国报业大亨约瑟夫·普利策（Joseph Pulitzer）与被后人称为"黄色新闻大王"的威廉·伦道夫·赫斯特（William Randolph Hearst）两人。1883年，普利策买下即将破产的《纽约世界报》，并通过报道犯罪、灾祸、八卦、趣闻等吸引大量读者的关注，通过刊登有人情味和耸人听闻的新闻打开报纸销路，使得报社资产大增，报社的利润实现飞跃式增长。美国其他报社纷纷开始效仿，采用耸人听闻的报道风格来吸引眼球，赫斯特所办的《纽约新闻报》就是其中之一。赫斯特的办报方针是"得到新闻，尽快得到新闻，不怕花钱；不断地以喧嚣的报道刺激读者；攻击不正当财富，向穷人许愿，以吸引读者"。因此，《纽约新闻报》同样注重犯罪新闻、丑行、灾祸报道和各种特写，并大量运用图片，其版面的刺激性和内容的煽动性与普利策的《纽约世界报》相比，有过之而无不及。②

后来，二者之间爆发了一场黄色新闻大战，这场大战的核心是争夺一个名为"黄孩子"的漫画人物。"黄孩子"本名米基·杜根（Mickey Dugan），是一个光头、龅牙、穿着一件过大尺寸黄色睡衣的男孩，最早出现于1894年的《真相》（Truth）杂志。次年，黄孩子的作者奥特考特被普利策雇佣，黄孩子也就被带到了《星期日世界报》彩色漫画专栏的舞台上。然而，不久后，赫斯特将包括黄孩子的创作者奥特考特在内的整个团队重金挖走，普利策挽回无果，只得雇佣乔治·卢克斯继续为《纽约世界报》周日刊创作黄孩子漫画，并起诉赫斯特侵权。双方借人们对这场官司的关注，用刺激性语言大肆宣传自己的报纸和专栏，双方的竞争激烈到了"两家报纸的黄孩子装饰了整个纽约的广告牌"的地步。黄孩子漫画之争是与这两家报纸的煽情主义特色紧密相关的，因此，黄孩子也就代表了煽情主义，新闻界人士将这种报道风格称为"黄色新闻"。③

黄色新闻的泛滥在19世纪末波及了西欧的报业。当时，报纸的小报化转变导致耸人听闻的报道占据了欧洲报纸的大部分版面。作为英国第一家采用新式新闻模式的报纸，《每日电讯报》的头条主要是性、犯罪和暴力。英国著名小报《太阳报》则以展示人体美为由，在第三版上推出裸露上半身的女性照片，号称"三版女郎"。英国小报在选题上热衷于报道各种独家秘闻、绯闻，如名人的婚外情、政客的惊人言论、皇室的私生活等，多含有暴力、血腥、情色类信息；在排版上大量使用大幅图片、大标题，语言上则极具煽动性，甚至新闻采集方式也偏爱偷拍、窃听等。④ 黄色新闻的

---

① 王蕾.美国现代报业竞争与黄色新闻浪潮[J].新闻知识，2003（Z1）：38-40.
② 赵宇.从"黄色新闻"事件看报刊媒介的传播偏向[J].新闻传播，2020（21）：37-38.
③ 林婕.外国新闻传播史[M].北京：光明日报出版社，2020：104.
④ 林婕.外国新闻传播史[M].北京：光明日报出版社，2020：114-115.

泛滥拉低了西欧报纸的格调，"以往西欧的报纸大抵是公开的党派喉舌或至少充当特定政治运动的辩护士，如今这种模式正在发生变化……意味深长的是，传统报刊正在步其后尘，仿效他们的做法，以取得成功"①。

总的来说，黄色新闻多是灾难、犯罪、政治丑闻、名人绯闻、色情新闻等刺激性内容。用夸张煽情的手法、通俗易懂的语言进行新闻报道，具有迎合大众需要的一面，也在部分时候体现出揭露社会黑暗和抨击社会积弊的一面，但黄色新闻违背了新闻真实性和客观性的原则，使人们沉湎于低俗娱乐之中，反而消解了人们真正的反抗。部分报刊为了夺人眼球甚至不惜捏造新闻、歪曲事实，或是伪造、偷拍新闻图片。正如埃默里父子所说："黄色新闻从最坏的情况来说，是一种没有灵魂的新式新闻。黄色新闻的记者在标榜关心'人民'的同时，却用骇人听闻、华而不实、刺激人心和满不在乎的那种新闻塞满了普通人赖以获得消息的新闻渠道，把重大问题变成了廉价的闹剧，把新闻变成最适合报童大声叫卖的东西。最糟的是，他们不仅不起社会领袖作用，反而为犯罪和暴行开脱。"②

面对报业商业主义下的无序，媒介批评家高举道德和民主理想的大旗，展开了激烈的媒介批评，在"自由"与"责任"之间展开了激烈的博弈。不少业界人士和学者纷纷反思古典自由主义理论下报业的种种乱象，认识到自由主义理论自身存在着许多不可克服的缺陷，媒体垄断扼杀了观点的自由市场，私有逐利泯灭了报刊的理性和良心，自由主义媒介理论陷入了困境，他们开始走上了新闻专业主义的道路，包括确立新闻专业标准、开展新闻教育、制定职业道德规范等，推动了新闻职业化的进程。在这一过程中，一直占据统治地位的传统自由主义的报刊理论首先在美国被修正。1923年，美国报纸主编协会制定《报业法规》，指出了报纸的责任问题。1924年，美国报纸主编协会主席约斯特写下《新闻学原理》一书，指出报业要对社会"负责"，并提出在必要的情况下可以运用法律限制出版自由。③这最终促成了著名的社会责任论的诞生。

1947年，美国哈钦斯委员会发表了《一个自由而负责任的新闻界》的报告，这份报告后来被施拉姆等人总结为"社会责任论"。它从指导思想上对传统自由主义媒介理论提出了许多重要的补充和修正。首先，社会责任论否认绝对自由的存在，强调自由是伴随着义务和责任的。它指出："一个人的言论自由权利必须与别人的个人权利以及主要的社会利益相平衡。"⑤其次，社会责任论认为，报刊自由涉及三者的利益，即报刊拥有者的利益、公众利益和社会利益。报刊作为一种媒介，它的自由并不等于

---

① 阿特休尔. 权力的媒介[M]. 黄煜, 裘志康, 译. 北京: 华夏出版社, 1989: 310.
② 埃默里 E, 埃默里 M, 罗伯茨. 美国新闻史: 大众传播媒介解释史（第九版）[M]. 展江, 殷文, 译. 北京: 中国人民大学出版社, 2009: 323.
③ 林婕. 外国新闻传播史[M]. 北京: 光明日报出版社, 2020: 130.
⑤ 西伯特, 彼得森, 施拉姆. 传媒的四种理论[M]. 戴鑫, 译. 北京: 中国人民大学出版社, 2008: 116.

公众的自由。古典自由主义媒介理论所主张的创办报刊的自由、发表言论的自由和报道新闻的自由，事实上只是传播媒介的自由，而不是公众的自由。实际生活中，报刊拥有了社会给予的自由权利以后，反而损害了公众的利益，这是不能允许的。社会责任论认为，应当明确提出公众的自由高于媒介的自由，社会必须保护公众"获知的权利"（知晓权）以及个人隐私不受侵犯、名誉不受损害的权利。再次，社会责任论提出了"消极的自由"和"积极的自由"两个不同的概念。它指出，自由主义媒介理论鼓吹的自由概念是"消极的自由"，即"不受外界限制的自由"，或者说是"免于……的自由"；社会责任论追求的是"积极的自由"，即"具有行动所必需的手段和设备"，或者说是"有做……的自由"。① 最后，社会责任论主张政府对传播媒介进行干预。它认为，政府不应该是报刊自由的旁观者，如果报刊不主动地负起责任，政府将以权力作为最后手段，强制它改正。

社会责任论作为古典自由主义理论的修正，既强调"思想自由是所有自由中最宝贵的"，又坚持新闻自由必须承担社会责任和义务，强调新闻自由是权利和义务的统一："自由伴随着一定的义务，享受着政府赋予的特权地位的报刊，有义务对社会承担一定的责任，这就是作为现代社会的公众通信工具而执行一定的基本功能。"② 这一理论贯穿整个战后的西方报业，至今仍是当代西方最具代表性的资产阶级传媒责任理论。

二、在中国：从知识分子办报到党和人民的喉舌

（一）"新"报西来：中国近代报刊的诞生

中国的近代报刊在传教士、外国商人等的共同努力下逐步发展起来，呈现出从马六甲地区向中国香港、澳门，再到上海及内陆地区的地域演进趋势。1815年8月5日，英国基督教传教士威廉·米怜（William Milne）在马六甲创办了中国历史上的第一份近代化报刊——《察世俗每月统记传》，这被称为是中国新闻事业的历史起点。这份报刊虽是作为米怜对华传教的工具而问世，但于中国新闻事业而言却是破天荒之举，"是为我国有正式报纸之始"。③ 《察世俗每月统记传》是宗教宣传性质的中文月刊，其中虽然也有对天文地理和文化知识的介绍，但落脚点都没有跳出"阐发基督教义为根本要义"的宗旨。为了更好地向中国输出基督教教义，《察世俗每月统记传》选择避免与中国人传统的意识形态发生直接冲突，采用"附会儒学"的策略，将基督教义与孔孟之道相比附。④ 同时，该报还采用中国线装书的装订样式，以迎合中国人的阅读习惯。然而，"这个号称要'灌输知识，阐扬宗教，砥砺道德，而国家大事之足以

---

① 西伯特，彼得森，施拉姆.传媒的四种理论[M].戴鑫，译.北京：中国人民大学出版社，2008：110-111.
② 燕道成.中外传媒责任伦理研究综述[J].当代传播，2010（2）：34-37.
③ 黄旦.耳目喉舌：旧知识与新交往：基于戊戌变法前后报刊的考察[J].学术月刊，2012（11）：127-145.
④ 黄瑚.中国新闻事业发展史[M].上海：复旦大学出版社，2001：15.

唤醒吾人迷惘，激发吾人之志气者，亦兼收而并蓄焉'的宣传品，充其量不过为华人呈现了第一个非官方的定期出版物，虽然能看到者甚是有限"①。

《察世俗每月统记传》停刊后，西方传教士们又陆续创办了一些面向中国人传教的报刊。麦都思于1823年在巴达维亚创办起《特选撮要每月纪传》；1828年，《天下新闻》在马六甲创刊；1828年，中、英文合刊的《依泾杂说》在澳门出版。不过，这些报刊均未在中国社会引起太大的反响。

真正把西方"新闻纸"这一概念带入中国读者视野的是创办于1834年的《东西洋考每月统记传》。《东西洋考每月统记传》由普鲁士传教士郭士立创办。他曾指出，《东西洋考每月统记传》的出版意图是"使中国人认识我们的工艺、科学和道义，从而清除他们那种高傲和排外观念"，而达到这一目的的方式则是"不必谈论政治，也不要在任何方面使用粗鲁的语言去激怒他们……采用摆事实的方法，让中国人确信，他们需要向我们学习的东西还是很多的"②。在郭士立的主持下，《东西洋考每月统记传》虽然仍是一份宗教性报刊，但宗教内容已不再占据主要地位，取而代之的是对西方科学文化知识，以及中外进出口贸易的介绍。此外《东西洋考每月统记传》还刊登过第一篇介绍西方报刊的文章——《新闻纸略论》。这篇文章介绍了西方报刊的历史沿革和发展现状，将近代报刊的概念引入中国。戈公振指出："故我国言现代报纸者，或推此为第一种。"③相对于其他传教士所办报刊，《东西洋考每月统记传》对中国社会产生了较大的影响。在此后的中文定期刊物，如《遐迩贯珍》《六合丛谈》《中西见闻》等都有对《东西洋考每月统记传》形式和内容的模仿。

随着时代发展，外国传教士主办的中文报刊在秉持宗教性质的同时，在宣传内容上都逐渐转以时事政治为主，包括著名的《万国公报》。④这些报刊的出现为中国近代新闻事业的发展提供了借鉴。

（二）商业报纸的兴起

在近代中国的新闻事业发展史上，发展势头最为迅猛、成为近代报业发展的主流和报业市场主体的是由外国商人创办的商业性中文日报。1857年11月3日，我国第一份以商业新闻为中心的中文报纸《香港船头货价纸》创刊，该报由英国商人孖剌在香港创办。孖剌注意到了中国商人阶层逐渐兴起的社会现实和在中国从事贸易活动的外国商人对船期、商品行情、香港本地新闻等信息的强烈需求，由此决心创办一份为商人阶层服务的中文报纸。该报是当时香港繁忙商业社会的产物，也可以说是鸦片战争后中国香港受英国殖民统治的副产品。⑤它以轻松且富有人情味的笔触报道社会新

---

① 黄旦. 耳目喉舌：旧知识与新交往：基于戊戌变法前后报刊的考察[J]. 学术月刊，2012（11）：127-145.
② 黄瑚. 中国新闻事业发展史[M]. 上海：复旦大学出版社，2001：16.
③ 黄旦. 耳目喉舌：旧知识与新交往：基于戊戌变法前后报刊的考察[J]. 学术月刊，2012（11）：127-145.
④ 黄瑚. 论中国近代新闻事业发展的三个历史阶段[J]. 新闻大学，2007（1）：44-50.
⑤ 卓南生. 中国近代报业发展史[M]. 北京：中国社会科学出版社，2002：208.

闻，刊登近代中文报刊最早的"新闻故事"。更具进步意义的是，该报摒弃书本形式而采取近代报纸散页的版式，并采用新闻栏的直线分栏。这不仅使报纸的出版时间大大缩短，也让版面的编排变得更加丰富，为后来中文报刊的形式与内容提供了范本。

19世纪70年代后，独立创办与出版的商业性中文报纸开始在上海、广州、香港、天津等地纷纷崭露头角，其中最为成功的、成为当时商业性中文日报典范的报纸是上海的《申报》。《申报》由英国商人爱内斯特·美查（Earnest Major）等创刊于1872年4月30日，初为两日刊，为了在时效上与《上海新报》竞争，于同年7月2日起改为日刊。这份以盈利为首要目的的报纸十分注意办报质量和销售策略，并与其竞争对手展开价格战。在新闻业务的改革上，《申报》注重新闻报道，追求真实性并不断提高新闻的时效性，是最早使用电报传送新闻稿的中国近代报刊。报纸在不断拓宽新闻的报道面、大量报道社会新闻的同时，也强化言论工作，"或是为中国富强献计献策，或是对陋规苛政口诛笔伐，从启迪民智角度看，有一定的积极作用"[①]。此外，《申报》还重视发表副刊性文字，在版面上特辟文艺类作品的空间，以满足当时主要读者群和旧式文人的兴趣与爱好。这一创造性举措开报纸副刊的先河，为后起的《字林沪报》《新闻报》所仿效。由于在经营管理和内容方面采取了多种办法，仅创刊4个月，销量即增至3,000份，广告为之激增，挤垮了当时占据头部市场的《上海新报》。商人美查认识到，"这报是给华人看的，文字应从华人方面着想"，只有开创具有中国特色、适合中国读者阅读的报纸风格，《申报》才能在与一众报纸的竞争中站稳脚跟，因此，他将报纸的编辑工作尽数交给了中国文人。在外国人所办的报刊中，一直由中国人主持笔政的，《申报》是第一家。

1909年，美查因年事已高不愿久留上海，希望出售报馆。华人经理席裕福闻讯决定"纠合有志之士，集资盘受该报"，以75,000银圆的代价，购买了申报馆的全部产权，自此该报主权移归国人。1912年，史量才在张謇等人的支持下购下《申报》，并对《申报》实行了现代化、企业化管理。史量才以超前的眼光，开拓广告业务，关注社会热点，以"言论自由，不偏不倚，为民喉舌"为标榜，敢于抨击时弊，揭露当局的黑暗统治，从而大大增加了报纸收入和扩大了社会影响。在史量才主持下，该报逐渐发展成为中国当时最具影响力的大报。《申报》的成功让很多人意识到，只有中国人自己办报，才能创办出真正给中国人阅读的报纸。

19世纪50年代以后，除了洋人办的华文商业报刊外，一些受过西方教育且具有资本主义倾向的中国知识分子也开始办报。在这部分报刊中，以《循环日报》《汇报》《述报》这三家最有影响力。《循环日报》是王韬所创办的一份大型日报。对西方自然科学和社会科学颇有了解的王韬，是中国历史上的第一个报刊政论家。他在《循环日报》中提倡学习西方，宣传政治改革，主张发展民族资本主义经济。这对当时和后来

[①] 黄瑚.中国新闻事业发展史[M].上海：复旦大学出版社，2001：26.

的改良派知识分子产生了很大影响。《汇报》由中国最早的留美学生容闳创办,是上海第一份国人所办的中文日报。该报主张实业救国,支持兴办洋务,发展教育;反对殖民侵略,对清政府的软弱外交十分不齿,曾经和外国人所办的中文报纸进行过激烈的笔战。创刊于中法战争时期的《述报》支持中国人民反抗外来侵略的斗争,对于黑旗军抗击法军和香港人民抵制法国殖民者而进行的罢工、罢市活动,都进行过详细报道。然而,由于19世纪70年代后,清政府采取高压管制,实行"与己民则禁之,于他国则听之"的新闻政策,这批国人自办报刊根本无从生存发展,更遑论改变中国近代报业发展的历史进程。

除此之外,租界地区也兴起了一些近代的外文报刊。十九世纪六七十年代后,随着外国商人、传教士等深入中国内地,在华外报由南向北、由东向西不断扩展,至19世纪90年代维新运动兴起之前,一个以上海为中心,以广州、汉口、天津、香港、澳门等重要城市为基地,散布于8个省的14个城市的外报网络基本建成。① 在华外报的立场与创办人母国的外交立场并不完全一致。《曼彻斯特卫报》1927年的一篇评论文章将侨居在上海的外国人的"忠诚始于母国,却不局限于母国"之做派精辟概括为"怀揣上海思维不放的一群死硬派"。② 相较于直接受到英国外交部影响的《泰晤士报》,代表租界英国侨民利益的《字林西报》更倾向于反映英商在中国通商口岸的得失而非英国对华的整体利益。成长于租界的外文报刊,在风起云涌的角力中成为中国在夹缝中向国际发声的管道,对于中国对抗列强在国际舆论界对华误读,扭转中国国际形象,以及推动以上海为代表的各大报业中心的形成起到了重要作用。

(三) 国人办报的兴盛

洋人在华办报也带来了西方的新闻理念。随着两次鸦片战争、甲午战争等战争相继爆发,中国的民族危机越来越深重,一批先进知识分子纷纷开始创办报刊,宣扬自己的政治主张,以民办报刊为主体的民族报业开始崛起,其中最主要的是资产阶级维新派和革命派创办的一批报刊。这些民族报刊结束了外报长期主宰中国报业市场和舆论阵地的局面,在以后长达30多年的历史发展进程中,民办报刊始终保持日趋兴旺发达的势头,国人自办的民族报刊成为中国报刊的主流。

在这一时期,打头炮的是维新派主办的政治性报刊,主要以康有为、梁启超等为代表。1895年以后,以康有为、梁启超为首的资产阶级改良派开始办报,鼓吹变法。1895年8月17日,《万国公报》(后改名为《中外纪闻》)在北京创刊,梁启超担任主编。1896年1月12日,《强学报》在上海创刊,隶属于康有为发起建立的维新派政治团体强学会。1896年8月9日,梁启超等人在上海创办了《时务报》。它是维新派影响最大的重要机关报,刊登了《变法通议》《论中国之将强》等一大批鼓吹变法

---

① 黄瑚.论中国近代新闻事业发展的三个历史阶段[M].新闻大学,2007(1):44-50.
② 魏舒歌.战场之外:租界英文报刊与中国的国际宣传:1928-1941[M].魏舒歌,李松蕾,龙伟,译.北京:社会科学文献出版社,2020:38-39.

的政论文章，最多时日销达1.7万份，成为当时国内最受欢迎的一份报纸。和《时务报》相配合，资产阶级改良派还在全国其他地方创办了近80种鼓吹变法的报纸。主要有1897年2月在澳门创刊的《知新报》、4月在长沙创刊的《湘学报》、10月在天津创办的《国闻报》和1898年2月在长沙创办的《湘报》等。其中，《国闻报》由严复主编，以在副刊《国闻汇编》上译载了宣传进化论思想的《天演论》而蜚声一时。随着维新变法运动的全面展开，国人办报活动出现了第一次高潮。但维新变法很快就在保守派的反扑下宣告失败，改良派在国内创办的报纸全部被迫停刊，第一次国人办报高潮戛然而止。①

以民办报刊为主体的民族报业，在沉寂两年多后，就开始从低谷中走了出来，迎来第二次国人办报高潮。1901年1月，清政府为了挽救其摇摇欲坠的统治，不得不宣布推行"新政"，"报禁"逐步解除。1906年9月清廷宣布预备立宪后，推出了《大清报律》等一批有关新闻事业的法律。自1901年至1911年，特别是在1906年新闻法建设起步后，官绅士民积极创办各类报刊，新办报刊数量逐年递增。

在第二次国人办报高潮中，民办报刊仍然是民族报业的主体，旨在变法图强、注重政论文章的政治性报刊仍然是民族报业发展的主流。梁启超等人在维新变法失败后转移到国外办报。从1898年到1904年，他们在日本、新加坡、美国檀香山、美国旧金山、加拿大温哥华等地创办了十几家报纸，以1898年、1902年在日本横滨相继创刊的《清议报》《新民丛报》最负盛名。梁启超以任公、哀时客等笔名在《清议报》《新民丛报》上所写的鼓吹新民、赞美少年中国和介绍西方哲学社会科学最新思潮的文章风靡一时，得到当时青年知识分子的赞同。1904年以后，康梁等人又恢复在国内办报，《时报》《大公报》《京话日报》等报刊都进行过立宪保皇的宣传。

随着民族危机的加深，人们对立宪改良派越来越不满，以孙中山为代表的资产阶级革命派走向了历史舞台的中央。1900年1月孙中山特派陈少白到香港创办《中国日报》，这是资产阶级革命派的第一份正式机关报。此外，1900年到1905年间，革命派还在国内外创办了一批报刊，进行民主革命宣传。国外的报刊主要集中于日本，著名的有《湖北学生界》《江苏》《浙江潮》等，编辑人员多数是革命的留日学生。鲁迅最早的一批革命文学作品就是在这些报刊上发表的。国内的报刊主要集中在上海，以《苏报》《国民日报》《警钟日报》等最有影响。1905年11月26日，《民报》在日本东京创刊，它是新成立的同盟会的总机关报。也正是在《民报》的发刊词中，孙中山第一次明确提出了"三民主义"这一资产阶级民主革命的政纲，同时阐述了自己的舆论观和革命报刊应具备的职能。

革命派报刊关于民主革命的宣传，为推翻封建帝制、建立资产阶级共和国做了充分的舆论准备。其中最负盛名的便是1906—1907年间改良派和革命派的论战。革命

---

① 黄瑚. 论中国近代新闻事业发展的三个历史阶段[J]. 新闻大学，2007（1）：44-50.

派以《民报》为主要阵地,改良派以《新民丛报》为主要阵地,围绕革命还是保皇、建立共和还是君主立宪、是否保留封建土地所有制三大主题进行了一场中国民主革命基本问题的大辩论。在孙中山领导下,《民报》和其他革命派报刊一道,同以《新民丛报》为代表的保皇派报刊展开了激烈的笔战,对"忠君保皇"的思想做了有力驳斥,扩大了革命影响,为辛亥革命做了重要的思想和舆论准备。

这一时期的资产阶级报刊的突出特点是政论性强,因为革命派与改良派都将报纸当作启发民智、宣传政治纲领主张的工具,实用主义的思想贯穿始终,故而这一时期也被称为中国报刊业的政党报刊时期。梁启超在1896年《时务报》创刊时发表的文章《论报馆有益于国事》可以说明这一点。

当然,此时并不是仅有资产阶级改良派和革命派办报。清政府也创办了自己的官报,最早的是时任直隶总督兼北洋大臣袁世凯于1901年12月25日在天津创办的《北洋官报》。该报为双日刊,铅活字印刷,每期8页1册,直隶省督办政务处主编,主要内容包括圣谕广训直解、上谕,本省政治、学务、兵事,近今时务,农学、工学、商学、兵学、教案、交涉、外省新闻、各国新闻等。在与改良派和革命派的斗争中,清政府认识到自己在舆论方面的薄弱,需要打造一批官方报刊来和民办报刊抗衡,为此还颁布了报业法律加以管制。各省纷纷仿效,出版本省官报,自1902年至1911年,清廷各级政府部门先后出版了约110种官报,分布于除新疆外的全国各地,大多免费发放到各级官方机构或官办学校。然而,这些官报都没能取得预期成效,影响十分有限。[1]

与此同时,国人自办的商业性报刊也获得了一定的发展。以上海为例,这一时期国人新创办的商业性报刊有10多种。[2]其他文教性报刊,包括文化、教育、科技等各类报刊也在全国各地特别是在经济文化发达地区迅速发展,其中贴近下层民众的白话文报刊发展得尤为迅猛。这些商业性报刊、文艺报刊并不是某一政党或某种政治势力的组成部分,而是在社会上独立存在与发展的,靠市场生存与发展;其主办与编辑人员,不是某一政党或某种政治势力分管宣传工作的领袖人物或政治活动家,而是专职的新闻从业人员,从而出现了报刊工作职业化的趋势。1912年中华民国成立后,以孙中山为临时大总统的临时政府立即采用立法手段建立与美国等西方先进国家接轨的自由新闻体制,但袁世凯很快就窃取了革命果实,为排除异己、打压异见,袁世凯等北洋军阀对政治性报刊加以管制,导致民办报业的政治性报刊由盛转衰,商业性报刊地位上升并成为报业发展的中心,文教性报刊对社会发展的作用日益重要。

民国初年,资产阶级商业性报刊把主要精力集中在企业化经营工作上,实行报纸企业化的发展方针。上海的《申报》《新闻报》等率先走上报纸企业化的道路,大力

---

[1] 高璐.被割裂的"传播"与"沟通":对清末官方报刊观念的探讨[J].新闻界,2021(2):67-74,94.
[2] 宁树藩.中国近代报业发展的地区轨迹(续一)[C]//丁柏铨.新闻传播论坛(第2辑).南京:南京大学出版社,1997:114.

扩展广告业务、改进发行业务，并加强基础建设、不断更新技术设备。在新闻业务方面，不少商业性报纸为避免政治灾祸而取消了社论甚至言论，把主要精力集中在改进新闻报道工作上，使报纸上的消息比重不断增大，新闻摄影也得到越来越多的运用。20世纪20年代，各地的商业性报纸逐步发展成为当地规模最大、设备最好、实力最强、影响最广的主要报纸，如上海的《申报》《新闻报》《时报》，武汉的《汉口中西报》，广州的《七十二行商报》，天津的《大公报》，北京的《世界晚报》《世界日报》，等等。

另外，一些爱国知识分子也逐渐认识到，光建立共和体制并不能就此解决问题，改造国家还要改造国民的思想，为此，他们创办了一系列文教性报刊，1915年1月创刊的《科学》杂志在其发刊词中说："民权国力之发展，必与其学术思想之进步为平行线。"1915年9月陈独秀在上海创办的《青年》杂志（后改名为《新青年》）中宣称："国人而欲脱蒙昧时代，羞为浅化之民也，则急起直追，当以科学与人权并重。"[1]这些报刊为推进社会进步起到了显著的积极作用，也为新文化运动的兴起奠定了思想基础。

（四）无产阶级报刊的出现和发展

无产阶级新闻事业在20世纪20年代后也开始出现，以杂志为主，也有少数报纸。其中刊物包括被改组为中国共产党上海发起组机关刊物的《新青年》、《共产党》月刊、1922年创刊的《向导》周报等。

1920年11月7日，李大钊和北京共产主义小组开始发行工人周刊《劳动音》，该刊物侧重于对实际工人运动的指导，着重反映工人受压迫的悲惨生活，为他们的阶级斗争提供工具。但其出版5期后被军阀政府查禁，后又改名为《仁声》继续出版了3期。后来，李大钊等人又于1921年7月在北京创办《工人周刊》，辟有"评论""劳动新潮""劳动要讯""劳动调查""工人谈话""内外政闻"等栏目。《工人周刊》报道过中国工人第一次罢工的高潮，以及中国工人运动从经济斗争发展到反帝反军阀政治斗争的转变过程，充分证明中国工人阶级在政治上、组织上已经日趋成熟。此外，中共上海发起组于1920年11月7日创办了《共产党》月刊，旅欧的早期中共党员如赵世炎、周恩来等在欧洲创办了《少年》月刊。

1922年9月13日，中共中央在上海创办《向导》周报，它是中国共产党第一份"立在舆论指导地位"的中央政治机关刊物，共产国际代表马林指导该刊筹办创立，充分体现了革命家和政治家办报的风格。《向导》以报道、评论国内外政治时事为主要内容，《向导》从第7期起开设"时事短评"栏目，用于点评时事，培养国民的政治意识和反帝反封建斗志。[2]《向导》创办共5年之久，由初始的上海、北京、广州、

---

[1] 黄瑚.论中国近代新闻事业发展的三个历史阶段[J].新闻大学，2007（1）：44-50.
[2] 党李丹，王灿发.中国共产党早期报刊创办历史经验与当代启示[J].河南大学学报（社会科学版），2022，62（1）：141.

长沙 4 地发展到全国二十几个大中城市，影响还波及乡村；在国外如巴黎、柏林也都设有分销处。到 1926 年 4 月，《向导》每期总印刷量达 2.9 万份，发行量最高时达 10 万份，逐渐具有了重大的政治影响，其中《向导》第 191 期还刊载了毛泽东的著名文章《湖南农民运动考察报告》。直到 1927 年国民党反动派实施"清党"时《向导》才被迫停刊。①

1931 年 11 月 7 日，中华苏维埃共和国临时中央政府在瑞金宣告成立。于此前后，中央革命根据地的新闻事业出现了空前的繁荣景象。据不完全统计，从 1931 年年底至 1934 年 10 月红军长征，中央革命根据地出版的报刊有 160 余种，目前发现的有 130 余种。1931 年 12 月 11 日，中国红色政权创办的第一份中央报纸《红色中华》在瑞金创刊，报社和新华社的前身"红中社"共用一个编辑部，发挥着中央机关报的作用。《红色中华》报铅印四开，一般出 4—6 版。它通俗易懂、生动活泼，有社论、要闻、专电、小时评、红色区域建设、中央革命根据地消息等内容，以及"党的生活""赤色战士通讯""工农通讯""红色小辞典""工农民主法庭""红角""突击队""警钟"等栏目，其中社论多为中央党政各部门负责人撰写。当红军获得大胜利时，《红色中华》还会发布号外。《红色中华》发行量最多时达 4 万多份。在红军开始长征后不久《红色中华》被迫停刊。

抗战期间，中国共产党也继续坚持舆论斗争工作，创办了许多报刊，其中影响较大的有《解放日报》《新华日报》《晋察冀日报》《大众日报》《八路军军政杂志》《拂晓报》等。《解放日报》是在根据地每日出版的第一份大型中共中央机关报，也是抗日战争时期及解放战争初期根据地影响最大的报纸，1941 年 5 月 16 日创刊于延安。中共中央对创办《解放日报》极为重视，创刊前一天，毛泽东为中共中央书记处起草了创办《解放日报》的通知，为《解放日报》题写了报头，并撰写了发刊词，明确指出该报的宗旨是宣传中国共产党的路线。毛泽东在发刊词中还指出："本报之使命为何？团结全国人民战胜日本帝国主义一语足以尽之。"②创刊后，毛泽东经常指导该报的工作，并撰写和修改重要的社论、评论和新闻。《新华日报》则是中国共产党在国民党统治区公开出版发行的大型机关报，1938 年 1 月 11 日在武汉创刊。该报积极呼吁实行全面抗战和持久战的路线，宣传了中国共产党实行民主政治、建立联合政府的主张，并且始终面向人民群众的实际生活，提出"为人民讲话，让人民自己讲话，讲人民自己的话"的宣传方针，开辟"读者园地""青年生活""妇女之路"等专栏，反映劳动群众和下层公教人员的悲惨境遇以及他们反抗压迫的正义斗争。

除此之外，中国共产党还在东北解放区创办了《东北日报》，在晋冀鲁豫边区创办了《人民日报》等报纸。此后，《人民日报》与《晋察冀日报》合并，逐渐发展成

---

①③ 王大龙. 从 1920 年到 1949 年　回顾党报党刊的风雨历程[EB/OL].（2016-07-01）[2022-03-15]. http://media.people.com.cn/n1/2016/0701/c40606-28514085.html.

今天的《人民日报》。据统计,从 1921 年中国共产党成立至 1949 年中华人民共和国成立,由各级党组织及其领导的机关、部队、团体等创办的报刊不下 4,500 种,其中党组织和人民政府报刊约为 2,470 种,人民军队报刊约为 1,020 种,群众团体报刊约为 1,030 种。[①] 由中国共产党创办的党报具有党性、人民性与组织性的鲜明特征,坚持了党的正确的舆论导向,坚持了联系实际、联系群众的作风,党组织也统合党内党外组织力量坚持舆论斗争工作,为革命的推进发挥了重要的作用。其中,党性原则贯穿始终,报刊活动服务于党的中心工作,并且注意坚持党性和人民性的统一。这些原则在新中国成立后也被保留下来,迄今都是中国报刊最鲜明的特征。

第三节 报刊的功能与影响

一、报刊与传播:叩响大众传播时代的大门

定期报刊的问世是近代新闻事业诞生的标志,而大众报刊的出现则打开了人类大众传播时代的大门。在此之前,没有一种媒介能拥有如此大的受众群体。传播的主要方式也从以往以人为中介、个体对个体的方式转变为以大众传播工具为媒介的传者对群体的方式。在这一过程中,报刊的发行者——官方或有文化和名望的知识精英——因其独特的政治社会地位成为大众传播模式中的传者,也确立了以传者为中心的大众传播模式。

报纸开启的大众传播时代,使人们信息传播的范围从封闭走向开放。在相当长的历史时期内,人与人之间的传播都是点对点的交流,具有私密性和社区性的封闭性特征。当报纸等印刷媒介出现之后,人们开始使用特殊的符号和手段来进行信息交流,逐渐摆脱了人与人之间交流的封闭性局限,信息传播的空间也有所扩大。同时,大众传播时代信息传播数量也逐渐增大。传统的人际传播的信息量一般较少,内容也比较单一,而报刊等大众传播媒介则又快又多地为人们传送着大量信息。在这一过程中,信息的流动从单向交流转为多向传播。大众文化传播是一个信息的开放体系,是无数群体和个体参与的过程。在这个过程中,传播者、接受者、媒介是相互作用的,无数群体、个体凭借不同的大众文化传播媒介不断交互感知,各种价值的信息传播者、接受者的不同社会文化背景及其经验、见解、知识等相关因素不断发挥功能,其影响较之个体间的交流要大得多。[②]

另外,随着报纸的普及,大众媒介也逐渐成为人们对生活的第一感知空间。由于

[①] 钱承军.建国前中国共产党报刊研究[M].北京:中国文联出版社,2009:3.
[②] 黄永林.大众传媒与当代大众世界:论大众传媒的社会功能[J].华中师范大学学报(人文社会科学版),1999(2):122.

世界太大，人们不可能直接地去认识每一个发生的事件，而报纸等大众媒介所登载的各地新闻，对于受众来说，并不处于海德格尔所说的"上手状态"，人们往往生活在媒体提供的一种假想的环境中，即沃尔特·李普曼（Walter Lippmann）所提出的拟态环境："我们在看到世界之前就被告知它是什么模样。我们在亲身经历之前就可以对绝大多数事物进行想象。"[1] 由于报纸等大众媒介在人的生活中过于普及，这些先入之见在人的理性来临之前已发生影响，"它在我们所意识到的信息尚未经过我们思考之前就把某种性质强加给这些信息"[2]。李普曼认为，大众传播活动形成的信息环境，并不是客观环境的镜子式的再现，而是大众传播媒介通过对新闻和信息的选择、加工和报道，重新加以结构化以后向人们所提供的环境。绝大多数人只能通过"新闻供给机构"去了解身外世界，人的行为已经不再是对客观环境及其变化做出的反应，而是对新闻机构提示的某种拟态环境的反应，产生脑海图景。传播媒介大多具有特定的倾向性，因而拟态环境并不是客观环境的再现，只是一种"象征性环境"。这种环境不仅制约人的认知和行为，而且通过制约人的认知和行为来对客观的现实环境产生影响。在以传者为中心的时代，传播者往往按照自己的意图和价值观选择新闻、生产新闻，以期受众接受特定教育并做出预想的行为反应，比如报刊编辑在选择新闻中难免会受到各种影响，而像梁启超等人的实用主义办报理念更是体现了这些特点，时至今日的"建设性新闻"理念也有这种影子。这些传播特点在报刊出现前都是不可想象的。

二、报刊与社会：教育与整合功能

报刊时代的大众传播是"见物不见人"的传播，具有普及性和普遍性的特点。在这一过程中，个体的独特性被削弱，社会性和价值意识的趋同逐渐展现。报刊等大众传播媒介直接影响了人对自身活动规范的评价，促进了社会共同体成员的价值重构与趋同。[3]

20世纪初，被称为"大众传播的第一个理论家"的芝加哥学派领军人物罗伯特·E.帕克最早系统性地关注到报刊的重要社会作用，其中以其1922年出版的《移民报刊及其控制》（The Immigrant Press and its Control）最为典型。帕克深入移民社区，对数十种外文报刊进行调查研究，发现这些报刊通过帮助它们的移民读者融入美国文化，逐渐地形塑了它们的社会角色定位。[4] 通过阅读美国本土的报纸，移民们逐渐培养起一种对美国生活的参与感，也由此加速了其美国化的进程。帕克曾感叹道："这个国家里的所有民族都朝着一种共同语言、一种共同生活和一种共同传统而去的

---

[1] 李普曼. 公众舆论[M]. 阎克文，江红，译. 上海：上海人民出版社，2002：73.
[2] 李普曼. 公众舆论[M]. 阎克文，江红，译. 上海：上海人民出版社，2002：79-80.
[3] 黄永林. 大众传媒与当代大众世界：论大众传媒的社会功能[J]. 华中师范大学学报（人文社会科学版），1999（2）：122-128.
[4] 罗杰斯. 传播学史[M]. 殷晓蓉，译. 上海：上海译文出版社，2002：196.

这种趋势,是多么地缓慢,但从长远来看,这在美国生活的条件下又是全然无法抗拒的。"①

这股不可抗拒的同化力量的来源之一,正是大众报刊建构出来的社会共识与共同生活。帕克认为,报刊是在社会生活从传统到现代、从乡村到城市、从"社群"到"社会"的转变过程中发挥重要作用的组织机构②,并认为报刊及新闻的作用正是引导现实世界中的人们,以此维护个人的心智健全和社会的持久稳定。③帕克通过对移民报纸的观察与研究,描述并解答了传播学的一个重要论题——社会生活与大众媒介的互动:社会生活变迁如何影响媒体的内容,媒体内容又怎样影响公众的观念和生活,进而大众媒体如何带来社会的改变。

在中国,报刊的社会功能也主要体现在启蒙教育和整合社会两方面。

例如,在资产阶级革命时期,知识分子办的一系列报刊对社会具有重大启蒙作用,尤其是一批白话文报刊对于身处社会底层的普通百姓的教育与启迪作用十分明显。这些报刊贴近下层民众,打破以往报刊文言化的模式,以通俗易懂的语言宣传了西学新知,破除了封建迷信,宣扬了反帝反封建的爱国思想,鼓舞了人们的斗志和革命激情。④在新中国成立后相当长的时期内,报刊对党和政府的大政方针进行宣传,引导社会舆论,为全社会各族人民统一思想和凝聚理论提供了强大的动力,在团结、教育人民方面起到了重要作用,发挥了重要的社会整合功能。尤其是在20世纪50年代社会主义建设时期中宣传重大建设项目、先进经验、先进人物以及在报刊上公开讨论问题等方面积累了比较丰富的经验。⑤同时,报纸等大众传播媒介也具有公共教育职能,它是一种面向社会的普及教育,在新闻报道及其评论中体现社会公认的善恶等价值观,并渗透科学文化知识,成为学校教育的补充。⑥改革开放前后,报刊一度扮演"启蒙教育者"的角色,发挥观念解放和思想引领的作用,尤其是在几次思想大辩论中起到了重要作用。如1978年5月11日,《光明日报》发表本报特约评论员文章《实践是检验真理的唯一标准》,由此引发了一场关于真理标准问题的大讨论。这场讨论冲破了"两个凡是"的束缚,推动了全国性的马克思主义思想解放运动,为十一届三中全会的胜利召开做了舆论准备。随后在打破计划经济体制、逐步建立社会主义市场经济体制中,各大报刊也纷纷提供了讨论的思想园地。

---

① 刘娜,黄顺铭,田辉."舆论"与"共同生活":罗伯特·E.帕克新闻思想中两个被忽视的关键词[J].国际新闻界,2018(8):166-176.
②④ 张军芳.经验社会学路径下的传播研究:论罗伯特·E.帕克的传播研究[J].现代传播(中国传媒大学学报),2006(2):165-167.
④ 黄怡静.晚清白话报刊的历史钩沉:论白话报刊的社会功能与历史功绩[J].新闻传播,2012(2):23,25.
⑤ 戴邦.建国以来报纸工作的回顾[J].新闻研究资料,1983(3):51-59.
⑥ 吕卫平,江北晨.社会与大众传播[J].社会科学战线,1984(2):105-110.

三、报刊与民族国家：想象的共同体

印刷媒介的兴盛给近代欧洲民族国家的萌芽与发展带来了意义深远的影响。马歇尔·麦克卢汉曾经指出："在印刷术许多始料未及的影响之中，民族主义的兴起大概是最广为人知的。"① 印刷报刊的广泛发行在西欧政治发展进程中，尤其是在革命期间和社会动荡时期，对打破中世纪宗教神权体系，促进西欧各国进入具有现代国家特征的主权国家的阶段发挥着不可磨灭的作用。本尼迪克特·安德森（Benedict Anderson）用"想象的共同体"这一概念说明了民族国家如何通过印刷媒体和统一的语言让读者在阅读、想象和记忆的共时性中产生强烈的归属感："事实上，所有比成员之间有着面对面接触的原始村落更大（或许连这种村落也包括在内）的一切共同体都是想象的。区别不同共同体的基础，并非他们的虚假/真实性，而是他们被想象的方式。"安德森指出，报纸，尤其是地方性新闻报纸的发行为想象提供了时事依据和物质性的认知基础，作为"想象的共同体"的民族是在大众阅读中，被从文本中召唤出来的。他认为，人们阅读报纸提供了一种最根本的联结——同质的、空洞的时间随着时钟嘀嗒作响稳定前进。这种时间感知的同时性，正是那些互不相识、无法相遇，甚至从不曾听说过对方的人们，生成共同体之感的重要经验——在同一张纸上，人们对同样的时间下，自己周围甚至遥远的同胞的存在感同身受。② 可以说，报纸以其线性叙事形式影响了人们的国家想象，在人们心中召唤出了一种想象的共同体。

此外，报纸这一媒介还实现了民族国家从"想象"到"可见"的转变。报纸是"具有深深的虚构想象性质"的事物，"报纸的读者们在看到和他自己那份一模一样的报纸也同样在地铁、理发厅或者邻居处被消费时，更是持续地确信那个想象的世界就根植于日常生活中，清晰可见"③。由此可见，人们对报纸共同的阅读实践，是人们与国家建立交往关系的重要实践，它弥合了宏大的民族国家叙事和人们微观的日常生活实践之间的缝隙，让安德森所提出的"共同体"概念获得了日常的可见性。

中国作为现代国家兴起的过程，有着不同于西方国家的独特历史语境，报刊在其中也发挥着类似的作用。18世纪末19世纪初，随着封建专制的衰败和西方列强的入侵，中国社会发生了包括政治、经济、文化等各个领域的巨变。西方列强入侵和社会动荡使得民族危机日益加深，挽救危亡成为中国人民的神圣使命。可以说，中国的现代民族国家意识是在反抗列强侵略的历史条件下促成的。④ 正如梁启超所提出的"报纸有益于国事"，创办于风雨飘摇之际的中国近代报刊大多呈现出救亡图存的取向，因而具有显著的国家主义偏向。对于先后经历了两次办报高潮的中国来说，报刊的影

---

① 麦克卢汉. 理解媒介：论人的延伸[M]. 何道宽, 译. 北京：商务印书馆, 2005：225.
② 安德森. 想象的共同体：民族主义的起源与散布[M]. 吴叡人, 译. 上海：上海人民出版社, 2005：43.
③ 安德森. 想象的共同体：民族主义的起源与散布[M]. 吴叡人, 译. 上海：上海人民出版社, 2005：30.
④ 刘禾. 文本、批评与民族国家文学[C]//唐小兵. 再解读：大众文艺与意识形态. 北京：北京大学出版社, 2007：2.

响力在近代中国包括思想领域在内的各个领域带来了颠覆性变化。总的来说，"近代中国报纸从内外两方面向'国家'逼近。一方面是对世界的呈现，改造了天下。世界形势、各国动向、外国与中国的交往，这些事件取代了原先抽象的和道德式的天下，各国形象以及中国在世界上的位置，逐渐具体起来"①。正是报刊，这个近代思想的载体，促进了中国传统的"天下"观念向近代"国家"概念的蜕变。

四、报刊与政治：民主与控制的博弈

报刊总是带有它所属的社会和政治结构的形式和色彩，是一种调节个人与社会关系的社会控制方式。基于这种认识，施拉姆曾将世界上的报刊体系划分为集权主义理论、自由主义理论、社会责任理论和苏联等社会主义国家传媒理论四种。不论施拉姆的理解是否正确，我们可以看到的是，在传播历史上，由于共同的经济基础所决定的割舍不断的联系，大众媒介和政治体系之间必然存在着政治体系对大众媒介系统施加的压力。与此同时，也存在着大众媒介试图摆脱政治权力控制的分离趋向。这种加强控制和争取自由之间的博弈，构成了贯穿大众传媒史的一条主线。

（一）争取自由：第四权与民主监督

聚焦公众的注意力、影响舆论的形成，是以报刊为代表的大众传媒所具有的重要功能。从18世纪开始，随着报纸发展从党派报刊时代迈入商业报刊时代，报刊在政治生活中所扮演的角色开始产生巨大的转变——从统治者进行政治统治的工具转向了现代民主的助推剂和资产阶级公共生活的启蒙者。处在不同时空的资产阶级公众通过一张报纸便可以就共同关心的公共事务展开讨论，通过以理性精神为内核的公众舆论对抗公共权威。这不仅改变了公众的社会互动方式，而且促进了理性精神在资产阶级公众中的普及，从而形成能够与公共权威进行对抗的舆论。报刊既是公共论坛，又是公共生活的启蒙者，是民主政治发展的加速器。商业化运作让报纸得以脱离党派的经济控制，成为社会中一种相对独立的力量，不再仅仅是一种工具，也不再仅仅是一个企业，而是社会政治体制中的一部分。②"不管民主的定义是什么，没有新闻自由，民主本身就无法存在。"美国著名思想家托马斯·杰斐逊（Thomas Jefferson）对此提出了著名的"第四权力"的比喻，他认为，独立的报刊可以通过舆论对权力的监督和制约作用服务于民主政治，公众成员及公众团体可以通过报刊公开发出自身的呼声，大众传媒也将政治的运作呈现在公众面前。美国报人普利策也说："倘若一个国家是一条航行在大海上的船，新闻记者就是船头的瞭望者。""水门事件"中，《华盛顿邮报》对真相的揭露在事件的发展中起到了关键性作用，报刊在民主监督中的力量显露无遗。

---

① 卞冬磊."可见的"共同体：报纸与民族国家的另一种叙述[J].国际新闻界，2017（12）：34-52.
② 黄旦.从新闻职业化看西方新闻自由思想的历史演变[J].浙江大学学报（人文社会科学版），2004（1）：111-117.

在中国，报纸作为大众媒体，为民众发声、监督政府的传统也早已有之。1902年10月2日，《新民丛报》刊登了梁启超撰写的《敬告我同业诸君》，称报纸的一大天职就是"对于政府而为其监督者"："此种监督权谁操之？曰舆论操之。舆论无形而发挥之代表之者，莫若报馆！"①抗战期间，面对前方军民浴血奋战、后方达官纸醉金迷的现状，《新民报》主笔张友鸾写下了"前方吃紧，后方紧吃"的报道，痛斥国民政府官员的奢靡生活，至今传为佳话。②

在社会主义国家，报刊是党和人民的喉舌，并不是西方的"三权"与"第四权"的关系，但同样都有发扬民主、对公权机关进行舆论监督的功能。早在1950年4月，党中央就发布了《关于在报纸刊物上展开批评和自我批评的决定》，这是在新中国成立半年后发表的一份文件，号召全党和广大人民群众在报刊上公开、全面地揭露党内存在的官僚主义、命令主义和各种消极腐败现象。1992年，《人民日报》经济部策划了"中国质量万里行"大型系列报道，发挥了媒体对企业假冒伪劣产品的监督作用。

（二）权力镣铐：有完全客观独立不受控制的媒体吗？

很多人会担心媒体被"控制"，因而总谋求"客观""独立"。大众传播媒介一旦完全受到社会控制，特别是政治权力的控制，对社会体系的有序运行将会产生消极的影响。因为它意味着政府的施政行为将会变成一种暗箱操作，人民的监督权利因此会变成一句空话。③实际上，媒体从来不自由，也根本不存在早期报业人所推崇的客观中立、立场不偏不倚的媒体，报刊上的每一篇文章其实都是多方力量相互博弈的结果。这些制约因素常常是超出合理的权力制衡的因素。

比如资本力量的腐蚀。在美国，19世纪中叶时的报刊市场化经营变革促进了新闻业的自主经营，但到了19世纪末20世纪初，大众媒体逐渐出现集中化、独占化的趋势，媒体资源集中在各大报团手中，大众传媒的独立性被垄断的阴影所笼罩。商业化程度的提高、行业的高度集中、目标公众的出现，给公共权力机构和广告商等利益集团干涉公共生活提供了可乘之机。公众仅作为一种被驯化的舆论资源被加以利用和管理，被排除在公共讨论和决策进程之外。报刊所具有的理性精神和独立批判的品格逐渐被商业主义腐蚀，作为"第四权力"的媒体逐渐消失。例如，格雷厄姆家族的《华盛顿邮报》原属于华尔街金融家兼美联储前任主席尤金迈耶；《华尔街日报》被传媒巨头默多克收购；《纽约时报》也属于传媒世家。当这些资本精英垄断了舆论，所谓第四权力也就更成为一纸空谈。

媒体也容易受到政治权力的侵蚀，或者说二者之间本就是暧昧不清的关系。在西方国家，政府同传播机构之间虽然没有行政隶属关系，但政府也总是想方设法地对传

---

① 龚升平."舆论监督"词源考[J].青年记者，2021（24）：123-124.
② 周惠斌.张友鸾妙拟新闻标题[EB/OL].（2020-11-05）[2022-03-15］．http://cqzx.gov.cn/cqzx_content/2020/11/05/content_10086476.htm.
③ 张昆.大众媒介的政治社会化功能[M].武汉：武汉大学出版社，2003：296.

播媒介实施控制,从而操纵社会舆论。实际上,自近代报刊诞生以来,报刊和政治之间的"联姻"就十分普遍。大众媒介"是一种工具、手段、途径,有时甚至就是政治本身——媒介间的斗争演变成政治斗争,媒介成为展示政治主张和政治实力的重要舞台"①。同时,任何一个国家在对待本国的传媒事业时,都有各自的传播制度和政策体系。"印刷和出版的早期发展与新兴民族国家行政机构当局行使政治权力复杂地交织在一起。新国家当局积极利用报纸来传达官方的各种公告,但他们也设法限制或压制出版那些被认为是异端或危险的材料。"②有时这是一种斗争,成则如在"水门事件"中调查尼克松总统责任的《华盛顿邮报》,白宫准备进行报复,阻挡公司营业执照的更新,以此施压、控制媒体,但最终以尼克松下台收场③;败则如李明博和朴槿惠当政时期的韩国媒体,舆论监督在政府各种管制手段下大打折扣,甚至在震惊世界的"世越号"惨案中韩国主要报刊、电视媒体也只是照念政府发布的新闻通稿,称在各部门不遗余力的搜查下"全员获救",最后却被披露近300人死亡,信誉扫地。另一些时候则是一种共谋。比如《纽约时报》《华尔街日报》虽历史悠久,享有盛名,却在美国的"遏制中国"战略中充当反华宣传"急先锋",甚至为此罔顾最基本的新闻事实。

当报刊等大众媒体被无限推崇时,其自身也就构成了神话般的不容辩驳的权力,成为客观、中立、理性的同义词,成为民意的代名词,结果其自身也就在这一刻化为了操纵民意的工具。"媒体最喜欢自诩为立法、行政、司法之外的第四种权力。而且,所有的媒体人都知道一个流传已久的说法:绝对的权力导致绝对的腐败。但现实的情况却是,立法、行政、司法这些权力按照现代政治运转逻辑,都有其监督者的制衡,唯独媒体没有。媒体可以自我宣布为公正、理性、正义,但究竟如何,事实上却不允许他人置喙。"④正如英国传播学者戴维·巴勒特(David Barrat)指出的那样:"传播媒介提供了言论自由的假象,像一条拴在长皮带上的狗,掩盖了约束的现实。"⑤因此,与其我们将其剥离出来,静态地看作所谓第四权力对政治权力的监督,不如像布尔迪厄的场域理论一样,用动态的互动关系视角看待二者之间的关系,同时还要纳入政治经济学上关于资本控制的理解,以及媒介自身的发展规律、媒介和公众意见之间的关系等,这样才能对报刊等大众媒体产生更深刻的理解。

五、报刊与人类思维:线性表意习惯与抽象思维

报刊的传播形式直接关系到人们的思维习惯。一般来说,报刊是以逐行的文字表达其思想的。在这里,正如麦克卢汉所说:"一切东西各有其位,一切东西井然有序。

---

① 刘华蓉.大众传媒与政治[M].北京:北京大学出版社,2001:15.
② 汤普森.意识形态与现代文化[M].高铦,等译.南京:译林出版社,2005:193.
③ 朱江.美国传媒控制的目的、方式和特点[J].岭南学刊,2006(5):96-100.
④ 萧武.第四种权力的腐败[J].社会观察,2012(9):76-77.
⑤ 巴勒特:媒介社会学[M].赵伯英,孟春,译.北京:社会科学文献出版社,1989:54.

这不仅是排字工人铅字架的特征，而且是人类知识和行动整个组织安排的特征。"① 报刊相较于广播、电视、网络等电子媒介的最大优势是：它能够以文字特性为受众提供深入、全面的信息，为淹没在信息大潮中的人们提供冷静思考和分析研究的可能；其精练的语言、严密的逻辑，培育了线性生成的表意习惯，并导致抽象思维方式的产生。② 作为印刷媒介中最普及的大众媒介，报刊及其文字符号所包含的这种文化心理因素是电子媒介所不具备的。

从传播方式看，尽管在调动受众立体直觉感官方面与电子媒介不能相比，但报刊用文字作为符码，按线性序列、因果关系刺激受众的语言功能、培养受众理性思维的能力很强。

从传播效果看，报刊长于对事物的详细描述与深入分析，其广泛、全面、深入、翔实的报道，往往能弥补广播电视转瞬即逝、线性传播等缺陷，可以帮助人们培育对一件事物的注意力集中度。

从传播的权威性上看，文字在人们心目中早已产生了一种普遍的、带有某种深度和权威意义的认知。对此，美国学者马克·波斯特（Mark Poster）曾说："启蒙主义的自律理性个体理论从阅读印刷文章这种实践中汲取了许多营养并得到强劲的巩固。黑格尔把看报纸说成是'现代人的早祷'时，他说的也是同一层意思。句子的线性排列、页面上的文字的稳定性、白纸黑字系统有序的间隔，出版物的这种空间物质性使读者能够远离作者。出版物的这些特征促进了具有批判意识的个体的意识形态，这种个体站在政治、宗教相关因素的网络之外独立阅读、独立思考。以页面文字所具有的物质性与口传文化中言辞的稍纵即逝相比，印刷文化以一种相反但又互补的方式提升了作者、知识分子和理论家的权威。"③

从受众的阅读习惯看，报刊等印刷媒体塑造的是一种以内在引导为主的"读"文化。"后现代"学者丹尼尔·贝尔（Daniel Bell）也曾指出，印刷媒介强调的是认知性、象征性的内容和抽象思维的方式，因而能引起读者的理解和情感的净化。出版物向人们展示了一个严肃而有序的世界，从而促成了受众"特定的思维习惯"④，促进了具有批判意识的个体的意识形态形成。后来的电影、电视等视觉媒介，则把自己的速度强加给观众，没等观众来得及思考就一闪而过，它强调的是形象性内容和情感的震惊，导致的是观众反应的情绪化、戏剧化，使观众缺乏深度思考的思维习惯。⑤

需要注意的是，这几种特性和对人的思维方式的影响是相辅相成、密不可分的。

---

① 麦克卢汉，秦格龙.麦克卢汉精粹[M].何道宽，译.南京：南京大学出版社，2000：428.
② 毛鑫.重建报纸的合理性：基于媒介生态观反思"报纸消亡论"与媒介技术主义[J].新闻研究导刊，2015（12）：334，354.
③ 波斯特.第二媒介时代[M].范静哗，译.南京：南京大学出版社，2001：84.
④ 阿伯克龙比.电视与社会[M].张永喜，鲍贵，陈光明，译.南京：南京大学出版社，2000：4.
⑤ 吕坤良.大众传媒·大众文化·文化危机：丹尼尔·贝尔批判性传播观述评[J].新闻与传播研究，2000（2）：19-25.

报刊是以阅读为基础的，而阅读又是以作者不在场为前提所进行的一种活动，因此，阅读报刊这种活动也就剔除了口头传播中双方在场的交流和一方对另一方的劝导。同时，文字的线性排列大致对应于因果逻辑，因为书写能够使人对信息的接收不受干扰，从而能促进冷静的思考而非冲动的热情。又因为书面文字是物质的、稳定的，这就使得信息的重复接收成为可能，因而也就提供了一再反思的机会。① 以阅读活动为中介、以阅读中的沉思默想为表征的接受行为的功能实际上是双向的，即它一方面让读者（包括知识分子）在对以前的思想者的阅读中磨砺了自己批判的锋芒；另一方面知识分子又以自己的著述培养了批判型公众，而这样的公众又把给他们生产着精神食粮的知识分子尊奉为权威。②

当然，也有人会批判报刊文化的传播方式是单向传播，缺乏互动，知识分子占有绝对主导地位。③ 但无疑，作为印刷媒介中最为普及的大众媒介，报刊在启蒙下层民众的现代性、促进全世界人民科学文化素养提升中扮演了极为重要的角色。

思考练习题

1. 以美国报业发展为例，分析报刊的政治作用如何在积极与消极之间"摇摆"。

2. 李普曼曾说："新闻不是社会状况的一面镜子，而是对已经显露出头角的那方面的报告。"请结合报刊发展的历史语境，谈谈你对"新闻客观性"的理解。

3. 近年来，随着互联网的普及程度日益加深，"报刊已死"的呼声日益强烈，不少人都认为报业面临着巨大危机。请从媒介发展史的角度，谈谈你对报纸未来命运的看法。

4. 分析在报业市场化过程中，受众角色变迁的内涵和影响。

5. 谈谈大众报刊对"社会共识"的影响。

---

① 波斯特.信息方式：后结构主义与社会语境[M].范静晔,译.北京：商务印书馆,2000：115.
② 赵勇.印刷文化语境中的现代性话语：为什么阿多诺要批判文化工业[J].天津社会科学,2003（5）：99-105.
③ 蔡敏,余晓.书刊文化：生产、传播及其现代性[J].西南民族大学学报（人文社科版）,2006（1）：153-156.

第三章 电报史

本章要点

1. 电报的产生条件、时代背景、发明过程及电报事业的发展。

2. 电报对传播体系和新闻行业的影响。电报作为现代传播的先驱,将传播与运输进行分离,压缩时间和空间,对信息进行编码和加密;电报也促进了新闻内容与形式的改变和新闻事业的兴盛。

3. 从媒介与社会角度探讨电报对人类社会的影响。除了信息模式的改变之外,电报也在军事、外交、经济、政治、社会等各领域影响了人们的生活。

是快速传播的需求创造了远程通信系统,而非其他原因。

一直以来,人类就和其他动物乃至所有生命体一样,有一种传播的冲动,人类一直梦想自己能有一对"顺风耳"、一双"千里眼",以突破时间和空间的限制,迅速而真切地得到远方的信息,更梦想自己的声音和形象能够被记录下来,传之千里,流芳百世。

如前几章所述,印刷术的发展所带来的大众媒介的普及,全面改变了社会景观。书籍、报纸和杂志作为大众媒介,不仅消除了人们相互隔绝的障碍、影响到社区相互作用的方式,而且推进了社会的组织和功能的重大变化,甚至永久地改变了使用者们的精神面貌和心理结构。大众传播的兴起,使人类社会在各个方面都发生了前所未有的深刻变化,也为人类远距离传输梦想的实现提供了可能,但仍然有诸多局限。

直到1836年电报发明后,特别是8年后的1844年,美国人塞缪尔·摩尔斯(Samuel Morse)将电报应用于传播实践,人类才进入了电子媒介的时代。电子媒介诞生被称为"惊天动地的革命",为人类的社会生活带来了颠覆性变革。至此,人类真正走上远距离通信的道路,整个世界都因电子媒介而联结成一个统一的"地球村"。与此同时,人类也进入了媒介化社会的新阶段。①

---

① 夏德元. 电子媒介人的崛起[M]. 上海:复旦大学出版社,2011:46-48.

第一节 电报的产生与发展

一、视觉电报

电报（telegraph）一词来源于希腊语 tele（远）和 graph（书写或记录下来的文字）。因而，电报原指"远距离传输的文字"。在这种广义的定义下，电报除了指通常意义上的由无线电、有线电等电力系统实现的信息传输方式外，也包含了由光学等其他系统来实现的远距离传输通信方式。

最早的电报是不需要电的，仅由眺望台符号系统与信号中枢塔构成。这种电报的符号系统由中枢塔臂构成的图形表示，其信号的真正传输介质是自然光，这种电报被称为"optical telegraph"，也就是"视觉电报"，或称"光学电报"。

（一）产生背景：远距离通信的刚需

为了克服地理阻隔，人类一直在进行远距离信息传输的尝试。早在公元前 2 世纪，著名的希腊历史学家波利比乌斯（Polybius）就提出用花瓶系统阅读并回应远处用字母发来的信息，实现视觉信息互通的设想。到 17 世纪晚期，关于开放的、双向的远程通信系统的想法开始流行，罗伯特·胡克（Robert Hooke）等人于 1684 年提出设想：将信件中的字母用不同形状的纸板加以表示，将其挂在大山顶的高木架上，让受传者运用望远镜进行观看等。此外，还有许许多多带有电报幻想的人都尝试描述一些远距离传播的方法，但都囿于技术或政治原因而未能实现。

在现实中，利用烽火传递信号是古代比较常见的远程通信方法：事先设置好信号，然后点火发送。英格兰、西班牙、法国以及美国在战争期间都采用了"烽火信号""连续的烟花"等方式传递信息。如 1455 年，苏格兰国会规定：英格兰侵略者接近，燃烧一捆干柴；两捆意味着"的确来了"；四捆表示"兵力强大"。1588 年，西班牙无敌舰队出现在康沃尔海岸，这则消息通过焰火传递到在普利茅斯的英国舰队和英格兰的其他地方。法国也有海岸守望塔和事先设定好的焰火信号。船对船、船对港的旗语促进了瞭望塔的陆地系统的建立，以用作通过信号发送信息的机械辅助。美国独立战争中也有事先设定的多种信号等。但这些通信技术的应用场景十分有限，直到 18 世纪末，依旧是传统信使、邮差在满足政府、商人和百姓的远距离通信需求，效率十分低下。[①]

另外，时代的需要也为视觉电报的出现奠定了基础。1581 年，世界上第一个资本主义国家尼德兰共和国诞生。1688 年英国资产阶级和新贵族发动光荣革命，并于

---

① 克劳利, 海尔. 传播的历史[M]. 董璐, 何道宽, 王树国, 译. 北京：北京大学出版社, 2011: 153-154.

次年通过了适应资产阶级需要、限制专制王权的《权利法案》。1775年至1783年间的美国独立战争影响深远。一方面，资本主义生产方式的确立使得生产的规模和输送范围不断扩大，商业的兴盛使得社会对信息的需求大幅提升。另一方面，在启蒙思想影响下欧洲大陆各国的政治运动风起云涌，新兴资产阶级和封建王权的斗争不断激化。在此背景下，1789年7月14日，法国大革命爆发，战事此起彼伏。在战争时期，除了武器装备、人员配置等硬实力外，信息成为决定战争成败最为重要的资源。在此之前，信差一日骑马所能行走的里程为100多公里，作战派出的军队需要数月才能知晓战争的局势，至于殖民时期派出的远行船队更是几年内难闻消息，有关重大事件的新闻向四周传播得十分缓慢，就像水池里泛起的涟漪，边界推进的速度不会超过一匹飞奔的好马或是一艘迅捷的船①，这对于战争来说是较为致命的弱点。换言之，战争的形势造就了快速进行信息传输的需求，掌权的制宪议会迫切希望获得战争的即时信息，以决定民族和革命的命运，视觉电报便被赋予了满足这一需求的使命。

（二）发明历程

虽然诸多远距离传输的设想和试验都宣告失败，但在军事和政治形势的迫切需要下，仍然有源源不断的有志之士投入其中。电学在18世纪时已经渐渐取得发展，逐渐成长为一门精密科学，也激发了不少人试图通过电来远距离传递信息的想法，但受制于早期实验条件的不完备，这些尝试均宣告失败。克劳德·查普（Claude Chappe）是众多试图将电流应用于远距离传递信息但又遭遇失败的实验者之一。

1791年3月2日上午11点，查普和他的弟弟利用黑白遮光板、特制时钟、望远镜和代码本，用4分钟向16公里之外的帕斯传递了一条当地神学家给出的句子："如果成功，你们将很快沐浴在圣光之中。"② 这块1.5米高的可旋转遮光板一面被漆成黑色，另一面被漆成白色。在特制时钟的秒针经过一个特定数字时，他们就翻转遮光板，将这个数字传递出去，受传者透过望远镜进行观察与记录，并通过数字和字母的编码对应关系解译信息。这便是最初的视觉电报装置。

相对于烽火等信号传递信息十分局限的状况，这种方式通过数字和字母的编码关系可以传递任意的句子，且这种方式传输信息的速度在当时已经是前所未有，但查普还不满足。1792年，查普设计了一种全新的传输装置。在旗杆顶端，查普放置了一条接近4米的可以转动的木板，这条长木板被称为"调节臂"。调节臂可以进行90度的转动，故而有垂直和水平两种姿态；在木板的两端又各自钉有一条1.8米长的短木板，同样可以转动，这两条短木板被称为"指示臂"。每条指示臂可以进行45度的转动，从而每条指示臂可以表示7种姿态。③

3块木板都连有绳索与滑轮，可供传播者进行操作。这一设计总共有98种不同的

---

① 斯丹迪奇.维多利亚时代的互联网[M].多绥婷，译.南昌：江西人民出版社，2017：2.
② 斯丹迪奇.维多利亚时代的互联网[M].多绥婷，译.南昌：江西人民出版社，2017：7-8.
③ 斯丹迪奇.维多利亚时代的互联网[M].多绥婷，译.南昌：江西人民出版社，2017：5.

排列组合，除 6 种为"特殊用途"保留，剩下的 92 种可以分别代表数字、字母和常见的音节。每一次传输时均传递两个信号，第一个信号指示在代码本中的页数，第二个信号指示这一页上的单词或句子。查普为此编写的代码本亦有 92 页，每页上列有 92 个带有编号的单词或词组，这就意味着每次可以传输代码本 8,464 个单词或词组中的一个，相较于利用时钟一个个字母进行传递又有显著改进。

这些木板被涂为黑色，放置在高建筑物的顶端，人们可以从相当远的距离看到。当数个这样的装置连在一起时就构成了最早的"电报线"。运作过程中，一个人观察上游站点，用指定的特殊词汇说出装置姿态；另一位则将本站点的装置姿态移动到同样位置传递给下游站点，从而实现短时间内的快速传输。每个传递的终端设置经理，将收到的信息根据事先拟定的代码本翻译成文字，从而获取消息。1799 年，查普根据需要又为地名专门增加了一个代码本，可发送的信号达到 25,392 个，到 1830 年时发行的代码本所包含的单词和短语已经高达 45,050 个。[①]

总的来说，视觉电报取材简单，只使用了一种当时的新型机械装置——望远镜。这一媒介发明的创新之处在于其对 3 种元素的有效结合：信号塔台网络、塔台之间的信号转发装置以及能将简短信息转化为数字编码的代码本。正如克劳德·查普的哥哥伊格纳茨·查普写的那样："它的目的不是找到一种不需要字典就能轻松学会的语言……而是一种能够通过少数几个信号就可以表达许多事物的途径。"

（三）具体应用

法国大革命后，法国国内政治局势十分混乱，欧洲大陆政治局势也风起云涌。1793 年 2 月，反法同盟成立，法国面临国内外的双重紧张形势。在此背景下，公共指导委员会主席查尔斯-吉尔伯特·鲁默看到了这项发明的军事潜力，建议国民公会出资进行一次评估其价值的实验。1793 年 6 月 12 日，演示会正式举行。这 3 个电报塔用了 11 分钟将一条乏味的信息传递了出去："多努已经到达。他宣布，国民公会已经授权公共安全委员会在委托书上盖章。"电报塔又用了 9 分钟成功回传一则回复。[②]实验的成功令当局看到了视觉电报在传递信息和维护统治上的潜力。7 月，法国国民公会决定在巴黎和另一重要城市里尔之间建设一条长达 210 公里、设置 15 座电报站的国家电报线。巴黎—里尔线于 1794 年 5 月正式运行。同年 8 月 15 日，法国从奥地利和普鲁士手中夺回了一座城镇，战斗结束还不到一个小时，捷报就传到了巴黎。在法国向北进攻荷兰时，更多胜利的讯息通过电报系统传来，政府对这一发明日益倚重。1798 年，由巴黎起向东延伸到斯特拉斯堡的第二支线建成，而里尔线已经向北延伸到了敦刻尔克。拿破仑 1799 年掌权后，命令进一步扩展电报网，为军事战争做准备，通向全国各地的其他线路也随之建立起来。到了 1804 年，拿破仑下令修建巴

---

① 克劳利，海尔.传播的历史[M].董璐，何道宽，王树国，译.北京：北京大学出版社，2011：155.
② 斯丹迪奇.维多利亚时代的互联网[M].多绥婷，译.南昌：江西人民出版社，2017：10-11.

黎—米兰线,途经第戎、里昂和都灵三地,电报网络随着拿破仑的开疆拓土扩展到了前所未有的范围上。

在认识到了电报的军事价值后,瑞典、英国等欧洲国家也迅速复制查普的设计或者做出些许的调整,发展起本国的电报网络。1795年,在与法国作战期间,英国海军部首次下令在伦敦和南海岸之间创建一条电报线路,并将其用于通信。从巴黎到阿姆斯特丹,从威尼斯到布雷斯特,再加上英、俄等国的局域网,电报线路已如雨后春笋般遍布欧洲。到19世纪30年代中叶,整个欧洲的电报塔数量总计近一千座,形成了一整套由转动的摇臂和闪烁的木板组成的"机械互联网"。

(四)对视觉电报的评价

帕特里斯·费里奇(Patrice Flichy)指出,新的观念导致了变化,人类能够通过对理性的应用而重组空间和时间。[1]视觉电报不仅是对战争的回应,也是理性时代的产物。视觉电报的运作中并没有包含电力或其他新兴的科学发明,但通过编码信号可以实现复杂信息的快速传递,有着充分的应用导向。视觉电报大大提高了人类远距离通信的水平,运行畅通时,1个信号从巴黎到里尔之间的255公里只需要1—2分钟,从巴黎到土伦的760公里只需要12分钟。一条线路一天可以处理4—6封有上百个字符的电报。在之前,一条消息从巴黎到土伦需要在马背上走3天,车队则需要一个多星期。

同时,视觉电报具有巨大的军事、政治、意识形态上的重要性。在军事上,这种通信媒介为执政者提供了一种迅速、可靠的方式,来进行管理协调和军事调动。拿破仑在战场上使用视觉电报进行军事调动,最为充分地展示了这一发明的价值,战争中还开创了海岸电报网络以警告敌船。在政治上,视觉电报缩短了通信距离,将大量人口聚集到了一处,在维护刚刚创建起来的法兰西共和国的统一中发挥着重要作用,加强了中央政府对各个省份的掌握和管控,有助于法国单一国家的形成。在法国政局混乱,政党、意识形态不断变化的情况下,每一任法国政府都坚持扩展电报网络,充分说明其良好的军事通信和政治控制功能。

视觉电报也有其明显的弊端。最主要的是,视觉电报的有效运作依赖于良好的天气和军事化的纪律,夜晚、雨天、大雾都会导致其无法运行,这就极大地限制了其使用的便利程度。另外,这样的通信方式需要建造大量的通信塔、雇佣大量的通信员,并保证每个通信员都按照指定的规范流程,严格地按照上一站点传递的信号向下游传递,这导致这种媒介较为依赖官方主导。在法国,电报网都由政府所有并运营,且只限于发送政府的消息,也只有政府官员、军队司令官才能看到译码本。查普原本想在军事以外促成电报在商业领域的应用,但拿破仑并未采纳其建议。在政局相对稳定的美国,视觉电报主要被用于异地商业信息的交换,以满足公众的商业用途,如传递船

---

[1] 克劳利,海尔.传播的历史[M].董璐,何道宽,王树国,译.北京:北京大学出版社,2011:158.

只到港消息、传递股票价格与奖券号码等信息。但设立电报线路的成本较为高昂,导致只有货运商、股票经理能够承受,仍然难以满足社会大众对实时信息的渴求。

二、有线电报

(一)产生背景:电磁学的兴盛与推动

19世纪30年代,视觉电报传输系统已经在欧洲大陆上广泛应用,年轻的美国政府也希望在大西洋沿岸建立一套信息传输系统。但当时的美国跟欧洲大陆不同,国土广袤而人口稀少,且没有战事的迫切需求,视觉电报那种耗费大量人力物力的机械装置显然行不通。

知识卡片1:早期使用电传输信息的尝试

由于19世纪20—30年代电学上的重大突破,电学再一次进入人们的视野。1820年,丹麦物理学家奥斯特(Oersted)发现电流周围会产生磁场,磁场会使罗盘的指针移动,这一可靠、简便、快捷并可反复使用的检测电流的方式被成功发现。电流表和电磁铁随之被发明出来,前者可以通过指针的偏离度来显示电流的大小,后者则是一组始终带有磁性的电线。在奥斯特发现电生磁后,许多学者也开始思考其能否产生逆效应,即磁生电。1831年,英国物理学家迈克尔·法拉第(Michael Faraday)发现了电磁感应现象。他发现,磁与电之间存在相互联系和转化关系,只要穿过闭合电路的磁通量发生变化,闭合电路中就会产生感应电流。磁通量的变化率越大,感应电动势越大,外界做功的能力也越大。这两项电磁学的重大突破为电报的发明奠定了技术基础。

(二)发明历程

发明有线电报的萨缪尔·摩尔斯并非一个科学家,但他的悲惨遭遇却代表着千千万万普通民众对远距离信息传输的渴求。1825年,视觉电报已经较为普及,但平民百姓的通信还主要依赖于纸质信件等较为缓慢的方式。2月的一天,身为画家的萨缪尔·摩尔斯在为华盛顿市政府作画。突然,他收到了家人从康涅狄格州寄来的信,说妻子即将分娩,但身体状况并不是很好。于是,摩尔斯准备放下工作,启程返回康涅狄格州家中。临行前,他又收到了父亲的信件,父亲告诉他家里一切安好,妻子正在康复,摩尔斯便放下了担心。但当6天后摩尔斯赶回家中的时候,发现妻子已经去世并下葬了。这件事给摩尔斯带来很大的打击。悲痛之余,他意识到,纸质信件作为当时远距离传递消息的主要方式,在时效性上实在是太滞后了。不论是个人通信的需要,还是执政者想要进一步加强管理的要求,都呼唤着更为便捷、高效、稳定的电报系统。

1832年,从法国学画归国的摩尔斯在游轮上结识了参加完巴黎电学研讨会归国的电学博士杰克逊,后者向摩尔斯介绍了电磁感应现象。这给了他极大的启发:电的传递速度那么快,能够在一瞬间传到千里之外,加上电磁铁在有电和没电时能做出不同的反应、时间间隔也可以表示信号,利用这些特性,用3种信号的不同组合代表不同的字母、数字,不就可以传递信息了吗?回国后,摩尔斯开始了艰辛的研制。

在有线电报发明者摩尔斯最初设计电报机原型时,他借鉴视觉电报的编码经验,试图通过一本精心制作的数值编码本来对消息进行压缩,并尝试通过将传输电缆埋入地下的形式以减少电报遭受破坏的概率。然而,这些借鉴设计却并不适用于电子的传输形式:数值编码效率低下、程序复杂;地下电缆造价昂贵、可靠性差。于是,摩尔斯不得不将地下电缆改为空中电缆。同时,为了适应电传信息的需要,摩尔斯设计发明了一套基于英文字母的二进制信号编码方案,即著名的"摩尔斯电码表"。[①]他设计了点、短画、间隔三个元信号。其中一点是基本的信号单位,一画的长度相当于3点的时间长度,字母(数字)与字母(数字)之间的间隔是7点的时间长度。摩尔斯通过这些信号的排列组合来表示字母、数字和标点符号。电码体制采用了点、短画的二进制设计,对应了现代数字技术中的0与1,摩尔斯电码也被人们视为当代二进制计算机语言的先行者。[②]

1837年9月4日,摩尔斯在纽约大学会议室里架设了518米的导线,获得通报实验成功,第一台电报机由此诞生。这台电报机的装置十分简单,发报机仅由电键和一组电池组成。按下电键,便有电流通过,电流以点、短画和间隔的形式通过电线进行传输。按得时间短促表示点信号,按得时间长些表示短画信号。收报机装置较复杂,是由一只电磁铁及有关附件组成的,当有电流通过时,电磁铁便产生磁性,这样由电磁铁控制的笔也就在纸上记录下点或短画。通过电线由发报装置传送至收报装置时,即可传达特定意义的讯息。

摩尔斯的发明之路并不是一帆风顺的,为了获得专利和资金支持,他曾多次辗转美国、英国等地,但官员们都对他的试验将信将疑。最终,美国国会在1843年3月以3票的微弱优势通过了资助摩尔斯3万美元用于通信试验的议案。随后,摩尔斯利用资金在华盛顿与巴尔的摩两个城市之间架设线路以进行远距离传输的实践。1844年5月24日,摩尔斯坐在华盛顿国会大厦联邦最高法院会议厅中,用激动得发抖的手,按下了《圣经》的一句话:"God created a miracle how!"(上帝创造了何等奇迹!)在64公里以外的巴尔的摩,他的助手准确无误地将电文译制了出来,人类历史上的第一份电报由此被成功接收。

知识卡片2:有线电报在早期英国铁路、通信、商业上的应用

(三)具体应用

虽然试验获得了成功,但最初人们还是只把电报机当作一个新奇的玩具。渐渐地,人们才在铁路、通信、商业等不同领域

---

① 巴比,约翰,赵文才.点对点的传通:从视觉电报到移动电话的电信网络[J].全球传媒学刊,2017(3):92-93.
② 屠忠俊.电信与新闻传播(上)[J].当代传播,2001(1):36-38.

发现了电报的应用价值。

1850年，首条海底电缆横越英吉利海峡，把英国及欧洲大陆连接起来。1857年，横跨大西洋连接欧美两洲的海底电缆铺设成功。但由于技术原因，这条越洋电缆只使用了数天便告失灵。1866年第二条海底电缆铺成，从此实现了跨越大洋的即时信息传输，海底电缆也正式成为一种通信工具。

同时，这一新兴媒介的发明时间正处于全球资本主义扩张的上升期，欧美列强也开始运用其进行殖民扩张。19世纪60年代，殖民时代的"日不落帝国"英国已经将海底电线从地中海、红海、印度洋铺设到了印度，后来又铺设至中国沿海。我国则在近代反抗侵略的斗争中建立起自己的电报事业。

知识卡片3：洋务运动中的有线电报

（四）对有线电报的评价

相较于视觉电报，在电子电报中，人类首次成功开发并大规模应用了电这一媒介，全球由此进入了电子媒介的时代。这场惊天动地的革命为人类社会生活带来了颠覆性变革，世界因电子媒介的日益普及而联结成一个统一的"地球村"，人类进入了媒介化社会的新阶段。

另外，有线电报的出现也是在视觉电报基础上的一次改良升级，在应用潜力、灵活性上有了极大飞跃，大幅降低成本，打通了传输即时信息的路径。首先，电子电报突破了视觉电报使用望远镜来接收信息的限制，凡电线所能铺设之处，皆能进行信息的传输，使电子电报的信息传输范围大大扩展。其次，相较于视觉电报用光作为介质来进行信息传递，电子电报的传输不会受到天气的阻碍，并且可以全天候运行。最后，电子电报的运输成本也显著下降，由于视觉电报需要制作复杂的传输装置，即使最早期的电子电报，其传送成本也仅仅是视觉电报系统的三十分之一，之后传送成本更是随着技术的改良和用量扩大而大幅下降。电子电报的信息编码方式也极大提升了信息传播的效率，点和短画的形式大大缩短了信息编码和解码的时间，通过电流的传递，电子电报可以在短时间内传输更多的信息。另外，电子电报在军事上发挥了很大的作用，其原因是电子电报依赖物理线路传输，与之后发明的无线电报相比，电子线路的稳定性更高，抗干扰能力更强，因此，保密性能也更好。

不过，有线电报的弊端也非常明显。一方面，尽管电报的成本已经显著下降，适用范围已经扩展到了商业私用和民众，但同样由于基础设施的投入较大，收发电报的价格依旧比较昂贵，只有富人才能承受得起发送琐碎信息的成本，此外，大部分平民还是只能用电报发送那些真正紧急的信息。一直到20世纪初，普通人才可负担电报成本，将电报用作简单的长途通信。另一方面，有线电报必须依赖电线进行传输，信息的收发范围仍然受到一定的物理限制，这也为技术的持续改进留下了空间。

三、无线电报

（一）产生背景：移动通信的需求与电磁波的发现

有线电报虽然克服了视觉电报关于天气、地形等限制，但也只能通过使用电线进行通信。电线大多数建设在陆地上，由于疏于管理很容易受到雷击或人为破坏，跨洋的海底电缆更是难以维修，日常维护保养困难，偏远地区亦难以敷设，这导致有线电报仍然存在地理因素的限制，信息输送的距离也极为受限。此外，由于线路铺设成本高昂，各地只能在城市中心设立电报局，统一接待民众进行电报收发，再派报童以抄录信件的形式将电文传递至收信者手中，无法移动、便捷地进行通信，而偏远地区的民众、出洋的船队等均无法覆盖，人们需要更为便捷的电报系统，因此，无线电报应运而生。

无线电报的发明与电磁学技术的进步紧密相关。法拉第的电磁感应定律、麦克斯韦的电磁理论、赫兹在实验中对电磁波的验证，为无线电报的发明奠定了技术基础。在法拉第发明电磁感应定律后，英国物理学家詹姆斯·克拉克·麦克斯韦（James Clerk Maxwell）继承和发展了法拉第等人的工作。1865年，麦克斯韦预言了电磁波的存在，认为电磁波只可能是横波，并推导出电磁波的传播速度等于光速，同时证明了光是电磁波的一种形式，揭示了光现象与电磁现象之间的联系，成为人类历史上预言电磁波存在的第一人。1873年，麦克斯韦完成了电磁理论的经典著作《电磁学通论》，把电磁感应定律、库仑定律、安培定律、高斯定律等电磁学定律，用统一的数学公式表示出来，建立了著名的麦克斯韦方程组。麦克斯韦把电荷、电流、电场和磁场间的联系完全统一起来，指出变化的磁场产生变化的电场，变化的电场产生变化的磁场，它们以波的形式在空中传播，此即电磁波。1888年，德国物理学家赫兹（Hertz）经过一系列实验后终于发现了电磁波。他将电波环（一根粗铜线弯成环状，环的两端分别连着可以调节的金属小珠）放在放电的莱顿瓶附近，只要电波环金属球间距离大小和放置的位置调节合适，电波环两球间就有电火花闪现。这正是莱顿瓶放电辐射的电磁波，在为环路所获取后而激发出电火花。赫兹的实验，不仅证明了电磁理论的正确，而且推进了无线电的产生，开创了电子技术的新纪元。之后，人们又进行了许多实验，不仅证明光是一种电磁波，而且发现了更多形式的电磁波，它们的本质完全相同，只是波长和频率有很大的差别。①

（二）发明历程

电磁理论的发展极大程度地激发了科学家们的热情，他们围绕电磁波的应用展开了一系列探索，一些科学家开始尝试通过无线电来发送电报。在这一时期，先后有几位发明家分别发明了不同形式的无线电报机，无线电报的发明权归属也因此具有一定

---

① 汪红.19世纪电磁感应定律发现的历史地位研究[D].贵阳：贵州大学，2008：23.

争议性。

1893年，尼古拉·特斯拉（Nikola Tesla）在美国密苏里州圣路易斯首次公开展示了短波无线电通信。但由于资金的限制，当时的特斯拉没能将无线电投入量产，也没有申请专利，直到1900年才获得美国的专利权。

1895年，意大利人伽利尔摩·马可尼（Guglielmo Marconi）在父亲的庄园内成功地把无线电信号发送到了2.4公里之外，建造了世界上第一台实用的无线电报系统。1896年他在英国获得专利权。1897年，马可尼无线电报有限公司成立。1899年，马可尼成功进行英国至法国之间的电报传送。马可尼的一系列试验取得成功的消息轰动全球，证明了无线电波不受地球表面弯曲的影响，于是，全球性的无线电报应用如火如荼地展开了。1909年，马可尼获得诺贝尔奖，以"无线电之父"的称号为世界所知。

几乎同一时期，俄罗斯科学家亚历山大·斯捷潘诺维奇·波波夫也于1895年发明了无线电装置——收音机。1896年，波波夫在俄国物理化学协会的年会上，正式用无线电传输了一段信息，信息内容是"海因里希·赫兹"，以表示对赫兹的尊重。由于3位发明者几乎是同时在无线电报事业上作出了突破性贡献，究竟谁是无线电报的发明者这一问题，至今还存在争议。

知识卡片4：无线电报的发明争议

无线电报的传输依赖于电磁波，有发报机和接收机两个信息终端。最初无线电信号与有线电信号一样，通过摩尔斯电码的形式进行传输。在无线电报的发送端，电文以电和线的形式组成，信息就靠"嘀嗒"的电磁波进行传输，经过高频振荡器产生高频电磁波，通过功率的放大，电磁波被发送到空中，产生断断续续的辐射。在接收端，收报机要将微弱的电磁波信号放大，在检波后即可形成"嘀嗒"的声音信号，再通过译码得到信息。

到了现在，随着电磁波承载技术的进步，人们已经不用电码的形式来表示信息，而是直接将声音通过高频电磁波发送，如我们现在熟知的无线电广播。

（三）具体应用

无线电报最早应用在舰艇等航海业上，这恰好是依赖电线进行电报通信时最无法覆盖的领域。1897年，波波夫奉命在俄国波罗的海舰队的一些舰艇上建立无线电通信设备。这些无线电收发设备也发挥了重要作用。1909年，共和国号汽船由于碰撞遭到毁坏而沉入海中，幸亏及时发送求救电报，大部分船员幸免于难。

1898年，马可尼的无线电报首次应用于商业性通信。同年，马可尼在英吉利海峡两岸进行无线电报跨海试验成功，通信距离为45公里；1899年马可尼又建立了106公里距离的通信联系。1901年12月，马可尼在加拿大用风筝牵引天线，成功地接收到了大西洋彼岸的无线电报，完成了横跨大西洋3,600公里的无线电远距离通信。从1903年开始，美国可以用无线电向英国《泰晤士报》传递新闻，相关新闻可以当天见报。

到了1909年，无线电报已经在通信事业上大大发挥作用。在这以后，许多国家的军事要塞、海港船舰大都装有无线电设备，无线电报成了全球性事业。

1914年，第一次世界大战后，无线电的军事价值提升到前所未有的高度。无线电报使得战地部队间能够快速地通信，从而加快战事移动速度，有利于掌握主动权。同时，由于无线电的收发装置较为简单，无须敷设电线，故而在普及化上迈得更远。然而，由于无线电波是散播的，无线信息被编码后通过摩尔斯电码以电波形式传送出去时，也就将相当于将携带的每一个密码电文都泄露了出来，这使敌方可以截取大量连续的战报信息。

随着世界越来越连为一体，媒介技术的新发明的普及速度也越来越快，无线电报很快被引入中国。1899年，广州就已经在诸要塞和江防军舰上设立了无线电机，成为我国最早使用无线电通信的地区。1905年，袁世凯在天津开办了中国最早的无线电学堂，天津等地的行营及军舰上开始使用无线电机。1908年，英商在上海英租界的汇中旅馆私设了一个无线电台，与海上船舶通信。该电台后由清政府收买，移装到上海电报总局内，成为全国最早的无线电台。1911年，德商西门子德律风公司向清政府申请，要求在北京、南京设立无线电报机，首次进行远距离无线电通信试验。1919年4月，北京无线电报局迁至天坛，在北京无线电报局东便门原址设立远程收报处，应用真空管式无线电接收机直接接收欧美各国的广播新闻。此时恰值一战后巴黎和会期间，无线电报每天都将欧洲前线的消息传回国内，影响着国内政局的发展。林长民4月30日接到梁启超从欧洲前线发回的告急电报，写成《外交警报敬告国民》一文，惊呼"胶州亡矣！山东亡矣！国不国矣！……国亡无日，愿合四万万民众誓死图之！"。这则电文也因此成为五四运动的导火索。学生连日在北洋政府前示威抗议，6月28日，中国出席巴黎和会代表拒签对德和约的消息也是通过无线电传递给在总统府前静坐示威的学生，极大鼓舞了"五四"后的反帝爱国运动。在解放战争期间，无线电也在调兵遣将中发挥了重要作用。1946年6月底，国民党破坏停战协定，悍然向解放区展开大规模进攻，全面内战爆发。战争期间，毛泽东同志利用电报等通信手段及时获取战场信息，并多次将明码电报、公开广播与暗码信息进行结合，成功展开信息心理战，实现了"运筹帷幄之中，决胜千里之外"，在装备落后的不利情况下成功战胜敌人。

知识卡片5：无线电在当代的应用

随着时代的发展，无线电报慢慢淡出了人们的视野，但世界上仍有一大批无线电爱好者在使用这一技术，无线电报会在某些时刻发挥出独特的作用。

（四）对无线电报的评价

无线电报的传输超越了有线电报使用电线进行信息传输的物理障碍，可以实现真正的远距离传输。虽然无线电报并没有改变有线电报的符号体系，仅仅是在传输技术上进行了革新,但有线电报有赖于线路的铺陈,而无线电报不需要线路,只要有设备就可以完成传输。因此,更加开放自由的远距离通信成为可能。在军事、经济领域,无线电报大大提升了原有的通信效率。在当时,配备无线电电报机的远洋船只,就算在海洋上仍然与陆地保持通信,更能在需要时发出求救讯号。

无线电报亦大大提升了原有的通信效率。在政治领域,政府行政、办公等信息的上传下达在电报发明后有了很大的提升。在军事领域,电报的运用能使军方及时掌握战场信息,快速调动资源支援战争。在经济领域,无线电报的商用使得商人能够快速了解各地市场的行情,以指导自己的商业活动。

无线电报使信息传输的范围变得广泛。有线电报有单一的终点,无线电报则是一种面向空间的传播。有线电报只能传输到由电话线路所连接的固定的终端,其他人都无法从节点之外获得消息。而无线电报则不同,掌握相关技术的人,都可以获得频率中的所有消息。人们自此可以自由架设无线电通信台,完成任意两点甚至多点的通信。

无线电报在信息传输上的极大自由度,成为它在军事领域应用中的一个安全隐患。正如前文所书,无线信息被加密后通过摩尔斯电码以电波形式传送出去时,也就将携带的每一个密码电文都泄露出来,无线电报的抗干扰能力差,信息的保密性不够强,这使敌方可以截取大量、连续的战报信息。

此外,电报传输的信息依旧是符码,对于普通民众而言,接触无线电报需要通过电报员,真正的通信终端对他们而言是不可见、不可用的,信息的加密和解密的过程对双向直接的沟通造成了阻碍。因此,人们利用媒介直接沟通、相互触达的梦想还有待实现。

第二节 电报对传播体系和新闻行业的影响

一、现代传播的先驱

(一)传播与运输的分离

正如文字的出现使得声音信号被凝结为可视的符号组合,印刷术的发明使得文字信息能够大批量、高效率地被复制,摩尔斯发明的电子电报在那个时代也具有里程碑意义。

在电报发明之前,"通信"问题基本等于"交通"问题,换句话说,信息传播和交通运输有着天然的联系。这也代表着,所有的信息都只能通过交通工具的运输来进行传播。除了传统的个人乘坐交通工具进行信息的携带与传输之外,中国古代也会利用驿马快递来传递信息,而在现代,哈瓦斯通讯社的创始人夏尔·哈瓦斯(Charles

Havas)曾驯养信鸽，来进行巴黎—布鲁塞尔、巴黎—伦敦之间的通信。

在发展初期，电报与火车、轮船等交通工具有着分不开的联系，电报线通常紧跟着铁路的轨道建立，人们在提到国际铁路大会时，也总是会提到更早些时候的国际电报大会和国际电报联盟。铁路与电报最直接的关系是：前者的发展催生了后者的实用性，而后者的使用又常常有利于解决前者发展过程中的矛盾。由此，可以说，电报作为一种脱胎于运输的通信形式，与其他运输工具一起形成合力，推动"世界经济一体化"的形成。①

电报的革命性在于，它的发明打破了信号的传播与实物的运输合于一词的局面。基于传输的传播和基于运输的交通分离开来，这样的分离，使得交流可以克服距离或肉体的障碍而实现，此举凸显了电报巨大的传播学意义。正如传播学家詹姆斯·凯瑞（James Carey）所说："电报的发明可以在寓意上代表将人类带入现代的所有发明……它第一次使传播从运输中有效地分离出来……在电报之前，'communication'一词被用来描写运输，还用于为简单的原因而进行的讯息传送，当时讯息的运动依仗双足、马背或铁轨运载。电报终结了这种同一性，它使符号独立于运输工具而运动，而且比运输的速度还要快。"②电报的出现，以独立符号的形式，带来了物质运输和讯息传送的分离。

在学理层面，电报的出现也导致了"传播"一词性质的变化。"传播"和"交流"本拥有同一个拉丁词根——"communis"。17世纪末，"传播"的含义扩大到传递、转达，以及信息和物资的交换。在这个时候，传播工具包括公路、运河、铁路等运输线路。③而电报的出现，可以看作通信与运输的分离，是"物的传递"和"信息或思想的传递"的分离。电报的出现，一方面将交通意义上的传播推向一个新阶段，另一方面又使传播的古老含义获得了现代的意义。④

因此，电报的发明不仅在现实层面促成了信息传播与交通运输的分离，而且深化了人们在思想上对信息传播观念的理解，人们逐渐将其渗透到日常生活中。电报将传播从地理束缚中解放出来，不仅改变了传播与运输之间的关系，也改变了人们想到"传播"一词时的基本思维方式。它提供了一种思考传播的模式，詹姆斯·凯瑞将这一模式称为传递模式，它替代了过去"communication"一词所具有的宗教含义……电报无论在正规的理论领域还是在日常生活行为意识中，都开启了思考传播的新途径。⑤

---

① 殷晓蓉.关于电报的传播学意义：一种基于媒介技术与文化内涵的思考[J].新闻大学，2011（1）：33-37.
② 凯瑞.作为文化的传播[M].丁未，译.北京：华夏出版社，2005：162.
③ 切特罗姆.传播媒介与美国人的思想[M].曹静生，黄艾禾，译.北京：中国广播电视出版社，1991：9.
④ 殷晓蓉.关于电报的传播学意义：一种基于媒介技术与文化内涵的思考[J].新闻大学，2011（1）：33-37.
⑤ 凯瑞.作为文化的传播[M].丁未，译.北京：华夏出版社，2005：162.

（二）压缩时空的革命

1. 空间的压缩

加拿大传播学者哈罗德·伊尼斯曾在《传播的偏向》一书中对不同媒介、媒介内容及其影响进行了区分。他将媒介分为偏向时间的媒介和偏向空间的媒介两种。根据传播媒介的特征，某种媒介可能更加适合知识在时间上的纵向传播，而不是适合知识在空间中的横向传播，尤其是在该媒介笨重而耐久、不适合运输的时候；它有可能更加适合知识在空间中的横向传播，而不适合知识在时间上的纵向传播，尤其是该媒介轻巧而便于运输的时候。所谓媒介或倚重时间或倚重空间，其含义是："对于它所在的文化，它的重要性有这样或那样的偏向。"① 在他看来，每一种媒介都具有时间或空间的偏向，媒介的偏向与人类文明的演进密切相关。

19世纪，人类社会发生的那场"压缩空间"的革命，正是以电信技术的发明为标志的。电报所代表的电子媒介无疑是偏向空间的媒介——电报发明后，人与人之间第一次实现了瞬间的远距离接触，也不再受限于耳目所传达的范围，凡电报线路所到之处，就能实现信息传播。② 以电报为起点，人类实现远距离文字同步沟通的梦想开始落地，并在接下来的时间里，一步一步凭借电话、广播、传真等形式在语言、声音、图像上进一步实现，开启了电子信息传播的崭新时代。电报及今后电子媒介的传输速度之快，使得曾经阻碍人类传播活动的空间距离仿佛瞬间消失了，跨越空间进行交流不再成为耗费时间和精力的事情。③

在更深层次上，由电报所标示的通信与运输的分离，相当于在这个空间之外，造就了一个平行的空间。正如彼得斯在《对空言说：传播的观念史》中所言："另一个平行的宇宙像变戏法一样地出现了。居住在这个平行宇宙里的是人的各种复制品，它们遵循的规律和我们这些血肉之躯所遵循的规律迥然不同。'媒介总是会产生鬼魂现象。'"

也正是从电报开始，远距离传播中的"两个世界"（肉体、形体、物理世界和精神、视觉、声觉、影像世界）日益对整个人类社会产生影响。照相机、电报、电话、广播、电视逐渐地延伸了人的感觉，以至于完全可以创造出各种复制品或代理者——这种含义在铁路等交通运输中是不存在的，而当代社会关于媒介"影像世界"的文化思考由此生发。④

2. 时间的压缩

每一种技术也都代表着某种时间立场。自然时间、钟表时间是人们最常见最熟知的时间观念，而在电报产生之后，人类的时间观念也在向新型的"媒介时间"过渡。

---

① 英尼斯.传播的偏向[M].何道宽，译.北京：中国传媒大学出版社，2015：27.
② 彼得斯.对空言说：传播的观念史[M].邓建国，译.上海：上海译文出版社，2017：205.
③ 崔林.媒介的变迁：从印刷术到互联网[M].北京：中国传媒大学出版社，2020：57.
④ 白珩瑶.媒介发展与社会变革：以电报在近代中西社会的发展为视界[J].新闻研究导刊，2017，8（7）：59-60.

自从电报诞生以后，传播媒介就在压缩时间的道路上处于领跑位置了。电报的发明具有开天辟地的意义，它连接了文字与电子两个时代。在电报发明之前，信息的传递基本上与人的旅行时间是一致的，与交通工具的传递是同时的。电报开创了瞬时通信的"闪电式传播线路"：所有最新形式的运输和通信工具都曾经为便士报所利用，但电报比这些传递工具——轮船和铁路、马匹和汽车、港口快艇和信鸽——更加优越。①

电报的发明拉开了电子通信时代的序幕，开创了人类利用电流来传递信息的历史，信息在电线上真正的传播时间非常短。"嘀嗒"一响，只要 1 秒钟，电报便可以载着人们所要传送的信息绕地球走上 7 圈半。这种速度是以往任何一种通信工具都望尘莫及的，人类跨越空间传递信息的效率得到前所未有的提升。② 无线电报的速度更是将信息传播的速度以电磁波的形式提升到了光速，信息几乎实时到达接收终端。对时间的压缩直接消除了全球范围内各个地域之间的时间差："它可以迅捷并准确调整各地的时间差，使一个时区内的钟表走在同一个钟点。"③ "所有报纸都必须利用电报新闻并依赖于它，否则就会被淘汰，新闻业注定比以往更有影响，及时报道的新闻将给大众的意识带来更多的活力。重大事件的迅速传播将在社区的群众中引起对公众事务的强烈关注——整个国家在同一时间内关注同一事物，从国家的中心到边陲将保持着同一种感情和同一个搏动。"④

（三）信息的编码加密体系

电报传输的密码系统是其有别于既往媒介的一大特征。在手写和印刷媒体时代，一个人想要表达的信息可以通过书写或印出想写的字来进行传输。但由于电报能传输的信号有限，人们必须将所有的信息转化为一定的编码，再转化为特定信号进行传输。这种编码体系正是现代传播体系的基础。当下，人们在手机上敲出的文字、发送的表情、浏览的网站，其背后都是一个个特定的编码，只不过我们看不到罢了。近几年提到较多的区块链技术，也是将密码系统作为其准入门槛，只不过这个密码系统相对于电报时代已经有了巨大的飞跃。当下技术的创新点在于，使用者不必再像过去一样学习电码表，而是通过简单的方式就可以完成文本的输入与接收，信息加密、解密的限制被打破了。

另外，缩写的大量使用也是在电报时代产生的。当下网络社会中，年轻人各种各样的缩写往往令人摸不着头脑，甚至产生了一套具有时代特征的新的缩写语言体系。其实早在电报时代就有类似体系，比如使用摩尔斯电码标准的无线电操作员都有公用的缩写，能够与其他同行打招呼，一些电报员甚至运用这些缩略语聊天、下棋、

---

① 卞冬磊，张稀颖.媒介时间的来临：对传播媒介塑造的时间观念之起源、形成与特征的研究[J].新闻与传播研究，2006（1）：32-44，95.
② 崔林.媒介的变迁：从印刷术到互联网[M].北京：中国传媒大学出版社，2020：56.
③ 丁未.电报的故事：詹姆斯·凯瑞《作为文化的传播》札记[J].新闻记者，2006（3）：44-46.
④ 麦克卢汉.理解媒介：论人的延伸[M].周宪，许钧，译.北京：商务印书馆，2000：332.

讲笑话，从而省去了一个个字母拼出单词进行传输的麻烦。1859年，一些公用的缩写被发布，包括"SFD"表示"Stop for dinner"（停下来吃饭）、"GM"表示"Good morning"（早上好）等。

（四）促进传播的现代化

加布里埃尔·巴比（Gabriele Balbi）在《点对点的传通：从视觉电报到移动电话的电信网络》①一文中，总结了电信网络的三个核心特征。

第一大特征与用户相关。电信是一种点对点（一对一）的通信网络，能够在有限节点之间建立特殊信息关联，而与这一特性相关的一个重要方面就是用户隐私。小范围（或两个信息主体）之间信息交互的实现，是以所交互的信息不会被大范围散播为前提的。

第二大特征与信息传输相关。电信网并不直接传送信息，其传递的是一种经过编码的信号，这种信号代表了所要传递的信息内容。这种信号在传播节点的一端经过编码之后，通过电信网络进行传送，最终在传播节点的另一端被解码。电报具备此项特性，是因为在发送电报的过程中，尽管信息在从发送者送往发报处时并不需要编码，但信息在从发报处传送至收报处时需要进行信号编码。

第三大特征与传输的定向性相关。电信网络使信息接收方能够在短时间内对信息发送方及时做出反馈，而固定电话和移动电话甚至能够实现即时反馈。简而言之，这体现的是电信网络的互动性。

基于上述三个特征可以发现，视觉电报、有线电报和无线电报，虽然不完全匹配上述特征，也并未完全实现广泛互联，却已经基本成为电信时代互联网的雏形，如以节点作为中枢连接的传播网络、经过编码—解码的传输符号体系、明确定向的传输方式等。因此，电报被称为"维多利亚时代的互联网"。

二、新闻内容形式的改变

（一）新闻写作方式的改变

1. 产生了新的新闻文体——倒金字塔体

电报对于媒介文本影响最深刻的一点在于改变了新闻的文体。电报业务刚开始投入使用时，记者的稿件通过电报传送，但由于电报技术上的不成熟和军事临时征用，稿件有时不能完全传送，时常中断。后来，记者们想出一种新的发稿方法：把最新鲜、最重要的内容放在新闻的前面，然后按事实的重要性依次写下去，最重要的写在最前面，这种应急措施催生了一个在当时全新的、至今也仍然通行的新闻文体——倒金字塔体。

---

① 巴比，约翰.点对点的传通：从视觉电报到移动电话的电信网络[J].赵文才，译.全球传媒学刊，2017，4(3)：89-112.

关于倒金字塔体的起源,也有人认为是美国内战后产生并普及起来的。不论哪一种观点,都认可这一文体同电报的出现息息相关。这种伴随着电报技术运用而成熟起来的文体的寿命甚至远远超过了作为新闻传播手段的电报的存在时间。当电报被应用于报纸后,也曾倒逼报纸内容进行组织形式的调整。布鲁克斯曾评价说:"倒金字塔还没有变成新闻学上的历史陈迹。当今报纸上大概百分之九十的消息是用倒金字塔结构形式写的。"①

由电报所催生的倒金字塔体是一种普适性的结构,它不仅被文字记者奉为写作的圭臬而统治了报纸的绝大多数版面,甚至深深烙印在其后出现的视听媒介之中,成为一种新闻传播的惯有思维。近现代的广播、电视媒介的新闻文体也保持着"倒金字塔"的传播逻辑,仍是"电报体系"的一部分。比如主要依靠影像传递信息的电视媒介为了弥补线性传播的缺点,也会在新闻的开头对最重要的信息进行提示,告诉观众最重要的信息并吸引他们留在电视机前。这种"以事实的重要程度或受众关心程度依次递减的次序,先主后次地安排消息中各项事实内容"的做法,无疑构成了标准的"倒金字塔"。②

2. 产生了全新的新闻格式

电报不仅改变了新闻的书写方式,也产生了全新的新闻格式。电报带来的另一个重大变革是新闻报道的消息头,也称为电头。按照复旦大学刘海贵和尹德刚所著的《新闻采访写作新编》所言,消息头的意思是:报纸上刊登的消息,其开头部分往往冠以"本报讯"或"×社×地×月×日电"的字样。如今,不论是报纸、电视,还是广播,在新闻报道前依然保留了消息头的样式。③

(二)新闻价值取向的游移

电报改变了新闻价值的基本取向,极大地提高了新闻的时效性。当电报创造了超越时空的奇迹后,本地新闻和那些没有时效性的新闻便失去了在报纸上的中心位置,新闻的时间竞争由此拉开了序幕。在当时的新闻行业,速度就是一切,时间是最重要的因素,这使得报道的深度被牺牲了。当整个行业为了寻求新闻的快速而普遍使用电报时,不可避免的情况是,信息变得比信息来源更重要。"截稿时间""第一时间"的观念越来越成为制约新闻的首要因素。正如尼尔·波兹曼所说:"报纸的财富不再取决于新闻的质量和用途,而是取决于这些新闻来源地的遥远程度和获取的速度。"④

电报在改变新闻价值取向的同时催生了新的内容。电报使人们对天气的感知发生了变化。最初,英国的谷物投机商们利用电报来相互传递简单的天气预报,人们开始意识到天气是一种大范围的、相互关联的事件。到了1854年,英国政府在贸易部下

---

① 张威.对国内有关"硬新闻"和"软新闻"界定的质疑[J].国际新闻界,1998(4):58-65.
② 崔林.媒介的变迁:从印刷术到互联网[M].北京:中国传媒大学出版社,2020:60.
③④ 崔林.媒介的变迁:从印刷术到互联网[M].北京:中国传媒大学出版社,2020:59.

设立一个气象办公室。从1860年开始，《泰晤士报》也开始每日登载这些天气预报。①

电报的应用还推动了报纸的新闻报道水平提升。在早期的报纸上，真正意义上的新闻比重很少，报纸上充斥着大量政论。电报被用于传送消息后，报纸上的消息所占比例开始逐渐增多，其地位也渐渐超过言论，使报纸逐渐从"观点纸""意见纸"转变为"新闻纸"，促使新闻事业从"政论本位时代"向"新闻本位时代"过渡，因为拍发电报需要一定的成本，电报传递的多为重大事件的报道，普通街谈巷议，鸡毛蒜皮、低级趣味的事情很难通过电报传播，此类新闻在报纸上也陆续减少。②

三、新闻事业的兴盛

（一）新闻产业集中化与通讯社的发展

19世纪初，新闻业的繁荣催生了通讯社的形成。如果说新闻业的运作需求是通讯社成立的必要条件，那么电报的发明则为通讯社提供了发展壮大的可能。在摩尔斯发明电报后，哈瓦斯通讯社于1848年开通了巴黎与布鲁塞尔之间的电报传递业务。1866年，第一条大西洋海底电缆铺设成功后，北美洲和欧洲大陆连为一体，哈瓦斯则进一步利用这条线路开展更大范围的新闻业务。有线电报的飞速发展促成了哈瓦斯的新闻事业不断壮大。

哈瓦斯利用电报发展了自己的通讯社事业，德国的沃尔夫通讯社更是直接以电报线路的开通为起点而建立起来。沃尔夫本在哈瓦斯通讯社工作，但在德国柏林至亚琛的电报线路开通后，沃尔夫从哈瓦斯通讯社离开，并于1849年在柏林开设了电报新闻服务公司，利用电报技术收集信息，为有需求的顾客提供政治、经济等领域的相关资源。1851年，路透在伦敦正式创办了路透社，由于电报线路还未实现全覆盖，路透社也利用信鸽来弥补从亚琛到布鲁塞尔的这一段电信空白。美联社的诞生也归属于大家对电报新闻重要性的共识。面对有限的电报资源、内容相似的稿件、众多的报社记者，以墨西哥战争的报道为契机，纽约的几家报社决定联手集中资源，以降低成本。他们于1849年共同签署了"港口通讯社"协议，并在1851年改名为"电讯与综合新闻联合社"，1856年，又改组为"纽约新闻联合社"。美联社的成立，使美国新闻事业向新闻的集中化迈进了重要的一步。③

通讯社广泛采用电报技术后，大大提高了新闻的时效性。电报将世界各地的消息集中在一起，也因此构成了世界大型通讯社生存的基础。在这些现代的通讯社迈向国际化的过程中，电报为其提供了不可缺少的技术条件。通讯社成为收发信息、出售信息的专门化生产组织，进而丰富了传媒行业的生态内涵。④

---

① 崔林.媒介的变迁：从印刷术到互联网[M].北京：中国传媒大学出版社，2020：59.
② 白珩瑶.媒介发展与社会变革：以电报在近代中西社会的发展为视界[J].新闻研究导刊，2017，8（7）：59-60.
③ 崔林.媒介的变迁：从印刷术到互联网[M].北京：中国传媒大学出版社，2020：62-65.
④ 白珩瑶.媒介发展与社会变革：以电报在近代中西社会的发展为视界[J].新闻研究导刊，2017，8（7）：59-60.

（二）新闻行业竞争的加剧

通讯社的成立为新闻行业带来了组织化和专业化的模式，随着电报在新闻行业的普遍应用，各个通讯社不再满足于本地新闻业务的开展，逐渐将触角伸向更远处，与同期殖民扩张的进程一起，开始激烈争夺并尝试占领世界范围内更大的新闻市场。1866年，大西洋海底电缆的铺设意味着美洲和欧洲大陆之间的快速通信成为可能，此后越洋信息不再需要依靠船只的运输来实现互动，全球范围的新闻逐渐出现可能性，新闻事业的竞争也越发激烈。①

苦于新闻竞争给各个通讯社带来的损失，为了确认既定事实和各自的垄断范围，1870年路透、哈瓦斯和沃尔夫三家通讯社在巴黎举行了和解会谈，并签署了旨在分割世界新闻市场的垄断性协定——"联环同盟"协定。1875年，美联社也参加了该协定——美联社负责采集美国的新闻，经由伦敦供给欧洲三社，欧洲三社发往美国的消息也只供给该社。由于协定以欧洲三大通讯社为主，美联社不能插足美国以外的地区，因此，这一协定也被称为"三社四边协定"，成为近代通讯社发展史上一个具有标志性的协定。在该协定确立后，一个由四家通讯社对世界新闻市场进行瓜分和垄断的体系被建立起来了。

这一协定及其维持的垄断局面直到一战德国战败后才开始动摇。1934年，实力强盛的美方提出在任何地方的任何人都可以自由发布新闻的原则，正式废除了该协定，通讯社又回到了自由竞争的时代。②

第三节　电报对人类社会的影响

一、对人类信息模式的影响

（一）书面表达方式的改变

知识卡片6：电报对汉字书写表达的影响

媒介在改变人类传播的连接方式的同时，也改变着人们的表达方式。每一种媒介，都只能搭载某一种特定的内容。这种现象在媒介发展的早期还不够成熟和普及的情况下更加明显。电报系统最初的建设成本很高，拍发电报的费用自然居高不下。因此，寻常人家只有在有急事的情况下才会拍发电报，并且电报内容都是一简再简。

100年前，英国记者安德鲁·温特就曾对电报的表达方式表示不满，他曾表示，电报体让任何形式的礼貌说法都无容身之地。"May I ask you to do me the favour"（能

---

①② 崔林.媒介的变迁：从印刷术到互联网[M].北京：中国传媒大学出版社，2020：66.

请您帮我一个忙吗）这么一句话，传输80公里的距离就要6便士。"这个可怜的人要把类似温文尔雅的形容词无情地砍掉多少，才能将他的信函开支降到一个合理的水平呢？"①

（二）信息理解方式的改变

技术的赋能使得大量信息跨越距离实现快速传输，然而，部分学者却对电报及其后的电子媒介过于迅捷的传递速度感到担忧。麦克卢汉曾坦言："电讯传播的同步性……使我们每个人都可能受到世上的其他影响。在很大程度上，电力时代里我们同时在各地共处这一事实，是一种被动的，而不是积极的经验。"②波兹曼面对信息的海量化也曾发表自己的担忧："在人类历史上，人们第一次面对信息过剩的问题。"③相较于口语传播时代和印刷传播时代，电报技术所代表的电子媒介传输时代，信息被置于越发重要的地位，人们追赶信息传播的脚步，"将面对丧失社会和正式活动能力的问题"。记者兼批评家斯蒂尔曼也对这样的情形进行了设想："结果是灾难性的，影响到我们所有的脑力活动。我们把匆忙无暇确立为审慎的制度，把仅知皮毛看作科学，把追求新鲜刺激变为生活的常态……我们对什么都是急急忙忙地囫囵吞枣，再加上记者争先恐后，不肯落后竞争者半步，这使我们的思考和判断失去了稳健，无法充分消化信息。我们对任何问题都无暇深究，一般来说也没有深究的意愿。"④

二、对社会生活的影响

（一）军事和外交：各国列强争夺与控制殖民地的有力工具

电报在发展的初期就为军事领域所重用。摩尔斯密码的发明为军事通信提供了私密性的保证，为谍报系统提供了新的作战方式，截获电报信息成为战争时期的重要作战手段。电报技术为战争提供了巨大的信息优势，有利于分享军事情报，电报也成为改变战争进程乃至改变世界格局的重要导火线。电报作为19世纪后期新兴的信息技术，在帝国主义列强的竞争中发挥着不可替代的作用。在帝国主义扩张的时代，各国都将控制跨国通信作为重要的战略目标。拥有电报通信优势的国家无疑具有巨大的信息权力，可以更好地为国家利益服务。此外，电报事业的成功不仅有助于西方大国开疆拓土，而且进一步刺激了他们广占殖民地的野心。⑤

电报不仅加剧了列强之间对殖民地的争夺，也加强了各国对既有殖民地的控制。1857年5月，印度兵变的消息传递到英国一共花了40天，英国由此认识到铺设一条由自己掌控的、从英国本土直连这块最大殖民地的电报线路的重要性。1869年，德

---

① 崔林.媒介的变迁：从印刷术到互联网[M].北京：中国传媒大学出版社，2020：54.
② 麦克卢汉.理解媒介：论人的延伸[M].周宪，许钧，译.北京：商务印书馆，2000：281.
③ 波兹曼.娱乐至死[M].章艳，吴燕莛，译.桂林：广西师范大学出版社，2009：63.
④ 斯丹迪奇.从莎草纸到互联网：社交媒体2000年[M].林华，译.北京：中信出版社，2015：270-271.
⑤ 白珩瑶.媒介发展与社会变革：以电报在近代中西社会的发展为视界[J].新闻研究导刊，2017，8（7）：59-60.

国一家公司成功建设一条欧洲到印度的线路。1870年，英国和印度之间有效的电缆联系终于确立。自此，英印之间可以在5小时内有规律地传输信息，大大加强了英国对印度的殖民控制。在1873年的第一次阿善堤战争中，英国的电报部队开始取得成功，他们铺设了一条长达137公里的电报线路。1879年的祖鲁战争是第一场有电报部队参加的战争。电报部队通常需要在攻击部队之前，建立电报站。在1881年的德兰士瓦战争中，电报部队再一次成功地在战争之前建立了基地之间的通信。在1882年的埃及战争中，军队登陆后，电报公司能够使用铁路线到达埃及军队防御位置的几公里内，并经由指挥部、海底电缆与伦敦的国防部相联系。[①] 这些电缆线为殖民者提供了战争的巨大信息优势，有利于他们分享军事情报，进行军队调动、战争部署。电报技术与其他技术一起为殖民者打开非洲的大门提供了有力的支持。电缆的铺设使得西方国家对殖民地世界的控制更加严密。同时，在电报的嘀嗒声中，电报两端的不平等结构已经展现得淋漓尽致：一端提供基本信息并且服从另一端的命令；另一端接收信息并且发号施令。电报技术使西方国家将触角不断地延伸至世界各地，这使电报技术逐渐具有浓郁的殖民色彩。

（二）经济：世界市场的形成与"全球一体化"观念发展

詹姆斯·凯瑞曾在《作为文化的传播》一书中指出现代传播媒介的商业属性，他认为，以电报为起点的电子媒介在很大程度上提升了新闻和信息传递的时效性，促进了商业信息的流通。电报出现之前，不同市场是独立的：商品的价格波动由于地理因素的制约往往有一种联动但延迟的反应。通信速度的迟缓，使得一个市场的价格变化，要经过相当长一段时间，才影响到另一个市场。在这时，消息灵通的投资者能够利用信息差来为自己谋利。廉价买进货物再高价卖出，是投资者进行商品贸易的主要形式。运河、公路、铁路的发展逐渐缩小了各地的时间差，但直到电报的发明才完全摧毁了间隔：电报将市场从之前在空间上所处的位置中解放出来。由于信息传播的便捷性，市场的区域化壁垒消失了。电报的出现使借助地区价格差的套利投机走向衰落，产品变成了标准化的、以符号为代表的商品，市场价格高度同步化，并最终导致市场的全国化。由此，商品的运行方向从空间转向了时间，期货交易开始出现，极大地推动了国际贸易与投资的发展。[②]

电报作为脱离了运输工具的新通信形式，与其他交通运输工具形成合力，推动着"世界经济一体化"的形成。19世纪中叶，马克思和恩格斯撰写《共产党宣言》之时，电报已能使欧洲大陆的消息迅速地传向四面八方。"电讯立刻闪电般地传遍了大不列颠"，"各种电报像雪片一般飞来"。马克思认为："电报已经把整个欧洲变成了一个证券交易所。"恩格斯也把电报与轮船、铁路一道，视为近代交通工具的惊人发明，

[①] BEAUCHAMP K G. History of telegraphy[M]. London: The Institution of Engineering and Technology, 2008: 117-129.
[②] 丁未. 电报的故事：詹姆斯·凯瑞《作为文化的传播》札记[J]. 新闻记者, 2006（3）: 44.

这些发明"第一次真正地形成了世界市场"。在信息交换频繁的商品社会，电报适应了资本扩张的本性，提高了时空交换的效率，使整个世界流动起来。①

电报以其强大的穿透力突破了时空的限制，使人与人之间的距离空前缩短，彼此间的交流变得十分便捷。随着经济的全球化发展，电报也极大程度上促进了世界范围内政治、文化层面的交流，逐渐带来了国际性整合的过程。新闻教育家马星野曾感叹道，电报、无线电、电话和飞机"已把世界缚住，好像一个网，世界缩小了，而新闻纸的领土扩大了"。戈公振也认为，电报的出现，直接影响报纸的工作，"间接能使社会人类之关系，变为密切，求知之欲望，日而增高，向之各地景况，群众生活，事实上无明悉之可能者，至是人人日得而一目了然矣"。更有学者认为，电报"横跨大西洋的线路最终成为朝着使各国团聚在一个国际传播网络中迈进的划时代的一步"②。

电报开创了电子传播时代，由此，时空距离被迅速拉近，人们的视野变得空前开阔，政治、经济、文化上的频繁互动，使得全球一体化的关键逐渐形成，马克思所预言的人类全面交往和麦克卢汉所描绘的"地球村"也逐渐成为现实。③

（三）政治：社会控制的强化与民族国家凝聚力的增强

前文已根据电报在空间维度上易于远距离传输但无法永久保存的特征，将电报归入"偏向空间的媒介"。在伊尼斯看来，不同的媒介偏向会形成不同的社会文明特征。"偏向时间的媒介"在某种意义上是个人的、宗教的、商业的特权媒介，在此基础上形成的文明的特点是：传统保守、等级森严，讲求共同性而又容许个人在情感和艺术方面享有自由，张扬个性。它强调传播者对媒介的垄断和在传播上的权威性、等级性和神圣性，但不利于权力中心对边陲的控制。而"偏向空间的媒介"是一种大众的、政治的、文化的普通媒介，在此基础上形成的文明的特点是：观念开放、注重新知，理性知识得到充分发展。它强调传播的世俗化、现代化和公平化。因此，电报有利于扩张帝国、强化政治统治、增强权力中心对边陲的控制，也有利于传播科学文化知识。作为空间偏向的媒介，统治阶级也可以利用电报系统更快捷地实现命令传输。同步的上传下达使得社会的标准化与规范化程度大大加深，政府对各地的控制统一而高效，标准化使得跨距离的集权得到加强。

从民众的角度来看，电报作为传播史上一个突破了时空限制的重要的媒介技术，也增强了民众对民族国家共同体的想象。安德森在《想象的共同体》一书中对民族进行了定义，他认为，民族是一种想象的政治共同体、拥有主权的共同体，民族总是被想象为一种深刻的、平等的同志爱。④这一点对于集体主义文化语境下的中国尤为明

---

① 白珩瑶.媒介发展与社会变革：以电报在近代中西社会的发展为视界[J].新闻研究导刊，2017，8（7）：59-60.
② 沈勇.电报应用与新闻传播：以民国前期为视界（1912—1936）[D].杭州：浙江师范大学，2012：46-47.
③ 沈勇.电报应用与新闻传播：以民国前期为视界（1912—1936）[D].杭州：浙江师范大学，2012：48.
④ 安德森.想象的共同体：民族主义的起源与散布[M].吴叡人，译.上海：上海人民出版社，2005：6-7.

显。近代以来，随着西学东渐和外族的入侵，国人在追求国家现代化的过程中，也开始产生了"中国"和"中华民族"这样的民族国家集体身份认同。而近代国人形成"中华民族"共同体意识的一个必要条件便是了解世界，并从中更加深刻地认识世界环境中的自己。电报以其传播迅捷和突破空间的特性，承担了中国人认识世界的使命。[1]1912年，路透社上海分社开始向上海各大报纸发送新闻稿，至此，中国报业开始真正有了国际新闻。从此以后，国内的通讯社也开始蓬勃发展，并不断拓展海外业务。由电报带来的国际新闻的发展，使得国人对世界的印象更为清晰，同时对中国在世界中所处的位置也更为清楚，这个位置不仅是地理上的，更是政治上、经济上、文化上的，从而唤起了国人对民族国家的共同想象。[2]

（四）社会：加快工作生活节奏

电报不仅带来了提升信息传播速度的这个客观结果，而且进一步提升了人们对信息传输加速的感知，加快了人们的生活节奏。"由于电报的出现，时空的距离被大幅度压缩，人们生活的世界以及人们对这个世界的感知与感知方式，随之发生巨大的、潜移默化的改变。"1881年，纽约的一位医生乔治·比尔德（George Beard）出版了一本书——《美国式紧张》，在书中指责电报和印刷机助长了由于商业和社交生活的加速而造成的"紧张病"。他宣称："电报是紧张的成因之一，而对于紧张这种病的严重性我们尚一无所知。"[3]

由于电子媒介对传播时效的推进，整体的社会节奏被加快，快节奏、高效率的新型生活方式出现。

哈特穆特·罗萨（Hartmut Rosa）曾在《新异化的诞生：社会加速批判理论大纲》中将社会加速作为现代社会的核心特质，并将社会加速分为科技加速、社会变迁加速和生活步调加速三种形式。科技加速是社会加速的一种面向，是最容易被观察以及测量的一种加速形式。所谓科技加速，就是关于运输、传播沟通与生产的目标导向过程的有意的速度提升。科技加速对于社会现实影响无疑是巨大的，尤其是改变了社会生活的"时空体制"，改变了原有社会生活对时间和空间的知觉和组织。在以往，人们完全通过肉眼来感知世界，通过交通来传输信息，而从以电报为起点的电信时代的来临，到当下全球化与时空扭曲的互联网时代，时间被进一步压缩了，空间被进一步消弭。科技加速促进社会变迁加速，社会变迁加速又推动生活步调加速，这三个加速面向处于相互升级的关系中，"形成一种环环相扣、不断自我驱动的反馈系统"。当下的我们正处于快节奏的加速社会之中，无法逃脱。[4]

---

[1] 沈勇.电报应用与新闻传播：以民国前期为视界（1912—1936）[D].杭州：浙江师范大学，2012：49.
[2] 沈勇.电报应用与新闻传播：以民国前期为视界（1912—1936）[D].杭州：浙江师范大学，2012：50.
[3] 斯丹迪奇.从莎草纸到互联网：社交媒体2000年[M].林华，译.北京：中信出版社，2015：270.
[4] 罗萨.新异化的诞生：社会加速批判理论大纲[M].郑作彧，译.上海：上海人民出版社，2017.

(五)加剧社会分化

一种新媒介作为既有技术的创新,由于其建设和使用成本及使用这一媒介所需的技术能力和知识积累等差异,最初总是被部分有权力或有资本的阶级所使用,后面才会慢慢地向社会大众普及。甚至有些群体可能一辈子也无法接触或者掌握一种媒介。因此,在发展的初期,电报主要在政府、商业存在的城市环境中广泛流行,这部分阶层能够利用自身的政治或经济优势,强化经济垄断与信息经济。例如,电报的使用需要较高的成本,而有经济实力的人能通过利用电报这种更加快捷高效的方式获得信息,在经济交易中更快地获取消息以采取行动,这将会导致社会分化的加剧。

总而言之,任何一种媒介技术都有其准入门槛,也都会带来相应的失衡。

思考练习题

1. 英国自然科学史学家丹皮尔用"科学时代的产物"来描绘电报的意义。电报这一媒介所依托的技术和传统媒介技术有何相似之处?又有何不同?

2. 在电报时代,信息传输的技术限制催生了新的新闻文体——倒金字塔体。在信息存储、传输的限制显著减少,成本大大降低的互联网时代,倒金字塔体还有存在的必要吗?为什么?

3. 查普兄弟用代码本和木臂姿态组成信息编码系统,查尔斯用点和线的组合来表示字母和数字,如果让你为中文设计一套编码体系,应该如何设计才能便于发送和传递信息?

4. 电报非常典型地集古老的神秘性和现代的科学性于一体。电报促成了从宗教领域中延伸出有关此岸与彼岸、人与神之间沟通的更多想象;公众最初对电报的反应,也受到宗教式隐喻和奇迹感的支撑;也正是从电报开始,借助于科学力量的日益强大,媒介的神秘色彩日趋淡化。[①]你如何看待以上观点?

5. 有观点认为,电报的通信要求使得信息变得简明扼要,并且能为世界各地的通信站所共享。换言之,不同的人通过阅读相同的信息,他们开始产生了对世界类似的想象。这一刻,阅读报纸就像某种特殊的仪式,它把世界各地的读者聚集起来,成为一个虚拟的共同体。这样一来,读报的意义就不止于信息传递,更是维系共同体的重要纽带。怎样理解电报在虚拟的共同体的形成过程中所起到的作用?

---

① 殷晓蓉.从电报的两重世界看"传播"的神秘意蕴:对功能主义传播学研究趋向的思考[J].新闻大学,2012(2):53-59.

第四章 电话史

本章要点

1. 电话的产生条件、时代背景、发明过程及电话事业的发展。

2. 电话对传播体系和新闻行业的影响,包括双向通信模式带来的民主传播理念、电话在新闻行业中的应用及其与广播等其他媒介的融合等。

3. 从媒介与社会的角度理解电话对人类社会的影响,包括人类交流方式的改变、全新社会情境的出现、电话对于城乡社会发展及媒介发展的影响。

4. "未来寓于现在",探讨电话这一媒介所体现出的现代传播体系雏形特征。

"电话"(telephone)一词与电报带有同样的前缀"tele",即远距离之意,而"phone"在希腊语中原指声音,因此,电话即远距离的声音传输。电话的出现是对电报传输做出的革命性突破。一战前夕,美国率先发展出了第三代电信网络——固定电话。① 电话的出现,使人可以用最自然、人性化的方式进行交流,它是"点对点人际传播电子媒介中最具发展潜力的发明"②,当时的人们毫不吝啬对电话传递声音的赞美。但就是这样一种如此重要的信息传播媒介,却在传统传播学视域中并未受到足够重视。

随着传播技术的快速发展与更替,人们开始意识到媒介技术本身对人类社会结构、组织方式、生活形态同样起着决定性影响,甚至人类文明的每一次前进都是首先从媒介技术的变革开始的。基于此,麦克卢汉、伊尼斯等学者认为,文字和推广文字的印刷术的发明并未打破封闭的状态,知识阶层仍然居于统治地位;电报的发明虽然比电话早,但由于成本高昂,并未获得大规模的应用。电话技术的出现引发了整个人类社会的通信革命,对人类社会的组织关系形成了结构性冲击。③ 经过一个多世纪的

---

① 巴比,约翰.点对点的传通:从视觉电报到移动电话的电信网络[J].赵文才,译.全球传媒学刊,2017,4(3):89-112.
② 李彬,王君超.媒介二十五讲[M].北京:清华大学出版社,2004:31.
③ 霍慧新.电话与近代上海城市(1882-1949)[M].北京:科学出版社,2017:3.

发展，电话早已成为一项普及率很高的媒介技术，进入大众社会生活实践的每一个角落。电话拉近了人与人的距离，人们不再需要费时费力地鸿雁传书，也不需要通过各种专业信号进行信息传递，即使相隔千里，双方也能够通过电话及时地交流信息。①在当下，电话，还有以电话为雏形的手机，已经成为我们生活中必不可少的一部分。

或许电话正是由于其普遍而在现代生活中"隐身"，它被视为理所当然，如空气和水般不会受到特别关注，学界鲜有对其的讨论。但正如学者郭镇之所说，电话对社会的作用却是深层次的、结构化的，是与技术、文化、社会习俗、政策规定和使用选择等诸多要素密切相关的。②因此，我们必须对这个媒介一探究竟。

第一节　电话的发明与发展

一、产生背景：从单向交流到双向交流

关于电和声音相互转换的科学知识，以及囿于电报的局限性而产生的对传输声音的理想是电话发明的两个基本要素。如果一位普通民众要发电报，需要事先拟好电报稿，然后到电报局请专业人员逐字译成电码，交报务员在电报机上发送出去；对方报务员收到报文后，也得先把记录下来的电码逐个译成文字，然后通过信件等方式投送至收报人家中。即使无线电报允许人们破除电线的限制进行交流，一般民众也很难学到专业的无线电知识，更无意为家中购入专业的电报收发机，因此，长期以来，电报传送仍然需要以城镇为中心设立电报局，这个传输过程较为繁杂，往往需要专业人员的协助。这就提高了成本，且不利于内容的保密。更为重要的是，这种交流形式不利于及时的双向信息交流，要得到对方的回电还需要等较长的时间。当时不少科学家一直在思考，声音相比文字更为直接易懂，人们若能通过电流直接传输声音，信息交流就更方便了。

另外，关于声音和电磁学之间关系的科学知识进步也为电话的发明提供了技术支持。1837年，美国物理学家查理·帕吉发现，将一根磁棒迅速磁化和退磁就能够传送声音，这些声音与引起声音传送的电流传送量有关。这些科学发现获得了格雷和贝尔等人的验证，他们因此知道人们能用电磁的振动变换声音，在一根电线上传送它们并在到达的时刻把它们再变换成可听到的声音。③在此背景下，人们开始进行电传声的尝试。

---

① 陈理.热线电话与中国都市社会青少年反传统的性[J].新闻大学，2011（1）：81, 106-116.
② 郭镇之.历史的洞见：读《电话的社会影响》[M]//清华大学新闻与传播学院.全球传媒评论.北京：清华大学出版社，2010：195.
③ 费里奇.现代信息交流史[M].北京：中国人民大学出版社，2008：143-144.

二、发明历程

知识卡片1：电话发明者的争议

虽然在历史上，法国发明家、工程师查尔斯·布瑟尔（Charles Bourseul）对电话作了早期设想，德国的约翰·菲利普·赖斯（Johann Philipp Reis）、美国的伊利沙·格雷（Elisha Gray）、旅居美国的意大利侨民安东尼奥·梅乌奇（Antonio Meucci）也先后自主研制出了电话机，甚至连"电话"（telephone）一词都是赖斯提出的，但世界公认的电话之父、使电话真正走进千家万户的却是亚历山大·格雷厄姆·贝尔（Alexander Graham Bell）。

贝尔于1847年生于英国苏格兰。他的祖父和父亲都从事聋哑儿童的教育工作，对声学很有研究，贝尔的母亲则是个聋哑人，受到家庭影响的贝尔从小就对声学和语言学有浓厚的兴趣。1870年，为躲避瘟疫，贝尔全家移居到加拿大，后又移居到美国波士顿。贝尔子承父业，在波士顿大学里担任语言生理学教授，继续从事聋哑人的教育工作。1871年，贝尔偶然看到了赖斯研制电话的资料，他出于对人耳朵生理结构的研究逐渐对电话产生了兴趣。早期，他试图研究聋人使用的一种"可视语言"。按照他的设想，机器可以在纸上复制出语言声波的振动，以便聋人从波形曲线看出"话"来。但由于识别曲线并不容易，这一设想没有实现。不过，他在实验中却偶然发现了一个有趣的现象：在电流导通和截止的时候，螺旋形的线圈发出了噪声，很像发送摩尔斯电码时的"滴嗒"声，这种声音能通过导线传向远方，给了贝尔很大的启发。另外，当时有线电报的普及导致通信量大幅增加，电报公司往往因电报申请件数过多而无法应付，因此，有部分科学家开始研究用一条电线同时发出多种信号的方法，即"多重通信"，也称"调和电讯"。贝尔想，如果能像普通的电报一样，只用一条电线，就能传送全部的声音就好了。在助手、电工技师托马斯·沃森（Thomas Watson）的协助下，1874年，贝尔发明了可用一条电线同时发出10到12种摩尔斯密码的机器。他进而思考，用于调和电讯的音，其高度、大小各有不同。而人的声音也是音，只是高度、大小不断地变化，形成了语言。如果把高度、大小不断变化的音，变为电流再发送，那么电流也同样可以传送人的声音。

1875年，贝尔在博物馆参观赖斯的电话机后开始和沃森进行改进实验。有一次，沃森在一个房间中拍着金属板发出声音，从金属板发出去的信号变成电流，由铁丝传到贝尔所在的另一个房间中，经过电磁石吸引收讯机铁板而发出声音。但突然，沃森注意到一块振动板拍不响，好像是受到什么干扰，弹簧失灵了，因此振动板才不能动。沃森在调整弹簧的过程中不小心用手指头弹了振动板，霎时，振动板发出了与平常不太相同的"嗯——"的声音，贝尔发现其高度、大小不定，且在发送机上弹振金属片时在接收机上也能听到同样的声音，他转而意识到振动膜片是电话机的关键部件：如果对着铁片讲话，不也可以引起振动吗？这个振动通过电线传到另一端，不就实现语音的传播了吗?

贝尔和沃森持续改进他们的发明。一个晚上,贝尔正在组装其实验的电话机时,不小心把瓶内的硫酸溅到了自己的腿上,他疼得喊叫起来:"沃森先生,快来帮我啊!"想不到,正在另一个房间工作的沃森从桌上的话筒中听到了贝尔的这句呼救,这也成为贝尔电话机的第一次通话。

实际上,赖斯、梅乌奇、格雷和贝尔制作的听筒在原理上都是共通的,在结构上也是大同小异,但最后胜利的果实都归到了贝尔手中。1876年2月14日,贝尔在美国专利局申请了电话专利权。5月,美国在费城举办纪念独立一百周年科技博览会,贝尔的电话机参与展览,一时名声大噪。

1877年,贝尔创办了贝尔电话公司,开始了电话的商业化运营。同年,波士顿与纽约之间架设的第一条电话线路宣告开通,有普通民众通过电话机第一次给《波士顿环球报》发送了新闻消息。从此,人类社会进入了使用电话进行通信的崭新时代。

三、电话事业的起步与普及

(一)从专业领域到私人领域

1877年7月,贝尔和岳父卡迪那·哈巴德等人重组了贝尔电话公司,电话开始走上商业化进程。贝尔公司通过独家提供仪器、特许代理的模式迅速垄断了美国的电话业务。[1]

由于电话拥有比电报更快的信息传输速度,在注重速度的领域具有较大的推广价值,最初使用电话这项发明的便是商人、医生等对信息传递速度有较高要求的职业群体。闻风而动的商人是电话初期市场的主要用户。1881年7月14日,德国柏林第一次出现电话号码簿。这份电话号码簿列出了400个电话号码,其中超过三分之一是柏林的金融机构,光是柏林证券交易所就占了9个号码。[2]在美国华尔街,电话则广泛服务于投资者和经纪人之间的联系。医生在早期的用户中也非常值得关注,电话使得医生群体能够很快地知道紧急事件,与办公室保持联系,从而提供及时的援助。[3]

虽然电话相较于有线电报的费用有所降低,但是线路敷设的成本也较高,居于垄断地位的贝尔公司凭借专利权一直奉行高定价策略。1888年,洛杉矶市中心最低固定费用为每个月4美元,这个费用是一个非农业雇员月平均工资的10%。贝尔公司的大多数人也认为业务数量的增加无法弥补线路建设的成本,这导致电话在相当长时间内只是给专业人士使用的工具。[4]不过,最初固守高定价、服务于商业用途的策

---

[1] 克劳利,海尔.传播的历史[M].董璐,何道宽,王树国,译.北京:北京大学出版社,2011:182-183.
[2] 毛春波.电信技术发展史[M].北京:清华大学出版社,2016:92.
[3] 克劳利,海尔.传播的历史[M].董璐,何道宽,王树国,译.北京:北京大学出版社,2011:187.
[4] 费里奇.现代信息交流史[M].北京:中国人民大学出版社,2008:149.

略也让贝尔公司的增长遇到瓶颈,电报在私人领域的普及也刺激电话向私人领域渗透。贝尔在波士顿一位名叫威廉姆斯的人的车间里和他在郊区的住宅之间建立了第一条永久电话线路。在法国,电话线沿着塞纳河和马恩河谷不断架设,将巴黎大资产阶级的别墅群连接起来。电话在服务于商业用途的同时,也显示出使日常生活便捷化的潜力,如资本家在自己的夏日别墅通过电话对办公室的雇员下指示,主妇们则用电话与食品杂货商、肉商、面包商取得联系,以便足不出户就能获得一些必要的生活资讯。

1893年,由于贝尔公司专利到期,大量新电话公司进入市场,贝尔公司被迫将资费调至 2.5 美元/月。此后,电话的资费不断下调。1910年,四分之一美国家庭安装了电话,这个比率到 1925 年时升到了 40%。同时,电话在私人领域的应用也发生了转变,西雅图的一项调查显示了这一点:20% 用于支配商人,20% 用于从家里呼叫办公室,15% 用于邀请,30% 用于闲聊。[①] 这时,电话这一媒介已经在家庭联系的实践中占有重要地位,美国也从技术和管理层面对固定电话进行重新定位,最终将其定位为一种面向大众的服务设施。[②] 电话不再只是专业业务的工具,而是成为一个个普通家庭的工具,越来越多的人开始使用电话进行真正的远距离社交活动。

(二)从市话到全国电话网

1883年,贝尔公司已经形成了生产一体化的战略结构,开始考虑建设长途电话,将各个城市独立的电话系统连接起来,以形成一个全国性的电话网络。任职于贝尔公司内美国铁路邮政网的负责人西奥多·维尔(Theodore Vail)认为,电话是为"能保证在任何时候与有可能的通信者进行信息交往的系统"。1885年2月,美国贝尔公司在纽约注册了一个子公司——美国电话与电报公司(The American Telephone and Telegraph Company,简称 AT&T),专门开拓长途电话市场,维尔任公司董事长。他向新闻界宣布了他的奋斗目标:通过电缆以及其他可能的手段使每个城镇和地区的各个地点、使美国和世界上其他所有地区连接起来。

在各地投资者的支持和技术的不断改进中,维尔建立了一个结构紧密但分散在各地的网络群体,随后将美国每个城市的节点进行连接,构成更加集中的电话网络。1886年,美国电话与电报公司在纽约和费城之间建设的第一条线路完工。1892年,纽约到芝加哥的长途线路开通。1915 年 1 月 25 日,贯穿美国东西海岸的纽约—旧金山长途电话线路开通。该线路全长约 4,000 千米,使用了超过 2,500 吨铜丝、13 万多根电线杆和大量线圈,在沿途使用了 3 部

知识卡片2:交换机与电话事业的发展

---

① 费里奇. 现代信息交流史[M]. 北京:中国人民大学出版社,2008:151.
② 巴比,约翰. 点对点的传通:从视觉电报到移动电话的电信网络[J]. 赵文才,译. 全球传媒学刊,2017,4(3):89-112.

真空管增音机来加强信号。① 在科学技术的加持下，电话事业不断被推向新的高峰，各个地区的独立市话网也连接在一起，构成遍布全国的电话网络。维尔成功实现了将两点之间的语音传送变成一个巨大的网络组织的梦想，他也因此被称为"电信现代网络的发明者"。②

（三）中国的电话事业

鸦片战争以后，中国被迫打开大门，开始步入缓慢的近代化进程。随着工商业的发展、人口的增加、文化的繁荣、社会交往的频繁，近代中国也产生了提高信息传递的速度和准确性的需求，迫切需要方便快捷的通信工具。因此，电话在发明后很快就作为一项新奇的技术被引入中国。在电话发明的第二年，电话就作为一种玩具被引入上海。1882年2月21日，丹麦大北电报公司在上海设立电话交换所，这是中国历史上第一个由外商经营的电话公司。同年，我国第一部磁石电话交换机在上海开通。

1900年，在清政府的推行下，两江总督兼南洋大臣刘坤一在南京润德里成立江南官电局，设电话交换所（又称"德律风总汇处"）。1903、1904年，天津电话总局、北京官办电话局分别成立，北京官办电话局还采用了100门人工交换机。1907年，清政府邮传部于上海建立电话局。到1910年，上海华洋德律风公司已安装10,000号电话交换设备。③ 抗战时期，日本帝国主义出于战争需要和企图长期统治中国的目的，改造和扩建了电信网络体系，新建了大量步进制自动电话交换机，替换了人工交换机。他们利用当时中国经济、技术的落后和政治制度的腐败，在技术、设备、维修、管理等方面对中国的通信事业进行控制。受制于战乱等时代因素，整个中国的电信系统发展十分缓慢，到新中国成立前夕，中国电话的普及率仅为0.05%，电话用户只有26万。

1949年新中国成立以后，中央人民政府着手恢复和发展通信。1960年，我国自行研制的第一套1,000门纵横制自动电话交换机在上海吴淞局开通使用。但好景不长，"文化大革命"使邮电业遭受打击，业务发展停滞。到1978年，全国电话容量359万门，用户214万，普及率0.38%，不及世界平均水平的10%，电话机总数更是不到世界话机总数的1%。

改革开放初期经济复苏，老百姓的通信需求非常迫切，落后的通信网络成为经济发展的瓶颈，政府加快了电信基础设施的建设，电话交换网络建设重新起步。1982年，福建福州引进并开通了日本富士通的F-150万门程控电话交换机，轰动全国。1984年，上海贝尔电话设备有限公司成立，这是我国第一家研制程控电话交换机的合资企业。1985年，闻风而动的AT&T、诺基亚、爱立信等企业，纷纷来华设立办事处，推广自己的机型制式，导致我国通信市场一度进入了"七国八制"阶段。这些不

---

① 毛春波. 电信技术发展史[M]. 北京：清华大学出版社，2016：101.
② 费里奇. 现代信息交流史[M]. 北京：中国人民大学出版社，2008：162.
③ 霍慧新. 电话与近代上海城市（1882-1949）[M]. 北京：科学出版社，2017：4.

同制式的交换机互不相通，造成了中国通信网络的一片混乱。然而，在外商涌入的混乱之中，中国的自主通信产业也开始悄然崛起。中方技术人员通过引进的设备和技术进行学习、成长，同时越来越多的国有和民营资本也开始进入利润丰厚的通信产业，目前成为通信巨头的华为和中兴就是其中的两员，它们最初都有过代理和研发技术含量较低的小门数用户交换机的历史。由于外国通信龙头瞄准的都是城市市场，国内的交换机厂商抓住机会，在农村拓展线路。1992年1月，中兴通讯ZX500A农话端局交换机的实验局顺利开通，由于性价比高，满足需求，获得了巨大的成功。到1993年，中兴2,000门局用数字交换机的装机量已占全国农话年新增容量的18%，并很快推出了万门以上的程控交换机。1995年11月，中兴通讯自行研制的ZXJ10大容量局用数字程控交换机获原邮电部电信总局颁发的入网许可证，该机终局容量可达17万线。20世纪90年代以来，程控数字交换与数字传输相结合，构成了综合业务数字网（ISDN）。它通过普通的铜缆，以更高的速率和质量传输语音和数据，不仅可以实现电话交换，还能实现传真、数据、图像通信等的交换。随着互联网的广泛应用，以语音为主的电路交换机退居二线，以网络数据业务为主的分组交换机逐渐占据主导地位。到2003年3月，中国固定电话用户数已达2.26亿。

四、评价

电话从根本上改变了人类的通信方式，是一次口语革命，人类由此进入了声音传输的新时代。与电报相比，电话最主要的特点是实时性。在电报系统中，人的话语要被转化成文字符号，经由编码员的编码才能进一步被传输，传输完成后还需要终端的解码过程才能转为人们能够理解的语言，这就会带来时间上的滞后。电话通过设备取代了人工编码解码的过程，人们在电话这端与那端的沟通几乎是实时的，基本消除了信息编码与传输的时间差，符合社会经济发展的时间和效率需要。电话的应用进一步加快了商业洽谈、信息沟通的时效，为商人群体交换信息提供了很大的便利，也为医生等专业群体快速得知紧急事件、与办公室保持联系提供了方便，促进了医疗卫生工作效率的提升，大大提升了沟通的时效。同时，电话使得人类交流的口语传统复活，也回避了人们对电报员的技术要求，直接说话即可表达自己的想法。在这一过程中，电话为大众传播渗透了双向性与平等性。此外，信息传输的形式由电报中的文本转变为电话中的声音，电信的承载内容逐渐变得生动化。人们说话时的语气、情感，在文字中往往难以表达，而通过声音的即时传输，语气、情感在远距离交流中得以呈现。

然而，传递声音同样也是电话自身功能的局限所在。通话双方只能通过声音来进行交流，看不到对方的表情、手势等非语言符号，有可能因信息表达和理解的差异带来误解。1915年的一篇文章言简意赅地说出了电话的最大不足："在电话上聊天时，那些人们近距离相处时存在的身体上和视觉上的一切外在辅助手段都被剥夺得干干净净。"① 这和日常面对面的交流完全不同。此外，初期的电话还依赖电话线路作为技术支撑，因此，电话无法随身携带，只能在固定位置使用。直到后来移动电话的发明，才进一步突破了这个瓶颈，使得人类的传播有了更多的可能性。

第二节 电话对传播体系和新闻行业的影响

一、电话交流：双向通信带来的民主传播理念

专业的新闻组织虽然有权威与正规的优势，但是免不了与优势相伴而行的刻板与模式化。电话出现之前，大众传播是一种制度化的传播，总是握有传播资源的一方对不确定多数的单向传播。② 从主客体的视域来看，传受双方之间的关系极度不平衡，传者起着垄断信息和主导传播的决定作用，受众只是被动地选择和接收信息。大众媒介保持单向的信息发布模式和对反馈的单向回收模式，传者的主导作用和受众的被动地位不断被强化，这也导致了传播实践过程中的诸多矛盾，集中表现在传播供给与受众需求之间的矛盾，以及由此带来的人们对传播信誉度的怀疑和对传媒依赖性的下降，使大众传播面临着一定困境。③

人际传播虽然在传播规模上有极大的局限性，但是能弥补大众传播的上述不足。人际传播具有双向交流和及时反馈的特点，个体之间能够有通畅的沟通渠道，双方往往没有传者和受众的角色之分。电话为人与人的连接提供了双向互通的渠道，是对口语时代传统人际传播模式的再现。巴比、约翰在《点对点的传通：从视觉电报到移动电话的电信网络》一文中总结道，固定电话的一个明显的特征，就是"以双向传通为前提的电信网络"④。电话的互动形式为传播注入了双向性，平等的双方使得传播更加民主。在内容维度上，电子媒介也提升了民主化性质。电子媒介使得人们获取信息的速度大大提升，人们可以以更短的时间在更广的范围内传播自己的思想、观点，这促进了新闻行业时效性的提高，并拓展了人们意见交换的广度和深度，有利于加强民众之间的联结，并进一步形成公众舆论，促进市民社会和民主政治的发展。

二、电话报纸：新闻广播的先声

早期的固定电话不仅是一种点对点的人际传播媒介，还常被作为广播媒介，用于

---

① 彼得斯.对空言说：传播的观念史[M].邓建国，译.上海：上海译文出版社，2017：287.
② 李轩.从传达到对话：大众传播中人际传播特质的引入[J].视听界，2001（5）：19，25.
③ 李盛之.关于热线电话的两点大众传播学思考[J].中国广播电视学刊，1995（7）：40-42.
④ 巴比，约翰.点对点的传通：从视觉电报到移动电话的电信网络[J].赵文才，译.全球传媒学刊，2017，4（3）：89-112.

播放音乐、播报新闻以及进行其他娱乐活动。① 随着电话交换机得到应用,电话用于大众通信的潜力得到进一步释放。交换机同时连接多条线路可以使多人同时进行通话。匈牙利发明家西奥多·普斯卡斯(Theodore Puskas)由此提出了"电话资讯服务"的设想,并创办利用电话进行新闻资讯传播的"电话报纸"。1892年,他在奥匈帝国专利局注册了专利技术。1893年2月15日,他开始在布达佩斯通过电话线提供新闻,起初只有25个用户,两年之内用户发展到了5,000个。他设立了一个单独的电话系统,专门为"电话报纸"提供服务,最多可以有50人在同一时间收听到资讯电话。

订阅了普斯卡斯"电话报纸"的用户每天会得到一份时间表或节目单。每天的广播都从新闻快报和报纸摘要开始。到上午10点,当证券交易所开盘时,每隔一段时间就会在电话里重播一次股票交易价格摘要。同时,每个小时会有一次新闻快报提供给那些错过早报的人。中午则会有关于议会活动的报道。下午会朗读"简短、有趣的故事",传递体育消息,以及各种各样的"填字游戏"。晚上有戏剧表演、歌剧访谈、诗歌朗诵、音乐会和演讲等。由于对年轻人有很大帮助,英语、意大利语和法语的"语言课程"受到热烈欢迎。

在"电话报纸"的办公室里有超过40位"记者和文人",以及"因为声音悦耳而被选中,对用户说话或者传递新闻的人"。这种"电话报纸"业务"完全实现了日报的所有功能",从而将儒勒·凡尔纳(Jules Verne)创作的科幻小说中设想的"电话新闻"变为了现实。当时,人们可以将耳朵贴在设备上坐上一整天,等着收听某些专门新闻或者证券交易价格信息。1896年美国总统选举时,"电话报纸"被首次用来报道总统选举的情况,几千人整夜坐在电话旁将耳朵紧贴着听筒,第一次体验选举结果被"直播"揭晓的激动人心过程。这些用户的生活因为节目表的规定而被调整得与节目时间表一致,这体现出媒介时间对人们日常生活所带来的影响正变得越来越大。

普斯卡斯发明的"电话报纸"一直运作到1925年,直到它与当时新推出的无线电广播服务合并为止。可惜的是,普斯卡斯并未能享受自己的发明成果,而是在"电话报纸"开始运作一个月后就去世了。② 后来,由于技术的限制,电话并没有进一步发挥大众媒介的作用,固定电话最终还是在千家万户和各行各业中主要作为一种人与人的社交媒介被使用,而通过媒介向广大用户传播声音的想法则最终由无线电广播实现。

三、"电话+广播":"媒介融合"下新闻受众的临场参与

在中国,电话对新闻业的影响直到改革开放后才凸显出来,这主要和我国的国情有关。虽然电话比电报早诞生40余年,但由于电话主要满足于人际通信需要,而广播则适应于大众传播需要,便于国家对民众进行宣传,更适应我国国情,故而长期以来无

---

① 巴比,约翰.点对点的传通:从视觉电报到移动电话的电信网络[J].赵文才,译.全球传媒学刊,2017,4(3):89-112.
② 孙宝传.电话的发明与"电话报纸"的出现[J].中国传媒科技,2011(12):20-22.

线广播的覆盖率要显著高于电话。根据1997年的统计，我国虽已经过近20年的改革开放，电话的普及率仍只有8部/百人，而收音机普及率则为339台/千人。① 这和西方发达国家发明和应用电话的先后顺序并不一样，显示出发展中国家的独特历史特点。

电话和广播的媒介搭配也产生了不一样的效果，其中最明显的例子是新闻直播热线的开通对广播和电视新闻的影响。早在1983年中央电视台举办第一届春节联欢晚会时，电话直播参与就显示出了强大的威力。当时，节目采用了观众来电点播节目的形式。这一做法点燃了观众的热情，当晚现场4台电话满负荷运转。

后来，这种做法延伸到了新闻行业。据考证，中国广播界大量采用听众电话参与并产生轰动效应开始于南京经济广播电台，后来杭州、北京地区的广播电台也纷纷跟进，1992年10月28日开播的上海东方广播电台则把这种模式推向了应用的高潮。随后，全国的广播电台均开始热衷于开通电话参与，出现了"电话参与，一试就灵"的盛况。据上海市电话局定时测定，东方广播电台热线电话开通时，每分钟有2,000到4,000个电话试图打入。南京邮电部门则表示，一般电话线路数年才需维修一次，而南京经济广播电台的热线电话由于使用频率太高，竟要一周维修一次。1992年9月，江苏省证券公司委托南京大学社会调查所对南京地区进行了一次调查，发现南京地区居民对主要媒体的接触率中，大量采用电话参与直播模式的南京经济广播电台接触率为64%，而没有电话参与的江苏人民广播电台接触率仅有4%。② 1993年年初，《现代传播》对此评价道，电话参与邀请受众大规模地、深入地走进传播一线，反映民生问题，进行舆论监督，是新闻业的"秘密武器"，是中国新闻界根据现代受众进行改革的第二次浪潮的标志③，足见其"威力"之盛。

总的来说，电话参与促进了新闻行业从"传者为中心"到"受众为中心"的传播结构转变，也为传播过程增添了更多的情感色彩。朱光烈认为，新闻直播加电话参与把广播办成了扩大了的人际传播，发挥了广播的最大优势，其成功的最重要原因正是为受众提供了情感满足。④ 在电话参与之前，广播室内的播音员对着冷冰冰的录音设备说话，心里往往没有听众在听的感

知识卡片3：电话参与式节目的走红原因

觉，而产生单向灌输的感觉，容易表现得冷漠和呆板。听众则把广播设备叫"收音机"，这也说明这种模式缺乏真实的人际交流感。而电话参与节目直播后，经常有听众打电话进来与主持人和其他来电听众交谈，破除了冷冰冰的机器区隔，使得具体可感、有血有肉的形象涌现出来，这种对话参与模式使得广播新闻更具人格色彩，更能

---

① 国家统计局.中华人民共和国国家统计局关于1997年国民经济和社会发展的统计公报［EB/OL］.（2001-10-26）［2022-10-22］.http://www.stats.gov.cn/sj/tjgb/ndtjgb/qgndtjgb/202302/t20230206_1901941.html；张晓群.我国新闻传媒业的改革与发展［J］.开发研究，2004（2）：5.
② 朱光烈.从直播到电话参与：中国新闻改革的传播学道路［J］.现代传播，1993（3）：20-35.
③ 本刊记者.秘密武器的发现和二次浪潮的掀起［J］.现代传播，1993（2）：1-5.
④ 朱光烈.从直播到电话参与：中国新闻改革的传播学道路［J］.现代传播，1993（3）：20-35.

满足人们精神交往层面的情感满足需要。

沃纳丁·塞弗林（Werner Severin）等人在《传播学的起源、研究与应用》一书中指出："有效的传播节目往往是大众传播与人际传播的结合。"[①]电话作为现代人际传播的代表性媒介，与广播等大众媒介结合在一起能更好地发挥出二者的优势，后来的电视新闻节目也仍然沿用电话参与方式，这也显示出这一模式的巨大魅力。

第三节　电话对人类社会的影响

一、交流方式的改变

（一）双向沟通模式的改变

在最原始也是最理想的状态中，人类传播行为是以面对面的肉身在场为基础而发生的。随着社会的不断发展，远距离的交流成为一种必然需求，因此，媒介技术的革命便不断通过延伸人类的感官以拉近人类的距离。由于电话是对于人类听觉器官的单方面延伸，使得交流对象变得不可见，需要使用者在开头确认对方的存在和身份信息。

在维尔的电话系统出现之前，人们还没有电话号码，每一次通话都需要接线员的帮助。接线员在为用户接通电话之前，得先在总机交换台上找到贴有用户名字的插孔。在交换台将电话接通之后，还有一个通话人间彼此如何称呼的鸿沟。电报的文字形式给人以思考的余地，而电话是一种点对点的实时交流，类似于面对面沟通，因而这种交流需要明确自己的交流对象是谁。但由于通话双方身体上都不在场，各自都不知道对方是谁，双方在通话开始时的对话往往具有戏剧性。有鉴于此，试探了解对方的身份是电话礼仪中的常事。在这种情况下，各种风格的电话礼节应运而生，以应对接电话者并非被呼叫者的情况。在荷兰，通话双方都应该同时亮明身份——打电话者和接电话者必须说出自己的名字。在美国，自报家门的规范比较宽松，有些打电话的人从来就懒得报告自己的名字，认为对方能认出自己的声音。[②]

（二）次生口语时代的到来

美国学者沃尔特·翁在其著作《口语文化和书面文化》中创造性地提出口语文化和书面文化的两极性理论（polarities of orality and literacy）以及原生口语文化（primary orality）和次生口语文化（secondary orality）两种概念。[③]他把在人类历史上最先出现的"尚未触及文字的文化"以及未受"印刷术浸染的文化"定义为"原生

---

① 赛弗林, 坦卡特. 传播学的起源、研究与应用[M]. 陈韵昭, 译. 福州：福建人民出版社, 1985：142.
② 彼得斯. 对空言说：传播的观念史[M]. 邓建国, 译. 上海：上海译文出版社, 2017：286-287.
③ 何道宽. 破解史诗和口头传统之谜：《口语文化和书面文化》评析[J]. 南方文坛, 2008（2）：26-29.

口语文化"。在他看来："一切言语都根植于口语之中。"①基于原生口语的即时交流是人类最初的"共同记忆"，激发了人类历史上最初的交流冲动和最强烈的表达欲望。基于原生口语文化的即时交流，具有当下性、鲜活性、互动性等优点，但由于声音传递受到距离的限制与转瞬即逝的特点影响，"即时传递到舌头的思想只能传递到耳朵能听见的范围内"，这就使"面对面的接触导致了一系列重要的后果：缩小了联系的范围，使之局限于居住地之间，并助长了对身体的连续性、接近性的依赖"。电话的出现改变了这一切。电话开创了基于口语的即时交流阶段，是"第一个允许一个人通过他自己的声音表达其精神，而无须通过他的身体直接传递信息"的重要解放力量。②"这种口耳接触使电话成为历史上最亲近人的媒介。"③电话的发明和运用再次复兴了口语文化传统，即时的口头交流出现了历史性"回归"，口语交流中的言论自由，恰恰是"电话使用的基础"，因而这种回归是具有革命性的。由此，电话技术把我们带进了一个"次生口语文化"时代。这种回归为长期处于印刷时代的社会带来了崭新的影响，"这种新的口语文化和古老的口语文化有惊人的相似之处：参与的神秘性、社群感的养成、专注当下的一刻甚至套语的使用"④。

第一，"电话将一个断裂的、区域化的"社会连接起来，"建立在距离和地理空间基础上的人际关系"被更新了。⑤文字的写作和印刷让我们占用空间来存储我们的想法，如果我们愿意的话，我们可以与他人分享这个空间（比如信件）。口头交流只有在有人说话而另一个人在听的情况下才有效。口头表达本质上是一种即时与他人分享自己想法的方式，而写作则允许在"分享我的想法"和"存储它们以供个人使用"之间进行选择。因此，口语强调集体学习、合作和社会责任感，电话的出现复兴了这一传统，促进了集体感的形成。比如在电话交换机发明后，你在和另一个人交谈前还必须先跟接线员交谈，但寄信则不会。这种强迫性的对话及其需要的口语表达能力会增强用户的社区意识。另一个显著的例子是电话合用线（party line）。由于电话使用初期铺设线路较为昂贵，为了省钱，住宅区内的人们会选择建立一条合用线路，即若干户人家共享同一条电话线，运营商需要通过为线路上的所有房屋使用不同的铃声来区分电话呼叫的对象。这种设置可以创造一种共同的感觉，因为一个人所说的任何话都可能被另一个人听到，也可以在家中进行群体对话。同时，这也会促使人对自己的社会行为进行反思，比如一个人一直在打电话就会长时间占用线路，导致其他人无法使用电话，这会促使人们在共同体中的行为表现得更为谨慎，去反思自己的行为；又或者因为第二口语时代将人们作为一个共同体聚集在一起，使我们无法说出会伤害其他

---

① 翁.口语文化与书面文化[M].何道宽，译.北京：北京大学出版社，2008：4。
② 普尔.电话的社会影响[M].邓天颖，译.北京：中国人民大学出版社，2008：213.
③ 保罗，莱文森.真实空间：飞天梦解析[M].何道宽，译.北京：中国人民大学出版社，2006：20.
④ 翁.口语文化与书面文化[M].何道宽，译.北京：北京大学出版社，2008：103.
⑤ 普尔.电话的社会影响[M].邓天颖，译.北京：中国人民大学出版社，2008：69.

成员的话，不同于在书面文化时可以花费时间遣词造句，即时交流场景的扩大提高了我们运用恰当词语进行反应的能力，人们更清楚自己在交流时选择的词语是否符合场景的需要，并且能够更轻松地与其他人保持沟通。从这一层面来说，电话极大地改变了社会和个人的关系。①

第二，电话消除了空间距离的障碍，并缩小了表达与反应之间的时间差，使口语交流又回到最初的人与人之间的瞬时反应。②当一个人通过文字与另一个人交流时，就会留下记录。当一个人在创建一个永久记录时，对所写的内容会有更多的思考，因为在任何时候都有人可以翻看这些文字，比如书籍、信件甚至日记。同样，人们在拍发电报时也需要字斟句酌。而在口头交流事件时就不用那么谨慎了，因为一旦这些话传到听者的耳朵里，除了记忆之外就没有更多的记录了，故而人类的瞬时反应得到了增强。同时，这样的交流模式又反作用于书面文化。当两个人之间进行对话时，语言的选择往往比正式的书面交流更随意。我们做出的语言选择反映了这种情况，我们与朋友或家人交谈的方式，跟我们与老板或同事交谈的方式不同。随着口语在社会中的占有率越来越高，我们选择使用的词语往往更具因果性，反过来，我们选择的书面词语的形式也会被影响。随着我们的谈话越来越随意，我们的书面文字也变得越来越随意。这在文学创作领域开启了从印刷文化"去活态化"向次生口语文化"再活态化"的转型，由此展示出某种先锋性并留存至今，一度掀起了一场反思印刷文化的文学观念、摆脱文本意识形态、建构更为灵活文学观的思潮。这场思潮也波及了教育领域，在印刷时代，学校以记录的知识和学习教科书上的内容为基础，随着第二口语时代的来临，学生学习和相互联系的方式发生了变化：很多时候，个人不再必须通过读写来获取信息，电话允许他们以口头方式获取想要的信息。比如，如果有人想知道天气如何，他们可以拨打电话来了解情况。教师们逐渐认识到社会正在变得更加口语化，教育系统需要调整他们的教学方式，以适应新技术的发明和社会交往方式的改变，故而在教育中口头的讨论和意见共享也开始成为教育培育的重点。③

第三，电话作为"私人谈话的高效设施"，极大地提高了孤独人群与家庭以外的人沟通的能力。毕竟，听人说话的过程也是聆听者形成群体的过程，阅读手写文本和印刷文本主要作用于人内传播过程，但次生口语文化却显著作用于人际传播。当然，随着电话进入家庭，这块"私人空间"的宁静也从此被打破，家庭与外界及社会的界限由此被模糊了。④

---

① CHRISMAN D. The effect the telephone had on literacy and society[EB/OL].（2013-10-27）[2022-03-15]. https://blogs.ubc.ca/etec540sept13/2013/10/27/the-effect-the-telephone-had-on-literacy-and-society.
② 芒福德. 技术与文明[M]. 陈允明，王克仁，李华山，译. 北京：中国建筑工业出版社，2009：213.
③ CHRISMAN D. The effect the telephone had on literacy and society[EB/OL].（2013-10-27）[2022-03-15]. https://blogs.ubc.ca/etec540sept13/2013/10/27/the-effect-the-telephone-had-on-literacy-and-society.
④ 闵惠泉. 历史上三次说话的冲动与革命：基于口语、电话和数字网络的即时交流[J]. 现代传播（中国传媒大学学报），2012（1）：102-106.

第四,电话也改变了人类的思维模式。电话暗示了一种声音中心主义:人们相信言语能完美地再现、把握思想和存在。声音不断凸显着现代人即刻性实用主义的在场。电话突出了声音的重要性,声音替代了人的身体的"莅临"。① 人类在不过几十年的时间里就已经接受、适应并离不开这种口语传播的方式了。电话成了"生活中非常重要的一部分,以至于使用电话已经成为我们无意识的习惯"。②

总而言之,电话这一新媒介的出现既改变了人们相互交流的方式,也在潜移默化中改变了人们的语言模式、思维模式和行为习惯。它创造了一种更加非正式的交谈方式,显著提高了沟通的便利性,激励人们更多地相互交谈,创造了更多的表达机会,将个体联结成一个更大的社区。在这一过程中,人们日益具备了快速反应和交谈的能力,让我们得以用更积极的眼光看待远方的彼此。电话的发明也体现在全球范围内,它改变了我们在社会中看待自己、彼此和世界的方式,改变了我们对更快接收信息的期望。这种对即时满足的需求导致了无线电、电视和计算机网络等的进一步发明,直至世界形成一个地球村。

(三)交流方式改变下媒介的社会功用:社会咨询求助电话的兴起

作为一种媒介技术,电话除了能够作为交流工具帮助人们克服空间阻碍进行沟通之外,还具有一系列社会功能。通过电话,一系列社会问题有了新的解决方式,一项至今仍应用广泛的业务就是通过电话进行及时、匿名的咨询服务,即热线电话。

热线电话作为解决社会问题的一种工具,在危机干预、心理咨询等方面有着独到的作用。③ 戴维·莱斯特在《电话在咨询服务和危机干预中的应用》一文中阐述了电话在提供咨询服务和危机干预中的功能与优势,指出电话作为一种提供咨询和建议的工具,"在危机干预、青少年热线、预防自杀、老年服务与为有特殊需要的个人提供服务和咨询等方面起到了独特的作用"。他指出,电话的匿名性给咨询者提供了强大的安全感和主动的控制权,能够消除他们的顾虑,使咨询者愿意提供真实的信息,这是咨询成功的关键所在。④

米尔也在研究中总结了更多电话适用于咨询服务的优势:包括"空间性""时间性"以及"渠道单一"等。米尔认为,电话咨询的"空间性"打破了咨询师和咨询者之间的障碍;电话咨询的"时间性"意味着咨询者可以在任何时候给咨询师打电话,他们之间的联系不会受到咨询时间的限制;电话咨询的"渠道单一"特性则对于希望匿名的咨询者具有吸引力。⑤

在国外的电话咨询业务逐步兴盛后,我国的热线电话业务也逐渐兴起,并在实践

---

① 葛红兵.另眼相看:当代时尚生活现象学(之一)[J].大家,1998(1):110-119.
② 普尔.电话的社会影响[M].邓天颖,译.北京:中国人民大学出版社,2008:208.
③ 陈理.热线电话与中国都市社会青少年反传统的性[J].新闻大学,2011(1):81,106-116.
④ 莱斯特.电话在咨询服务和危机干预中的应用[M]//普尔.电话的社会影响.邓天颖,译.北京:中国人民大学出版社,2008:463-482.
⑤ 陈理.热线电话与中国都市社会青少年反传统的性[J].新闻大学,2011(1):81,106-116.

中获得了热烈反响。1989年中国第一部直接面向普通人群的热线电话在天津开通，随后，北京、上海、南京等各城市也相继开通热线电话。1992年，面向全国妇女的热线电话开通，从周一至周五每天开通11个小时，仅开通4年就接通了3万多个电话。[1]

1990年，塞尔维亚的贝尔格莱德开通了女性与儿童SOS热线。当时的东欧政局动荡激烈，民族主义、军国主义的势力迅速崛起，这些势力不仅导致女性回归族长制等"旧有价值体系"，还引发了高频率的女性家庭暴力受害事件。热线电话的存在让女性获得了一定的支持与援助，并迫使官方正式承认女性受到暴力问题的存在及其严重程度。[2]在国内，褚悦闻对上海妇女儿童心理热线的研究发现，从最初的危机干预，心理热线逐渐发展为提供爱情、婚姻、家庭和性等各方面议题咨询服务，电话咨询以其匿名性、去商业化和去等级化的公益性以及人际沟通交流的亲密性特点，为身处巨大社会变迁中的都市妇女构建了一条应对苦恼、倾诉衷肠、寻求解脱的交流渠道，实实在在地为人们在遇到婚姻家庭、子女教育、人际关系等问题感到焦虑、困惑和苦恼时，提供了倾诉机会与切实帮助。[3]学者对中国疾病预防控制中心健康教育所"性病/艾滋病咨询热线"人工电话的内容分析[4]及SARS流行期间热线电话心理咨询的记录分析[5]，也表明健康干预或家庭暴力求助热线电话，不仅为求助者提供了信息和知识，也是公众寻求心理支持的有效途径。

伊锡尔·德·索拉·普尔（Ithiel de Sola Pool）在《电话的社会影响》一书中说，电话与生俱来的双重效应总在完全相反的方向产生影响——既保护了我们的私密空间，又侵入了我们的私密空间[6]，这或许正是热线电话能发挥如此重要的社会功效的原因。一方面，由于交流过程中只涉及声音的交流，咨询者可以在与咨询师通话的时候保持匿名状态；另一方面，这种匿名的可能性又鼓励咨询者进一步敞开心扉。早在1973年，莱斯特（Lester）就曾将电话在咨询服务和危机干预应用中的独特性归纳为六点：病人的控制、客户匿名、正移情、减少依赖、便利性和及时性。[7]这些独特性是面对面的人际交往所不具备或不显著的特点。咨询者不用直接面对咨询师，在无须提供个人信息并且不用被看到的情况下，就能倾诉自己的难言之隐并获得帮助，此举能够有效地缓解其焦虑感和受威胁感。另外，即便电话咨询师远隔千里，即便未有身

---

[1] 王行娟.妇女热线的特点及功能[J].中国社会工作，1997（5）：28-30.
[2] 褚悦闻.向陌生人说"心里话"：都市妇女的热线电话研究——以上海妇女儿童心理热线为例[J].新闻大学，2011（1）：117-124，147.
[3] 王行娟.电话心理咨询的理论与实践[M].北京：昆仑出版社，2000.
[4] 周玮.2004年中国疾病预防控制中心健康教育所"性病/艾滋病咨询热线"人工电话记录分析[J].中国健康教育，2005（10）：731-735.
[5] 王一牛，高文斌，杨小冬，等.SARS流行期间热线电话心理咨询应用评估[J].中国行为医学科学，2003（5）：71-73.
[6] 普尔.电话的社会影响[M].邓天颖，译.北京：中国人民大学出版社，2008：8.
[7] 褚悦闻.向陌生人说"心里话"：都市妇女的热线电话研究——以上海妇女儿童心理热线为例[J].新闻大学，2011（1）：117-124，147.

体语言的参与,电话技术带来的近在咫尺的亲切声音也能够消除咨询师和咨询者之间的距离,相较于文字更能建立人与人在语言上的亲密感。

学者在人际传播研究中发现,神入与客观的聆听形式能帮助个体在交往过程中达到有效沟通。所谓神入,也被称为"移情地听",倾听者将自己置于他人的位置,设身处地、将心比心地感受他人的经验,了解对方的想法和内心感受;所谓客观,则可理解为咨询师秉持批判性态度,在不扭曲对方讯息的情况下,毫不迟疑地指出对方的问题所在。这种客观聆听后的直言也被视为积极参与倾听过程的表现,咨询师对所听到的内容进行复述和反馈,及时回应传播者谈论的问题。[1] 除非是面对面交谈,不然这种情况在电话这一媒介出现之前是不可想象的。更重要的是,热线中的咨询者有绝对的主动权,可以随时挂断电话终止联系,保证个体处于隐匿的绝对安全状态。欧嘉琳发现,在节奏日益加快的城市生活中,热线电话以其亲切性与匿名性构建了人与人的亲密感,热线电话这个既匿名又公开的空间帮助人们在权力结构中能够灵活地追求更大的个人满足和其他现代欲求。[2] 个体在这些双向沟通过程中往往兼有开放和封闭的双重需要——传播者既想敞开自己,又想保持自己的私有权,热线电话这一提供了匿名的自我披露空间的媒介和咨询师作为深入而客观的聆听者,恰恰为这种双重需要提供了弹性空间,这与大众传媒研究中的"使用与满足"理论有异曲同工之处。

二、全新社会情境的出现

情境是传播学中的一个重要概念。芝加哥学派学者欧文·戈夫曼(Erving Goffman)以情境为基础范畴来讨论个体在微观情境中的互动问题。他指出,个体在特定情境中会做出与该场景"适宜"或"失当"的行为,并提出了著名的拟剧理论。在其代表作《日常生活中的自我呈现》中,戈夫曼认为,人与人在社会生活中的相互行为在某种程度上可视作一种表演。生活中的每个人,总是在某个特定的场景中,按照一定的要求,在观众的注视下进行角色呈现。他引入了戏剧表演中的"舞台"(stage)一词,将人类的表演场称作舞台。舞台又被划分为"前台"(front stage)和"后台"(back stage)。其中,前台是一种制度化的社会存在,人们所扮演的通常是具有一定程度的理想化和社会化的自我。在表演过程中,表演者往往想要给予观众某种印象或尽量避免与其希望给予的印象相抵触。对于他们而言,正在扮演的角色是其最重要的角色,他们声称具有或被赋予的品性是他们最为本质和特有的品性。后台活动则破除了条条框框的限制,人们不必像在前台那样关注自身形象以及布景的限制,其行为是自然而放松的,更多是自发的主我的流露。按照这个比喻,二者之间仿佛存在

---

[1] 王怡红.人与人的相遇:人际传播论[M].北京:人民出版社,2003:108.
[2] 欧嘉琳.心对心,电话对电话:家庭价值观,性和咨询热线[C]//戴慧思.中国都市消费革命.黄菡,译.北京:社会科学文献出版社,2006:165-194.

一个幕布或者一堵墙,将前后台区隔开来。①

在戈夫曼拟剧理论的基础上,约书亚·梅罗维茨提出了媒介情境论。梅罗维茨认为,戈夫曼的拟剧理论忽略了角色和社会秩序的变化,后者所提出的"环境的限定"是由特定的交往地点以及观众所决定的。梅罗维茨批判了戈夫曼用静态的观点描绘情境的做法,提出了情境论,认为不能二元对立地区分"前台"和"后台",在混合性场景中的"中区"行为才是人们最主要的行为方式。②在梅罗维茨看来,情境是一种信息系统,媒介的变化需要通过改变社会情境的形式促使人们的行为变化。每种独特的行为都需要一种独特的情境,而电话等电子媒介打破了物质地点和社会地点的界限,能够促进原来不同的情境分离与合并,致使情境的孤立性不复存在,依赖于特定物质地点的角色构成也发生改变。这样的情境概念,不仅指电子媒介产生的电子情境,还包括电子情境和传统情境融合而成的全新情境,这构成了角色融合的背后机制。比如,一个人在与朋友面对面交谈时是一个情境,而若此时他的老板或同事的电话打来,双方的通话又会创建出一个新的情境,但这个人的确身处于和朋友的共同在场之中,这就形成了一个融合的情境。人们分别处在这两个情境中所需要扮演的角色是不一样的,因此,融合性的场景就会带来扮演的错乱。由于其口语表达的特征和即时通信的特点,电话首次将人类带入了这种融合情境之中。从此之后,原先再怎么不相关的情境都可以通过电话等媒介联系在一起,有了强大的共同基础,群体身份、社会化、等级制度被一一解构,同一个人可以拥有多种角色,人们的社会交往也更为复杂。③

梅罗维茨还认为,电子媒介将来自不同经验世界的视听形象呈现给不同的受众群,使得不同阶层的受众群在更大程度上分享信息,促成许多公众话语领域的合并,并模糊了公众经历和私人经历的界限,梅罗维茨把这一现象称为"私人情境"并入"公共情境"。梅罗维茨指出,电子媒介等多种媒介资源强势嵌入日常生活,人们既有的生活方式被多种传播语境打乱,不同情境的重叠会混淆,造成场景错位与重组,在短期内会导致他们产生令人不适的空间失落感。④

三、电话与城乡社会发展

(一)电话与农村生活

在电话的所有影响中,没有比它对美国城市和农村生态的影响更为显著的了。19世纪90年代中期开始的30年里,每隔几个月就会出现讲述电话如何从农村的孤独中拯救农民的文章,可以想象当时电话在农村的普及程度。⑤数据显示,1937年,美国

---

① 戈夫曼.日常生活中的自我呈现[M].冯钢,译.北京:北京大学出版社,2008:113.
② 梅罗维茨.消失的地域:电子媒介对社会行为的影响[M].肖志军,译.北京:清华大学出版社,2002:41.
③ 何梦祎.媒介情境论:梅罗维茨传播思想再研究[J].现代传播(中国传媒大学学报),2015(10):14-18.
④ 梅罗维茨.消失的地域:电子媒介对社会行为的影响[M].肖志军,译.北京:清华大学出版社,2002:6.
⑤ POOL I. The social impact of telephone[J]. Library Quarterly Information on Community Policy, 1977, 48(3):300.

电话普查中，有200万农民安装了电话，占当时农业经营者的四分之一。在美国中部一些农业发达的地区，电话的普及率甚至达到了73%。电话最初在农民之间被用于连接经济活动，如传递关于市价、气象等信息。有了电话，农民能够得知什么时候把庄稼运回城里会有更合适的价格。1909年，电话还帮助科罗拉多农民的水果收获过程免遭冰冻。面对地广人稀的美国农村状况，电话在农业信息系统中起到了中心作用。某些农业州甚至出现了"道路和电话的畅通"的口号。可见在农民心里，信息与运输被置于同等重要的地位。由于成本的原因，许多农场也会分享同一条电话线路。因此，电话获得了当地的认同，也掺进了集体的情感。①

另外，电话也被用于出现一些紧急情况时，如孩子生病时可以及时打电话给医生，发生火灾也可以打电话求助。当时，处于信息网络中心的电话总局操作员也承担了大众传播的作用，向当地农民告知新闻。利用电话处理紧急情况变得常规，以至于1912年南方电报公司被判有罪，这是因为一个当地的操作员在病人死去之前，没有成功地接通医生的电话。

电话与农民的社会生活产生了如此重要的联系，它超越了信息传播的范畴，作为交往的媒介，渗入人们的情感生活领域。美国1907年的电话普查显示："不进入这个传播媒介感受集体的生活是不可能的，耕作者的妻子过去感觉到的孤独和不安全的印象消失了，人们在农村的市镇中逐渐有了相互联系的组织。"1909年的一篇关于农村电话的文章更是明确指出："农村电话的主要用途是社会用途……电话更经常被用于邻居的交谈而不是任何其他动机，这些信息交往是最多的。"②

（二）电话与城市结构

电话在城市生活方式的演变中也扮演了相当重要的角色，而学者在探讨有关电话与城市结构的问题时，产生了两种看似矛盾的观点。更常见的观点是，电话鼓励用户将生活和工作的地方分离，形成地理位置上的分散，并导致了住宅区的分散和紧凑城市的解体。另一部分学者则认为，电话的连接性促成了大都市的形成和发展。③

我们可以分别探讨这两种观点的思路。第一种观点认为，电话促进了城市和郊区的分离。在1895年的一篇文章中，F.J.金斯伯利（F.J. Kingsbury）指出，有轨电车、自行车和电话的发明与普及改变了城市和农村的联系，它们使郊区的发展成为可能。在对波士顿历史的深入个案研究中，阿兰·莫耶对波士顿的城市增长和电话发展之间的关系做了精辟的分析。他认为，城市郊区化的进程早已随着有轨电车线路发展而开始，这是一种分权现象，分权现象在电话出现之前就已经存在了。电话的出现更是极大地促进了这个郊区化的进程，加强了城市中心向郊区移动的现象，使郊区生活和商业活动更加可行。第二种观点则认为，电话有利于推动城市化发展的进程。1906年，

---

①② 费里奇. 现代信息交流史：公共空间和私人生活[M]. 刘大明，译. 北京：中国人民大学出版社，2008：153.
③ POOL I. The social impact of telephone[J]. Library Quarterly Information on Community Policy，1977，48（3）：300.

小里斯（Rice Junior）在一篇关于新英格兰的城市化的文章中指出，电话是城市化的主要因素。伯蒂尔·索恩格伦（Bertil Thorngren）也认为，电话既可以让农村居民的生活更好，也可以让居住在农村的人们搬到城市更容易。此外，电话既能够促进城市企业实现城郊经营，也能使远离工厂和客户的企业在市中心运营成为可能。因此，电话带来了个人沟通的改善以及特定交易中心的增长，使得巨大的城市系统的诞生成为可能。①

实际上，两种观点并不完全对立。正如学者总结的："在这方面，电话不像新铁路、新油田或轧棉机的发明，每一种都对特定地点的特定行业有特定用途，每一个都将社会推向一个特定的方向，因此，它的社会影响可以更明确地描述。它是一种为无数人提供了无数用途的便利装置，推进了在某个特定时期在社会上发生的任何进程。由于社会既不统一也不一致，电话常常同时促成了完全相反的发展方向。"②

无论如何，在这个时期，城市急剧变化，社交网络变得复杂，电话成为一种手段，使人们不仅能与周边的邻居发生关联，而且能与地理位置较远的朋友保持联系。电话在他们对迁居的新居住区的适应过程中起到了主要作用。"当家庭和朋友在地理上分开后重逢时，通过电话立即接近可以补偿彼此的环境损失，它甚至可以使在同一个居民区内的分散变得容易。"因此，在城市与在农村一样，电话都是家庭及其成员进行集体社交的一件工具，能够让人们进行一种超越传统的社交活动。③

四、未来寓于现在：电子传播时代的"互联网"

麦克卢汉在《媒介定律》里提出了著名的媒介四定律：提升——一种新的媒介是对现有传播能力的提升；过时——随着社会的不断发展，旧媒介会过时和被淘汰；复活——旧媒介不会完全消失、灭亡，而是以新的面貌再次出现；逆转——新的形式被推向潜能的极限后，原有的特征会发生逆转。

麦克卢汉认为，各种媒介都包含着更新换代的固有属性，它们有各自产生、发展、消亡的轨迹，在这个演变过程中又不断受到其他媒介的影响。"提升—过时—复活—逆转"不是新媒介取代旧媒介的线性单向递进的序列，而是媒介之间复杂的此消彼长、互相交融、互相影响的形态演变阶段。"媒介四定律"概括了伴随科技发展而导致的媒介更新换代和形态演变的客观规律。新兴的媒介在旧媒介的某些功能上做了提升，使旧媒介变得过时，而新媒介的功能在达到极限之后又发生逆转，使有些媒介在更新换代和不断的形态逆转中消亡，有些旧媒介虽已过时却并没有退出人们的日常生活。

对于电话来说，上文已经讨论过它对以往传播能力的提升。随着时代的发展，固

---

① 费里奇. 现代信息交流史：公共空间和私人生活[M]. 刘大明，译. 北京：中国人民大学出版社，2008：153.
② POOL I. The social impact of telephone[J]. Library Quarterly Information on Community Policy, 1977, 48（3）：300.
③ 费里奇. 现代信息交流史：公共空间和私人生活[M]. 刘大明，译. 北京：中国人民大学出版社，2008：153.

话已经日益淡出了我们的视野，但它仍然以一种独特的形式存活在我们的社会中。当代社会中的很多现象也早在电子媒介时代刚开始时就已然出现。比如，电话这一媒介的发明最大的创新之处就是远距离传输声音，这种特性在现代通信设备中也都被保留了下来。人们只是不断在其基础上增添其他便利，比如从固话到子母机，到移动电话，再到网络社交软件中的语音功能。文本的输入需要依靠一定的知识水平和技术门槛，尤其对于老年群体和部分文化程度较低的群体等来说是难以完成的，但语音的传输给予他们与其他人远程交流的可能。不论未来的媒介形态如何演变，语音都是需要具备的功能。

此外，互联网的一大特征就是匿名性，由此带来了一系列问题，而这一特征在电话时代也早已经存在。很长一段时间内，电话是无法显示来电者的，即使显示了来电者，如果你对这个号码并不熟悉，也无法判断出对方的真实身份。电话产生初期之所以让人感到怪异，最主要的原因就在于个人身份信息的不明确性。由于通话双方不能如面对面交流那样瞬间识别对方，电话交流中缺乏礼节，会出现很多粗鄙的行径。1918年，有人写道："有些男人利用自己在电话中的'低清晰度'从事他们与你面对面时绝对不敢的行为。"即使到了今天，电话依旧存在这样的匿名性问题：你接通一个人的电话，他保持静默或马上挂断，你不知道他的身份，只能听到他话筒中的呼吸声；网络空间则可以被看作电话的延伸，其具有更大自由度的匿名性，这使人能在网上使用其当面不敢使用的脏话骂人，而不必为之负责，从而出现了"键盘侠""喷子"等言辞恶劣的网民。因此，可以说，尽管电话作为口语传播媒介的延伸，将人类通过声音进行沟通的方式变得更加方便、快捷，且跨越了距离的障碍，但它却无法复制人际对话中无中介的特点，电话中的交谈如同是在无人区进行一般，在这一点上它和书写一样难以捉摸。[1]

随着时代的发展，固定电话也被赋予了新的时代含义。比如手机号码往往被认为是"私"，固定电话往往被认为是"公"，现代社会中的办公电话、政务电话、报警电话、救援电话等往往都是固定电话，从而使得固定电话成为权威、官方的象征，这是电话产生初期所不具备的特点。

五、媒介发展引发的负面影响：电话恐惧症

维基百科中对于"电话恐惧症"的描述是：害怕接听或者拨打电话的症状。电话恐惧者通常有以下这些特点：电话经常静音，听到电话铃声会感到神经紧张甚至严重焦虑；不愿意主动接打电话，陌生电话绝对不接，未接来电也不愿回拨；出于礼貌或必须通电话时，内心抵触，急切地想要挂断电话。

尽管打电话在一些人看起来是一件毫无难度的小事，但这种焦虑是真实存在的。

---

[1] 彼得斯.对空言说：传播的观念史[M].邓建国，译.上海：上海译文出版社，2017：289.

媒 介 史

电话在推广初期就曾引起人们很大的焦虑,比如,人们诟病电话是进入家庭的奇怪声音,有必须接听的强制性要求,人们必须对着一个黑洞般的话筒说话,通话双方不可见等。1920年,《大西洋月刊》发了一篇文章,作者的语气像一位神经衰弱的女子,文章说:"我每次听到自己的声音总感觉不好,对着黑洞洞的话筒说话,眼前没有使人舒适、给人提示的一张面孔,感觉更糟糕。"电话沟通的缺少礼节也使作者恼火:"既没有前言,也不尊重隐私。"1993年,英国受到电话恐惧困扰的人竟已高达250万。①

实际上,我们可以从媒介特性的角度来解读电话恐惧症的存在。首先,电话仅限于声音的传输,身体的"不在场"一方面为沟通交流中身体语言(如手势、表情)的传输造成了限制,在人际交往中,包括身体语言的非语言符号往往传达着更大的意义;另一方面,身体的"不在场"也使得电话双方的可见性和清晰度大大降低。也就是说,不管你在忙什么,只要电话铃一响,你就立即被拽进与陌生人"不明不白的相遇"之中。② 更重要的原因是,电话是通过声音进行双向实时互动的媒介,相较于我们能够有很长的思考时间去仔细斟酌如何回复的媒介,电话则给我们一种必须即时回复的压力,电话让我们感知到一种更大的不受控性。

思考练习题

1. 为什么说电话的发明代表着口语交流的"历史性回归"?你如何理解这种回归的革命性?

2. 人们在谁发明了电话这一问题上有很大的分歧,你认为谁才是电话的真正发明者?在认定一项技术发明者的过程中,什么因素才是最重要的?

3. 在本章第三节的"电话与城市结构"部分中我们提到,学者们在讨论电话与城市结构的关系问题时存在两种看似矛盾的观点,你倾向于哪一种观点?为什么?

4. 纵观传播学发展史,电话被称作点对点人际传播电子媒介中最具发展潜力的发明。然而,如此重要的一种信息传播媒介,却在传统传播学视域中并未受到足够重视。你如何看待这种缺失?

5. 彼得斯在《对空言说:传播的观念史》中提出,媒介的发展并不能解决人们的交流问题。电报的出现"增加了陌生人插手的机会,增加了陌生人眼睛窥视的机会",电话的发明又使得人们亲临现场的机会大大减少,从而更难接触到真相,也导致了人们社会关系的疏离。你如何看待这种观点呢?

---

① 有什么事儿不能发微信啊,非要打电话?|为什么有些人害怕接电话?[EB/OL].(2019-04-17)[2022-03-12]. https://zhuanlan.zhihu.com/p/24805980.
② 彼得斯. 对空言说:传播的观念史[M]. 邓建国,译. 上海:上海译文出版社,2017:287.

第五章 广播史

1. 广播的诞生和技术变迁史。
2. 广播承担的使命,及其在媒介竞争中的独特优势与表现。
3. 中外广播事业的发展过程。

20世纪初广播的兴起有赖于无线电通信技术的发展和无线电爱好群体的推动,在商业力量的介入和政治力量的操纵下,广播逐渐从最初的业余性社交媒介转为专业性大众传播媒介。20世纪30年代,广播进入发展的黄金时代,彼时广播的商业体制业已成熟,第二次世界大战的爆发则强化了广播的政治属性,商业广播成为战时动员与舆论制造的有力工具。20世纪下半叶,电视和互联网的相继诞生对广播的地位产生巨大冲击。面对竞争,广播依靠其听觉本位的特殊性,在顺应媒介融合趋势的基础上展开了内容生产、技术载体、盈利模式等方面的革新。纵览早期西方广播事业格局,以商业广播体制为主的美国和以公营广播体制为主的欧洲形成鲜明对比,20世纪80年代自由市场浪潮兴起,西欧国家广播体制也逐渐走上私有化、商业化、去规制化的道路。不同于欧美广播从民间到官方的发展路径,新中国成立前的广播事业表现出自上而下、自政府到人民的特征。新中国成立后,广播则在党和政府的领导下推进制度改革,并在新媒体时代形成了多样态传播的繁荣景象。

第一节 广播的诞生:技术发展与社交传播

一、广播的诞生

广播是电力时代肇始阶段的标志性媒介,也正是在电力时代,"communication"

除"交通运输"之外,拥有了"信息运动"的含义。[1] 传播的信息论观点横空出世,信息被认为是"物质的普遍属性,是一种客观存在的物质运动形式;而传播则是信息的传递或信息系统的运行"[2]。信息论视角下的传播观反映出科学技术对传播理论的影响。谈到广播,更无法绕开科学技术的影响。因此,我们先介绍广播作为新技术的历史。

(一)广播诞生的社会背景

广播的诞生得益于一系列准备,社会背景便是其中之一。上文提到,广播是电力时代的标志性媒介,追溯到西方近代史则对应着19世纪末20世纪初的第二次工业革命。"第二次工业革命时期,电力、化学、石油、汽车、飞机制造等一系列新兴重化工业部门在主要国家工业中的比重显著上升,并逐步成为产业结构中占主导地位的产业门类。"[3] 西方资本主义国家通过工业革命开启资本主义工业化的进程,一大批科学理论被应用于工业生产,科学与技术的联结日益紧密。1982年卡罗尔·普夫罗默尔(Carol Pfrommer)与彭运鹗在向改革开放之初的中国介绍西方发达国家的经验时总结道,某一项科学上的进展会产生一系列技术革新,由于新的方法打乱了旧的工业部门中的生产过程,技术革新本身又促进了其他许多方面的改进。[4] 专利制度的不断完善也为理论应用做了制度准备。19世纪末,美国作家马克·吐温(Mark Twain)评论道:"一个国家没有专利机构和完备的专利法律制度,就像一只螃蟹,永远无法前行,只能横行或者倒退。"[5] 马克·吐温这番话的背景是美国专利制度的逐渐完善,它为广播发展奠定了制度基础。起初,无线电通信技术只能够用来收发电报,直到1898年,洛奇生产了第一部调谐器,此后晶体检波器和天线的发明使得清晰的声波能够被捕捉到。有了经济、技术、制度上的准备,以电报为代表的电信工业逐渐兴起,电力开始为信息的远距离传输提供支持。

知识卡片1:美国专利法修订

(二)无线电领域科学技术的突破

无线电领域的科学理论与技术突破共同孕育出广播媒介。无线电领域的科学理论可以追溯到苏格兰数学家麦克斯韦,他提出了著名的电磁波理论。此后,物理学家赫兹通过验证电磁波发生和接收的理论,测量电磁波的速度和各种不同波长的电磁波的参数,为无线电广播的应用奠定了实验基础。赫兹用实验证实了电磁波的存在,此举也为意大利的马可尼改进无线电技术提供了灵感来源。马可尼和赫兹的联系表现在马可尼将"爱迪生的电功率、盒子的金属线圈以及摩尔斯的电报结合在一起,并且添加

---

[1] 麦克卢汉.理解媒介:论人的延伸[M].何道宽,译.北京:商务印书馆,2000:127.
[2] 郭庆光.传播学教程第二版[M].北京:中国人民大学出版社,2011:3.
[3] 宁朝山.工业革命演进与新旧动能转换:基于历史与逻辑视角的分析[J].宏观经济管理,2019(11):18-27.
[4] PFROMMER C,彭运鹗.科学与技术:在经济发展中的作用[J].世界科学,1982(6):6-9.
[5] 朱雪忠,漆苏.美国专利改革法案内容及其影响评析[J].知识产权,2011(9):79-89.

了自己设计的接地系统和天线,发明出一个无线发报器"。① 卓越的发明不仅使得马可尼成功在英国申请到无线电通信方面的第一个专利,也为他探索全球无线电通信的尝试奠定了基础。1901 年,马可尼以实验证实摩尔斯电码可以越过大西洋,洲际无线电信号传输是可能的。无线电通信也不仅仅局限于科学技术领域,甚至开始发展出了早期"电子社交工具"。

二、广播事业的转折

(一)无线爱好者群体

无线电通信技术的发展带来无线电设备产业的繁荣。20 世纪上半叶,无线电报,尤其是业余无线电风靡美国。美籍卢森堡裔企业家根斯巴克在当时创办了电器进口公司,并于 1905 年开始"出售接收和发送摩尔斯电码的无线电设备"。颇为有趣的是,他在产品手册中游说父母们关注"无线电报这个新技术"对于"20 世纪初成长起来的美国男孩"的价值。② 日渐成熟的技术与繁荣的产业为业余无线电爱好者打开了新世界的大门。

知识卡片 2:无线电爱好者的早期交流

此时,无线电在无线电爱好者手中变为了沟通的中介工具,缺少权力制约,呈分布式状态——这也许可以被看作电子媒介最接近互联网形态的一次。加勒比海上的无线广播便是著名无线电爱好者雷吉纳德·费森登(Reginald Fessenden)的杰作,他在 1906 年圣诞节前夕成功用广播发送了自己用小提琴演奏《平安夜》和朗诵《圣经》的片段。

(二)泰坦尼克号沉没罗生门

可惜的是,广播事业并没有成为"互联网",民间广播的发展很快引起了政府的注意。围绕无线电干扰及业余爱好者与商业、军事电台之间冲突的争议愈演愈烈,从专题刊物扩展到了主流报刊。其中泰坦尼克号沉没成为政府管理的导火索。泰坦尼克号沉没事件可谓是一出罗生门,人们可以看到两个版本的故事。一个版本是无线电发出的求救信号让 710 人最终获救。而另一个版本则是,白星轮船公司的人报告:"没有办法靠无线电获得任何可靠的消息,因为闯入信号区的无线电台数量太多,业余电台又不断干扰。"③ 政府部门下定决心对业余电台进行管理。其实,泰坦尼克号沉没的真相是"船上乘客发出的电报"过多、过于频繁,报务员"没有理会附近的一条船'苏格兰号'发来的问候电文,里面警告说该海域有冰山。他反而告诉'苏格兰号'的报务员关机,不要阻碍他发送电报"。正因如此,苏格兰号错过了泰坦尼克号的求救信号,悲剧就此发生。

---

① 罗德曼.认识媒体[M].邓建国,译.北京:世界图书出版公司,2010:268.
② 斯丹迪奇.从莎草纸到互联网:社交媒体 2000 年[M].林华,译.北京:中信出版社,2015:231.
③ 斯丹迪奇.从莎草纸到互联网:社交媒体 2000 年[M].林华,译.北京:中信出版社,2015:236-237.

斯丹迪奇在书中花费大量篇幅讲述泰坦尼克号沉没事件对政府管制业余广播行动的影响，胡翼青、张军芳则在其书中提出："电波和频道是有限的公共资源，数量巨大且不受限制的无线电发烧友很快使'天空'失去了秩序。由于干扰频道的情况变得越来越频繁，美国社会对无线电发烧友的态度也渐渐发生了改变，管理'天空'被提上了议事日程。"[①]

泰坦尼克号的沉没成为导火索，当年《1912年广播法案》出台，引进了"处理船只求救信号的新规则"——"频道标准化"，更重要的是严格限制业余无线电台。[②] 政府强势干预无线电广播的历史由此拉开帷幕，广播20年的黄金时代随之而来，无线电转而服务于大众传播。

第二节 广播的发展：黄金时代下的大众传播

一、商业进入：大众传播功能的凸显

广播并不是天然的大众传播媒介，在其诞生之初，无线电发烧友们充分发挥了广播的社交媒体功能，而广播最终被形塑为一种大众传播媒介，与商业力量的进入密不可分。

（一）KDKA电台的建立

美国有家历史悠久的电气公司，叫作"西屋电气公司"，这个公司在美国广播事业的推进过程中起到了巨大的作用。20世纪20年代，西屋电气公司的一位电气工程师弗兰克·康拉德（Frank Conrad）推动了无线电广播事业拉开历史帷幕。

如前文所述，无线电广播最初只是一些业余爱好者热衷的东西，他们建立业余电台用以播出音乐、新闻、天气预报、市场行情等，而康拉德就是这些业余爱好者中的一员。1919年，康拉德开办了一家试验电台，结果在无线电爱好者中大受好评，很多人来信要求点播音乐。于是，为了满足这些听众的要求，他干脆定期播出音乐节目。

这一做法引起了资本的注意，西屋电气公司发现了其中的商机：如果他们可以将组装完整的"收音机"供应市场，并开设一家定时播音的正规电台，那么就会为公司带来大批"收音机"的销售和巨大的经济效益。因此，西屋电气公司请康拉德为其建一座正式的广播电台，并且要求电台在1920年11月2日开播，因为这一天恰好是总统大选结果揭晓的日子，西屋电气公司想利用这个时机一炮打响。与此同时，西屋电气公司也为这家电台申请到美国第一张营业执照，电台的名称则定为KDKA。

---

① 胡翼青,张军芳.美国传播思想史[M].上海:复旦大学出版社,2019:124.
② 斯丹迪奇.从莎草纸到互联网:社交媒体2000年[M].林华,译.北京:中信出版社,2015:237.

1920年11月2日，KDKA电台如期开播并大获成功。KDKA电台是第一家申请到商业执照的电台，加之每天定时播出，且内容比较丰富，因此，它被公认为是美国乃至全球第一家正式的广播电台，它的开播日期也就成了广播事业的诞生日。

探讨美国广播事业的起源不难发现，促成广播媒介兴起的最初动力，不在于信息的传播，而是来自商业利润的驱动，最早的广播电台运营也是企业销售收音机的一种手段。

（二）广播的黄金时代

很难从技术的角度解释，广播为什么会从一种社交媒体变成一种成功的大众传播媒体，也许是因为广播同样具备成为社交媒体的属性。从盈利模式来讨论这个问题，可能就不那么费解了，围绕各种节目建构而成的庞大听众群体，带来了巨大的商业机会。[1]在商业力量的驱动下，从20世纪30年代开始，广播就成了美国普通家庭日常生活的一部分。

1925年，美国拥有收音机的家庭占全国家庭总数的10%；1931年，这个比例上升到46%；1950年，则达到近于饱和的95%。1930年，美国全国约有600座电台；1948年，电台数量达到1,621座。[2]可见在规模上，从20世纪30年代起，美国拥有收音机的家庭呈几何级数飞速增长，与此同时，电台数量也增长了两三倍。

广播的蓬勃发展不可避免地对报纸产生了冲击。事实上，早期的广播和报纸保持着积极和良好的互动关系，报纸上也会刊登广播节目表以便感兴趣的读者按时收听。美国报纸发行人协会广播委员会于1927年发表的报告表明，当时有48家报纸拥有自己的电台，69家报纸在其他电台出钱主办节目，97家报纸刊登广播新闻节目内容，几乎一半以上的高级电台都同报纸有着某种联系。[3]

然而，报纸与广播和睦相处的历史很快就结束了，两者开始了对经济收入的争夺。广播的发展速度显然超乎了报纸行业从业者的预料，作为一种极其优秀的与大众沟通的工具，越来越多的广告商选择在广播而不是在报纸上投放广告。1929年，电台的广告收入只占同期报刊广告收入的1/20；1939年，广播的广告几乎已同报刊平分秋色——在全部的广告收入中，报纸占38%，杂志占35%，而电台已占27%。[4]

于是报界开始反击，试图重新建立它们对新闻传播的垄断地位，从而引发了一场"报业—广播大战"。1932年，美国报刊发行人协会决定不再向广播网提供新闻，美联社、合众社和国际新闻社作为当时的美国三大通讯社，也只允许自己所属电台播送新闻简报且必须付费，并拒绝向广播网提供新闻，因此，全国性广播网被迫独立采集新闻。面对这样的情况，哥伦比亚广播公司也采取一系列措施，率先创立了世界上第

---

[1] 胡翼青，张军芳.美国传播思想史[M].上海：复旦大学出版社，2019：127.
[2] 李彬.全球新闻传播史（公元1500-2000年）[M].北京：清华大学出版社，2005：259.
[3] 崔林.媒介史[M].北京：中国传媒大学出版社，2017：131.
[4] 李彬.全球新闻传播史（公元1500-2000年）[M].北京：清华大学出版社，2005：259.

一家广播新闻社,在各大城市设立记者站,还同国外新闻机构谈判交换新闻。全国广播公司的谢克特则率先采用了电话采访,并得到了独家新闻。

经济危机的打击也是报纸和广播针锋相对的时代背景,当时美国的工商业和银行业都陷于瘫痪之中,经济的衰退使报纸的广告收入锐减,1933年报纸的广告收入比1929年下降了45%。然而,同样是在经济大萧条的年代,广播的广告收入却翻了一番,迎来了属于它的"黄金时代"。[①]

经济大萧条的社会环境正是促使广播流行的重要原因。经济危机中,许多富有的家庭一夜之间失去了所有的财富,一大批贫穷家庭和中产阶级家庭由于主要劳动力被解雇而失去了收入来源。全国性的银行倒闭更使许多人失去了一辈子的积蓄。经济困难使得许多家庭对手头的钱精打细算,人们不再出去娱乐,而是坐在收音机前消遣。当时晶体管已经取代了体积较大的真空管,这使得收音机变得小巧而便于携带,因此,人们无论漂泊于何方,都不会忘了带上自己的收音机。对于那些因为失业而不得不背井离乡、四处漂泊的人来说,广播是一种可以移动的娱乐方式,当他们到达新的目的地之后,往往人地两疏,在孤寂之中他们发现自己心爱的广播节目还在忠实地陪伴着自己。从当时民众的心态上来看,许多人在经济大萧条的岁月爱听广播,是因为广播起着一种心理调节的作用。[②]

同时,黄金时代的广播节目形态日益丰富,表现形式多种多样。广播单纯诉诸声音,因此能极大地激发公众的想象力,这使得广播剧流行起来。当时的一些广播剧,如《阿莫斯和安迪》《第一夜》等,20多年一直雄踞收听率最高的十大广播节目之列。甚至,"为了适应《阿莫斯和安迪》的播出,全国改变了作息时间。工厂早早收工,在东部时间晚上7时到7时15分之间出租汽车司机拒载乘客"[③]。20世纪30年代美国出现了系列广播剧,也就是所谓的"肥皂剧",听众主要是家庭主妇,这也和广播的伴随性收听特性有关,人们可以一边做其他事情一边收听广播。

除了丰富多彩的娱乐节目之外,广播新闻报道也越来越受到关注。广播的新闻内容摒弃了宜看不宜听的新闻写作模式,而采用适于广播的手法来报道新闻。

(三)《星际战争》广播剧

大萧条是在1929年到1939年发生在北美、西欧等其他工业化地区的经济大衰退,它是资本主义世界爆发的一次空前的经济危机。在大萧条岁月中,广播事业非但没有衰落反倒兴旺异常。收听广播成为许多美国家庭首选的娱乐方式。可以说,在经济危机的席卷之下,整个国家处于水深火热之中,广播就像镇静剂一样,使民众获得精神的抚慰。

"火星人入侵"事件就是在这一背景下的真实事件,美国导演兼演员奥森·韦尔

---

① 崔林.媒介史[M].北京:中国传媒大学出版社,2017:131.
② 崔林.媒介史[M].北京:中国传媒大学出版社,2017:129.
③ 李彬.全球新闻传播史(公元1500-2000年)[M].北京:清华大学出版社,2005:61.

斯的广播剧《星际战争》引发了一场被载入史册的社会骚乱。韦尔斯在1938年的万圣节前夕来临之际,将H.G.威尔斯的科幻小说《星际战争》改编成广播剧播出。他的水星剧团采取了许多假戏真做的方法,播出了"火星人入侵"的新闻。

知识卡片3:广播剧《星际战争》

这种逼真的演播效果使许多观众信以为真,成百上千的民众收听了广播剧,以为末日来临,许多家庭抱成一团哭泣,或是开车逃跑以躲避外星人的袭击,整个社会充满恐慌,一片混乱。有人事后描绘了当时的感受:"我害怕极了,一头钻进汽车,开着车去找牧师,以便在临死前和上帝讲和。接着我开始想,也许这是个故事。但我又否定了自己的想法,因为电台说,这是一则特别新闻。"[1] 当时大部分听众相信了"广播新闻"的真实性。美国因此颁布了一项新法规,规定禁止播放虚构新闻。

这次事件所引起的大规模恐慌也为学术研究提供了案例。在广播、电影、报纸等大众媒介兴盛的20世纪上半叶,已经有学者提出广播等媒体具有控制大众、操纵思想、隔绝社区等强大影响力,这种魔弹论的思潮与当时盛行于学界的行为主义刺激—反应模型有着莫大的关系。《星际战争》广播剧的播出引起大范围恐慌,在某种程度上便是进一步印证了魔弹论。不过有趣的矛盾点就在于,对该事件的研究同时也对魔弹论提出了挑战。当时的普林斯顿大学广播研究室,带着"广播为什么能够对受众产生如此大的影响""大众传播为什么能引起如此大规模的恐慌行为"等问题,进行了对大众恐慌行为的大规模研究,并得出了三个主要发现:第一,至少600万人收听了这个节目,并且至少有100万人受到严重惊吓;第二,美国公众长期信任广播并将其作为首要新闻来源、经济危机和世界大战的威胁、节目高超的播出技巧(现场报道和专家访问)等原因使得一部分人产生恐慌;第三,是否惊慌与个人人格和收听情境有关,选择性心理影响了人的行为模式。[2] 一方面,对广播和恐慌行为的研究进一步让人们相信广播所带来的强大影响力,上百万人因为收听广播而产生恐慌的事实,令魔弹论似乎更加站稳了脚跟。另一方面,该研究得出了人们在收听广播节目时表现出的不同行为与"选择性心理"息息相关的结论,这就意味着,广播并非总能对所有人造成强影响,自身的人格因素、社会阶层以及社会关系等,其实都对人的行为方式选择有着重要影响,这其实与魔弹论把受众当作同质化的乌合之众的观点是相悖的。总体而言,"火星人入侵"事件这一研究的调查框架与调查发现对现代媒介理论的发展起到了一定的推动作用,相关研究是大众传媒效果研究的一个典型案例,它开创了强调选择性影响的理论研究,虽然未能摆脱魔弹论的阴影,但也在一定程度上对魔弹论提出了挑战。

---

[1] 德弗勒,丹尼斯.大众传播通论[M].颜建军,王怡红,张跃宏,等译.北京:华夏出版社,1989:300.
[2] 洛厄里,德弗勒.大众传播效果研究的里程碑[M].刘海龙,译.北京:中国人民大学出版社,2009:41.

（四）作为大众媒介的广播

在商业力量的推动下，从20世纪30年代开始，广播就成了美国普通家庭的日常生活的一部分，切特罗姆从另一个角度指出，这种冲击的核心在于，无线电广播使现代通信拓展到了一个全新的领域——把外部世界送进了个人的家庭。① 因此，有学者说广播"入侵"了公众的起居室，这也使得广播逐渐成为一种驯服受众的工具。

在收音机普及之前，有收音机的家庭也成了社会集合的中心，很像20世纪50年代初期第一批拥有电视的家庭遇到的情景。那些拥有收音机的人，无论在他们的家里还是店里，都成了接待一帮亲朋好友的主人，这些听众迫切而好奇地想要感受一下新的发明。田纳西一个农场的妇女1924年给《无线电广播》写信说："在我们30平方英里的地区仅有6架收音机……我们邀请朋友一道欣赏好的音乐节目或者有社会兴趣的演说。"这样的收听，不仅是集体的，而且在公共的场所，也是社区的。②

然而，在广播的黄金时期，美国95%的家庭都有收音机，这时的广播已经不再是稀缺商品，而是一种日常生活用品，因此，广播不再是某种社交的纽带。《光荣与梦想》中指出："收听就逐渐变成了个人的经验，人人都一头埋进收音机里，和其他人不相往来……电台主持人开始在听众和他们之间培养一对一的私密关系，不再是主持人进入家中，而是主持人把听众从家里吸引出来，在'广播天地'里进行个别谈话。这种实践使听众进一步远离了集体行动的范畴，也给批评家提供了一个依据来谴责广播对个体的'注射''麻醉'效果。"③

从这段描述中我们可以发现，广播带来了一种全新的体验，受众可以不在现场便收听到现场的状况，这就意味着受众可以离开现场回到自己的家中，外部的世界通过无线电进入家庭、渗透家庭，受众的注意力从自己所处的社群转移到了更大的空间，个人被从自己的情境中拉入了公共的情境中。受众真正成了"沉默的羔羊"，这时，广播的大众传播角色彻底形成了，社交媒体的角色几乎被彻底遮蔽。④

二、政治动员：为意识形态宣传

从20世纪初到第二次世界大战时期，无线电技术的运用和发展不仅推动了一系列商业公司的成长，更是经由军政商的联合在全世界范围内发挥了巨大的意识形态宣传作用。广播通过商业娱乐在公众中强有力的渗透力和影响力引起了政治家的高度关注，这使得广播很快就被各种政治势力所运用⑤，成为意识形态宣传与公众舆论调控的关键媒介，加之世界大战对无线电广播技术的专业化与规范化影响，广播在其发展的

---

① 胡翼青，张军芳. 美国传播思想史[M]. 上海：复旦大学出版社，2019：128.
② 布茨. 美国受众成长记[M]. 王瀚东，译. 北京：华夏出版社，2007：185.
③ 曼彻斯特. 光荣与梦想：1932—1972年美国实录[M]. 北京：商务印书馆，1978：209-210.
④ 胡翼青，张军芳. 美国传播思想史[M]. 上海：复旦大学出版社，2019：129.
⑤ 胡翼青，张军芳. 美国传播思想史[M]. 上海：复旦大学出版社，2019：131.

黄金时代便顺理成章地化身为高效的政治传播工具，而在两次世界大战之前，居于统治地位的传播形式是文字信息。[①] "在语言、绘画、舞台、文字、印刷术、摄影、电影之后，便是广播得以直接与人们的智慧、感觉和意愿相接触。广播通过它生动感人的节目，通过它自身那种绝对的、即时的方式，成为一种非常适应我们这个机械化、混杂而仓促的时代的信息方式。"这是被誉为"麦克风将军"的戴高乐的一段表述[②]，足可见广播对于那个时代政治家的重要性。美国的新闻自由委员会也曾说，广播"能够使千百万公民与领袖人物以及当前事态同时保持密切的接触，这使它在公共事务管理方面具有范围广、影响大的特别的重要性"[③]。其中，美国在将广播从娱乐玩物塑造为政治动员武器过程中所起到的作用不容小觑。

（一）经济危机中的美国广播

20世纪30年代的经济危机和第二次世界大战客观上促进了美国广播的迅速发展，与此同时，政府的监管也日益完善起来。1927年，美国国会通过了《无线电法》，建立了由5人组成的联邦无线电委员会。政府控制一切频道，由委员会对具体频道的使用颁发为期3年的营业执照。1934年，美国国会通过了《通信法》，建立了由7人组成的联邦通信委员会，相较联邦无线电委员会，权力进一步扩大。[④]

富兰克林·罗斯福（Franklin Roosevelt）总统非常懂得利用广播电台的潜能来实现全国团结。在1932年与胡佛（Hoover）的总统竞选中，罗斯福因其在广播中的声音更具"放射性"而获得一定优势。[⑤]1933年3月4日，罗斯福在危难重重之中就任美国第32届总统。为挽救经济危机局面，罗斯福决定实行一系列新的经济政策，面对奄奄一息的国家经济、迷惘恐慌的人民、攻击新政的反对派，罗斯福决定通过广播发表讲话以鼓舞全体人民，以恢

知识卡片4：罗斯福总统的"炉边谈话"与广播

复他们的信心和希望，并直接向全国阐明"新政目标"。而在他之前，柯立芝和胡佛两位总统都没有对广播演讲这种形式产生过兴趣。同年3月12日、5月7日、7月24日、10月24日，罗斯福先后在广播上发表了4次演讲，成为美国政治史和广播史上的里程碑。

无线电广播将罗斯福的声音迅速传遍美国，广播演讲这一形式成功地拉近了罗斯福和全国人民的感情距离。每一次"炉边谈话"都促使信件如雪片般飞向白宫，罗斯福每天收到的人民来信少则5,000封，多则8,000封。为此，行政当局专门雇用一批

---

① 让纳内.西方媒史[M].段慧敏，译.桂林：广西师范大学出版社，2005：146.
② 让纳内.西方媒史[M].段慧敏，译.桂林：广西师范大学出版社，2005：225.
③ 埃默里 E，埃默里 M.美国新闻史：大众传播媒介解释史（第八版）[M].展江，殷文，译.北京：新华出版社，2001：307.
④ 张彩.世界广播发展研究[M].北京：中国传媒大学出版社，2007：2.
⑤ 埃默里 E，埃默里 M.美国新闻史：大众传播媒介解释史（第八版）[M].展江，殷文，译.北京：新华出版社，2001：373.

工作人员处理、答复这些信件。就连大名鼎鼎的评论家沃尔特·李普曼也针对"炉边谈话"写道:"我们全国人民原来对任何人、任何事物都不相信了,不过一周时间,我们现在对国家、对政府又恢复了信心。"在经济大萧条最严重的时期,罗斯福总统共发表了28次"炉边谈话",以和蔼可亲的态度打动大批听众,"华盛顿与他们的距离,不比起居室里的收音机远"便是人民对其最好的认可。[①]罗斯福的"炉边谈话"给经济大萧条时期的美国人带来了极大的慰藉和希望,广播这一媒介在很大程度上帮助罗斯福赢得民心,确立和巩固领导地位。[②]

(二)二战期间的美国广播

广播的政治动员作用不仅体现在选举和推行新政上,更显著体现在战时宣传中。广播宣传作为一种战争手段,其作用不仅是迷惑敌人,更是动员全国民众,制造国家"共同体"。[③]

二战期间,美国已经有91%以上的城市家庭和大约70%的乡村家庭拥有收音机,其中许多家庭是由于罗斯福政府实施农村电气化计划后拥有的。事实上,在1930年至1938年间,收音机的数量增加了100%以上。[④]彼时,广播在美国所起到的战争实况播报、动员宣传、凝聚人民的作用尤为典型,发展势头正盛的哥伦比亚广播公司表现得尤为突出。

二战爆发之前,美国各广播网没有驻外记者,一般依靠匆匆拼凑起来的传输系统进行临时广播,经常请某个报社记者提供简短的讲述。1938年希特勒入侵奥地利时,情况发生了变化。1938年9月12日到29日,历时18天的慕尼黑危机期间,美国听众听到了来自14个欧洲城市的实况广播,哥伦比亚广播公司转播了151次短波实况报道,全国广播公司转播了147次,美国广播公司稍少一些,这三大广播公司对重要人物——希特勒、墨索里尼、张伯伦——的活动都进行了报道。[⑤]到第二次世界大战正式爆发时,美国各广播网已做好在亚洲和欧洲的各大地区进行报道的准备。[⑥]

哥伦比亚广播公司的记者爱德华·默罗(Edward Murrow)是战时广播中不可忽视的重要人物。1938年3月12日,默罗向美国听众广播了他的第一篇战事新闻,也是广播史上第一次"新闻联播"的开篇报道,这次广播是先通过短波广播,再由哥伦比亚广播公司转播的,默罗平静克制的报道风格奠定了日后哥伦比亚广播公司客观报道理论的基础。此外,1940年8月18日,身在伦敦的默罗进行了"这里是伦敦"的

---

① 埃默里 E,埃默里 M.美国新闻史:大众传播媒介解释史(第八版)[M].展江,殷文,译.北京:新华出版社,2001:373.
② 让纳内.西方媒介史[M].段慧敏,译.桂林:广西师范大学出版社,2005:157.
③ 胡翼青,张军芳.美国传播思想史[M].上海:复旦大学出版社,2019:133.
④ 埃默里 E,埃默里 M.美国新闻史:大众传播媒介解释史(第八版)[M].展江,殷文,译.北京:新华出版社,2001:379-380.
⑤ 王银桩,赵淑萍.美国广播电视简史[M].北京:北京广播学院新闻系,1985:47-49.
⑥ 埃默里 E,埃默里 M.美国新闻史:大众传播媒介解释史(第八版)[M].展江,殷文,译.北京:新华出版社,2001:379-380.

现场报道，这使他成为现场广播报道的代表。他以平静而富有感染力的声音对英国战役进行描述，对烈火燃烧的伦敦城进行刻画，大大地促使了美国人以及当时仍然保持中立的美国政府领悟到战争的实质。[1]

二战后，美国人的国家认同感和民族认同感空前高涨，民众压倒性地为美国取得的成就和进步自豪，二战的"宣传"大潮强化了民族精神，这种国家意识形态的话语表征在20世纪30年代特定时期得以确立，并经由广播走进美国的千家万户。可以说，广播在黄金时代持续有力地推动着美国社会舆论共识的形成。[2]

知识卡片5：二战期间美国广播电台发挥的作用

（三）二战中列强对广播的使用

美国以外，轴心国列强将"广播战"视为重要战线。德国广播自1925年起就收为国有，为纳粹德国经由广播统一宣传打下基础，从1933年希特勒上台执政开始，国家社会主义党开办了用英语和德语向美国播出的短波广播节目。1939年，德国对外广播语种发展到7个，广播对象除北美外，还有南美洲、非洲和阿拉伯地区，以及南亚和东南亚。1943年，德国对外广播所使用的外语已经达到53种，十几个大功率广播电台每天24小时面向全世界广播。[3]当时，所有的广播内容都必须符合纳粹关于人和社会的思想，并经常转播游行、集会以及纳粹举行的各种仪式和活动，有关希特勒的内容被高度神化报道。与此同时，纳粹德国惧怕国外的电波进入德国干扰这种宣传，禁止德国人民收听外国广播。1939年9月，政府颁布命令，规定"禁止收听外台，违者判处监禁""传播外电新闻者，判处监禁，以至死刑"。[4]正如纳粹德国宣传部长戈培尔所说，电台是种手段，它使我们能够把自己的意志向人民灌输。[5]

日本无线电广播始于1923年关东大地震后经济开始复苏的时候。1926年8月，在日本政府的直接干预下，全国性组织"日本广播协会"成立，日本广播事业诞生之初就被置于政府的控制之下。日本一开始用英语和日语面向美国西海岸和夏威夷播出广播，日本侵华战争爆发之后，日本广播的传播半径延伸到中国北部和印度。1931年九一八事变当天，日本广播完全被日本军队所控制，演变为日本军国主义政府发表言论的冲锋号。日本政府对广播制定了三项原则：一是广播要宣传国家政策，二是广播要引导社会舆论，三是广播要鼓舞国民士气。日本电台禁播英、美等国家的音乐节目，并停播天气预报、市场行情等节目，广播充斥着战争宣传的内容。1941年爆发的太平洋战争使日本广播完全进入了战争体制。1945年8月15日中午12点，日

---

[1] 王银桩，赵淑萍.美国广播电视简史[M].北京：北京广播学院新闻系，1985：54-57.
[2] 胡翼青，张军芳.美国传播思想史[M].上海：复旦大学出版社，2019：134.
[3] 胡耀亭.漫话第二次世界大战中的"广播战"[J].中国广播电视学刊，1995（7）：74-77.
[4] 张彩.世界广播发展研究[M].北京：中国传媒大学出版社，2007：106-107.
[5] 胡耀亭.漫话第二次世界大战中的"广播战"[J].中国广播电视学刊，1995（7）：74-77.

本广播协会通过电波宣布了日本裕仁天皇的《终战诏书》，日本成为世界上第一个用无线电广播宣布无条件投降的国家。随后，日本进入占领体制时期，成为美国的附庸国，在政治、经济、军事、外交上均受美国的控制，日本广播刚刚摆脱了无条件服从日本军国主义统治的局面，转而又被置于联合国占领军的管制之下。

在其他西方国家，广播也同样在笼络民心、政治宣传、战争动员等方面发挥着作用。以法国为例，法国是20世纪20年代发展广播事业热潮的先行者，早在1922年，法国便成立巴黎广播电台并通过埃菲尔铁塔播出节目。二战期间，纳粹德国占领了巴黎，完全禁止法国人自办广播，法国的广播事业遭到了极大破坏。这一时期法国最有生气的广播是在英国的法国流亡政府"自由法国"通过英国广播公司（BBC）进行的，节目主要内容是戴高乐将军的讲话。戴高乐非常重视广播的宣传作用，他认为，流亡政府一定要有自己的战争宣传中心，用无线电广播来指挥作战行动。1941年，戴高乐在刚果首都布拉柴维尔建立广播中心，随后又在巴勒斯坦、贝鲁特、纽约、伦敦等地创办电台。1944年，诺曼底登陆前夕，戴高乐通过BBC向分散在法国境内的抵抗运动组织发出动员令，随后又向统一后的"法国内地军"下达立即行动的命令。可以说，对无线电广播的有效利用，正是戴高乐政府赢得民众、赢得战争胜利的重要原因。①

（四）政治力量与广播研究

广播的黄金时代促成了大众传播学的形成。政治权力部门对学术领域的大力投资使得美国社会科学研究的行政研究学派快速崛起，一个国家必须在使用大众媒介作为宣传武器的同时得到媒介的反馈，以更好地进行宣传和竞争。行政研究学派学者的基本任务是：向媒介节目和政策官员及国家领导人提供有关大众媒介的受众和传播效果的系统反馈。美国总统罗斯福通过广播进行的政治动员，造就了一批后来成为伟大传播学者的策划团队，包括为罗斯福写过广播讲话稿的施拉姆，通过广播研究项目调查"炉边谈话"收听效果的拉扎斯菲尔德、贝雷尔森，进行大众说服研究的默顿以及哥伦比亚大学应用社会研究局，验收评估广播研究项目的以拉斯韦尔为代表的"洛克菲勒研讨班"。他们共同创造出一整套广播宣传及社会控制模式，形成美国政府制造舆论共识的习惯性方法，这成为传播学研究的理论起点。②

在哥伦比亚大学广播研究小组的统领下，1940年到1944年，拉扎斯菲尔德、贝雷尔森和哥迪特对"选民如何在罗斯福的总统竞选中做出选择"进行了伊里调查，作为调查结果出版的《人民的选择》提出了很多至今仍广为流传的研究方法和结论。伊里调查发现，大众媒介在总统竞选的政治宣传战中以激活、强化、改变三种主要方式对选民产生影响。对比当时最主要的两个大众媒介——广播与报纸：广播的宣传功能

---

① 张彩.世界广播发展研究[M].北京：中国传媒大学出版社，2007：86-87.
② 胡翼青，张军芳.美国传播思想史[M].上海：复旦大学出版社，2019：139.

遥遥领先于报纸，50%的被访者认为，广播是提供政治信息以达成决定的"最主要的媒体"，广播在竞选中的作用超出了预期的想象。此外，《人民的选择》还提出了二级传播理论，拉扎斯菲尔德认为，观点通常由广播或报纸传到舆论领袖，再由舆论领袖传到人群中不太活跃的部分，这对大众媒介直接操纵大众的魔弹论做了有力回击，说明广播虽影响力巨大，但也不可能直接做到随意地改变或控制大众的政治行为。

某种意义上，广播在二战期间一度成为操纵人心和控制民意的代名词，有学者就曾批判道："广播变成了领袖的话筒……所有听众都无法把握其中的真正意义，而领袖的演说也不过是彻头彻尾的谎言。制造演说者的语言和虚假的指令，就是广播的内在取向。"① 事实上，舆论共识与广播的关系只是一种有限相关关系，作为阿尔都塞（Althusser）意义上的"意识形态国家机器"，广播更多是在合适的时机被统治者利用并成为传递者与放大器，广播之所以能发挥鼓舞和动员人民、宣传政策和打造意识形态共同体的政治作用，离不开同现代性统治和现代性生活方式的共同作用。②

第三节 中外广播事业的发展

一、美国商业广播体制

正如前文所述，KDKA电台的建立标志着世界广播事业的诞生。这时的广播事业发展迅猛，电台数目激增，导致各家电台的频率相互干扰，这种干扰也严重地影响了收听效果。

1927年，美国国会通过了《无线电法》，并组建联邦无线电委员会（FRC），通过政府控制、分配电台频率和审批营业执照，有效改善了广播业的混乱状况。1934年，美国国会通过了《通信法》，将联邦无线电委员会改组为联邦通信委员会（Federal Communication Commission，简称FCC），负责管理美国广播及通信事业。主要使用的三种管制方法分别是审批办台申请、更新营业执照和对违禁者给予警告或处罚。

美国始终坚持商营制度。在美国，虽然也有少量非商营的公共广播机构，不过它们在社会上的影响不大。私营商业制度是美国广播的主流，这种制度将广播的经营纯粹看作市场行为。③

从20世纪30年代起，美国商营广播就处于垄断局面，商营广播体制的频道分

---

① 霍克海默，阿道尔诺.启蒙辩证法[M].曹卫东，译.上海：上海人民出版社，2006：144.
② 胡翼青，张军芳.美国传播思想史[M].上海：复旦大学出版社，2019：135.
③ 郭镇之.中外广播电视史[M].上海：复旦大学出版社，2005：41.

配原则使得极为富有的工业界控制了广播媒介。① 直到20世纪80年代，美国的广播电视领域基本上被三大广播公司瓜分和垄断，这三大广播公司分别是全国广播公司（NBC）、哥伦比亚广播公司（CBS）和美国广播公司（ABC）。

（一）全国广播公司

1926年，美国无线电公司、通用电气公司与西屋电气公司三家公司合资组建了一个全国性广播网——全国广播公司（National Broadcasting Company）。后来因为其他两家退出广播领域，全国广播公司就从三家合资转变为美国无线电公司独家经营。全国广播公司创立时的老板是戴维·萨尔诺夫（David Sarnoff），他也被称为"美国无线电广播之父"。全国广播公司的诞生是美国广播史上的重要标志，标志着美国广播事业开始由试验和草创阶段进入成熟发展阶段。②

1927年，全国广播公司建立了两个各自独立的广播网——红网和蓝网。所谓"红"与"蓝"，是由于全国广播公司的工程技术人员在地图上标示这两个广播网所辖的附属台及其区域时，一个用的是红铅笔，另一个用的是蓝铅笔。后来，蓝网独立出来成为三大广播公司之一的美国广播公司。

（二）哥伦比亚广播公司

哥伦比亚广播公司（Columbia Broadcasting System）在1927年成立后，遇到经济运转困难，1928年威廉·佩利对其进行了重组，才使这个公司最终出奇制胜。当时，这些大的广播电视公司都有直接经营的广播电视台，被称为直属台；另外，还有相当数量的广播电视台同这些大公司签订合同，转播它们的节目（含广告），并从这些大公司取得补偿费用，被称为附属台。

当时全国广播公司的附属台转播全国广播公司的节目必须付费，为了同全国广播公司竞争，佩利决定让哥伦比亚广播公司的附属台都可以免费转播哥伦比亚广播公司的节目，作为交换条件，哥伦比亚广播公司在附属台的广告中获得一定比例的收入。佩利采取的另一个策略是狠抓新闻节目，他认识到广播是一种重要的新闻媒介，因此，把重点放在了新闻节目，从而确立了新闻在广播中的核心地位。

（三）美国广播公司

美国广播公司（American Broadcasting Company），其前身是全国广播公司的蓝网，从1948年创立到1976年，美国广播公司一直居于第三的位置，并被公认为是三大广播电视网中实力最弱的一个。一方面，蓝网是全国广播公司的"垃圾站"，只能播出红网剩下的二三流节目；另一方面，由于缺乏管理人才和优秀广播记者，美国广播公司一直处于较弱的地位。

随着媒介技术的不断发展，电视的出现严重影响了广播业，使广播业不得不做出

---

① 郭镇之. 中外广播电视史[M]. 上海：复旦大学出版社，2005：66.
② 李彬. 全球新闻传播史（公元1500—2000年）[M]. 北京：清华大学出版社，2005：255.

调整。电台开始由"广播"（Broadcasting）转向"窄播化"（Narrowcasting），即不再将全体大众作为受众对象，而是以特定的听众群为对象。电台日趋小型化和地方化，节目也日趋对象化和专门化。① 广播为了适应市场变化做出的努力取得了一定的效果，找到了属于它的生存空间。

二、欧洲广播体制的发展

与美国私营体制形成鲜明对比的是，公共广播是欧洲各国多年来在广播电视经营管理方面奉行的标准模式。在20世纪80年代之前，除英国、卢森堡外，西欧主要国家的广播电视业全是单一的公营电视体制。② 20世纪80年代的广电商业化和私有化浪潮则使很多欧洲国家改变了广播电视体制政策，主要表现出自由化、商业化和去规制化的特征，由此形成公共广播和商业广播并存的竞争格局，即广播体制结构的"双轨制"。③ 近年来，广播的数字化是欧洲广播发展的主要方向。目前，欧洲已经形成了包括公共广播、商业广播和社区广播等在内的多元化广播市场竞争格局，并以法律的形式保障着欧洲各国广播的良性运行。④

（一）英国

英国公营广播电视体制确立的过程是在公营型和商业型之间寻找平衡的过程。以BBC为例，BBC是世界公共广播事业的首创者和代表者，作为世界上较早建立的广播公司之一，BBC一直是英国广播事业的核心。早期的BBC是商业性质的公司，以出售收音机等的收入支持广播节目，以收取收音机执照费来填补经费缺口。⑤ 1927年，英国政府将BBC收归国有，建立起公营的广播管理体制，这一体制使BBC成为一个全国性公共广播组织⑥，它高度重视广播节目的思想性和艺术性，同时坚持以受众为本，追求良好的社会效益⑦。1973年，英国出现了第一家商业广播电台——伦敦广播电台，打破了公共广播BBC垄断英国广播业的局面。⑧ 伴随20世纪80年代开放广播市场的浪潮，英国私营商业广播涌现，逐渐形成了国有公营广播体制和私营商业体制并存的双轨系统。⑨ 1988年，英国政府公布了关于广播电视立法计划的白皮书《20世纪90年代的广播电视：竞争、选择、节目质量》，宣布政府将尽可能地对广播电视采用同放宽限制的一般政策相一致的方针。1990年，英国新的广播法案生效，开始实行商业广播电视开放政策。在此之后，BBC在1991年开设了24小时商业性质的

---

① 张彩.世界广播发展研究[M].北京：中国传媒大学出版社，2007：5.
② 陆晔,赵民.当代广播电视概论[M].上海：复旦大学出版社，2010：107.
③ 张彩.世界广播发展研究[M].北京：中国传媒大学出版社，2007：33.
④ 方德运,吴雪.媒介融合背景下欧洲广播的发展与启示[J].声屏世界，2013（11）：9-12.
⑤ 陆晔,赵民.当代广播电视概论[M].上海：复旦大学出版社，109.
⑥ 张彩.世界广播发展研究[M].北京：中国传媒大学出版社，2007：31.
⑦ 张彩.世界广播发展研究[M].北京：中国传媒大学出版社，2007：36-37.
⑧ 张彩.世界广播发展研究[M].北京：中国传媒大学出版社，2007：32.
⑨ 张彩.世界广播发展研究[M].北京：中国传媒大学出版社，2007：31.

国际电视服务 WSTV，并在 1995 年和私营公司合作开办了两个欧洲卫星电视频道。通过商业型国际广播电视服务来维持国内的非商业特色，已经成为 BBC 行之有效的发展战略。① 与此同时，BBC 也随互联网浪潮在政府的扶持之下开始发展数字化广播。

（二）苏联

以 1991 年苏联解体为划分依据，苏联解体之前，苏联一直实行国营广播电视制度，体制分为中央级、加盟共和国级和地方级三级。② 苏联解体以后，此前那种垂直管理的模式退位，取而代之的是区域性的横向管理模式。③ 具体来看，1917 年十月革命后，布尔什维克党重视无线电广播的发展，苏联广播事业开始走上正轨。1922 年，当时世界上功率最大的发射台中央无线电话台在莫斯科建立。1926 年，莫斯科开始对德国不定期广播。1929 年，苏联正式开始对外广播。20 世纪 30 年代，苏联广播在宣传先进劳动方法、组织社会主义劳动竞赛和进行爱国主义教育方面起到了巨大作用。二战期间，苏联的广播虽遭到战争破坏，但依然是最主要的国家传播媒介，国家通过广播动员民众参加反法西斯战争，及时地报道前线及后方的情况。④ 战后，苏联广播事业发展迅速，除了全苏中央广播电台外，苏联各加盟共和国、边疆区、州、城市、区都设有广播电台。1984 年，全苏广播电台的广播已经覆盖整个俄罗斯疆土。1990 年，俄罗斯第一部新闻法正式生效后，各类地方性非国有电台以及商业电台数量激增。⑤ 1991 年，苏联解体，此后俄罗斯传媒开始轰轰烈烈地改革，国有传媒、私有传媒、集体所有传媒、党派传媒以及外国资本传媒在短短几个月内纷纷涌现。⑥ 20 世纪末到 21 世纪初，经过媒体寡头对俄罗斯传媒业的垄断、政府对媒体寡头的打击以及对国内主要广播电视机构控制权的收回等一系列过程，俄罗斯的广播体制基本确定了奉行国家积极干预的政策，国有公共服务广播体制基本确立。

（三）北欧

知识卡片6：法国、德国广播体制的发展

北欧各国的公共广播都属于传统西欧公共体制，丹麦、瑞典、挪威、芬兰等北欧国家的广播公司在第二次世界大战前都是该国唯一的广播公司，享有国家赋予的垄断地位。20 世纪 80 年代后，伴随世界传媒商业化浪潮，北欧广播业也开始进入双轨制时代，但由于北欧国家人口少、广播电视市场相对狭小，私营广播的盈利空间相应较小，北欧地区的商业广播电视发展受到了限制，能够在广播市场上获得成功的往往是在两个以上北欧国家开办泛北欧频道的大公司。21 世纪后，随着网络时代来临，北欧国家的公共广播公司积极拥抱互联网并加

---

① 陆晔，赵民. 当代广播电视概论[M]. 上海：复旦大学出版社，2010：110.
② 郭镇之. 中外广播电视史[M]. 上海：复旦大学出版社，2005：80.
③ 张彩. 世界广播发展研究[M]. 北京：中国传媒大学出版社，2007：117.
④ 张彩. 世界广播发展研究[M]. 北京：中国传媒大学出版社，2007：114.
⑤ 张彩. 世界广播发展研究[M]. 北京：中国传媒大学出版社，2007：117.
⑥ 张彩. 世界广播发展研究[M]. 北京：中国传媒大学出版社，2007：119.

快数字化转型,在传统的全国性、地区性广播外提供数字化的声音服务[①],而商业广播也在互联网时代迅猛发展,不过相较而言,北欧地区的公共广播依然占有强势地位。

三、中国广播事业的发展

中国广播事业的发展可以分为两条路径,第一条是新中国成立前外商电台、官办电台和民间电台此起彼伏的发展路径;第二条是新中国成立后广播适配社会主义制度,以及在时代变化中探索自身媒介定位的发展路径。

(一)新中国成立前的中国广播事业(1923—1949)

1. 北洋政府时期

1923年1月23日,中国第一家广播电台由外商在上海开办,美国人E. G.奥斯邦(E. G. Osborn)与美资英文报纸《大陆报》合作创办了"大陆报—中国无线电公司广播电台"。自此,广播在中国发端。《申报》在报道中国第一座广播电台时将广播称为空中传声法。仅从时间来看,中国广播业起步距离1920年11月2日世界上第一座商业电台——KDKA广播电台在美国匹兹堡开始播音,仅仅两年多时间。

随后,国人自办广播和政府主导的官办广播相继出现,其中官办广播的建设和播音早于民营广播。1924年,北洋政府交通部公布了《装用广播无线电接收机暂行规定》,广播业从被取缔发展到有条件开放。1926年10月,哈尔滨无线电专家刘瀚在奉系军阀支持下,主持创办了第一家官办电台。1927年,天津、北平、沈阳相继筹备开办官办电台。次年,沈阳广播电台开播。至此,北洋军阀统治时期的4座官办电台均建设完成。20世纪20年代后期,由私人创办的民营电台出现,且其规模呈逐渐扩大的趋势。资料显示,北洋政府时期,中国境内先后开办了40余家商业广播电台,这些电台虽然发射功率小、覆盖有限,却开创了中国商业电台时期。[②]

2. 第二次国内革命战争时期

随着广播事业逐渐成熟,广播渐渐成为政府的喉舌。1927年,国民党右翼势力建立国民党中央政府,广播成为重要宣传工具。次年,国民党政府在南京创办了"中央广播电台"。4年之后,该电台功率就扩大为75kW,居亚洲第一。同时,国民党政府还建立了专门的管理机构、筹划建设了覆盖全国的党营广播事业网。国民党党营广播电台的成立标志着国民党党营广播事业的开始。它服务于国民党推行反动统治的需要,是重要的舆论工具。

从总的政治基调来看,国民党党营广播电台无疑是维护国民党统治的重要舆论工具,是国民党政府"阐扬党义、宣传政令,及促进文化、传递消息"的有力工具。该台播音的主要内容是在"国家统一,民主建国"方针的掩盖下,进行积极反共、消极

---

① 王宇.北欧媒介研究[M].北京:社会科学文献出版社,2016:100.
② 赖铃.共生理论下的中国广播媒介发展研究[D].重庆:西南政法大学,2010:7.

抗日的政治宣传。为树立蒋介石的绝对权威，该台还长期进行"一个国家、一个主义、一个领袖"的露骨"捧蒋"宣传。

同时，国民党政府允许民间资本办广播，广播业一度得到发展。至抗日战争爆发前，共有官办、民营电台78家，收音机近100万台。①

3. 抗日战争时期

抗日战争时期出现了多元并存的广播格局。中国出现了三种不同性质的政权：国民党政权、共产党政权、日伪政权，广播事业由此分化出不同性质的广播电台：大后方的国民党广播电台、沦陷区的日伪广播电台、沦陷区的民营广播电台以及抗日根据地的人民广播电台。②

国民党党营电台时而呼吁联合抗日，一致御侮；时而兄弟阋墙，号召反共。身处战时体制背景，国民党党营电台削减戏剧和歌曲节目，增加军乐、军歌和战争新闻报道，抗战前期邀请了非常多共产党代表、抗日将领、爱国人士发表广播讲演。抗战初期，国民党电台进行的爱国抗日广播，在大后方和沦陷区的广大爱国同胞中有很大影响。但进入相持阶段后，奉行曲线救国策略的国民党电台又成了反共反人民、赞颂国民党法西斯统治的桥头堡，使听众无法从他们的广播中了解共产党领导的八路军、新四军等部队英勇杀敌的真实情况。

民营电台则表现出了可贵的爱国精神和民族气节，进行了大量宣传和鼓动工作。1937年，上海市成立各界抗敌后援会，其宣传委员会拟定战时广播电台统一宣传办法，规定广播电台的主要节目以服务抗战事业为目的，将时事报告、劝募救国公债、劝募慰劳物品及其他征集事项、各类战事指导、外国语言演讲及时事杂评、抗战歌曲演唱、名人演讲等作为主要节目内容，且该宣传委员会为各广播电台提供转播节目，意在提高宣传效率、形成传播合力。简而言之，民营电台的特点可以概括为两点：一是统一管理，社会各界成立宣传委员会、后援会进行战时广播电台统一宣传；二是形式丰富，利用募集资金、时事评论与军事评论、歌曲、名人演讲等形式进行爱国救亡宣传。

沦陷区的日伪广播电台则呈现出明显的奴化电波属性。日本针对南京的"中央广播电台"，推出了干扰与覆盖并举的斗争策略。一方面，日本占领东北后，将东北电台的周率调至与南京"中央台"相近，并设置为相同播音时间，不仅使得东北地区无法收听"中央广播"，甚至影响平津一带。另一方面，日本积极在本土和沦陷区建造电台，不仅向本国播放侵略话语，而且辐射到中国部分地区，甚至准备在东北建造大功率电台。

抗日根据地的人民广播电台施行舆论诱敌策略，中国共产党将广播的舆论宣传作

---

① 曹璐.广播新闻理念与实物创新研究[M].北京：中国广播电视出版社，2007：59.
② 张振华.中国广播电视新论[M].北京：中国广播电视出版社，2004：147.

用利用得格外充分，并在贯彻"建设抗日民族统一战线"的基础上，对日本方面进行舆论干扰，与正面战场、敌后战场两相呼应，共同促成了抗日战争的胜利。提到人民广播电台，就不得不提延安新华广播电台。延安新华广播电台是中国共产党在陕甘宁边区创建的第一座广播电台，1940年12月30日在延安进行第一次试播，从此翻开了中国人民广播事业史的第一页。

4. 解放战争时期

抗日战争胜利后，国民党发动内战，加紧扩张党营广播。随着解放战争的胜利，国民党党营广播逐步衰落，人民广播日渐强大。1947年3月，延安新华广播电台更名为陕北新华广播电台。1949年1月，北平和平解放。同年2月2日，北平新华广播电台开始播音。随着大中城市的相继解放，一批地方性人民广播电台开始播音。新中国成立前夕，中国已有近40家人民广播电台。全国拥有收音机的家庭约有100万家，主要集中在城市。[①]

（二）建国初期广播事业快速发展（1949—1965）

新中国成立后，党和政府重视广播事业建设，看重其服务社会主义文化建设、承担宣传功能的作用。由政府投资，根据行政指令按计划发展的广播事业成为国家投资比例高、发展快的部门。[②]除没收和接管原国民党广播电台、改造私营电台外，从中央到地方，省和直辖市也先后建立广播事业管理机构和广播电台。至1956年年底，不仅中央台的力量大为增强，而且除西藏地区外，全国各省和直辖市都已设立了广播电台，"三分之二的县（市）都建立了有线广播站，共装设喇叭51万只，其中80%装在农村"。至1961年年底，全国无线电台已有135家，县市广播站2,078家。1962年后国家进入经济困难时期，国家提出"调整、巩固、充实、提高"的八字方针，广播事业开始压缩规模。到1965年年底，全国共有无线电台87家，县广播站2,365家。[③]

（三）"文革"期间广播事业的畸形格局（1966—1976）

"文革"期间，广播作为宣传工具服务于政治斗争，广播事业呈畸形发展格局。

（四）广播事业发生巨大变革（1977—1997）

1983年，第十一次广播电视工作会议提出了"四级办"方针（实行中央、省、地、县"四级办广播、四级办电视、四级混合覆盖"的方针）。这一举措在促进全国广播事业规模发展（尤其是促进了农村广播网发展）的同时，也让广播面临的媒介竞争加剧。20世纪80年代是中国广播事业体制发生巨大变革的年代，中国广播事业主要进行了管理体制、经济体制和节目设置上的变革。1986年12月15日首家经济广播电台——广东珠江经济电台正式开播，标志着广播事业再度走向繁荣，掀起了新

---

① 张振华. 中国广播电视新论[M]. 北京：中国广播电视出版社，2004：147.
② 赵玉明. 中国现代广播史料选编[M]. 汕头：汕头大学出版社，2007：107.
③ 张振华. 中国广播电视新论[M]. 北京：中国广播电视出版社，2004：29.

知识卡片7：中央人民广播电台《午间半小时》节目大获成功

时期的第一次高潮。随后，上海东方电台和北京音乐台等系列电台和专业电台的成立又将广播事业的发展推向第二次高潮。1994年至1995年，拥有数亿听众的中央人民广播电台开始对其节目进行近两年的调整和改造，进行了一些有益的转型尝试，以寻求突围，试图在广播中营造"聊天"的氛围。龙头一动，对广播事业的进一步发展起到了积极的促进作用。中央人民广播电台的调整改造，促使广播界的发展走向第三次高潮。1997年，广播事业得以在受到电视的竞争和冲击下悄然走出困境。

（五）新时期的广播事业：集约化的转型与多形态的演化（1997年至今）

1997年广播电台已发展到1,363家，但"散""滥"现象制约着广播的进一步发展和优化。1998年国家广播电影电视总局明确要求"停止四级办台"，要求广播从粗放型向集约型转化。[①] 一个深刻的变化是广播开始采用直播方式，这一方式增强了听众的参与意识，使节目制作走向社会化。热线直播节目的增加改革了广播传统模式，使广播这种大众传播兼具人际传播的特性，改变了广播的传统时空观，增强了传播的实际效果，也改变了传播者和受众的关系。如今，伴随着新兴媒介出现，中国广播事业在从广播到窄播、大众到分众的同时，也与国际广播界开展了多种形式的交流。由此，广播发展的空间将会更大。

在媒介融合的大环境下，广播作为一种听觉媒介，正在与城市化和现代化的进程相匹配，以多形态的演变更好地嵌入现代生活。当今的广播往往抽离了具体的媒介形式，成为一种基因，在多媒体混合竞争、相互交融的空间凭借声音媒介独特的信息形式与感觉器官完成复活。其中最典型的例子当属车载广播与播客、有声书产业的繁荣。

根据2021年全国广播媒体融媒传播影响力（EBC指数）数据，交通广播是目前发展最好的广播电台类型，受到广告主的欢迎。就2021年而言，交通广播电台在全国中央及省级广播电台广播媒体融媒传播影响力（EMC指数）排名前20名的广播电台中占11位，即55%，而在地方广播电台排行榜前20名中占8位，即40%。另外，播客、有声书等音频共享平台逐渐成为平台媒体争夺的赛道。随着行业的发展，中国的在线音频用户数量持续增加，在2019年达到了4.9亿，相比于2018年，增速为14.0%，并预计在2020年达到5.4亿。在线音频的用户基础不断扩大，显示了该行业较强的内生增长能力。广播事业背靠与时俱进的相关改革政策，富有创新意识的创业者深耕市场，挖掘广播基因传承和发展的多种可能，使得广播媒介在与新兴媒介竞争的格局下迎来了新的春天。

---

① 曹璐. 广播新闻理念与实物创新研究[M]. 北京：中国广播电视出版社，2007：89.

第四节　竞争中求变的广播

一、面临竞争

20世纪80年代末起，相比电视的风光，中国广播事业在边缘地带艰难挣扎。一个显著的表现便是广播事业难以吸引新人才，老广播人对这种变化感到"失落"："原本中央台是广播电视界的老大；新时期最初的几届大学生，如果被分到电视台，还觉得不受重用呢。"[①] 老广播人的失落反映的是中国广播事业由盛转衰的现实，尤其体现在广播面临着艰难的外部发展环境——媒介间的竞争。

自1906年费森登在加勒比海上进行广播试验之后，广播的发展经历了从新生、成熟到陷入竞争危机的过程。准确地说，广播共面临两次成体系的媒介竞争难题，其一来自电视，其二则来自互联网。之所以将电视单独列出，原因是尽管报纸、杂志等其他媒介与广播也存在着竞争关系，但基于现有实证研究[②]，电视与广播的竞争关系是最强的，可以作为与广播竞争最为激烈的媒介代表说明广播面临的竞争处境；报纸、杂志等媒介与电视相似，属于互联网时代前已经存在的传统媒介。在互联网的冲击之下，传统媒介面临着前所未有的挑战，媒介融合、"互联网+"在传媒行业掀起一浪高过一浪的创新浪潮。因此，将互联网与广播放在一起，考察两者的竞争关系，不应停留在考量互联网这一新型媒介如何冲击广播并取而代之，而应看两种媒介如何在竞争中互动，相互影响、吸收。总的来说，广播与电视、互联网的媒介竞争体现在不同的时段。在中国，第一组竞争从20世纪80年代起至今，第二组竞争则开启于21世纪初；在西方国家，竞争开始的时段还要更早。

面对电视的蓬勃发展，广播曾经显现出疲态。据清华大学新闻与传播学院教授郭镇之回忆："自20世纪80年代以来，电视脱颖而出，一举取代广播的传统位置，成为党和国家最重视的政治喉舌，同时也是首屈一指的大众文化传媒。"[③] 就中国传媒事业发展的历史而言，广播与电视之间激烈竞争的开端始于20世纪80年代，1978年形成了"中央三台"，即中央人民广播电台、中国国际广播电台、中央电视台三足鼎立的现状。根据广播电视发展的规划，广播进入"四级办广播、四级办电视、四级混合覆盖"时代，竞争加剧。不仅如此，市场化浪潮下

知识卡片8：生态学视角下的媒介竞争

---

① 郭镇之.中外广播电视史（第二版）[M].上海：复旦大学出版社，2008：211.
② 强月新，张明新.中国传媒产业间的广告资源竞争：基于生态位理论的实证分析[J].新闻与传播研究，2009，16（5）：79-87.
③ 郭镇之.继往开来：纪念人民广播事业65周年[J].中国广播电视学刊，2005（12）：14-15，18.

广播事业需要自负盈亏，这也让曾经依赖国家财政支持的广播事业举步维艰。

然而，止步于分析媒介竞争还远远不够，特别是在互联网时代浪潮之中，将媒介间的竞争放在媒介发展历史中考察，或许能够更加接近媒介间力量此消彼长的本质。广播诞生至今一百余年时间里，大众电子传播媒介经历以广播电视为主的向非特定受众实施单向传播的大众化服务阶段，到以有线电视、卫星电视的受众日益分化为特征的"窄播"阶段，再到以网络化多媒体按照用户个人选择提供相应服务的"存取型视频服务"阶段。受众日益分化且越来越成为掌握传播主动权的一方，而主流传播载体也经历着迭代的过程。此时，广播作为传统媒介，面对汹涌的新媒体浪潮正确的道路在于在保留自身独特优势的基础上追求革新，包括媒介本身的革新与媒介间的融合。

以中国为例，广播的革新集中在专业化及产业化两个方面。2003年被国家广播电影电视总局确定为"广播发展年"和"网络发展年"。当年"全国新增34个专业性广播频率"①，专业性广播矩阵包括音乐广播、交通广播及经济服务相关广播频道。中央人民广播电台作为广播事业改革重镇开办了一系列频道，如"音乐之声""都市之声""经济之声"等，并在此基础上试行广告公司承包经营方式，推动体制转型。与此同时，以媒介融合为重要特点的产业化道路也就此展开。上海文广新闻传媒集团将上海电视台财经频道和东方广播电台财经频率合并成"第一财经"，并创办《第一财经日报》，打响全国综合性财经传媒第一枪。湖南广播电视厅则在"大广播、大电视、大宣传、大产业"思路下率先将卫视、经视、有线三台合并，成立广播电视集团。②广播事业无法完全从传媒视野中剥离出来，广播内容专业化与广播事业所在的传媒事业产业化共同构成了广播发展的方向。

同样的趋势也出现在西方广播事业的发展过程中，多媒体技术的发展加剧了媒介之间的竞争与融合态势。1993年美国媒介开始大规模的兼并浪潮，次年"美国有线电视和电话系统开始大力争夺宽频带网"，而"美国四大广播公司则纷纷开办网上广播电视，开展联机型双向信息服务"。③与此同时，欧洲也兴起一场融合与兼并浪潮。1997年卢森堡广播电视公司（CLT）与德国贝塔斯曼公司子公司乌发（UFA）合并为卢森堡—乌发广播公司，旗下包括19家电视台和23家广播电台。④

总而言之，多媒体技术更新迭代，广播媒介呈现出不断适应的态势，与其他媒介关系也由竞争转向融合的趋势。如今，以互联网为代表的新媒体来势汹汹，广播在竞争与融合中，究竟有什么优势？又会呈现出何种革新？下文将针对上述两个问题进行探讨。

---

① 郭镇之.中外广播电视史（第二版）[M].上海：复旦大学出版社，2008：243.
② 郭镇之.中外广播电视史（第二版）[M].上海：复旦大学出版社，2008：245-246.
③ 郭镇之.中外广播电视史（第二版）[M].上海：复旦大学出版社，2008：146.
④ 郭镇之.中外广播电视史（第二版）[M].上海：复旦大学出版社，2008：159-160.

二、广播发展的优势

在各种传媒中,报纸、杂志、电视、网络都是视觉性媒体,其传递的信息需要人们用眼睛来接收,而广播信息则依靠耳朵来接收,因此,广播作为听觉媒介,具有发挥独家优势的巨大空间。有赖于广播听觉本位的媒介特性,从受众端来说,只调动耳朵的广播具有伴随性、为情感和想象力留白的特征;从传者端来说,广播具有语言口语化的特征。此外,广播的性价比极高。这些都是广播面临多种媒介冲击时至关重要的优势所在。

(一)伴随性

广播媒体伴随性的优势是其他任何媒体所无法比拟的。什么叫广播的伴随性?通俗地说,就是人们可以一边听广播一边干别的事情,"一心"可以"二用",两不耽误。[①] 这是因为作为听觉媒介,广播只占用了受众的听觉器官,并不影响视觉、触觉乃至味觉等其他感官的作用机制。我们大可以一边收听广播,一边从事其他活动。家庭生活中常出现以电视剧为背景音做饭、做家务、做运动的场景,此时电视作为一种调用人们多感官的媒介,其实是剥离出其中广播特性的听觉偏向而存在的。

现代社会中,我们会发现广播这一听觉媒介的复兴体现在其伴随我们生活的方方面面。我们在从事其他活动过程中"给广播一耳朵"的行为大大提高了广播媒体的使用率,广播的声声相传、时时相伴又加强了我们对广播媒介的使用黏性和情感依存。因此,广播的伴随特性润物细无声地培养了我们对其听觉偏向的认识与依赖,这也正是其在现代社会激烈的媒介竞争中不能被忽视的发展优势。

知识卡片9:现代的车载广播

伴随性之于广播的意义,首先在于其依托于广播独特的听觉偏向,而听觉偏向又保障了广播可以对受众分散的注意力体现出独特的宽容度。现代社会快节奏的生活和工作往往要求人们成为一个个多线程的处理节点,因此,在使用媒介的过程中,人们往往希望可以分配较少的注意力,而以声音为唯一媒介的广播恰好可以做到让受众将大部分注意力放在所做之事上,将小部分注意力用来收听广播,适应注意力分散时代受众的多重注意力逐渐分化的趋势,只占用受众的听觉器官进行工作。其次,有赖于广播的听觉偏向,受众还能依据需要灵活调节广播在伴随中涉入用户注意力的深浅程度。当广播传播的信息好听、有用时,受众可以随时从无意识收听状态转为有意识收听,在信息接收节奏松弛有度的配合中起到良好的传播效果,最大限度实现对受众注意力的合理调配。

---

① 刘激扬. 新媒体挑战下广播优势的再认识[J]. 现代传播(中国传媒大学学报), 2009(5): 74-75.

（二）口语化

从传播方式来看，广播具有原生口语的特点，也拥有固化的套语，也就是说，广播在传播信息时的遣词造句乃至语速、音调、语气等，都是符合大多数人日常生活中的交流习惯的。广播的核心是声音，而声音的核心是口语[①]，广播由于其口语化的特征，可以视为通俗易懂的媒介，它的使用率受到受众文化程度的影响最小，也不以听众的年龄、性别、职业为转移，广播将受众接收信息最大公约数的习惯固定为播送习惯，因此，只要是听觉正常的人都可以没有障碍地接收广播传达的内容。

知识卡片 10：广播口语化的表现

广播的口语化同样是其发展的独特优势。从受众覆盖面来看，人们只要能听懂声音，就可以听懂广播。这是印刷媒介所不能给予受众的便利。从信息的接受度来看，广播口语化的诠释更贴近受众的生活，其传播的权威感、严肃性有所减少，亲切感、自然感则随之增强。广播以口语化为准则发展出的形象生动、通顺流畅等要求也在客观上形成了广播不矫揉造作的特质，可以更好地为受众解惑，提高受众对其传达信息的接受度。

中央人民广播电台的钟瑞曾借用作家老舍的话来佐证广播口语化的重要性。这段话也可以帮助我们理解口语化作为广播发展优势的重要性。老舍说："世界上最好的文字，就是最亲切的文字，所谓亲切就是普通的话，大家这么说，我也这么说，（而）不是用了一大车大家不了解的词汇。"[②] 文学如此，广播亦如是。

（三）为情感和想象留白

广播是以声音为载体的富有情感的媒介，单一的听觉信号使广播有了更自如的创作空间，同时也为受众留下了迸发情感与想象力的广阔思维空间。声音符号在传递情感、激发想象中具有独特的潜质。广播媒介的"余音"留下了大片思维创造的空白，听众得以在其中被声音唤起情绪感知和品味想象的魅力。听觉传播的传情、传神在作为听觉媒介的广播中发挥到极致。

广播为情感和想象留白的独特功用最典型的例子可能就是情感电台了。人们在收听情感电台时，不可能不与主播进行对话。这种对话不是指打进热线电话与电台主播进行一对一的连线交流，而是说受众的收听过程即一个进入主播的话语意义域中，根据自身主体意识产生的感受力来解码主播所传达讯息的阐释性过程。受众的"听"是纳入了自身情感体验的听，主播的"播"是寄托着受众自我投射的播。在情感电台的语境中，声声入耳的广播加上口语化语言，配合着或轻柔或低沉的音色，为个体情感的释放打造了一个平静柔和

知识卡片 11：广播听觉本位激发人的思维和情感

---

① 金珠. 媒介融合时代广播媒体发展策略研究[D]. 武汉：华中科技大学，2013：13.
② 钟瑞. 谈谈播音口语化（广播讲座 17）[J]. 新闻战线，1984（8）：42-43.

的私人空间。广播电台创造出无数个向心的思维疆域，受众得以挥洒自己的情感体验与无穷想象。

与视觉过剩的多媒体相比，声音的优势既非速度亦非信息的丰富度，而在于其富有想象力的故事和情感空间。依托于听觉媒介的特性，广播在对人思维、情感的专精中避开视觉媒介激烈的竞争，为受众提供了一种别样的声音自足性。声音媒介所拥有的擅于塑造"被关注的自我"的想象，所拥有的隔绝外界、提高向心性和主体性的魔力，与当下社会以情感为主的生活命题取代以社会问题为主的现实命题的转变趋势相匹配，与现代都市人的生存境况和心理状态相关联，形成了独特的让广播基因在新媒体时代复兴的社群力量。

（四）成本的低廉与特殊情境、群体的匹配

广播可以说是性价比极高的一类媒介，这体现在广播节目的制作设备、广播的接收媒介和广播播出设备的维护成本上，这些优势进一步使得广播对于特殊情境和群体具备良好的适应性。

首先，广播节目制作无须复杂的技术设备和后期制作，与电视所需的画面拍摄、剪辑相比，广播传达信息的方式相对简单，对信息的丰富度要求不高，对传达信息的总结、评价，也并不试图力求广泛的社会影响，因此，广播生产端的制作相较于其他媒介都极大地节约了时间和经济成本。

其次，广播的接收媒介——无论是个体的收音机、用于集体接收讯息的高音喇叭，还是新时代嵌入手机的多种 App 等，都属于价格低廉并且无附加费用的媒介。收音机因为体积小、携带方便、价格低廉，移动状态也能接收讯息，所以是许多老年人不离手的媒介伙伴。低成本的高音喇叭也在党中央、国务院启动广播电视"村村通"工程时得到了直接的应用。广播的接收设备成本和覆盖成本相对较低，而电视的技术成本和覆盖障碍都要远远大于广播。① 此外，目前几个主流的音频分享平台，例如喜马拉雅、荔枝 FM、蜻蜓 FM 等，也都是可免费安装的 App，在付费项目上，广播接收端相对于其他媒介也是价格低廉的。

再次，广播播出设备对电力的要求不高，若遭遇因自然灾害而停电时，也可以依靠自身的发电机供电来保证播出，并且广播终端对其他介质的依赖性也比较低，收音机依靠干电池供电，可以在断电状态下继续收听。广播的这种低依赖性、高存活性能够在危机预警、社会救助中起到重要的作用。②

最后，我们应当看到广播基于高性价比这一发展优势对特殊情境和特殊群体持有的良好适应性。特殊情境方面，正因为广播制作端节目的便捷性、接收端装置的低价格和高覆盖率、对电力和其他介质的低依赖性，广播得以在报道突发事件、战争、自

---

① 杨莎.当今我国广播媒体生存态势及竞争策略研究[D].长沙：湖南大学，2007：19.
② 金珠.媒介融合时代广播媒体发展策略研究[D].武汉：华中科技大学，2013：15.

然灾害、突发公共卫生事件等时,能够做到快速地传播信息,和听众保持良好的互动。我们可以看到新冠疫情期间村口大喇叭的复兴,体现出广播重要的传媒工具的功能,同时,这也传递出听觉媒介所特有的朴素、体贴的温暖。特殊人群方面,我们看到,随着新技术蓬勃发展,相当一部分老年人面临数字鸿沟所带来的尴尬。市场的推进逻辑着重于个性偏好的卷入度以及用户的消费能力,却忽视了在流量和资本末端的少数特殊群体。① 我们应当看到广播这一媒介的人文价值,一台小小的收音机在当今时代是价格低廉的旧媒介,但也是帮助许多老年人弥合数字鸿沟、不与社会失去联结的媒介伙伴,广播的人文底色是我们不能忽视的媒介特征。

三、广播新功能

(一)生产方式：UGC+PGC

和常见的新媒体内容平台一样,广播变革的重点是其生产方式,主要表现为专业机构生产内容(PGC)和用户生产内容(UGC)两种方式。PGC 和 UGC 各有特点,PGC 意味着由专业的广播电台、传媒公司等机构负责内容制作,能够更加保证广播产品的质量,主要集中在传统广播电台转型后的 App 产品,如中央广播电视总台旗下央广新媒体文化传媒有限公司开发的"云听",深圳广播电影电视集团出品的"深爱听"等。其制作人员基本上来自传统广播电台,专业性及内容质量上乘,但相比 UGC 而言则在互动性方面要弱得多;而 UGC 鼓励用户参与内容生产,在国外也有类似尝试,如 BBC 的《新闻竞猜》节目及美国全国广播公司的《心动故事》节目②,但在增加用户黏性的同时,UGC 也更容易导致内容的参差不齐,给平台管理带来难度,通常选择 UGC 方式的平台以互联网平台上架的广播类内容产品为主。PGC 与 UGC 除了生产方式不同之外,其传播效果也大相径庭。PGC 典型产品在广播行业中属于相对小众的产品。据华为应用市场数据,截至 2023 年 12 月 14 日,"云听"下载量为 1 亿次,"深爱听"下载量为 35 万次,而广播类 App 巨头如"喜马拉雅"下载量达 108 亿次,"蜻蜓 FM"下载量达 6 亿次。PGC 产品与 UGC 产品的下载量完全不在同一量级。

事实上,在广播适应新媒体环境的过程中,相关产品往往采用融合两种生产方式的策略。以喜马拉雅为例,2012 年上线之初其定位为"具有社交属性的原创'UGC'",并迅速打开市场。然而,由于 UGC 内容生产模式所固有的弊端,喜马拉雅面临"版权争端、质量参差、涉黄涉暴"等问题。③ 在此背景下,2015 年 6 月,喜马拉雅提出"PUGC"的内容生产模式,完善内容生产结构,这有助于搭建更加全方位的音频产业生态链。PGC 与 UGC 两种内容生产方式各有所长,互为补充,因此,

---

① 赵行知. 改变与回归：广播转型中的听觉文化与情感价值[J]. 中国广播,2021(10)：16-21.
② 沈阳城. 探析传统广播新媒体化的发展趋势及前景[J]. 今传媒,2021(3)：58-60.
③ 余龙. 移动互联网背景下我国广播类 App 发展困境与策略研究[D]. 重庆：重庆大学,2017：21.

目前主流的广播类产品大体上结合了 PGC 与 UGC 两种内容生产模式,只不过呈现出不同的偏向,如偏向 PGC 的考拉 FM、懒人听书、蜻蜓 FM,偏向 UGC 的荔枝 FM、喜马拉雅,以及依靠"UGC+PGC+版权"的腾讯旗下企鹅 FM。

(二)内容特征:多元化、碎片化、可视化

内容特征的多元化一方面指众多广播类产品所涵盖的内容极其多元,如喜马拉雅拥有小说、儿童、相声小品、评书、娱乐等 26 种频道类别;荔枝 FM 拥有情感、亲子、睡前减压等 31 个内容分类;蜻蜓 FM 拥有小说、广播、头条等 22 个内容分类。从休闲娱乐到科普教育,广播类产品主题极其多元,节目形态也脱离了单一的传统广播模式。以喜马拉雅为例,用户可以选择实时收听传统广播电台,软件提供了热门电台推荐、按电台类型推荐、实时开播的热门电台节目推荐等内容;用户也可以选择收听"非直播"形式的播客、小说、音乐等音频节目;对于 UGC 生产的节目,喜马拉雅提供了"直播"板块进行集中推介。基于以上界面分类的模式,可以看出喜马拉雅既融合了"直播"与"非直播"形式的音频内容,也融合了 PUGC 与 UGC 的广播内容,契合了广播新产品的多元化特征。

与多元化相伴而来的则是内容的碎片化。海量而多元的内容需要占据用户的注意力,从桌面互联网时代到移动互联网时代,网民的上网行为也呈现出碎片化特征。被压缩和切割的休闲时间使得内容产品的消费呈现出一致的特征——要求内容产品的提供方适应用户需求,推出短小精悍的内容产品。荔枝 FM 上众多音频节目多则一个小时,少则一分钟,包括大量碎片化内容,呈现出制作难度小、更新速度快的特点。[1]

可视化在广播内容的创新中有两种指向,其一是指广播由单一音源内容变为"音画同播"[2]内容。具体到广播产品,即用户可以在聆听广播、播客等音频的同时看到画面。可视化可以分为三种:节目海报图片、动态聊天内容,以及视频形式的直播。前两类画面可以算是对广播类内容的补充,而视频形式的直播则完全打破广播重视音频输出、强调声音内容的特点,其能否被归为广播类内容仍然需要更多考量。其二是指广播在传播过程中可能会与可视化素材进行配合,如广播电台节目在微博、微信公众号上进行的宣传等,借助视觉内容来实现广播声音内容的更好传播。

(三)传播特征:移动化、互动性、全媒体

广播的传播终端从收音机、车载收音机发展到移动端智能设备,呈现出移动化特征,其背后的更迭机制与人们生活方式的变化息息相关。进入移动互联网时代,以手机为代表的智能设备为网民上网提供便利,现代人出行不再随身携带收音机,仅仅依赖车载广播无法使广播接触到更为广阔的受众群体,广播类 App 的出现却让传统电台看到了新的机遇。以西班牙 Radio Televisión Española(RTVE)电台为例,该

---

[1] 任晓琴. 媒体时代广播的"私人定制":以荔枝 FM 和喜马拉雅为例[J]. 视听,2015(5):130-131.
[2] 闫霄. 新媒体环境下广播节目传播策略:以《奇妙的博物馆之旅》为例[J]. 中国报业,2020(10):62-63.

电台拥抱互联网和移动平台的时间点是在 HBO 电视网和美国广播公司等美国同行进入"后网络时代"之后几年。① 它的尝试也代表着成体系的"互联网化"以及"移动化"开始在世界范围内流行开来。同样拥抱互联网的还有前文提到的国内新型广播类App，以及国外著名产品，包括美国之音的 VOA（Voice of America）、英国 BBC 出品的 BBC Media Player 和美国福克斯新闻台出品的 Fox News Radio。移动化意味着广播电台为迎合受众人群的媒介使用习惯，使之能够实现"随时随地，想听就听"的需求而做出努力。

互动性的含义也可以从更加便捷的反馈来理解。如今，广播都在寻求更为多元的互动渠道，比如传统广播媒体会选择"两微一A一直"（微信、微博、App、网络直播）等融媒体平台②，而喜马拉雅为主播与听众提供的互动模式既包括个人电台页面的留言、加油、点赞功能，也包括成为私人电台粉丝的设计，甚至还可以"通过粉丝数量、热门程度、收听量对私人电台进行自动排行"③。互动性所涵盖的内容不仅包括广播电台制作方与听众的互动，也包括听众之间的互动，通过建立社群（或者聊天室）鼓励听众互相交流，完全不同于传统电台时期更多表现为听众来信、听众电话、网上留言等"非即时性"的大众传播时代反馈形式，以弥补主播与听众之间无法实时进行一对一交流的不足，增强听众参与感。移动互联网时代更加强调广播的互动性，这并非表示传统广播无法提供互动性，恰恰相反，广播一直以来的特性正是强烈的交流感。麦克卢汉曾经这样描述广播："收音机的阈下深处饱含着部落号角和悠远鼓声那种响亮的回声。它是广播这种媒介的性质本身的特征，广播有力量将心灵和社会变成合二为一的共鸣箱。"④ 因此，实际上，新媒体时代广播对互动性的强调关注的是该如何适应变化的媒体环境与受众，以便让广播更好地发挥连接人与人的作用。在此过程中，听众的情感需求也得以被最大限度传达出来、被看见、被满足，而这正是"新"广播致力于完成的使命，即互动性的真正意义所在。

新媒体环境催生出形态各异的内容载体，从传统的广播电视到 PC 端网页，从移动端 App 及内容号到线下实体空间，越来越多的媒介被赋予内容与意义，并且可以用于传播，这也意味着全媒体时代的来临。广播应对全媒体时代的典型做法有两类：其一是以内容为中心，围绕广播形成跨越平台的传播矩阵共同推广。如湖南广播传媒中心在新冠疫情期间推出的专题式报道分散在"8 个广播频率，54 个公众号和芒果动听 App"⑤中进行推广，"形成中心统筹、资源共享、多渠道分发的融合方式，加速广

---

① FRANQUET R, MONTOYA M. Cross-media production in Spain's public broadcast RTVE: innovation, promotion and audience loyalty strategies [J]. International Journal of Communication, 2014（8）: 24-25.
② 沈阳城. 探析传统广播新媒体化的发展趋势及前景 [J]. 今传媒, 2021, 29（3）: 58-60.
③ 余龙. 移动互联网背景下我国广播类 App 发展困境与策略研究 [D]. 重庆: 重庆大学, 2018: 15.
④ 麦克卢汉. 理解媒介: 论人的延伸 [M]. 何道宽, 译. 南京: 译林出版社, 2011: 342.
⑤ 孟伟, 张帅. 开掘音频特性 融合发展 再现广播新价值: 2020 年中国广播发展综述 [J]. 中国广播电视学刊, 2021（3）: 24-28.

播精品化的量产和规模化程度"①。其二是重视不同媒体之间的配合,形成多媒体、多终端的传播系统,发挥传播合力。以南京交通广播的传播实践为例,该台赋予可视化直播丰富的内涵,包括"外场直播,主持人现场主持""把广播直播室搬进电视演播厅,广播电视同步直播""广播节目以视频形式在网络上同步直播"三个阶段,②并在不断探索融媒体时代广播与其他媒体融合的最佳打开方式。

(四)盈利模式多样化

目前,关于融媒体时代广播盈利模式探索的尝试主要集中在广播类App领域。对于商业化的广播类内容平台、专业广播制作机构及主播来说,"内容变现"是广播产品发展的关键之一。目前广播类App的盈利模式主要集中在五种途径:依靠内容直接变现的内容付费;附着在内容价值上的广告收入;与下游硬件厂商合作开发智能硬件获得销售收入;以粉丝经济为导向,打造热门主播周边(包括实物与虚拟商品)与开办线下见面会;二次销售平台优质音频资源的版权分销。③此时,广播类App难以与其他类别内容平台相区分,其盈利模式实际上可以被视为将内容与社交相结合的互联网产品的一贯模式。

思考练习题

1. 有学者认为,新旧媒介的交替中,旧媒介往往会成为新媒介的内容。请结合历史上的"报纸—广播之战",谈谈对于这一论断的看法。

2. 如何理解广播从社交媒体向大众媒体的转变?

3. 请结合史实,谈谈广播是如何作为政治传播工具被运用的?

4. 钱穆先生在解释《论语》中"耳顺"条目时,提及耳朵与眼睛的关系:"目视由我及外,耳闻由外及我,论其自主之分量,微有区别。又目视偏于形物,耳听深入心意。目见近而耳闻远,即古人前言往行,亦可归入耳闻一类。故举耳可以概目。"请结合材料谈一谈听觉媒介的特性。

5. 美国和欧洲的广播事业管理模式有何不同?结合实例谈谈欧美广播体制的特点。

6. 在媒介融合的当下,广播是如何以各种形态存活的?

---

① 孟伟,张帅. 开掘音频特性 融合发展 再现广播新价值:2020年中国广播发展综述[J]. 中国广播电视学刊,2021(3):24-28.
② 左宁,吕卓. 可视化直播:交通广播搭建全媒体传播新架构[J]. 中国广播,2017(2):75-76.
③ 余龙. 移动互联网背景下我国广播类App发展困境与策略研究[D]. 重庆:重庆大学,2018.

第六章 电视史

1. 电视的诞生标志着一种可以完美地将声音、即时动态图像、文字等多种信息融合在一起的媒介的出现。电视几乎发挥了过去那些媒介的所有优势。它的出现让人们相信,地球村的实现似乎能够成为现实。

2. 通过对电视发明过程的回顾与梳理,了解电视如何从一个只能播放黑白画面的大盒子变成轻薄的彩色屏幕。

3. 了解中国、美国、日本、英国的电视发展史。认识电视的特性和社会功能。

第一节 电视的诞生与技术发展

电视的发明得益于无线电波技术的发展以及广播的普及。紧接着电报、广播的步伐,电视的诞生给人类社会带来了不亚于以上两种媒介的巨大影响与变革。电视的发明源于社会的转型,作为一种媒介技术,电视深刻地重塑了人类社会的传播格局和组织形式。

一、机械电视

机械电视是世界上最早投入使用的电视系统,它通过机械扫描装置扫描图像并产生视频信号。1842年,苏格兰物理学家亚历山大·贝恩(Alexander Bain)发明了世界上第一个传真系统,他使用由两个钟摆构成的钟表系统,将图像从一张导电纸扫描、转移到另一张纸上。[①] 英国发明家布莱克韦尔(Blackwell)在访问贝恩的实验室

[①] Machine's technology isn't as new as it seems[EB/OL].(2021-7-31)[2022-12-08].https://www.newspapers.com/clip/82551280/st-joseph-news-press/.The short and happy history of fax transmission[EB/OL].(2021-5-31)[2022-12-08].https://www.newspapers.com/clip/82553046/the-sydney-morning-herald/.

时受到启发,发明复制电报并正式通告。①

1860年,意大利牧师卡塞利(Caselli)在复制电报的基础上发明了笔电报,这是早期的一种通过电报线路传输图片的传真机。它是一种逐行对图片进行扫描和复制的技术,克服了贝恩和布莱克韦尔所没有解决的图片同步传输的问题。尽管笔电报单次所能传输的图片行数十分有限,但仍被视为世界上第一个持续投入使用的实用传真机。

1885年,德国发明家尼普科夫(Nipkow)获得了尼普科夫圆盘的专利,这是一种利用光电池和螺盘旋转的扫描器。从外观上看,设备由一个小的显示器和一个巨大的箱子构成,大箱子里装着尼普科夫圆盘。尼普科夫圆盘中包含一个螺旋图案,在螺旋图案中放置均匀间隔的孔,同时让光源穿透即可逐行绘制。尼普科夫圆盘解决了笔电报单次传输图片行数少的问题,同时实现了把图像的序列光点转变为电脉冲进行传输和显示,是机械电视的雏形。

1900年,俄罗斯科学家康斯坦丁(Konstantin)在第一届国际电力大会上以法语发表的一篇论文中创造了"电视"(télévision)这个词。9年后,里格尼和福尼尔在巴黎首次演示图像的瞬时传输,成功地以8×8像素的分辨率传输了字母表中的字母。1919年,美籍俄裔工程师兹沃里金(Zworykin)发明了一个使用机械镜筒的扫描仪系统。但这个系统只能通过阴极射线管传输非常模糊的图像,兹沃里金认为,这是因为接收器中硒的光电感应还不够敏锐。

1926年,被喻为"电视之父"的苏格兰发明家约翰·洛吉·贝尔德(John Logie Baird)采用40年前尼普科夫发明的尼普科夫圆盘技术,将一张灰度的电视图像从一个房间传输到另一个房间,这就是首次公开的直播电视画面。贝尔德的电视系统使用尼普科夫圆盘扫描和显示图像的原理为:当一个明亮的物体被放置在一个旋转的、带有镜头的尼普科夫圆盘组前面,就可以利用静态光电管扫描物体图像。

同一时间,在美国、日本,机械电视系统也有所发展。1925年,美国发明家詹金斯在使用尼普科夫圆盘时将被吹动的玩具风车影像传输到了8公里之外。1926年年底,日本工程师高柳健次郎展示了采用尼普科夫圆盘扫描仪和阴极射线管的40行分辨率电视系统。②虽然高柳健次郎的电视系统未能在西方获得广泛认可,但是在事实上他的确制造了世界上第一台全电子电视,并且对兹沃里金后续的发明产生了巨大影响,因此,在日本高柳健次郎被视作"电视之父"。

随着机械电视系统的推广,各国争相运营电视台。1928年詹金斯成立实验室和电

---

① ROBERTS I. The case of the copying telegraph[EB/OL].(2014-10-08)[2022-12-08]. https://ivyroseroberts.wordpress.com/2014/10/08/the-case-of-the-copying-telegraph-authenticity-materiality-and-embodied-presence-in-victorian-televisual-practices/.SONIAK M. The idea for the fax machine has been around for 170 Years[EB/OL].(2013-01-21)[2022-12-08]. https://www.mentalfloss.com/article/33586/idea-fax-machine-has-been-around-170-years.

② Kenjiro Takayanagi:the father of japanese television[EB/OL].(2016-01-01)[2022-12-08]. https://web.archive.org/web/20160101180643/http://www.nhk.or.jp/strl/aboutstrl/evolution-of-tv-en/p05/.

视公司，并获得美国第一个商业电视牌照，运营了美国史上最早成立的电视台。之后几年，BBC 使用贝尔德的电视系统播放电视节目，同时在自己的演播室中制作节目。

与电子系统相比，机械电视传输的图像更小因而不具优势。20 世纪 30 年代，全电子电视技术的快速发展结束了以机械电视系统为主导的时代。

二、电子电视

1897 年，英国物理学家汤姆森（Thomson）通过实验发现阴极射线可以被电磁场偏转，从而梳理了阴极射线管的基本工作原理。

1922 年，16 岁牧场男孩法恩斯沃斯从犁田的来回运动中得到灵感，提出可以将图像扫描成一系列线条。1927 年，法恩斯沃斯在旧金山的实验室里制作出第一套全电子电视系统，并用其传输了一张只有一条直线的图片，这是史上第一幅全电子的电视图像。

大概在同一时期，兹沃里金尝试使用阴极射线管制作图像显示器。1923 年在匹兹堡的西屋实验室工作期间，兹沃里金改良电子摄像管并提交了"电视系统"的专利申请，但图片显示非常不清晰，因此，其发明并未走出实验室。20 世纪 30 年代，获得西屋实验室专利的美国无线电公司（RCA）向法恩斯沃斯发起专利诉讼，诉讼申请被美国专利局驳回，他们认为法恩斯沃斯的发明早于兹沃里金。结束了十多年的法律斗争后，RCA 希望通过使用大规模生产技术推动电视发展，最终 RCA 承认并购买法恩斯沃斯电视专利的使用许可，并在纽约世界博览会上展示了全电子黑白电视系统。

三、彩色电视

随着第二次世界大战爆发，欧美各国政府进入战时状态，电视业发展陷入停滞。1942 年 4 月，美国停止了所有民用广播设备的生产。同年 5 月，电视节目减少，新电视台的筹备暂缓，美国只有 6 家电视台继续播出。直到 1945 年 10 月，美国战时生产委员会取消战时禁令，电视的播出才逐渐恢复。战后，电子生产线和装配线重新恢复了电视机和显像管的生产与组装，市场转向普通消费者，许多具有雷达技术经验的退伍军人被招募至各大电视台。美国联邦通信委员会（FCC）发放新的营业许可证[①]，在政策上大力支持电视台发展。

哥伦比亚广播公司和美国无线电公司为彩色电视机技术的研制和推广作出了极大的贡献，它们各自代表一种电视系统，并且相互竞争。

CBS 的前身可以追溯到 1931 年在纽约开设的试验电视台 W2XAB，彼时使用的还是机械电视系统。在二战尾声及战后几年

知识卡片 1：贝尔德的彩色电视系统

---

① BARNOUW E. Tube of plenty: the evolution of American television[M]. New York: Oxford University Press, 1990: 99-100.

间，CBS 的电视节目制作水平显著提高，他们主张采用超高频 UHF，被 FCC 选用为第一个 NTSC 标准。次年，CBS 尝试播放彩色电视节目，但彩色电视系统的推行并不顺利。一方面，很多美国家庭中摆放着 RCA 生产的黑白电视机；另一方面，朝鲜半岛的战事与 RCA 的竞争延缓了彩色电视机的生产。①

早在 1939 年，RCA 就已经在纽约进行定期电视播放实验，同时在商场销售黑白电视机。FCC 在当时并未定下一个准确的行业标准，也未发放商业电视台的运营牌照。为避免 RCA 过早垄断商业电视市场，FCC 介入并限制 RCA 的电视台播放。1941 年 7 月 1 日，FCC 参照第一个国家电视系统委员会的推荐标准，授权 RCA 进行商业电视台的运营。战后，RCA 推出黑白电视机与彩色电视系统，后者显示的彩色图像十分模糊，且传输并不稳定。直到 1953 年，RCA 才真正将稳定、成功的彩色电视系统应用于商业运营，该系统被 FCC 采用为第二个 NTSC 标准。

NTSC 标准在欧洲地区和日本都有所应用。20 世纪 60 年代，联邦德国、法国确定了兼容的 PAL 和 SECAM 彩色电视机格式，而日本采用的是与常规 NTSC 稍有区别的 NTSC-J 显示标准。

四、有线电视与卫星电视

有线电视由无线电视发展而来，是一种通过同轴电缆或光纤电缆传输广播电视节目的系统。最早的有线电视服务起源于 20 世纪 40 年代末的美国，初衷是触达那些没有本地广播且因地形而难以接收广播或地面电视信号的小型社区。与传统的地面电视相比，有线电视的信号通过线缆在空中传输，不会受高楼大厦的阻挡，因而传输信号更好；有线电视采用邻频传输，更充分地利用频谱资源。20 世纪 80 年代初有线电视在世界范围内实现大规模推广。1985 年美国有线电视订阅用户超过 1,400 万，到 2000 年达到峰值——6,000 万用户。但面对卫星电视的竞争，有线电视用户的数量不断下降。

美国在有线电视行业的基础上发展了卫星电视行业。卫星电视技术在 20 世纪 60 年代出现，电视节目通过环绕地球运行的通信卫星传送到观众面前。卫星电视为观众提供了更丰富的频道和电视节目资源，尤其是为那些没有地面电视和有线电视的区域提供了电视服务。

知识卡片 2：早期发射的卫星

20 世纪 70 年代，专门用于电视转播的广播卫星研发成功并投入使用后，卫星直播电视（DTH）大规模出现并首先在美国快速发展起来。HBO、TBS、CBN 是美国最早一批使用卫星传送电视节目的商业电视台公司。为迎接 1980 年的莫斯科奥运会，苏联自主研发莫斯科系统并发射地平线通信卫星，这个系统后续

---

① BELLIS M.The history of color television [EB/OL].（2019-11-24）[2022-12-08]. https://www.thoughtco.com/color-television-history-4070934.

被用于民用的电视台信号传输与军事通信。

早期的卫星通信设备尺寸极大且造价高昂,由玻璃纤维、实心铝、钢制成,在美国各州花费高达几千美元。20世纪80年代,卫星电视系统在美国和欧洲建立起来。与此同时,电视系统的价格下降、销售额增加,以及技术进步使得卫星通信接收器的设备尺寸缩小。原本美国的很多社区会因卫星通信接收器的尺寸严格限制其使用,而这些限制也随着设备尺寸的缩小而放宽。

五、数字电视

早期的电视是通过无线电台以无线电频率发送信号,电视节目被编码为不同幅度变化的无线电频率。数字电视使用数字编码传输电视信号,质量更高、更准确,不会因为距离增加而降级,占用的带宽也更少。

日本在数字电视行业的技术创新和行业标准的推行撼动了美国的领先优势。20世纪80年代中期,日本索尼公司开发HDTV技术及录制设备,日本广播协会(NHK)提出将MUSE模拟格式作为全球标准。20世纪90年代初期,这一标准一直在20多种不同的技术概念中处于领先地位。

1989年,美国通用仪器公司展示了将模拟有线信号转换成数字信号的过程,推动电视行业建立新的数字标准。1995年,FCC宣布新的高级电视(ATV)标准,要求在增强原有模拟信号的基础上提供高清数字电视信号。在开展数字电视业务的同时,要确保那些不愿意购买新数字电视机的观众能够继续接收传统的电视广播,也就是要求ATV标准与模拟电视台的频谱能同时使用。①

知识卡片3:西方国家的数字电视发展进程

在欧洲,各国修订各自的电视广播行业管理法,积极推行数字电视发展,实现了从模拟电视信号向数字电视信号的过渡。2010年前后欧洲大部分国家和地区都彻底关停了模拟电视信号。

六、智能电视、流媒体电视

数字电视的发展促成了智能电视与流媒体电视等电视技术创新。智能电视,是一种集成互联网技术和Web 2.0功能的电视机,是将计算机技术与电视机机顶盒技术相互融合的技术产物。在提供传统广播媒体的电视机机顶盒的功能基础上,智能电视通过互联网协议可以提供互联网电视、在线互动媒体、流媒体点播等功能。

流媒体电视是指电视节目以互联网为载体进行数字分发。2005年,视频分享网站YouTube成立。YouTube建立的初衷只是方便用户分享电视节目片段。发展到现在,YouTube已然成为世界上规模最大的互联网节目创作和分享网站之一。2007年,最

---

① 康涌诗.美国FCC关于高级电视(ATV)的举措[J].广播与电视技术,1996(2):63.

初为 DVD 租赁和销售而创建的网站 Netflix 开始提供流媒体内容服务，至今已成为全球较大的流媒体电视网络平台，其影视节目制作水准也成为业界标杆。2010 年前后，移动通信技术的发展改变了人们接入网络的方式。人们对电视节目的访问已经从电视和计算机逐渐转向智能手机和平板电脑等移动设备，用户在应用商店即可下载提供视频服务的应用产品。

互联网技术的出现与推广改写了传统电视节目的制作模式，同时也震动了整个电视行业。迄今为止，互联网尚未完全取代电视在人们社会生活中的位置，正如同在 20 世纪上半叶横空出世的电视也未能完全取代电报和广播一般。旧有的媒介技术并未被完全取代，反而借助新的媒介技术焕发生机，实现转型。

第二节 电视的传播特性与社会功能

一、电视的传播特性

电视表现出与此前的"旧"媒介不同的传播特性，这些特性成为电视能够迅速在全世界范围内普及的重要原因。

（一）空间的现实性

和以往的所有媒介形式不同，电视画面在记录时，以其"此时此地""现在时"以及"非文字所能描绘的，只有看了才明白的场面"使观众如临其境，如见其景。1965 年 8 月，美国哥伦比亚广播公司的特派记者莫利·塞弗（Morley Safer）在越南拍摄到美国海军

知识卡片 4：电视 Television 名称的来源

陆战队焚烧越南村庄的镜头：一位士兵用打火机点燃了茅屋顶，不久整个村庄变成了一片火海；海军陆战队士兵用火焰喷射器活活烧死无辜的村民，老人和孩子在火海中痛苦地挣扎……尽管这些画面在电视新闻播出之前就已经做了删节，但还是产生了巨大的反响，它开始改变相当一部分美国人对越战的看法。1968 年，沃尔特·克朗凯特（Walter Cronkite）对越战的电视报道以其画面的直观性震动了美国民众，直接影响了越战的结果。

电视将现实的画面呈现给观众，通过摄影技术和录音技术将现场的声音和影像还原在电视之上，令现场信息以最真实的方式被观众所获取，电视追求对现场信息第一时间的获取和真实的记录，这正是电视的首要特性。

（二）时间的同步性

电视节目具有时间上的现在进行时和空间上的"此时此地"两个重要特征，让电视的报道仿佛与真实事件的时空同步，尤其是电视直播的出现，使得新闻成为"对现在正在发生的事情的报道"。1997 年中央电视台在香港回归 72 小时的直播节目中，

与事件同步的摄录报道占四分之一，如"香港政权交接仪式""香港特别行政区成立暨特别行政区政府宣誓就职仪式"等现场直播报道，让所有收看者同步经历香港回归的重要时刻。

电视直播以实现采访和报道的同步性吸引着许多观众。在一定意义上可以说，是电视的直播使地球成为"村落"。通过电视直播，即使远隔千里，人们也可以同步获取现场信息。这种时间的同步性，使得观众处于同样的事件中，也使得不同地区、不同国家的观众拥有了相同的时间经历。

（三）传播的及时性

电视需要工作人员亲身经历新闻事件的过程。虽然其他媒介也要求工作人员到现场，但电视要求实现"视角"的"亲历"，也就是说，观众是跟随电视的视角来观察和思考现场信息的。正因如此，现场直播是最具电视特性和魅力的报道与播出方式，是电视传播的第一优势。

2008年5月12日，四川汶川发生特大地震，中央电视台打破常规停播了若干已经制作完毕的节目，迅速推出了以"抗震救灾，众志成城"为主题的特别直播报道。此后连续数十天24小时不间断播出，将全世界的目光聚焦于中国。此次直播史无前例，在此次新闻直播中，记者到达一线，以摄像机记录下现场的信息，镜头中所展现的画面代表记者的眼睛所观察到的景象，记者在现场看到了什么就用镜头记录什么，遇到了目击者和当事人就用镜头拍摄并采访，听到了现场的人声、环境声就用摄像机录制下来。这些传回电视台的现场信息一方面成为人们了解灾情的重要途径，另一方面也成为连接心系灾区的观众与灾区人民的纽带。

（四）传播的亲切感

电视一直在努力营造传播的亲切感。"人"是构成电视节目的内容之一，电视节目会努力让观众感到电视机中的人物与自己在进行着面对面的交流。虽然电视是大众传播的代表媒介，但是具体到电视节目的播放、与观众间的交流方式，电视却依赖于"主人公"和观众面对面的人际传播方式。[①]也正是由于这种特性，电视主持人具有非常重要的地位，在一些情况下，电视主持人能够成为一档节目的品牌标志。

观众与"主人公"之间形成类人际传播的沟通方式，由于其与真实社会交往有一定的相似性，也衍生出了"准社会交往"的概念，这一概念用来描述媒介使用者与媒介人物的关系，即某些受众特别是电视观众往往会对其喜爱的电视人物或角色（包括播音员、名人、虚构人物等）产生某种依恋，并发展出一种想象的人际交往关系。

---

① 石长顺.电视传播学［M］.武汉：华中理工大学出版社，2000：28.

二、电视的社会功能

（一）电视联结全球

电视使得信息的传播更加真实、立体和直观，极大地提升了信息传播的强度，拓展了信息传播的范围，使得全球联结起来。电视几乎将报纸、电影、广播等媒介的优势发挥到极致，既具有瞬息传递的即时性，又具有极富冲击力的视觉效果。人们不仅能够了解到发生在自己身边的事情，也可以获知发生在世界其他地方的事情。对于电视观众来说，他们能够在电视上找到他们所感兴趣的一切内容。据有关科学家统计，电视输出的信息要比广播多39倍。[1]

电视使得世界各地的人们能共同见证重要的历史事件。1936年，柏林奥运会是第一场由电视转播的奥运会，BBC每天用电视播出长达8小时的比赛实况，共有16万多人通过电视观看了奥运会。对于1953年英国女王伊丽莎白二世加冕仪式，BBC进行了全程直播，美国三大电视网也进行了全程转播。另外，1969年美国"阿波罗11号"登月、1972年尼克松总统中国之行、1972年慕尼黑奥运会悲剧等重要的历史事件都通过电视播出，这些历史事件的电视直播观众都超过了1亿人。[2]

知识卡片5：电视促进发展

（二）电视与政治

电视是描绘一个国家、一个政党、一种主张的形象的工具。媒介自诞生起就与政治存在着密不可分的关系，电视也不例外。电视作为一种以高度真实的视觉和听觉为导向的媒介，极大地增强了节目内容的感染力和真实性，也增强了观众对内容的接收效果。尤其对于美国的选举来说，电视成为一种最好的宣传工具。若干年来，诸多的美国政客通过电视宣传获得了民众支持。

1952年，当时的共和党候选人尼克松陷入了一桩行贿丑闻之中。尼克松为了挽回声誉和自我辩护，决心在电视发表演讲。在演说中，他讲述了自己的童年经历，公布了自己的经济状况，并承认自己收到了一只小狗作为礼物，家中孩子们为这只狗取名为"跳棋"。这次演说约有6,000万美国人观看，创下了当时的电视收视新纪录。当时，尼克松在电视上的表现显得情真意切，打动了许多人，使得他们选择支持尼克松。尼克松因此能继续担任候选人。这一历史事件被称为"跳棋演讲"。此后，"跳棋演讲"也成了形容政治家发表煽情演说的代名词。

对于尼克松来说，成也电视，败也电视。1960年9月至10月，尼克松与肯尼迪在电视上进行了4场关于总统竞选的辩论，尼克松发挥不佳。相比尼克松对电视的漠

---

[1] 崔林. 媒介史[M]. 北京：中国传媒大学出版社，2017：152.
[2] 埃默里 E，埃默里 M. 美国新闻史：大众传播媒介解释史（第八版）[M]. 展江，殷文，译. 北京：新华出版社，2001：569.

不关心,肯尼迪已经敏锐地注意到了电视的重要性,并且认真地考虑了上镜的细节。在第一次电视大辩论的前一周,肯尼迪就拜访了哥伦比亚广播公司的电视导演,并向他请教了诸多有关电视拍摄的细节,尼克松的团队却没有与导演组会面。①

1960年9月26日,第一次电视大辩论让观众得以看见参与竞选的候选者,电视画面显示出了较大的视觉差异。肯尼迪显得年轻和意气风发,而尼克松因为刚病愈出院且拒绝化妆显得有些疲惫、憔悴。肯尼迪选择的黑色西装适合电视效果,而尼克松选择的浅灰色西装上镜效果不佳。镜头显示,尼克松听肯尼迪说话时显得紧张不安,而肯尼迪回应尼克松时却相当自信。

1960年11月,肯尼迪以领先近12万张选票取胜,这归功于他在电视辩论中的形象。②

(三)电视增强情感联结

二战后,电视才真正开始进入美国普罗大众的家庭。二战给普通人带来的伤痛是不可磨灭的。二战后,美国许多中产阶级家庭迁往郊区,他们急切地希望修复家庭,重回二战前的快乐时光。这时,电视被视为一个能够帮助恢复家庭和睦的工具,就像一种水泥,能够重新黏合因二战而支离破碎的家庭生活。③电视能够用一种新的价值观凝聚家庭成员。他们可以在闲暇时间聚在一起观看电视,而不是各自在外乱逛,当他们一起观看电视的时候,他们就会找到相似的兴趣,也就会感到一种更强大的情感联结。④虽然电视并不能解决战后社会的根本矛盾,但一定程度上缓解了战后人们的不安情绪。

知识卡片6:肯尼迪总统遇刺的电视直播

电视超越地理空间的现场性也增强了世界各地观众之间的情感联结。在诸多充满悲伤的历史事件中,电视使得作为见证者的观众们一起经历悲伤、痛苦和惋惜,促使他们深刻地进行反思。比如,1963年11月22日,肯尼迪遇刺。11月25日,肯尼迪的葬礼在华盛顿举办,每一个主要路口都安排了电视摄像机。通过电视直播葬礼的过程,全体美国人完成了一场集体哀悼。⑤

(四)电视丰富现当代艺术

在法兰克福学派看来,电视所贡献的是一种浅薄的大众文化,它不具有艺术的"灵韵"。但不得不承认的是,电视强有力地推平了雅俗文化之间的壁垒。不论好坏,

---

① 埃杰顿. 美国电视史[M]. 李银波, 译. 北京:中国人民大学出版社, 2012:143.
② 埃默里 E, 埃默里 M. 美国新闻史:大众传播媒介解释史(第八版)[M]. 展江, 殷文, 译. 北京:新华出版社, 2001:461.
③ BARNOVW E.. Tube of plenty: the evolution of american television[M]. New York: Oxford University Press, 1990:95.
④ 埃杰顿. 美国电视史[M]. 李银波, 译. 北京:中国人民大学出版社, 2012:59.
⑤ 埃默里 E, 埃默里 M. 美国新闻史:大众传播媒介解释史(第八版)[M]. 展江, 殷文, 译. 北京:新华出版社, 2001:463-468.

电视实现了以往通俗文学、报纸杂志都不曾达到的效果,它使大众文化真正深入千家万户。比如,电视剧可以用充分的时间讲述故事、表达情节。电视剧的剧本、配乐、布景、服饰、道具等都包含着艺术。一部制作精良的电视剧就是一部艺术品。比如,电视剧《红楼梦》《甄嬛传》等,常常因为其对细节的考究、对道具的极致追求而为他人所称赞。除了电视剧外,优秀的纪录片、脱口秀节目等也丰富着现当代艺术。

电视剧还有可能引领流行文化。20世纪60年代,美国科幻电视剧《星际迷航》收获了一大批粉丝,并形成了互动社群。这些粉丝自发地对电视剧的内容进行再创作,也就是我们现在所说的"同人文"。美国学者亨利·詹金斯(Henry Jenkins)认为,这些粉丝积极"挪用"文本,把观看电视的经历转化为一种丰富、复杂的参与式文化。粉丝们在原文本中加入自己的兴趣和要求,生产出自己的文化产品,构建自己的文化和社会身份。[①]

(五)电视的消极影响

虽然电视拥有诸多社会功能,但任何事物都具有其两面性,我们不可避免地要谈到电视的消极影响。

人们一直担忧,电视的暴力内容有可能对现实生活中的暴力事件产生影响。众多学者试图研究电视暴力内容与现实行为的关系,但仍有许多问题处于未知状态。

除此之外,电视还可能会对儿童造成不良影响。第一,收看电视大大减少了儿童进行户外活动的时间,并且挤占了他们听广播、看电影和读书的时间,电视因此获得了一个称号——"电子魔笛手"。第二,电视扩大了不同阶级间的知识鸿沟。为了改善贫困儿童的受教育条件,美国政府曾经推出儿童教育节目《芝麻街》,并将其列入补充教育计划,但实际上它却扩大了不同阶级间的知识鸿沟。

知识卡片7:民众对电视暴力的担忧

第三节 西方电视事业的发展

一、美国商业电视的发展

电视的发明和发展并非一位天才的杰作,而是全球各地诸多科学家不断贡献甚至是"电视竞赛"的结果。20世纪30年代,电视在不断实验中逐渐由机械式向电子式过渡。1936年11月2日,英国广播公司开始向普通公众定期播出电视。1937年夏天,

---

① 詹金斯.文本盗猎者:电视粉丝与参与式文化[M].郑熙青,译.北京:北京大学出版社,2016:22.

美国无线电公司的戴维·萨尔诺夫在伦敦进行考察，在伦敦的见闻使他相信可以开始将电视带入美国家庭，并将全国广播公司从实验电视转入第一个商业电视系统。[①]

美国无线电公司开始大力推销电视，并决定于1939年参加纽约世界博览会。1938年，电视已经可以在百货公司买到了。1939年4月30日，纽约世界博览会开幕式举办，戴维·萨尔诺夫第一次向公众大规模展示了电子电视。[②]

正当电视的商业化进程不断向前推进时，二战开始了，这使得电视的普及陷入了一定的停滞，但相关技术也被运用到军事中。

二战结束后，电视的商业化立即重新进入轨道。1945年5月和6月，美国联邦通信委员会发布了关于在美国恢复商业电视所允许的技术标准的最新决定。[③]1946年夏天，萨尔诺夫发布了公司的最新款电视机，并投入生产线。到1949年年底，这款电视机已经售出了1万台。

为刺激消费，消费者可使用信用贷款购买电视，电视机的生产商们努力降低了电视机价格。1948年，电视机的平均售价为440美元一台；1954年，人们只需要花费238美元，就能买到一台电视机。[④]

20世纪40年代末50年代初，电视的商业化获得了极大的成功，电视节目也如火如荼地发展了起来。电视节目的提供者是美国的电视网（Television Networks）公司。其中，不得不提的是电视网三巨头，它们分别是：全国广播公司、哥伦比亚广播公司和美国广播公司。

1946年，电视节目还比较少。[⑤]在1948年秋以前，所有电视节目都是地方性的[⑥]，这之后，电视节目逐渐转向更大的区域，乃至成为全国性节目。20世纪40年代末50年代初，电视网公司向公众提供的节目主要为体育比赛、综艺节目和戏剧节目。这时，很多广播的听众转向了电视。1952年，美国34%以上家庭，也就是1,500万个家庭拥有电视；20世纪50年代末，美国86%以上的家庭拥有电视。电视成功地进入了美国普罗大众的家庭生活中。

20世纪50年代，电视情景喜剧崛起，最有名、最受欢迎的情景喜剧是《我爱露西》。《我爱露西》的成功不仅得益于幽默风趣的角色、滑稽的故事情节，更因为《我爱露西》所描绘的故事情节深深迎合了广大美国观众的需要。比如，露西夫妇变得富裕、生儿育女并迁往郊区的情节，为二战后许多美国人所效仿。《我爱露西》的成功也帮助了其制作公司哥伦比亚广播公司崛起。哥伦比亚广播公司在1955—1956年度

---

① 埃杰顿.美国电视史[M].李银波，译.北京：中国人民大学出版社，2012：4.
② 埃杰顿.美国电视史[M].李银波，译.北京：中国人民大学出版社，2012：382.
③ 埃杰顿.美国电视史[M].李银波，译.北京：中国人民大学出版社，2012：48.
④ BARNOUW E. Tube of plenty: the evolution of american television[M]. New York: Oxford University Press, 1990: 98.
⑤ 埃杰顿.美国电视史[M].李银波，译.北京：中国人民大学出版社，2012：65.
⑥ 埃杰顿.美国电视史[M].李银波，译.北京：中国人民大学出版社，2012：50.

成为第一大电视网,并在此后的 21 年里保持第一。①

1954 年 4 月 2 日,美国广播公司宣布与迪士尼公司签署协议,由迪士尼公司制作一部每周播出 1 小时的系列节目《迪士尼乐园》。这一举措促使美国电视网公司开始与好莱坞节目制作公司合作,好莱坞的节目进入了电视节目行列。1961—1962 年,三大电视网公司全部黄金时间的节目有四分之三是影片或录像带。20 世纪 60 年代初,好莱坞的节目制作模式已经成了三大电视网公司的定式,实际上已经取代了 10 年前的电视现场直播模式。②

1963 年是美国电视新闻的转折点,从此,电视新闻走向了成熟。第一,电视新闻有能力去报道大规模突发性事件。第二,从 1963 年开始,从电视获悉新闻的人数首次超过了报纸,这标志着电视新闻时代的来临。第三,电视新闻节目迎来了重要的改革:新闻节目长度由 15 分钟改为 30 分钟。30 分钟的节目恰到好处,这次改革也标志着 30 分钟新闻时代的到来。此外,美国电视晚间新闻节目确立了主持人制度,而不再是播音员制度,美国电视新闻节目主持人有了很大的自主权。

就这样,美国三大电视网逐渐走向了事业的顶峰。1964 年—1972 年,美国三大电视网公司协调、封闭、高度盈利的体系对市场形成了垄断,并达到了巅峰。三家公司之间相互竞争,同时控制着市场的进入权、产品和价格。三家电视网公司的利润总和从 1962 年的 3,700 万美元上升到 1970 年的 6,300 万美元。③

20 世纪 60 年代末,一个美国乃至全球性的电视事件是电视对于登月行动的报道。1969 年 7 月 20 日,5.28 亿人通过电视观看了"阿波罗 11 号"飞船的登月行动。两位航天飞行员使用美国无线电公司的黑白摄像机进行拍摄,画面信号通过层层转发传输给美国国家航空航天局,最终传输到各大电视网。通过电视,观众们听到了宇航员阿姆斯特朗的名言:"这是个人的一小步,却是人类的一大步。"电视对于登月行动的报道标志着电视具有了空前的影响力。三大电视网也通过联合报道登月行动的成功而暴富。

20 世纪 70 年代的一个标志性电视节目是电视电影。区别于在电影院播放的剧院电影,电视电影的风格和内容更适合于电视,是一种具有正片长度的电视节目。对于美国的观众们来说,电视电影缩小了 20 世纪 60 年代以来电视新闻节目的时事性和电视娱乐节目的逃避现实性之间的差距。④

知识卡片 8:当代美剧的起源

然而,这并不意味着三大电视网控制的电视行业将会保持永久的辉煌。越南战争和水门事件对电视行业造成的影响是空前巨大的。

---

① 埃杰顿. 美国电视史[M]. 李银波,译. 北京:中国人民大学出版社,2012:85-87.
② 埃杰顿. 美国电视史[M]. 李银波,译. 北京:中国人民大学出版社,2012:123.
③ 埃杰顿. 美国电视史[M]. 李银波,译. 北京:中国人民大学出版社,2012:157.
④ 埃杰顿. 美国电视史[M]. 李银波,译. 北京:中国人民大学出版社,2012:164-168.

热门电视剧和节目并不能阻挡三大电视网观众的流失。三大电视网的观众于1976年占所有电视观众的91%，到1991年，下降到61%。数量不断增多的有线电视网分流了三大电视网的观众。有线电视开始崛起。1974年，美国仅有4个有线电视网；1991年，美国拥有了74个有线电视网。①

1975年10月1日，付费电视公司家庭影院公司（HBO）播出了一场拳击比赛，正式引入了卫星有线电视服务。这一场播出大获成功，使得家庭影院公司成了全国性电视网，并自此开启了有线电视时代，美国电视的第二个时代来临了。家庭影院公司的盈利模式与三大电视网公司有所不同，三大电视网主要依靠广告盈利，而家庭影院公司则依靠观众的付费订阅。截至1977年年底，家庭影院公司已经拥有了60万个订阅客户，并且开始盈利。家庭影院公司的成功带动了其他有线电视网也使用卫星传输电视信号，还刺激了一批新的卫星电视网的诞生。

更重要的是，有线电视网的崛起使得电视从"广播"转向了"窄播"，因为有线电视网更多地采用目标观众型节目设置，比如音乐频道、儿童频道、旅游频道等，用专业化、个性化的频道吸引目标观众进行订阅。

1981年，全国广播公司成为近30年来三大电视网公司中第一个出现亏损的电视网公司，三大电视网的垄断初显颓势。在一系列收购、并购之后，到1986年年底，三大电视网已经失去了它们对于电视市场的控制，三大电视网垄断的时代永远结束了。②

20世纪80年代末，有线电视网、卫星电视网和独立电视台的繁荣使得有线电视进入了全盛时期。从这一时期开始，美国的商业电视行业更加百花齐放，充满竞争与创新的色彩。

20世纪90年代初，传统广播电视网的衰落和有线电视的崛起已经成为不可逆转的事实。1985年，42.8%的美国家庭拥有有线电视；1991年，60.6%的美国家庭拥有有线电视。许多家庭愿意使用付费的有线电视频道。③1989年年底，约250万个家庭订阅卫星电视；1999年，1,230万个家庭订阅卫星电视。

然而，互联网掀起的新兴数字革命席卷了电视业。1995年，"有线电视时代"向"数字时代"转变。数字时代，在电视网公司之间发生的并购、收购等商业行为更加频繁且规模巨大。无论是广播电视网，还是有线电视网，几乎都为大型跨国公司所拥有。④

大量细分的电视频道使得电视网品牌化战略成为一个重要的战略。20世纪90年代末，全球性品牌打造已经成为美国大多数成功的电视网的一种标准战略。⑤家庭影

---

① 埃杰顿.美国电视史[M].李银波，译.北京：中国人民大学出版社，2012：191.
② 埃杰顿.美国电视史[M].李银波，译.北京：中国人民大学出版社，2012：192-193.
③ 埃杰顿.美国电视史[M].李银波，译.北京：中国人民大学出版社，2012：203.
④ 埃杰顿.美国电视史[M].李银波，译.北京：中国人民大学出版社，2012：228.
⑤ 埃杰顿.美国电视史[M].李银波，译.北京：中国人民大学出版社，2012：230.

院公司是品牌化战略的受益者。当时，家庭影院公司每年在自己的品牌上投入2,500万美元。HBO频道提供了非常多的原创性电视节目，这些节目深深吸引了美国观众，并使得他们心甘情愿地付费观看。著名的美剧《欲望都市》《兄弟连》等都是由家庭影院公司出品的。

美剧的发展依旧前途光明。除了家庭影院公司出品的美剧以外，此时，福克斯广播公司出品的《反恐24小时》、全国广播公司出品的《老友记》等美剧，都受到了极大的欢迎。

2003—2004年，真人秀节目在美国达到顶峰。由于美剧的播出费价格昂贵，有趣又廉价的真人秀节目受到了电视网的欢迎。2003—2004年，美国收视率排行榜前10名中有6个节目都是真人秀节目。

正如当初电视对于广播的冲击一样，互联网的兴盛和普及也冲击着电视。近年来，随着互联网视频网站的兴起，特别是Netflix、Disney+等流媒体平台的壮大，对观众来说，更加具有吸引力的影视剧和综艺节目只在互联网上出现，越来越多的美国人选择用电脑而非电视观看节目。电视网公司也在寻求将电视节目数字化，使得任何在电视上播出的节目都可以在互联网上进行重播，因此，观众们不必守在电视机前。电视节目的收视率受到了一定影响，很多家庭甚至选择不开通有线电视服务。不过，电视仍然是美国人生活中极为重要的一部分，电视网公司在新闻报道方面仍然承担着重要的职责，而这是流媒体公司所做不到的。

二、英国公共电视的发展

英国的电视最初以公共服务机构的形式建立，需要履行宪法规定的社会职责，服务于全体公民，属于独立于政治和商业力量的公共法人，这样的体制被称为公共广播电视体制。1936年11月，英国广播公司开办第一家公共服务电视台。然而，二战的爆发使英国不得不放弃了刚刚起步的电视事业。

第二次世界大战平息后，英国电视事业重新起步。1946年，英国恢复电视播出，实行由BBC垄断的公共电视模式，BBC开始收取电视执照费作为经费来源。1953年，BBC直播了伊丽莎白女王的登基大典，这一事件标志着电视时代的真正来临。

虽然BBC在广播电视行业暂居主导地位，但随着保守党的上台，英国的电视政策也发生了变化。1954年，英国通过了允许开办商业电视的《独立电视法案》。电视法案通过的次年，英国首家商业电视网——独立电视网（ITV）正式开播，从此英国进入了长达30多年的双寡头垄断时期。

20世纪90年代，英国的公共电视制度再度被重视，英国公共电视被重新赋予了推进民主的重大使命。[1]1994年，英国政府发布白皮书，重新确认了BBC的核心地位。

---

[1] 李继东.英国公共广播电视政策变迁的意识形态成因分析[J].新闻大学，2007（3）：81-87.

同年，BBC 组建 BBC 环球公司，开始在国际传媒市场上提供收费服务，积极开拓海外商业市场并获取更多资金。解除了私有化危机和财政困难之后，BBC 拥有了良好的运作环境，进入 21 世纪后，BBC 成为英国在国际上最知名的媒体机构。

三、日本电视事业的发展

1937 年 5 月 13 日，NHK 在东京开始了电视试验。1940 年 4 月 13 日，NHK 播出了第一部电视剧。此后由于二战，日本电视业发展暂时中止。[①]

1950 年，日本国会通过"电波三法"——《电波法》《广播法》《电波监理委员会设置法》，并由此使广播电台正式向民间开放，确立了公营和私营并存的电视体制。1951 年起，日本开始实行公商并营的电视体制。1953 年 2 月 1 日，东京电视台开播，日本电视公司（NTV）于同年 8 月 28 日开播。1955 年，公私两大系统都建成了全国性电视网。1959 年，NHK 实况转播了日本明仁皇太子大婚，当年电视机销售量达到 200 万台。[②]进入 20 世纪 60 年代后，随着经济的起飞，日本电视业有了飞跃发展。1964 年 10 月，东京奥运会首次通过国际通信卫星转播比赛实况，开幕式吸引了 6,500 万人观看。[③]日本彩色电视也同样得到了发展：1960 年 9 月第一批彩色电视开播；1970 年，采用 NTSC 制式的彩色电视在日本得到普及。[④]

第四节　中国电视事业的发展

一、初创期（1958—1966）

相较于二战后开始繁荣的西方电视业，中国电视业发展较晚。1958 年至 1966 年期间，中国电视业经历了从无到有的初创期，为日后发展奠定了基础。

（一）中国电视事业的诞生

1958 年 5 月 1 日 19 时，北京电视台（中央电视台前身）试验播出，标志着中国电视事业的诞生。当晚，新华通讯社发布电讯，宣告中国第一座电视台诞生。

中国兴办电视业的设想早在 20 世纪 50 年代初就开始孕育，各方面也在积极推进。国家对相关人才的培养格外重视：1952 年，中央广播事业局遴选 10 名大学毕业生进行外语学习，并在次年分赴苏联和捷克斯洛伐克学习广播技术。这批技术人员于 1956 年 5 月回国参与国内的广播电视技术研发；同年，国内部分高等院校新设电视专业课程。国家领导人也给予电视事业发展强有力的支持：1955 年 2 月，中央广播

[①] 郭镇之.中外广播电视史[M].上海：复旦大学出版社，2005：162.
[②][③] 郭镇之.中外广播电视史[M].上海：复旦大学出版社，2005：164.
[④] 张学智.日本电视[M].北京：中国电影出版社，2001：58-60.

事业局就 1957 年在北京建立中等电视台向国务院报告,周恩来总理批示:"将此事一并列入文教五年计划中讨论。"1956 年 5 月 28 日,中共中央副主席刘少奇在听取中央广播事业局工作汇报时提出:"电视接收机和发射机最好自己生产。"

各方推动下,北京电视试验台筹备机构于 1957 年成立。20 世纪 60 年代初,全国已建立电视台或电视实验台 23 座。随着我国国民经济在 1959 年起的三年中陷入困境,原本欣欣向荣的电视业发展也遭遇挫折。截至"文革"开始前,全国电视台仅恢复至 12 座。

知识卡片9:中国早期电视台的发展

(二)早期中国电视业的特点

早期中国电视业的发展可以说是在艰难中探索,除进口少量必要器材外,我国电视业绝大部分设备都是自主设计制造的。基础设施不足使得电视台的创办条件相当简陋,"土法上马"是中国电视初创期最为突出的特点。

早期电视节目受制于技术和制度,几乎没有独立、成熟的形态可言。由于缺乏成熟的录像技术,当时新闻片和纪录片全部使用电影胶片,而演播室节目一律采用直播的形式。1958 年 6 月,我国成功研制了第一辆黑白电视转播车,使得电视直播走出了演播室。直到 1964 年,北京电视台才从日本引进一台 2 英寸黑白磁带录像机,但只能用于录放,不能编辑制作,因此只被用于特殊和有保留价值的节目录像。

此外,初创期中国电视的政治功能突出。1958 年广播事业局在给中央的报告中对即将试播的北京电视台的性质和任务做出规定,其任务是"宣传政治,传播知识,充实群众文化生活"。这确定了早期中国电视的基本功能,也决定了当时节目的基本形态。

二、停滞期(1966—1976)

"文革"期间,中国电视事业在其形态和功能发展上基本陷入停滞,但在技术方面仍取得了成果。

"文革"后期,彩色电视的成功播出和全国电视广播网的初步建立,使得我国电视水平有了质的提升。

早在 1959 年,广播事业局就已按照刘少奇在 1956 年关于发展彩色电视的指示开始了相关研发工作[①],但因国家经济形势困难被迫停滞。1970 年年初全国电视专业会议上提出,要集中技术力量研制彩色电视。同年 9 月,北京电视台制定《1971—1975 发展规划(草案)》,草案中提出要在 5 年内大力发展彩色电视。

1972 年 2 月,美国总统尼克松访华,为中国的彩色电视研制带来了转机。中美

---

① 常江.中国电视史[M].北京:北京大学出版社,2018:104.

知识卡片10：中国彩色电视的发展

知识卡片11：中国电视网的发展

达成合作协议：中国向美国租借了制片和播出中心的全套设备，在北京、上海等地建立联合制片播出中心再租给美方使用。这次访华让中国电视工作者感受到了自身技术的不足，同年4月，第二次全国电视专业会议决定放弃彩色电视技术的攻坚研制。

中央广播事业局派出的电视技术考察团赴欧洲考察学习后，中国最后决定暂用PAL-D制式进行彩色电视的研制试播。

1973年4月14日，北京电视台第一次进行了时长为一小时的彩色电视试播。1977年7月25日起，北京电视台的两套节目全部改成彩色播出，中国电视从此完成了由黑白向彩色的过渡。

1976年，商业部和中央广播电视事业局统计显示，截至1975年年底，全国共有电视机46.3万架，按当时全国8亿人口粗略推算，平均1,600人才拥有一台电视机。[①]

三、成长期（1976—1991）

随着我国社会进入了崭新的历史时代，中国电视事业也呈现出蓬勃态势。这一时期，中国电视业在管理体制的规范化、节目形态的多元化、对外交流的丰富化等方面不断前进。

（一）拨乱反正下电视业的复苏（1976—1978）

电视业一方面要走出"文革"的阴影，另一方面要发挥舆论引导的社会功能。新闻界开始致力于拨乱反正，这也带动了电视业的复苏发展。1976年至1978年上半年，以北京电视台为代表的全国电视业进入了一个新阶段。

1978年5月1日，北京电视台正式改名为中央电视台，确立了它作为国家电视台的重要地位。此后，西藏自治区和北京市于1978年和1979年先后建立电视台，并开始电视广播，全国各省、自治区、直辖市电视台至此全部建成。

电视节目形态逐渐丰富，电视剧开始出现，先前停播的专题节目也逐渐恢复。电视事业打开对外合作视野，中央电视台与一些友好国家电视台交换节目、建立合作，并派出摄制组前往海外拍摄电视片，中国电视业的发展空间越发开阔。

（二）改革开放初期中国电视的自我探索（1979—1982）

在"进一步解放思想"的方针推动下，中国的电视事业也开始驶入谋求独立发展并且引领传媒风潮的快车，中国电视业开始重新思考自己的定位和价值。

电视的飞速成长也带来了冲突。1979年中国电影发行放映公司停止了此前维持已久的向电视台供应新影片的方案，一些剧团也开始提高对电视台的收费。当时还保持着"缩型影剧院"运营模式的电视台陷入了节目紧缺的困境。

---

① 郭镇之. 中国电视史[M]. 北京：中国人民大学出版社，1991：123.

1979年8月，全国电视节目会议首次召开，这也是我国第一次就电视节目进行专业探讨的全国性会议。从此，中国电视开始了"走自己的路"的探索过程。为填补空缺、充实屏幕内容，电视台开始大力支持电视剧的制作，并加强了对海外影视剧的引入和译制工作。

知识卡片12：中国电视内容的发展

电视机的普及也达到了惊人的速度，1980年全国电视机总数已达到902万台，比1979年的485万台几乎增长了一倍，约每100人拥有一台。[1] 1983年，电视机的家庭拥有量已经猛增到3,611万台。[2]

1982年5月，国务院决定撤销中央广播事业局，成立国家广播电视部。至此，中国电视事业在政治方向和组织机构上实现了转变，并得到了更多支持。

（三）成长转型的黄金时代（1982—1991）

1983年3月31日至4月10日，第十一次全国广播电视工作会议在北京召开，标志着我国电视事业进入转型期。[3]

在会议提出的"四级办广播、四级办电视、四级混合覆盖"新政策下，凡是具备条件的省辖市、县，都可以根据当地的需要开办广播台和电视台，电视台数量急剧增加。1982年时市级电视台还不足20个，而1985年已出现了172个市、县电视台，一些企业也开始创办有线电视网。

广播电视部在1983年4月成立了地方宣传局，1984年12月地方宣传局设立广播电视处，负责地方电视台的审核，地方电视台逐渐规范化。城市电视台采取"横向联合"方式，应对资金、技术不足的问题，城市电视台交流中心于1985年7月1日成立，采用节目交换、合作制作的方式为城市台的发展提供了有力基础。

此外，电视理论研究也得到了发展。从1979年开始，以广播电视为主要研究对象的理论阵地出现，第一份中国广播电视界学术理论刊物——《北京广播学院学报》创办。1988年4月，中国广播电视学会电视学研究委员会成立，电视理论研究呈现规范化、深层次化、规模化的趋势。

截至1991年年底，中国电视台总数达到543座，电视的人口混合覆盖率达到80.7%，全国电视机拥有量达2亿台。可以说，电视已经成为中国的"强势媒体"。

四、发展期（1992—2000）

1992年，邓小平南方谈话和中共十四大的召开助力了改革开放的强势开展，中国社会进入了一个"拥抱消费文明"的时期。这一阶段，新技术的涌入给中国电视业的行业格局带来了翻天覆地的变化，市场经济发展下的电视业逐渐呈现出产业化和国

---

[1] 中国广播电视年鉴编辑委员会.中国广播电视年鉴（1986）[M].北京：中国广播电视出版社，1987：857.
[2] 刘习良.中国电视史[M].北京：中国广播电视出版社，2007：157.
[3] 刘习良.中国电视史[M].北京：中国广播电视出版社，2007：189.

际化的面貌。

（一）新技术带来的行业变迁

20世纪下半叶以来，我国电视传播技术飞速发展，其中卫星电视和有线电视带来的影响最为显著。

卫星电视是利用装备有转发器的地球同步卫星实现电视信号接收和发射的一种传播方式，具有覆盖面积大、信息质量好、成本相对低廉的优点，十分适合我国土地广袤、地形复杂的国情。

20世纪80年代，中国开始采用卫星传播技术，中央电视台在1988年已经开始使用中国自主研制与发射的通信卫星。1990年4月，中央电视台和四川电视台首次现场直播发射"亚洲一号"卫星实况，"亚洲一号"的成功发射使得中国电视播出的面貌焕然一新。借助卫星，新疆、西藏、云南、贵州等地区陆续实现卫星转送，一些省级电视台节目也陆续上星。

1992年10月，中央电视台第四套节目成为中国第一个国际卫星电视频道，覆盖80多个国家和地区。1994年1月1日起，各省级电视台明确获准开设一套卫星节目，面向全国播出。中国第一个"上星"播出的省级台是新疆台，1999年10月海南卫视正式开播后，中国大陆31个省级电视台全部实现"上星"。

有线电视，是指通过电缆或光缆等传送视频信号的电视广播系统。从20世纪60年代开始，我国就已经开始了对有线电视技术的研究，并将其作为辅助技术运用。1989年，我国已有较大规模的有线电视台500多个。

知识卡片13：关于卫星电视和有线电视的管理条例

20世纪90年代中后期，我国有线电视的联网步伐进一步加快。在快速发展的过程中，有线电视的问题层出不穷：定位上，是国家单位还是经营单位不清；管理上，行政地区和一些企事业单位各自为政；内容上，节目制作能力不足、资源匮乏。1997年8月11日，国务院颁布《广播电视管理条例》，标志着我国的广播电视工作已经初步走上了依法管理的轨道。2000年，全国有线网络已基本形成，以有线电视网为中介实现落地入户的卫星电视在中国已拥有3—4亿固定观众。

（二）市场经济下的电视发展

20世纪90年代前的较长时间内，电视业在中国都以职能较为单一的事业属性存在。中共中央和国务院在1992年6月16日发布的《关于加快发展第三产业的决定》直接改变了这一格局，广播电视被纳入除工业、农业以外的第三产业，并明确要"以产业为方向，建立充满活力的第三产业自我发展机制""做到自主经营、自负盈亏"，这也标志着中国电视业开启产业化发展之路。产业化背景下，电视业的经营活动获得了更多动力，其中最有代表性的是广告成为收益支柱和制播分离的出现。

上海电视台在1979年就获准经营广告业务，并在该年1月28日播放了大陆第一条电视商业广告。电视广告收入随着广播电视的产业化发展在20世纪90年代后实现了大幅度增长。1991年,电视广告收入达到10.0052亿元,相较前一年增长82.7%。1992年电视收入增长率达105.4%,达到20.5亿元。1997年,这一数字已经突破100亿元。

1994年开始,中央电视台每年都会对《新闻联播》与《天气预报》中间的黄金一分钟进行广告招标,1995年这一时段广告以3.6亿元成交。1996年6月,中央电视台决定实行"栏目带广告,广告养栏目"的运作机制:栏目拿出10%的时间播放广告,广告收入的50%用作栏目经费。这一机制促进了广告收入和栏目质量的双重提高。

广告逐渐成为电视台最主要的收益来源,但随着广告数量激增,社会上对于广告的批判也开始出现。1995年2月1日,《中华人民共和国广告法》实施,广播电视广告经营由此走上法治轨道。

此外,在20世纪90年代以前,广播电视媒体主要采用的节目生产方式是制播合一。随着市场经济的发展,一些独立制片机构开始涌现,"制播分离"的概念由此被明确,并成为中国电视产业化中的一个关键性转变。由于电视台自身的制作能力无法跟上播放需求,为拓展节目源,电视台开始向制片机构购买电视剧、电视节目的版权。这也是电视节目经营市场化和产业化的标志。

五、新世纪的中国电视(2000年至今)

进入21世纪后,借助全球数字技术革命的成果,传统电视开始向更清晰的数字信号电视升级;同时,电视台逐渐向市场化方向演进,发展事业与发展产业并重、同步提供公共服务和市场服务成为电视台的任务。

(一)飞快发展的电视技术

数字电视就是应用数字技术和设备,将各种信息转化为计算机能识别的二进制数字进行计算、处理、传播、接收的新一代电视系统。它具有信息传输稳定、图像质量高、频率资源利用率高等优点。

我国在"十五"期间进入广播影视数字化的准备和启动阶段。为推进电视数字化进程,国家广播电影电视总局制定了数字电视三步走战略,确定先从有线电视入手切入数字化的发展思路。[①] 截至2011年,我国有线广播电视入户率达到49.43%,其中数字电视用户达到11,489万户。

知识卡片14:移动电视媒体

(二)丰富多彩的电视内容

电视内容的丰富和质量提高得益于开放、宽松的媒体环境和先进的技术设备支

---

① 唐世鼎,黎斌.中国特色的电视产业经营研究[M].北京:中国国际广播出版社,2010:309.

持。进入21世纪以来,信息概念被引入电视媒体,宣传舆论管理政策进行了一系列调整。中国电视内容生产的空间不断拓展,手段越发丰富,视野走向国际化。

随着电视内容市场的进一步开放,电视内容研发领域越来越充满活力。近30年来,中国电视节目的数量和类型都发生了巨大变化,特别是节目研发的观念变化明显。从20世纪的"新闻立台",到21世纪初期娱乐文艺类节目异军突起,再到现今影视剧比重增加,可以看出,电视内容已经走向了广阔天地。

(三)新媒体带来的冲击

进入网络时代以来,随着互联网技术和移动媒介的发展,传播方式日新月异,电视作为传统传播方式,在自身生存空间上遭遇了降维打击。

从数据上来看,全国电视节目播出时间不断增长,2019年全国电视播出时间达到1,950.99万小时。然而,电视节目时长增速呈逐年下降趋势,2017年增速为4.9%,2018年下降为2.3%,2019年这一数字只有1.35%。与此同时,2019年全国传统广播电视节目销售收入近4年来首次下降,仅为497.66亿元,同比下降22.55%。[1]

不管从对受众的吸引力还是产业的盈利能力来说,现在的中国电视业都亟待转型,以寻求新的活力。与互联网、新媒体、5G技术等融合,寻找新的增长点、寻求自身差异化发展等可能的途径不断被提出。

第五节 中国电视节目

一、电视新闻发展史

(一)曲折起步(1958—1978)

1958年5月1日,北京电视台(现中央电视台)开播的第一天就播出了新闻纪录影片《到农村去》,这也是中国电视新闻开始的标志。

受制于技术条件,中国电视新闻节目最早期的形态大致呈现为图片报道、电视新闻片、口播新闻、具有新闻性的电视纪录片、实况转播等样式。

知识卡片15:早期中国新闻节目形态代表

除此之外,早期的中国新闻还呈现出一定的对外交流意识,但这种交流还停留在和社会主义国家之间。这一阶段,中国电视新闻的发展较为缓慢,在内容和形式上并没有太多创新,在节目影响力上也极为有限,没能从根本上克服"慢、长、空"的问题。[2]

---

[1] 前瞻产业研究院.中国电视剧行业发展前景与投资机会报告[EB/OL].(2020-12-15)[2022-12-8].https://www.qianzhan.com/analyst/detail/220/201215-4ac3d6c4.html.
[2] 岳淼.中国电视新闻发展史研究1958-2008[M].厦门:厦门大学出版社,2009:60.

（二）成长壮大（1979—1991）

1983年，中国电视界提出电视新闻改革的口号。在"新闻立台"这一理念的执行下，中央和地方电视台相继推出一批有影响力的新闻节目。批评性报道的增加、中央地方的合作、对党和国家重大新闻事件的发布等都加强了《新闻联播》的重要性和权威性。1980年5月，第一个评论性电视新闻栏目《观察与思考》创办。1984年起，《午间新闻》《晚间新闻》《英语新闻》等栏目的增设使得中央电视台的电视新闻播出量成倍增长。

这一时期，电视新闻开始找到自身"快、新、活"等优势，走上改革成长之路，但仍存在栏目稳定性不够、形式单调等不足。

知识卡片16：早期中国新闻的对外交流

（三）完善格局（1992—2002）

1992年10月，中央电视台编委会提出新闻改革问题："增加播出次数，实行滚动播出，提高新闻时效，扩大报道内容，增加现场采访报道。"[①]1993年起，以中央电视台为主干、带动各地电视台自办新闻的中国电视新闻格局形成。[②]这一时期，新闻栏目的专业化分类不断被细化，经济新闻栏目涌现，体育、娱乐等分类新闻精彩纷呈。

知识卡片17：中国新闻的改革成长

知识卡片18：中国新闻的对外宣传

电视新闻专题类节目在这一时期也成为电视屏幕上的重点节目类型。1993年5月1日，集新闻、娱乐、服务于一体的《东方时空》开播，这一全新栏目影响了中国原有的电视新闻节目样式。1994年4月1日，新闻述评节目《焦点访谈》在中央一套黄金时间播出，发挥了舆论监督的功能。电视工作者也在不断尝试节目形态的创新，上海东方电视台创办了中国第一个电视谈话节目——《东方直播室》。电子技术被应用于新闻节目，香港回归、三峡截流、澳门回归等重大事件的"多点式移动报道"在技术设备、规模影响上都成为中国电视新闻发展历程上的里程碑。

（四）多元发展（2002年至今）

2002年以后，电视新闻进入了多元发展的阶段。然而，来自智能手机等媒介的威胁又使得电视新闻发展陷入了僵局和困境。

新闻频道的出现和发展为电视新闻注入新的活力，央视新闻频道应用现场报道、重大突发事件全程直播等手段，打破了早前以栏目为中心的模式。省级卫视新闻节目仅能抓住本省用户，但在新闻的多样性和地方性上提供了可能性。2002年，《南京零距离》的播出推动我国形成了民生新闻热潮，这种具备服务意识的新闻形式饱受好

---

① 杨伟光.中央电视台发展史[M].北京：北京出版社，1998：414.
② 岳淼.中国电视新闻发展史研究1958-2008[M].厦门：厦门大学出版社，2009：154.

评，但其后期因仅停留在琐碎或娱乐问题上而被质疑新闻深度不够。

在媒介技术和网络信息的发展下，智能手机等移动终端压缩了电视本就所剩无几的生存空间，新闻节目的观众大量流失。然而，如《1818黄金眼》《小莉帮忙》等特色性新闻节目通过新媒体传播再次引起了大众热议，央视也针对新兴的短视频媒介推出了"主播说联播"系列视频。面对僵局，现今的中国电视新闻仍在探索之中。

二、电视专题片发展史

电视专题片是一种具有中国特色的影片形式，是集中对某一社会现象和人生课题给予深入的、专门的报道和反映的纪实性影片，长度通常在几十分钟至几小时不等。电视专题片按主题分类主要包括：政论专题片、人物专题片、立足不同地域的专题片（如中国西部专题片）等。其中，最主要的形式是政论专题片，即围绕党的方针政策、思想纲领、先进事迹等内容制作的专题片。电视艺术家陈汉元认为，专题片是"形象化的政论"。

据中国知网收录情况，20世纪80年代开始，有了"电视专题片"的说法。有人认为，20世纪80年代中期，政治理论研究者们在电视上找到了理论最好的传播载体，政论色彩极强的电视专题片应运而生。① 因为专题片、纪录片、新闻片等影片在内容和形式上多有重叠、相似之处，所以我们已经很难确定中国第一部电视专题片。

从中国知网的收录中，我们可以管窥20世纪80—90年代电视专题片的一些情况。比如，1989年的电视专题片《太阳人》，讲述了矿工等劳动人民的动人事迹；1992年，中央电视台的6集电视专题片《阅尽人间》再现了中国革命的历史画卷和中国共产党人的拼搏历程。

1991年，纪录片《望长城》的播出带来了一种贴近日常生活的温情风格，并影响了其他电视节目。于是，中国电视专题片也开始融合激情和温情两种风格，既讲述理论，又饱含情感。② 比如，1994年中央电视台的专题片《中国博士后》就介绍了自1985年中国政府建立中国博士后制度8年以来，这一制度的发展和成绩。

20世纪90年代末，出现了一批将宏大叙事与个人叙事相结合的政论专题片。比如，1998年播出的电视专题片《共和国之魂》，对一大批老一辈革命家进行访谈，展现了从南昌起义到长征前夕党的奋斗历程，讴歌了中国共产党人的井冈山精神。③

进入21世纪后，一些电视专题片因其对尖锐社会问题的揭露而获得了巨大的社会影响力，比如三部反腐电视专题片：2017年播出的4集电视专题片《巡视利剑》、2020年播出的5集电视专

知识卡片19：电视专题片的特征

---

①② 潇子.评电视专题片《共和国之魂》[J].创作评谭，1998（2）：51.
③ 第七届精神文明建设"五个一工程"理论文献电视专题片入选作品简介[N].光明日报，1999-9-20（12）.

题片《国家监察》、2022年播出的5集电视专题片《零容忍》。这类反腐电视专题片聚焦落马官员的真实案例,敢于直面问题,展现了中国共产党全面从严治党的决心。

三、中国电视综艺节目发展史

自1983年央视成功举办首届春节联欢晚会起,中国电视综艺发展经历了五个阶段,分别是起步期、开拓期、发展期、竞争期和优化期。

首届春晚举办后,电视晚会占据了电视综艺的主流地位。此时综艺是一个新颖的概念,处于起步阶段,尚未达到市场化程度。1990年,央视先后开播晚会型节目《综艺大观》和《正大综艺》,标志着中国电视综艺概念正式形成。在此阶段,综艺以晚会类节目为主,重点在于艺术追求和审美体验,同时承担着教育大众的职责。

20世纪90年代中后期,市场经济催生了人们多样的文化需求,综艺节目进入开拓期。1997年,湖南卫视推出《快乐大本营》,该节目很快获得了观众喜爱,掀起了大众娱乐综艺的热潮。1998年,央视推出益智互动节目《幸运52》,以竞猜方式进行智力比拼。此后很长一段时间内,地方卫视在娱乐综艺上具有优势,而央视则在文艺节目方面保持领先。这段时期,电视综艺进一步商品化、广告化。

2004年湖南卫视推出选秀节目《超级女声》,该节目的巨大成功使真人秀节目成为核心综艺,并影响了之后电视综艺的资源配置方向。[①]中国电视综艺进入发展期,这一阶段,电视综艺进一步商业化,在管理部门明确"广播电视制作销售单位"等转企改制和"制播分离"体制、机制后,中国电视综艺的商业性能更加成熟,地方卫视推动电视综艺节目的生产和运作,电视综艺趋向主流化。

进入竞争期,中国电视综艺节目品类和数量猛增,国内综艺节目通过对国外电视综艺节目的引进,以"季播"方式吸引观众,同时电视台和互联网开始深度互动,出现了"台转网""网转台""台网联动互融"等节目形式。[②]在这一时期,综艺节目逐渐趋于同质化,部分综艺为赢取更高的收视率和话题度刻意制造冲突。因此,为了综艺节目的良性发展,管理部门下发了《关于节俭安全办节目的通知》《关于进一步规范歌唱类选拔节目的通知》等一系列文件,对综艺节目进行规制,推动综艺节目向好发展。

2016年以后,经济上,通过引入外国节目创意和模式来获取收视的方式难以为继;政策上,管理部门加大了政策引导,出台了一系列文件对综艺进行规制,并加大了对创新创优综艺的奖励和资助。在此背景下,具有较强实力的电视台开始综艺创新,基于"制播分离"机制等推进节目优化,开始尝试原创、提质、创新的有序发展,中国电视综艺进入优化期。

---

① 朱春阳.如何撬开阻隔全国性电视产业市场生成的大门?——以2005-2012我国省级卫视"选秀"节目热潮演变为例的阐释[J].新闻大学,2013(5):98-105.
② 王军.内地电视综艺节目四十年回眸(1980-2019)[J].东南传播,2021(4):126-129.

四、电视剧发展史

（一）初创期（1958—1965）

中国电视剧事业的起点是1958年6月15日北京电视台播放的电视剧《一口菜饼子》，该剧讲述一位母亲为拯救自己的女儿省下一口菜饼子，最终饥寒交迫地离世的故事。该片运用多机位呈现、音画同步、现场直播的拍摄手法，是中国电视剧史上第一次成功的尝试。在北京电视台之后，上海、广州、天津、西安、武汉、长春等地都先后建设了电视台并播出电视剧。

总体而言，初创期我国电视剧事业有以下特征：第一，故事主题多是传达国家意识形态，电视剧扮演着政治宣传的角色。第二，剧本多取材于小说和新闻，或是直接根据舞台剧改编而成。第三，电视剧的长度并没有统一的标准。第四，主要采用室内搭内景的现场直播方式。①

（二）停滞期（1966—1977）

"文化大革命"期间，我国电视剧事业发展几乎处于停滞状态，流失了一大批优秀的电视剧文艺工作者。十年间几乎没有播出电视剧，但播出的少数几部在技术上都有所突破。

（三）复苏期（1978—1982）

1978年12月，党的十一届三中全会的召开，实现了思想路线、政治路线和组织路线上的拨乱反正，这为后续文艺界的整改提供了坚实的思想基础。

1979年6月至7月，因电影放映体制改革，中国电影发行放映公司停止向电视台提供新片；8月中旬，中央广播事业局召开第一次全国电视节目会议，会议上明确提出电视台要自主开发电视节目内容②；10月至11月，邓小平在中国文学艺术工作者第四次全国代表大会上发表祝词，提出要培养专业的文艺工作者，同时文艺应该更加真实和丰富地反映社会现实生活。

1981年，中国电视剧艺术委员会成立，推动了电视剧事业的社会化制作进程。③ 电视剧行业的制作和运营规范逐步确立，每年都会召开一次全国性的题材规划会，并且电视剧的制作资格及成品都需要接受相关机构的审核。电视剧的评奖事业也在这一时期开启。

这一时期我国电视剧发展的主要特征是：第一，创作数量大幅增长。第二，故事主题多元化，反映社会变革、关注百姓日常生活题材的电视剧和娱乐化、通俗化的电视剧开始出现。第三，电视剧的长度有所增加，连续剧开始发展起来。④

---

① 刘萍，李灵．中国电视剧［M］．武汉：湖北美术出版社，2005：1-2.
②③ 仲呈祥，陈友军．中国电视剧历史教程［M］．北京：中国传媒大学出版社，2009：6.
④ 仲呈祥，陈友军．中国电视剧历史教程［M］．北京：中国传媒大学出版社，2009：5.

（四）发展期（1983—1989）

1983年3月，中国广播电视部委托《电视文艺》《中国广播电视》《电视周报》联合举办第三届全国优秀电视剧评奖活动——"飞天奖"。这个奖项与《大众电视》创办"大众电视金鹰奖"、1986年创办的"上海电视节白玉兰奖"并称为中国电视剧三大奖项。

1984年，第一届中日电视艺术交流活动分别在北京、上海、沈阳举行，这是第一次民间性质的、中日两国电视剧艺术工作者的交流。[①]同年，中国电视剧艺术委员会召开优秀剧本授奖大会，推动了电视剧的剧本创作。[②]1988年，中国电视剧艺术委员会改名为中国电视艺术委员会。此外，《中国广播电视》通过票选"新时期全国影视十佳导演"，强调了电视剧导演在创作中的主导地位。[③]

发展期中国电视剧的发展特征是：第一，从海外引进电视剧在国内播放，如《排球女将》《阿信》等在国内热播。第二，电视剧的题材更加广泛。第三，电视剧对古典名著的改编引发轰动，如《红楼梦》《西游记》。第四，规范了电视剧长度，进一步规范行业标准。第五，电视剧的地位上升，并取代电影成为最大众的视听娱乐活动。[④]

（五）成熟期（1990年至今）

20世纪90年代后，中国电视剧市场化程度也顺应着时代潮流不断提高，逐渐发展出一套较为稳定的商业盈利模式——依靠广告，这就引起了电视剧制作者与电视台方对电视剧收视率的重视。

1990年《渴望》的播出产生了现象级效果，标志着通俗电视剧在中国市场的走红与流行。21世纪初，中国加入世界贸易组织，中国文化与世界文化展开交流、融合，多元文化的影响融入电视剧的创作中，电视剧呈现百花齐放的态势。

成熟期中国电视剧发展的主要特征是：第一，剧本主题以通俗与娱乐为主。第二，港台演员进入内地市场，电视剧的制作和推广与国际接轨。第三，随着互联网与移动通信技术的发展，人们的观看设备选择变得丰富。第四，视频网站成为电视台以外的热门播放平台。

[①] 黄维钧，刘晔，顾晓阳.交流与探讨：中日电视艺术交流活动在京讨论会纪要[J].电视文艺，1984（4）：2.
[②][③] 刘萍，李灵.中国电视剧[M].武汉：湖北美术出版社，2005：3.
[④] 仲呈祥，陈友军.中国电视剧历史教程[M].北京：中国传媒大学出版社，2009：8.

第六节 西方电视传播研究

一、西方电视传播研究的开端

(一)产生背景

从电子技术来看,在电视技术的不断发展下,人类经历了黑白电视、彩色电视、卫星电视、数字电视4个不同阶段。在此过程中,人们对电视传播的认识也不断加深。

从大众文化而言,20世纪50年代,电视成为西方社会最主要的信息和娱乐工具。内嵌于大众文化之中的电视传播,如何影响和改变着社会文化的衍生,成为西方学术界关注的重要命题。

政治时代背景方面,二战期间,心理学和社会学等学科发展助推了传播学的产生。战后,电视的迅速发展促使传播学者转向考察电视媒介对人们的思想观念和行为方式的影响和效果研究。

学术研究方面,1944年拉扎斯菲尔德等人的研究成果《人民的选择》问世,开创了社会调查法应用于大众传播的历史,崭新的传播效果研究范式由此确立。

(二)研究开端

在这样的背景下,电视传播研究,即围绕电视传播活动(包括电视传播方式、技巧、技术以及内容、受众、传播者及传播制度)进行的相关研究,逐渐兴起。

其中,迄今所见最早的电视研究理论文章是《对电视社会影响的观察》,它于1949年刊登在美国最早的研究大众传播的权威杂志——《舆论季刊》上。这篇文章从电视传播的社会影响角度进行了效果研究。

二、电视传播研究的主流学派和代表理论

(一)美国经验学派

20世纪40年代后,陆续出现的美国经验学派和欧洲批判学派在研究方法、研究重心方面表现出较大的差异。在半个多世纪的电视研究中,这两大学派形成了电视传播研究的主流范式。

其中,美国经验学派研究的重要特点是注重定量分析的经验主义、功能主义和实证主义。

被评为"20世纪十大传播学经典著作之一"的《大众传播效果研究的里程碑》中共收录了14项大众传播研究的范例,其中1960年后的4项研究都和电视有关,也可以看出电视研究在20世纪60年代的兴盛。著名的关于电视对儿童影响的效果研究、

电视暴力表现与青少年的研究都是美国经验学派的代表性成果。

（二）欧洲批判学派

拉扎斯菲尔德在《论行政式的和批判的传播研究》中将欧洲法兰克福学派及坚持反实证主义立场的传播学者称为"批判学者"，这也是欧洲"批判学派"名称的由来。

批判学派的"批判"特质落脚在法兰克福学派关于文化工业的讨论中：大众传媒将单一系列的思想和价值销售给一群无差别的观众。

其代表人物西奥多·阿多诺（Theodor Adorno）提出"电视体现的是典型大众文化意识形态"，电视的产品是经过精心设计的，目的就是从不同的心理层面麻醉观众。哈贝马斯对大众传媒也有着相似的认知，他提出，在政治和经济的双重控制下，公共领域实际已被利益集团操纵，伪公共性替代了真正的社会共识，一种舆论氛围取代了公共舆论。

1964年伯明翰大学创立当代文化研究中心，这标志着伯明翰学派的正式形成。伯明翰学派进一步完成了文化批判理论从审美批判到政治批判的转向，将电视研究纳入一种历史的、社会的、文化的语境来考察。其代表性成就主要有以下几项。

雷蒙德·威廉斯（Raymond Williams）的《电视：科技与文化形式》是第一本电视研究的理论专著，他尝试将电视作为一种特殊的技术加以分析，从文化的角度进行探讨。

斯图亚特·霍尔则从媒介与社会的动态关系来观照媒介活动。1973年，论文《电视话语的编码解码》中霍尔详细论述了电视话语意义的生产与传播过程。他把电视话语的生产流通划分为3个阶段："意义"的生产、"成品"、观众的"解码"，这也就是著名的"编码解码"理论。

戴维·莫利（David Morley）是伯明翰学派中从文本研究转向受众研究的关键人物，他的著作《电视、观众和文化研究》将分析的重点从文本转向电视观众，将民族志受众研究引入了电视传播研究。其代表作《家庭电视：文化力量与家庭休闲》研究了电视在家庭中的作用，使英文以文本为基础的传统文化研究吸收了民族志这个全新的文本分析类型。

费斯克是伯明翰学派的后起之秀，也被称为"集大成者"。他将把电视受众研究推进到一个全新领域，更关注受众的主体地位，形成了自己独特的"生产性受众"以及"生产性文本"理论。同时，他还提出了受众在生产时会产生"快感"，这种快感来自受众的坚持观点，以及受众与主流意识形态的对话。也就是说，受众只有积极参与才可能摆脱"文化共轭"，成为流行文化生产和消费的主角。

（三）加拿大多伦多学派

将媒介技术发展作为媒介分析重要因素的多伦多学派也是电视研究中的重要学派之一，多伦多学派又被称为媒介决定论派。

多伦多学派的核心人物——学者马歇尔·麦克卢汉将电视划归于冷媒介类别。与大众认为电视是视觉媒介的认知不同，麦克卢汉认为电视是触觉的延伸。此外，麦克卢汉的"部落化—非部落化—重新部落化"理论也围绕媒介展开。麦克卢汉认为，在原始社会，口语是主要的传播媒介，由于听力的物理限制，人们必须生活在小空间的部落群体中，相互保持近距离的密切联系。文字和印刷媒介产生后，人类由"耳朵的社会"转向了"眼睛的社会"。由于交往和传播不再以物理空间的接近性为前提，人与人的关系变得疏远，部落社会开始解体。电视的普及改变了这种状况，它把遥远的世界拉近，将人与人之间的感觉距离大大缩短，于是人类在更大的范围内重新部落化，整个世界变成了一个"地球村"，任何国家和社会都是这个"村庄"的一部分。随着传播媒介的发展，人们之间的距离从物理空间限制下形成的部落到逐渐解体，再到电子媒介拉近下更大范围内的重新部落化——传播媒介正在再造或重建社会相互关系的形式以及个人生活的一切方面。电视用一种全方位的感官延伸将人类的参与度再次提高到原始社会的程度，实现了重新部落化。

20世纪80年代以来，德里克·德克霍夫（Derrick de Kerckhove）以新电子现实为研究框架所倡导的"文化肌肤论"也十分有代表性。德克霍夫曾经用皮肤感应装置观察人对不同类型电视节目的反应，从而得出：对电视做出反应的基本上是人们的身体而非心智；电视直接作用于人们的神经系统。也就是说，人们在观看电视时是被动接收信息的。除此之外，他还提出，电视与人的整个神经系统和感官都相关，电视在提供信息的同时也提供给人"集体想象力和集体思考"。同时，电视的出现还深刻地改变着社会的民主进程。

（四）西欧理论的多维视野

1. 布尔迪厄

皮埃尔·布尔迪厄（Pierre Bourdieu）在电视传播研究学者中必不可少，其著名的《关于电视》一书中提出了许多经典的电视传播理论。

布尔迪厄认为，在当代社会，电视并不是一种民主的工具，而是带有压制民主的强暴性质和工具性质的工具，他从三个方面对电视进行了祛魅性分析。第一，电视行业的职业眼光和信息的内部循环必然导致电视传播内容的同质化。第二，他认为电视是拒绝自由交流的，"电视是一种极少有独立自主性的交流工具"。第三，影像文化的特殊优越地位使电视在新闻场中的经济实力和符号表达力占据上风，它对其他媒介形成暴力和压制，甚至影响其他媒介生存。

同时，布尔迪厄还提出，电视在经济场的收视率制约下体现出"他律性"。他在书中提出："新闻界是一个场，但却是一个被经济场通过收视率加以控制的场。通过收视率这一压力，经济向电视施加影响力。"电视把收视率作为基本目标，于是有收视效果的社会新闻取代了体现电视文化品格和政治功能的新闻。追求收视率的危害不仅在于使低俗文化泛滥，更在于威胁了人类社会文化产品的生产逻辑。电视还在日常的社会生活中扮演着"真理裁判者"，代表公众评价和舆论认可，但事实上，电视的

"裁判"对政治、科学、艺术等领域造成了制约。甚至,媒体内外还通过"互搭梯子"进行隐秘的合谋,来影响公众舆论的裁判。

2. 丹尼斯·麦奎尔

丹尼斯·麦奎尔(Denis McQuail)在传播学领域也有着辉煌的成就。早在 20 世纪 60 年代,麦奎尔把社会学方法运用于受众研究。他于 1972 年出版的《电视受众:一个修正的视角》中抽取了 4 种"使用媒介"并获得满足的基本类型:心绪转换效用、人际关系效用、个人认同效用、环境监测效用。他在研究成果中提出,人使用媒介是为了满足其需要而已——不是传播媒介在使用人,而是人在使用媒介。

20 世纪 80 年代,随着商业与技术浪潮的冲击,欧洲人引以为荣的公共广播电视系统逐渐被瓦解,欧洲媒介研究进入由"旧秩序"向"新秩序"转变的过程。一些传播学者开始整合市场研究模式和文化批判研究模式,麦奎尔在这一研究路径上提出了媒介—文化论、媒介—唯物论、社会—文化论和社会—唯物论四种研究面向。

在受众研究领域,麦奎尔于 1997 年出版的《受众分析》一书中细分了 20 世纪受众研究的 3 种传统——结构性、行为性和社会文化性的研究传统。

3. 格拉斯哥大学

格拉斯哥大学媒介研究小组是在争议中成长的,其成员来自 1974 年英国格拉斯哥大学社会学系教授约翰·埃尔德里奇(John Eldridge)用媒介与社会研究的基金陆续吸引来的学者,他们致力于媒介信息编码和译码过程的理解和分析。媒介小组的主要研究立足于媒介报道是否如其所言,是秉持客观、中立和平衡立场的。他们采用定量和定性的研究方法,探讨一个问题:"在客观、公正和中立的名义下,英国电视新闻究竟表现怎样?"

1975 年,媒介小组对 BBC 等的新闻报道进行录影,于当年 6 月发布了一份初步报告,后出版为《坏新闻》。二十世纪八九十年代,该小组相继出版研究成果,受到不同程度的赞赏与抨击。大多数评论家认为,格拉斯哥大学媒介研究小组正在影响并改变英国媒体的运行模式。1985 年,该小组的《战争与和平报道》一书公布研究成果,引起剧烈反响。

他们的研究成果带来了一种对电视新闻的新解读:媒体往往是为主流社会服务的,它往往反映的是一种精英意识,并不总是像传统新闻学声称的那样客观,也并不总是站在与政府对立的立场上反映真实。

三、西方电视传播研究的范式转换

综合而言,西方电视传播研究依然存在着两种传统范式:主流传播理论以 20 世纪 40 年代到 60 年代的美国经验学派为代表,聚焦于"如何通过电视传播进行社会控制",注重定量研究以试图实现电视传播效果的最大化;而替代性传播理论以英国文化研究学派为代表,着眼于"社会控制中意识形态的作用问题",用定性研究的方法试图批判资本主义制度下的电视文化。

电视研究新范式的发展取向呈现出以文化为主轴的多元化研究、以政治经济为主轴的电视研究、在方法上进行的跨国研究与比较研究三种路径。

思考练习题

1. 可以用西方的电视研究理论解释中国的经验现实吗？如果可以，请举例；如果不可以，请解释理由。

2. 中国的电视剧市场正逐步与国际接轨，怎样的题材更适合搬上国际舞台？中国电视剧如何更好地向世界叙述中国故事？

3. 中国电视制度与美国、英国电视制度的不同在哪里？在中国电视未来的发展过程中，是否有可以借鉴的外国经验？有哪些外国的经验需要引以为鉴？

4. 有学者认为，电视是可以普及知识的工具，也有学者认为电视是娱乐至死的元凶，你认为应该如何看待电视？

5. 面对互联网的冲击，电视行业应该采取什么样的应对措施？请从传媒经济学的角度进行分析。

6. 中国的广播电视业具有其双重属性，请具体解释这两种属性形成的背景与条件。在当下快速发展的广播电视行业中，这两种属性之间呈现出怎样的关系？

第七章 电影史

1. 电影技术发展史。
2. 电影产业发展史。
3. 电影对人类思维、行为和社会的影响。
4. 电影与电视、网络媒介的关系。

为什么电影可以被当作传播媒介来研究？首先，与语言文字等媒介一样，电影有独立的语言，自成一套编码解码系统。其次，电影是具有强技术属性的媒介，其所开启的机械影像时代，在人类媒介史上是文字与图像关系的重要转折点，物质性与技术本质将其媒介性推向了深刻的层次。最后，在对人类历史产生的影响上，现代性往往与媒介性难以分离，电影对现实的再现和它极其强大的拟像能力都对现代性的发展有深刻影响。

在综合性如此强烈的电影上，我们要将目光从电影学意义上的电影发展史，转移至其媒介性显著的那些历史时刻，即关注"电影的媒介发展史"。本章建立在"电影作为一种传播媒介"的前提下，首先从电影技术发展史切入论述。

第一节 电影技术发展史

一、电影史前史：早期电影技术发展

电影与历史上众多媒介一样，具有一定的物质与技术基础，其早期技术探索与发展过程曲折，并充满人类的趣味与对世界的灵感，在这里，我们将电影的发明过程与早期技术发展称为"电影史前史"。电影史前史大致在1895年至1925年间。

正如乔治·萨杜尔（Georges Sadoul）所写的："一种艺术决不能在未开垦的处女

地上产生出来……它必须吸取人类知识中的各种养料。"[1] 电影是在开垦过的土地上生长出来的特殊媒介。这个时代的电影发明主要涉及两端技术，一端是制作影像的技术，另一端是放映影像的技术。首先，拍摄作为电影的核心技术是摄影术不断改良后的应用变换。其次，电影的另一个特征是"运动影像"，运动影像呈现出的是视觉错觉下的假象连续运动。如何使得影像动起来？这便涉及动画史的发展。最后，电影的传播特性要落在放映这一环节，随着放映技术的研发与改进，早期电影实践者逐渐能将活动的影像放给一个人、多人甚至大众看。下面，我们就将单一、线性的电影技术史拆解为摄影史、动画史和放映史，以尝试呈现电影这一媒介基于技术的三种特性。

（一）摄影史

电影的发明源于人们复制、获得和保存活动影像的渴望，这一点使它与摄影具有与生俱来的亲缘关系，摄影因其对现实高超、逼真的模拟能力契合了人们获得和保存影像的内在冲动。然而，影像的复制和保存并非易事，它经历了摄影设备和显影介质漫长的探索期。

摄影的历史从19世纪30年代开始，但具体是谁先发明了摄影术并没有定论。可以将其粗略地一分为二：法国的达盖尔和英国的塔尔博特，他们分别发明了"银版照相法"[2]和"碘化银纸照相法"[3]摄影术。达盖尔在1839年公布他的照相法时宣称："任何人都可以在几分钟内进行最细致的观察。"[4] 而英国人威廉·亨利·福克斯·塔尔博特则在1830年发明了碘化银纸照相法。达盖尔的银版法摄影的优势是成像清晰细致，但其缺陷也非常明显，即每次成像只有一件孤本照片，无法复制。同时，在操作上，银版法需要相当长的曝光时间，因此，暗房与被摄物也必须固定，而暗房较大，不便移动。塔尔博特的碘化银法每次曝光可得到一张纸质负片，这意味着可重复印制多张照片。但这种方法成像效果较模糊，影像质量不如银版照相。[5]

在摄影史上，更加出名、更为人津津乐道的是达盖尔，其地位也更高，相比之下，塔尔博特的发明的推广使用较为缓慢。这一方面是因为银版法的发明技术相对优质的特性，另一方面也与历史上的发明以外的活动相关。值得注意的是，塔尔博特没有获得官方的认可，他过于注重在市场活动中保护自己的专利。1839年，法国政府收购了达盖尔的银版法，并把这一神奇的现代技术推广给公众，使得更多的人参与了银版法的使用和改良，让市场的力量来推动摄影。因此，摄影也有了之后长久的飞跃发展。[6]

1857年，玻璃湿版法被发明，它结合了成像清晰和可重复印制这两个摄影最重要

---

[1] 萨杜尔.世界电影史[M].徐昭，胡承伟，译.北京：中国电影出版社，1982：39.
[2][3][4][5] 塔格.表征的重负：论摄影与历史[M].周韵，译.重庆：重庆大学出版社，2018：13.
[6] 塔格.表征的重负：论摄影与历史[M].周韵，译.重庆：重庆大学出版社，2018：14.

的优势属性。1880年乔治·伊斯曼（George Eastman）获干版法专利。摄影师再也不用携带暗房，且照片可以带回延迟冲洗，曝光时间也更短，开始具备拍摄动态影像的条件。19世纪晚期，塑胶工业技术逐渐成熟，可以将压成薄片的塑胶片被作为底片。也是在这一时期，柯达公司发明了胶片及方便携带的可安装胶卷的盒子照相机，胶片取代玻璃板成为影像的感光材料。①

知识卡片1：曝光技术的进步使电影拍摄成为可能

（二）动画与活动影像史

电影胶片以24格/秒或16格/秒的速度转动着，在人的眼里成为活动着的影像，这一现象的视觉原理是视觉滞留效应。在17—18世纪的欧洲，牛顿和达赛就曾经研究过这一现象。1825年费东和派里斯博士发明了一种视觉玩具——"幻盘"（Thaumatrope）②，即将圆片的两面画上不同的图案，当圆片旋转起来时，两个画面仿佛叠加在一起成为一个画面。1830年，一位英国著名物理学家根据彼德·马克·罗杰特（Peter Mark Roget）的研究，制成了"法拉第轮"。

比利时物理学家约瑟夫·普拉托和奥地利教授斯丹普弗尔则结合了"法拉第轮"的原理和"幻盘"的图画，在1832年同时发明了"诡盘"。③1834年，英国人霍尔纳发明了一种视觉玩具——"走马盘"。④在19世纪的欧洲大城市中，这些小机器开始脱离物理实验室的范围而成为儿童玩具。这些小玩意，便是近代动画片的雏形。⑤

（三）放映史

除了创造、记录影像，如何再现和放映影像也是电影出现的一个必须解决的技术问题，而随着上述摄影史和动画史中人们的努力钻研，放映技术也在不断成型，并穿插在两者的历史之中。

放映活动的开端要特别提及的是奥地利的冯·乌却梯奥斯将军，他在1853年结合了17世纪以来由耶稣教徒基尔谢所创造的幻灯，在银幕上放映了动画。⑥1877年，雷诺改进霍尔纳的"走马盘"，制成"活动视镜"⑦，该发明可以利用"深景"和"特写"，使物体显得时远时近。在逐渐完善这一机器后，雷诺在1888年创造了光学影戏机（Téatreoptique），意为使用凿孔的画片带，并从1892年开始在巴黎葛莱凡蜡像馆放映世界上最早的动画片，这一放映实践持续了将近十年的时间。他所放映的动画片已经开始利用近代动画的主要技术，包括活动形象和布景

知识卡片2：爱迪生对电影放映技术的改进

---

① 巴杰. 摄影的精神 [M]. 朱攸若，李岳，译. 杭州：浙江摄影出版社，2018：15-49.
② 萨杜尔. 世界电影史 [M]. 徐昭，胡承伟，译. 北京：中国电影出版社，1982：1.
③④⑤⑥ 萨杜尔. 世界电影史 [M]. 徐昭，胡承伟，译. 北京：中国电影出版社，1982：2.
⑦ 萨杜尔. 世界电影史 [M]. 徐昭，胡承伟，译. 北京：中国电影出版社，1982：56.

的分离、循环运动、特技摄影等。①

从1888年以来,实验室里的放映或者无结果的公开试映如火如荼地进行着。世界各国有几十位发明家想在银幕上放映电影。1895年,早期电影的公开放映非常盛行。各个发明家都在孜孜不倦地进行机器的改进与发明,并进行独立的放映。但在影史上,所有这些放映,都不能和卢米埃尔兄弟发明的"活动电影机"所获得的成功相比。卢米埃尔兄弟痴迷于漂洋过海来的爱迪生放映机,他们请卡尔邦蒂埃经营的工厂帮忙制造他们自己发明的"活动电影机"。放映机和洗印机由此合为一体,使他们的机器超越了其他机器。在巴黎的大咖啡馆中,随着人们被《火车进站》中的火车吓得四处逃散,卢米埃尔兄弟的放映获得了巨大的成功,也就是在这一日——1895年12月28日,电影正式诞生了。②

我们也能够从这一历史中体悟到,电影的诞生要素除了影片本身在场,更要有影片与人、与社会之间的关系在场。如本雅明写道:"电影为一种集体的共时提供了对象。"③ 正是公映这一集体活动,标志着电影的诞生。这也使电影在产生的初始阶段便确定了日后的发展定位——电影是一种大众艺术。

至此,无论是在电影制作、保存影像方面,还是在放映影像方面,技术均趋于成型。放映实践一方面使其成为一种面向公众的媒介,打开了电影的公共维度,另一方面也为它的创作形态作了发展铺垫。

二、有声技术的发展与有声电影的兴起

自卢米埃尔的放映获得巨大成功以后,电影诞生了。但20世纪20年代中期以前,依然是无声电影占据主流,影片播放大多会配备伴奏的钢琴甚至是一整套管弦乐队,使音效与银幕动作大致匹配,以增加影片的表现力。在当时,有声系统难以获得成功,主要原因在于声音和影像要完全同步非常困难,放大器和扬声器还不足以满足影院大厅的要求。而声音技术的出现,不仅带来了政治、经济和技术上的意义,也影响了电影的艺术风格。实践证明,声音的到来为电影开启了一个伟大和崭新的时代,声音与电影画面以可以预见的方式结合在一起。

(一)声音技术与电影产业

声音技术最早诞生于美国,1923年,李·德福雷斯特首先展示了他的"有声电影胶片"(Phonofilm)。在胶片上录音的过程就是把声波转化为光波,以影像的方式记录在常规的35毫米胶片上画格旁的边缘。④ 在同一时期,美国电话电报公司(American Telephone & Telegraph)的一家子公司——西部电力公司(Western

---

① 萨杜尔.世界电影史[M].徐昭,胡承伟,译.北京:中国电影出版社,1982:56.
② 萨杜尔.世界电影史[M].徐昭,胡承伟,译.北京:中国电影出版社,1982:78.
③ 维利里奥.战争与电影:知觉的后勤学[M].孟晖,译.南京:南京大学出版社,2011:23.
④ 汤普森,波德维尔.世界电影史[M].范倍,译.北京:北京大学出版社,2014:256.

Electric）开发出了录音系统、放大器和扬声器。[①]虽然早在 1925 年，西部电力公司就已经开始销售它的盘上录音（sound-on-disc）系统，但由于很多好莱坞制片厂对有声系统的谨慎态度，该技术并未得到广泛应用。直到 1926 年，华纳兄弟公司提出，声音可以取代电影节目中的现场娱乐进而缩减成本，它选择采用西部电力公司的电影录音系统，并与很多重要的歌手、喜剧演员和其他表演者签订了独家合约。1926 年 8 月起，华纳兄弟在一系列短片中进行了声音系统的测试，并大获成功，由此，华纳兄弟开始摄制更多有音乐的短片。

1928 年，世界上第一部全对白片《纽约之光》（The Lights of New York）播出，再次引起轰动。有声电影的热潮也让越来越多的公司看到了声音技术带来的巨大利润。1928 年，西部电力公司也研制出了一种有效的片上录音技术，且提供最优惠的合同，最终好莱坞的五家最大的制片公司——米高梅、环球、第一国民、派拉蒙和制片人发行公司都选择了西部电力公司的系统。当然由于很多小型影院无力购买任何有声设备，再加上当时经济大萧条的冲击，直到 1923 年，美国才真正完成向有声电影的转变。

（二）声音技术与电影制作

早期有声电影制作，受到了很多的技术限制。比如麦克风的位置限制言语时的动作，工作人员通常使用沉重的索具将麦克风悬挂在电影场景上空，技术员只能在有限的区域内移动麦克风，试着将它指向演员。

也正是因为麦克风是相对固定的，这一时期的演员很多时候演戏都只能尽量控制在一个区域内，所以在拍摄上，为了能够使用定场镜头、切入镜头和正反打镜头之类的技巧，并保证镜头变换时声音匹配并且嘴唇运动平滑，导演们开始从多种不同角度拍摄同一场景，即所谓的"多机位拍摄"。[②]

早期有声技术也限制了电影制作者的选择，摄影机隔音棚装有滑轮，通常是用于在不同机位之间移动摄影机，但这会产生噪声，不适合拍摄移动镜头，因此，当时多将摄影机进行短暂的平摇，以保持动作处于画面中心。[③]随着技术的发展，上述很多问题得到了解决。比如摄影棚安装了能够隔离摄影机噪音的金属隔音设备；麦克风、吊杆也出现了（图 7-1）。1933 年，为某个场景录制多条声轨并混录成一条最终的声轨这一技术得到应用，制作人员能够在一部电影的画面摄制和剪辑完成之后再为其录制非叙境的气氛音乐，还可以为某个场景添加音效，或者为歌手预录一些歌曲在拍摄时回放，以便其对口型，声音的组合和重组变得较为容易。

---

①② 汤普森，波德维尔. 世界电影史[M]. 范倍，译. 北京：北京大学出版社，2014：259.
③ 汤普森，波德维尔. 世界电影史[M]. 范倍，译. 北京：北京大学出版社，2014：260.

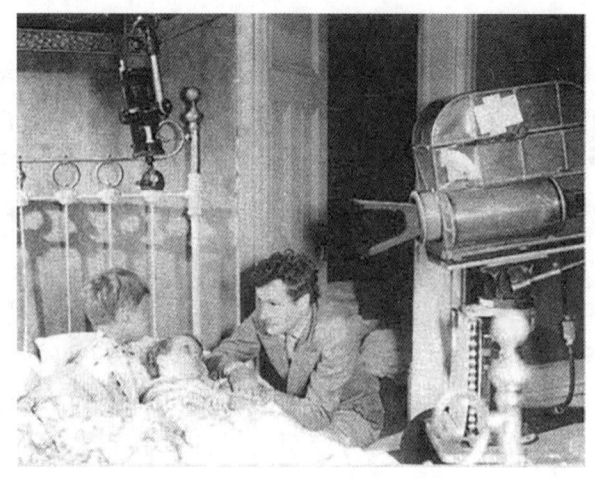

图 7-1 《明星证人》（1931）的拍摄现场，麦克风通过吊杆悬在演员头顶上空

三、更宽、更多彩的电影

1954 年以后的十年间，美国有超过 90% 的家庭拥有电视机，再加上其他休闲活动如体育项目和录制音乐的出现，都威胁了电影的上座率。于是，电影制片商试图通过改变电影的画面与声音，从电视等媒介手中抢夺观众。20 世纪 50 年代初期的电视图像又小又模糊，并且多是黑白的，为在和电视的竞争中不落下风，彩色电影和宽银幕电影迅速发展起来。

20 世纪 50 年代以前，很多影片采用特艺彩色技术[①]，这种复杂精细的三胶片转染工艺在 20 世纪 30 年代已经完善，但特艺彩色技术却存在高价垄断现象，一度限制了彩色电影的发展。1950 年，伊斯曼推出了单带彩色胶片，可在任何摄影机中曝光。有很多摄影师认为，单带彩色胶片在宽银幕上看起来更好。随着单带彩色胶片的使用，好莱坞的彩色电影所占的比例从 20% 跃升到了 50%。

与此同时，二十世纪福克斯（20th Century Fox Film）通过影片《圣袍》（*The Robe*）推出了"星涅马斯科普宽银幕技术"（CinemaScope）[②]。摄影机在拍摄时安装一个变形镜头，使用宽视角拍摄再压缩到 35 毫米胶片上。影片放映时则将压缩的影像还原成看起来正常的影像。这种宽银幕技术最初标准的画幅宽高比是 2.55∶1（用于磁性声音）。与其他宽银幕系统相比，星涅马斯科普宽银幕系统造价便宜，工艺简单，因此，它成为最流行的宽银幕系统。

除此之外，20 世纪 50 年代初期，好莱坞制片厂逐渐从光学录音转向了磁性录音，

---

① 20 世纪 30 年代初期，特艺彩色公司（The Technicolor Firm）引进了一套新的系统，使用棱镜把通过摄影机镜头的光线分投到三条黑白胶片上，每一条胶片记录一种原色，对胶卷进行冲印及染色过程后，就可以利用普通放映机播放彩色电影。

② 汤普森，波德维尔. 世界电影史[M].范倍，译.北京：北京大学出版社，2014：426.

工程师们利用多声道声音提高宽银幕放映效果,制片商也以磁性方式复制立体声。当时,彩色电影搭配宽银幕和立体声等技术为电影提供了一种电视无可比拟的吸引力。1952年上映的纪录片《这是宽银幕立体电影》(*This Is Cinerama*)以旅行纪录片的形式展示了各种宽银幕电影的可能性。观看这部影片的观众就像是在坐过山车:不仅可以看见一架飞机飞越大峡谷,还能看见其他令人感到紧张刺激的影像。这部纪录片在纽约的影院中连续上映超过两年,票价高得异乎寻常,票房收入接近500万美元。

值得一提的是,宽银幕的技术创新也为电影制作者带来了新的美学问题。起初,好莱坞的创作人员担心宽银幕会将摄影机固定并导致长镜头盛行,一些剪辑师担心观众在一系列快速的宽银幕镜头画面中不知道该看哪里。与此同时,导演们发展出了宽银幕的构图方法,他们利用布光和焦点强调主要人物,用景深调度引导观者的眼睛在银幕景框中有序地游弋。

为对抗电视的冲击,20世纪50年代也出现了立体电影(stereoscopic)或称"3D电影"。1952年,讲述非洲探险的《非洲历险记》被认定为史上第一部真正的3D长片,该片的口号是:"狮子在你腿上,爱人在你怀里。"[①] 这部电影采用自然视觉(natural vision),需要两条胶片,放映时将其中一条置于另一条之上,观众戴上偏振眼镜观看,即可将两个影像融合为一个具有深度感的影像,这就是胶片时代的3D探索。

四、从胶片电影到数字电影

电影在它的第一个百年发展中主要是一种模拟媒介。它通过光化学反应,在一段电影胶片上记录连续的光波和声波的痕迹。然而,自20世纪80年代以来,电影逐渐成为一种数字媒介——以1和0的二进制形式对信息进行采样。

商业电影最早的数字技术包括"动作控制系统"(motion-control systems),由计算机操纵的摄影机绕着缩微模型一帧一帧地运动,最早大量使用动作控制的影片是《星球大战》(*Star Wars*),随后这一系统迅速成为制作特效镜头的关键。[②] 除了画面以外,以二进制形式采样和存储声波的数字录音带(DAT)也被音频工程师用作音乐和电影声音的标准。接着,多厅影院也都升级到数字多声道系统,这促使电影制作者能够运用动人的环绕音效制作一系列声音:从轻微的耳语声到令人毛骨悚然的爆炸声。

一旦电影用数字化方式制作,数字化发行方式也随之而来。20世纪90年代末,若干影院主要借助数字卫星和有线电视系统开始实验数字放映。制片厂设想实现"视频点播",使成千上万的数字化电影经由一个简单的拨号就可以通过电话或有线电视

---

① 汤普森,波德维尔.世界电影史[M].范倍,译.北京:北京大学出版社,2014:427.
② 汤普森,波德维尔.世界电影史[M].范倍,译.北京:北京大学出版社,2014:924.

线路发送给拨号者,当视频点播绕过影院和租赁店,电影制作者的利润就会实现最大化。

随着互联网的发展,会员订阅制的流媒体播放平台成为新的数字电影发行方式。以美国奈飞(Netflix)公司为例,1997年成立时它仅是一家在线DVD及蓝光影碟租赁提供商,用户可以通过免费快递信封租赁及归还Netflix库存的大量影片实体光盘。随后,Netflix建立了自己的流媒体播放平台,允许用户通过电脑、电视、手机等收看电影、电视节目,并通过算法推荐预测观众的观影口味。

电影这一媒介经历了近两百年的技术发展,今天的影院拥有比历史中其他任何时代都更多的银幕,无论是模拟影像还是数字影像,无论看电影的地点是在影院、在家中、还是在手掌上,我们都无可否认电影逐渐成长为一个全球性、社会性的传播艺术形式。其中,从无声电影到有声电影,从胶片电影到数字电影,我们看到电影制作技术的改变对电影这一媒介所带来的影响,这些创新始终刺激并吸引着观众。

第二节 电影产业发展史

一、外国电影产业发展史

(一)20世纪初:电影的工业化与企业化进程

路易·德吕克(Louis Delluc)说:"电影也是一种企业,并且带有许多别的东西。"[①]研究电影如果不涉及它的企业方面,是不可能的,而这种关于企业的讨论又是与社会的经济和技术状况分不开的。因此,我们把电影作为一种受企业、经济和技术严格制约的艺术来加以研究。[②]1896年年底,电影已经完全地脱离了实验阶段,此时享有专利权的电影机器已经达百余种之多,电影的工业化进程已徐徐拉开序幕,法国的卢米埃尔、梅里爱、百代、高蒙与美国的爱迪生和比格沃拉夫,伦敦的威廉保罗,都已奠定了电影企业基础。[③]尽管之后英国的电影一直在手工业阶段停滞不前,但在法国,梅里爱的影片成为儿童喜爱的娱乐内容;百代也在电影被上流社会所遗弃之时,为平民观众生产了大量影片,赢得了他们的喜爱,在这一阶段,法国电影业在查尔·百代的带领下,走向了工业化道路。

1903年到1909年,在电影史上是一个"百代时期"。查尔·百代那种非凡的企业精神,在5年之内把梅里爱手工业式的企业变成了一个庞大的工业,樊尚——这个

---

①② 萨杜尔.世界电影史[M].徐昭,胡承伟,译.北京:中国电影出版社,1982:39.
③ 萨杜尔.世界电影史[M].徐昭,胡承伟,译.北京:中国电影出版社,1982:9.

第七章 电影史

电影的首都,由此支配了整个世界。①

在百代电影的全盛时期内,其财团利润巨大,其业务也开始从空间上的横向扩展,转移到纵向扩展——停止发售影片,直接控制放映影片的五大公司,按放映时间出租影片。电影史上,这段时期被称为百代的"苦迭打"②事业。这一事业的后果是电影行业的专业化加速,其分化为三个部分:成为一种工业的制片业、相当于批发商业的影片发行或出租业、相当于零售商业的直接为观众放映的电影放映业。③

与此同时,百代的野心愈加膨胀,除了实现电影物质上的独占——胶片工厂、摄影棚、放映机等资源,它还想要实现思想与市场的独占。从作家的头脑到城市的电影院,从胶片制造到市集上的临时影棚,百代都想加以控制和统一,百代公司还支配着国际的电影交易,其分支机构在各个国家遍布。1908年,百代公司还在纽约市设立了一个制片厂。除此之外,它还创新地将世界各地的摄影记者寄回来的影片用于制作新闻片,并创立"百代新闻影院"④。百代新闻片发行遍及全世界,最早的新闻电影就这样生产出来了。虽然当时的电影工业比今日规模小,但百代的产业地图比今日的好莱坞还要全面。⑤

1908年,全世界的电影观众人数急速增长,在大西洋的另一岸,金融界也对电影产生兴趣,一些规模宏大的联合公司开始成立。此时期的美国电影企业代表是爱迪生与比沃格拉夫的托拉斯集团。美国电影的崛起由诸多因素推动,首先是自格里菲斯成为比沃格拉夫公司的导演后,他一方面积极地进行技术试验,另一方面挖掘了许多有才能的演员,并把美国电影的重心转移到加利福尼亚一带。此外,电影业受到华尔街金融界的关注,一场场争夺明星的厮杀持续进行,明星中心制逐渐建立起来,同时还从独立制片商的斗争中获取利益。在这样的环境中,美国电影业的生产指标一直上升,放映业持续发展。⑥

而此时,在战争爆发的前夕,欧洲电影业的辉煌不再如往昔,市场开始危机不断,各个企业开始组织"艺术影片公司"⑦。用无名的演员来拍摄电影,曾是电影业发展初期所遵守的陈规,而随着艺术影片公司的兴起,一种为争取高雅戏剧的观众所必不可少的明星制度也开始兴起。然而,在百代的挤压下,艺术影片公司成为一个徒有空壳的营利事业公司。此外,由于欧洲电影工业没有广大的放映网作为基础,电影也在面临着大范围衰落的局面。

1914年,第一次世界大战爆发,自此,欧洲电影逐渐衰落,美国电影霸权开始建

---

① 萨杜尔.世界电影史[M].徐昭,胡承伟,译.北京:中国电影出版社,1982:65.
② 萨杜尔.世界电影史[M].徐昭,胡承伟,译.北京:中国电影出版社,1982:67.
③ 萨杜尔.世界电影史[M].徐昭,胡承伟,译.北京:中国电影出版社,1982:68.
④ 萨杜尔.世界电影史[M].徐昭,胡承伟,译.北京:中国电影出版社,1982:57.
⑤ 萨杜尔.世界电影史[M].徐昭,胡承伟,译.北京:中国电影出版社,1982:70.
⑥ 萨杜尔.世界电影史[M].徐昭,胡承伟,译.北京:中国电影出版社,1982:70-140.
⑦ 萨杜尔.世界电影史[M].徐昭,胡承伟,译.北京:中国电影出版社,1982:90.

立,百代由于经济、战争等方面原因,在一战后一蹶不振,其原有的工厂和公司,要么卖给了美国,要么就此解散。1915年2月8日大卫·格里菲斯(D. W. Griffith)摄制的《一个国家的诞生》首次在美国上映,这也是好莱坞统治电影世界的开始。

(二)有声技术与世界电影市场

在声音技术被越来越多的电影公司与制作人采用之后,有声技术也逐渐从美国传到世界各地。20世纪20年代有很多德国电影制作者到了好莱坞,在他们的手下,早期的有声片已经找到了创造性地使用声音,以及保持风格灵活的摄影机运动和复杂剪辑的方法。在当时,德国最为成功的早期有声电影是歌舞片。比如埃里克·沙雷尔(Erik Charell)在1931年上映的电影《会议在跳舞》结合了奢华的服装、场景,以及精巧的摄影机运动。①

在法国,由于当地有声片市场初期是被美国和德国系统占据,直到1928年10月,派拉蒙公司为它在巴黎的首轮影院安装了有声设备,放映了一部由明星莫里斯·舍瓦利耶(Maurice Chevalier)主演的短片,这使得法国制片人竞相制作有声片。

在英国,从20世纪20年代中期开始,一些英国影院开始在它们的节目里添加杂耍表演和序幕演出。1929年年初,乔尔森的影片《唱歌的傻瓜》引来无数赞赏,一些影院和摄影棚急迫地开始安装有声设备。

日本在当时是极少数有"对白片"的国家之一。日本电影制作推进非常谨慎,直到五所平之助的《夫人与老婆》在1931年首映并大受欢迎才助推了日本电影工业转向对白片。② 有声电影的出现,让日本电影界出现了东宝、松竹和大映公司之间的竞争,形成三足鼎立局面。

随着声画同步的电影成为一种国际化现象,语言障碍也得以克服,比如配音、字幕等配套技术开始出现,由此对话电影才得以在世界范围内发行。但对所有制作电影的国家来说,有声片的拍摄也带来了最严重的问题,即语言障碍限制了出口。一开始,很多影片会选择拍摄多个版本,每个版本的演员用不同的语言讲话。但后来,制作公司发现多语言版本无法解决语言难题。直到1931年,将各条分离的声轨混录到一起的技术有了很大的提高,原始的音乐和音效能与新的声音结合,声音与嘴型同步的方法也有了很大的改进,加之字幕获得了广泛的接受,对白片得以跨越语言障碍,有声电影的国际化之路也开始越走越宽。③

(三)好莱坞制片厂制度

自1929年起,美国经历了为期4年的经济萧条,1937年至1938年再次出现经济衰退。到了1938年,政府的强力介入,终于使国家摆脱了经济危机。二战也促进了美国经济的发展,使美国工业产品的销量大幅增加、美元仍具备相当的购买力,电

---

① ② 汤普森,波德维尔. 世界电影史[M]. 范倍,译. 北京:北京大学出版社,2014:265.
③ 汤普森,波德维尔. 世界电影史[M]. 范倍,译. 北京:北京大学出版社,2014:274.

影工业由此繁荣，观众人数剧增。

有声电影的兴起以及大萧条的冲击，使得好莱坞电影工业的寡头垄断结构发生了某些变化。雷电华（RKO）因为创造性地开发利用了 RCA 的有声系统富托风（Photophone）而得以兴起，华纳兄弟则因在有声技术的使用上抢先占领市场，逐渐由一个小公司发展成为 20 世纪 30 年代规模较大的电影公司之一。之后的近 20 年间，美国的电影业呈现出"五大三小"的寡头垄断局面。五大即五家"大制片厂"，包括派拉蒙、洛氏、福克斯、华纳兄弟和雷电华；三小即三家"小型公司"，包括环球、哥伦比亚和联艺。①

知识卡片 3："五大三小"的好莱坞电影公司简介

除了"五大三小"之外，好莱坞也不乏一些独立制片公司。不同层级的电影企业在电影工业中具有不同的功能。如大制片公司为大型影院提供大量 A 级影片，小制片厂则为不属于大制片厂的小型影院提供其他影片，独立制片公司则会制作一些有声望的电影。

知识卡片 4：美国电影制片人与发行人协会

（四）派拉蒙案与电影产业反垄断

从 1912 年起，好莱坞制片厂形成寡头垄断。这些公司一起运作，控制着整个行业。最大的公司采用垂直整合体系——兼顾制片、发行，并在自己的院线中放映影片。大公司通过包档发行的方式，让预算更大、明星云集的影片带着不那么有吸引力的影片打包发行。在这种状况下，掌握大制作的公司排斥其他竞争者进入电影业。

1938 年，美国司法部提起诉讼，诉派拉蒙影业公司及其他公司违反了反垄断法。政府指控"五大"和"三小"相互串通垄断电影行业，通过院线、包档发行影片，并且使用其他不公平手段把独立电影排斥在影院之外，这一事件被称为"派拉蒙案"②。

知识卡片 5：美国电影出口协会与全球电影

经过一系列复杂的法律程序，美国最高法院在 1948 年下达了判决，宣布 8 家公司都有垄断行为，法院下令这些大公司剥离它们的院线。派拉蒙案判决后，每一部影片的质量变得更加重要，因为不再有电影能通过与大片捆绑获得成功。随着包档发行被宣布为非法，放映商也能自由地利用独立电影填充部分放映时间。有了这一通往放映商的新途径，独立制片商旋即成倍增加，一些明星和导演也转而开设了自己的公司。1946 年至 1956 年期间，独立电影年产量增长了一倍多，达到大约 150 部。

---

① 汤普森，波德维尔．世界电影史［M］．范倍，译．北京：北京大学出版社，2014：278.
② 汤普森，波德维尔．世界电影史［M］．范倍，译．北京：北京大学出版社，2014：420.

（五）电影工业的再次集中与整合

20 世纪 80 年代，电影工业深受两种活动影像新技术的影响。一是有线电视和卫星电视发展出大量可供观众选择的频道，制片厂把新近制作的影片版权卖给家庭影院公司（HBO）、娱乐时间（Showtime）和其他有线电视频道。同时，有线电视公司也开始投资电影制作，并提前购买播映权。第二种新技术是 1976 年日本索尼公司开始推销的 Betamax 家用录像机。到 1988 年，近 6,000 万美国家庭拥有了录像机，制片厂通过将电影制作成录像带销售给租赁店。此外，录像带的生产也提升了制片厂片库的价值，因为老电影也可以制成录像带再次发行，这一时期被一位历史学家称为"辅助市场的 20 世纪 80 年代"（the ancillary eighties）①。

自辅助市场被开拓以后，制片公司逐渐意识到，一部电影在商业上的成功不仅依赖于影院的发行，而且依赖于家庭录像带、有线电视、广播电视、音轨 CD 和特许经营商品的销售。以迪士尼为例，电影可以被用于电视、玩具、图书、唱片和主题公园，每个平台都能促进利润的增长。福克斯电影娱乐公司总裁也曾说："电影在 95%的时间里能赚钱的唯一方式就是把所有的市场加在一起。"② 逐渐地，大制片厂成为娱乐帝国。

尽管 1948 年派拉蒙案的判决将大公司与放映业做了切分，但在总统里根和布什治下，司法部对法院的判决给出了温和的解释，并允许大公司收购影院和电视台，使得垂直整合再度回归。在 21 世纪即将到来之时，几乎所有好莱坞最重要的电影制作发行公司都成为全球媒体公司的一部分，大多数制片厂也成为有线电视网，如迪士尼频道、福克斯网、特纳电视网、有线电视新闻网和特纳经典电影频道（Turner Classic Movies）。电影制片厂发现自己和棒球队、曲棍球队、唱片公司、主题公园、电视台一起工作，电影与电视、网络一起成为媒介组合发挥着协同效应。

这些整合后的娱乐帝国开始实施大片战略，谋求制作各种各样的观众到影院观看的"必看片"（must-see movies），很多热门的影片如《教父》《驱魔人》《大白鲨》《第三类接触》《星球大战》都属于"必看片"。对美国电影产业而言，大制作、大特效的巨片似乎能规避风险。首先是制片人深信，观众更喜欢巨片，因为贡献票房收入的观众都是对巨片很有激情的年轻人，他们喜欢幻想电影和科幻电影（《星球大战》《第三类接触》《超人》）、恐怖片（《驱魔人》《月光光心慌慌》）和低俗喜剧（《动物屋》）。其次，巨片聘用顶级编剧、大明星和成功的导演，就好像有了成功的保证，退而言之，即使影片失败，制片人也能免受指责。最后，随着欧洲人、亚洲人和拉美人在服装、快餐和流行音乐方面的取向逐渐与美国流行趋势达成一致，这些电影大片还可以在全球销售，赢得高额的国外票房收入。

---

① PRINCE S. A new pot of gold: Hollywood under the electronic rainbow, 1980-1989. [M]. California: University of California Press, 2002: 84.

② WYATT J. High concept: movies and marketing in Hollywood [M]. Austin: University of Texas Press, 1994: 13.

不过，巨片放映需要大型多厅影院，但20世纪80年代初，还没有足够的银幕支持放映巨片。到了2000年，放映已经成为一个相当集中化的生意，在电影大片和投资公司的利润刺激下，放映商们着手打造新的影院建筑。大型多厅影院以集中化的售票处、放映室和小卖部创造了规模经济。观众们也摒弃了20世纪70年代的破旧多厅影城，转而选择21世纪的大型多厅影院，这些影院拥有数字声音系统、舒适的大厅座位和软饮料销售台。与此同时，放映商所占有的票房份额也不断增长，并得到了高价零售业和高额零食销售的所有收入。至此，电影的制作产业、放映产业逐步走向现代化和成熟，电影这一媒介也形成了我们如今习以为常的样态。

二、中国电影产业发展史

电影是一种物质生产和精神生产结合的产物，也是近代科学技术发展的产物。拍电影不仅需要比较完善的技术、设备和资金等方面的条件，还需要一整套工业和经济体系。因此，电影接近于其他物质生产部门，需要经济实力的支持。另外，电影也是一门综合艺术，是精神活动的一种表达方式，能够在一定程度上反映出当时的社会政治经济状况或群众的要求，并经由统治阶层控制，成为意识形态的宣传途径之一。中国电影基于特殊的历史环境，在其历史发展中亦具有一些显著独特性。

首先，中国电影与其所处的时代生活和社会历史条件关联紧密。社会历史的变革直接影响着中国电影在思想内容和艺术形式上的变革。中国近代史是一段动荡多变的历史，政治局势危机四伏，经济环境不稳，社会变革频发。自鸦片战争后，中国沦为半殖民地半封建社会，为了重新站起来，实现独立自主，中华民族肩负两大历史任务：求得民族独立和人民解放；实现国家繁荣富强。此时，电影作为宣传的艺术手段之一，无法独善其身，电影创作不只反映个人意趣，更承担着拯救民族危亡的历史重任。

其次，中国电影的创作在很大程度上受到中华民族历史文化传统和民族审美心理传统的深刻影响。如中国电影在创作初期与戏剧关联密切，出现"影戏"这一特色产物。再如《风云儿女》《红高粱》《黄土地》这些极具地域特色与民族记忆的作品，它们是民族故事的典型代表。这体现了文化心理积淀的无意识流露与创作者的有意追求。它们共同形塑着中国电影民族风貌。

最后，与世界电影艺术发展水平相比，中国电影技术水平较为落后、商业化程度较低，总体发展水平处于劣势。当五四运动之后中国现代文学开始兴起，中国电影才开始故事片创作，从形式到内容都没有摆脱原始状态。这与中国整个社会政治、经济、科学和文化水平有关。这决定了中国的创作者们一方面不断追赶现代文艺的步伐，另一方面又在更为艰苦的条件下进行艺术创作，经历着更为严格的审核。

（一）中国早期电影（1895—1931）

从电影诞生、传入中国到1932年左翼电影运动兴起之前这段时间是中国电影发展的初期阶段。电影的诞生，通常以1895年12月28日法国人卢米埃尔兄弟在巴黎第一次公开放映他们摄制的《工厂大门》《火车进站》等电影片段为标志。电影形成的时候，正是资本主义迅速向全世界扩张的时期。电影这个帝国主义时代的新奇发明，也随着殖民者的足迹迅速地传播到世界的各个角落，并很快传到了中国。电影刚刚在中国放映时，人们把它称为"西洋影戏""电光影戏""美国影戏"等，后来逐渐简化为"影戏"，成了中国人早年对电影的通用名称。电影最早使观众震惊之处，在于其梦幻般的记录，"开古今未有之奇，泄造物无穷之秘"①，可谓是中国人对电影的最初认识。早期外国影片输入中国，是帝国主义对中国进行经济和文化侵略的一个组成部分。一方面，搭建放映网、输入外国电影主要是以赚钱为目的；另一方面，许多影片把腐朽的生活方式和文化思想展示给观众看，诱发了一些犯罪活动。虽然有负面影响，但这种输入也确实将电影这种娱乐方式引入了中国，并使之得到快速发展，客观上刺激了中国人独立摄制影片的欲望。

以1905年在丰泰照相馆拍摄《定军山》几个表演片段为标志，中国开始国人拍片的尝试阶段。②中国最初的拍片尝试始于戏曲片，它反映了中国电影一诞生就迅速与民族文艺传统结下了不解之缘。1921年，中国拍摄出了最早的三部长故事片：任彭年导演的《阎瑞生》、但杜宇导演的《海誓》和管海峰导演的《红粉骷髅》，标志着中国电影由蹒跚学步逐渐走向成熟。同期，中国逐渐形成一套电影企业和发行放映系统。1923年，明星公司的郑正秋与张石川编导的《孤儿救祖记》在艺术上和票房上获得的极大成功，进一步标志着电影已被承认为一种艺术，并且电影业也成为一个赚钱的行业。于是新的影片公司随之纷纷成立，在往后二十几年间，上海涌现出了100多家电影公司，并拍摄出了大量影片，20世纪20年代呈现出电影业自由竞争的繁荣局面。另外，有声电影的研制试验也在这时开始进行。《歌女红牡丹》就是首试成功的蜡盘发音有声片，接着，中国电影公司又完成了第一部在片上发音的有声片《旧时京华》，预示着中国电影的有声时代就要来临。

（二）20世纪30年代左翼电影（1932—1937）

知识卡片6：左翼电影的成就

从1932年左翼电影运动兴起，到1937年夏抗日战争全面爆发的五六年中，中国电影无论是思想内容还是艺术形式都有革命性变化，同时实现了较大发展。

随着日本帝国主义进攻上海，中国民众的民族意识和爱国精神空前高涨，抗战救国成为当时市民阶层能够认同的理念。民众呼吁电影界"猛醒救国"，担负起宣扬民族救亡的任务。而在1935年"华北事变"和"一二·九"运动以后，民族危机的进一步加深和人民抗日要求的重新高涨，也推动着左翼电影运动再次转向高涨，并因此出现"国防电影"新高潮。左

---

① 钟大丰."影戏"理论历史溯源[J].当代电影，1986（3）：77-82.
② 陈吉德.《定军山》：中国电影的开山之作[J].电影文学，2005（1）：22.

翼电影工作者第一次在电影界提出反帝反封建的口号，并将其作为电影创作的指导方针、主要任务和取材标准。左翼电影工作者把现实主义的真实性原则与革命文艺的倾向性原则结合起来，开创了中国电影的革命现实主义传统，实现了通过电影直接反映日本帝国主义的侵略威胁、剥削阶级残酷压迫下社会的动荡不安和工农大众的痛苦生活和反抗要求。

（三）全面抗战时期电影（1937—1945）

在抗战时期，中国电影艺术家与其他文化战士一样，传承着中国知识分子对国家、民族命运的忧患意识传统，在颠沛流离的战乱中创作了一部部鼓舞民众奋起抗日救国的电影作品，在大后方形成了一股充满炽热时代精神的抗战电影潮流。这一时期的电影内容由过去以体现阶级矛盾为主流，转变为以体现民族矛盾为主流。弘扬爱国主义，表现民族奋起抗日，成为当时电影创作的主旋律。

在20世纪30年代前期抗日题材电影创作的初期阶段，这类作品的共同特点是以东北沦陷或淞沪会战为时代背景，把当时的阶级矛盾与民族矛盾交织在一起来反映社会生活，既暴露社会的黑暗，又揭示日本侵略给中国人民带来的深重灾难；展现了逃亡难民、城市下层民众以及知识青年的生活境遇和思想觉醒。这些都是进步电影剧作家站在时代风云前列，传承"文以载道"传统，自觉关心民族命运所创造出的成果。

由于日本很快侵占了京津沪宁地区，局势进一步恶化，电影工作者由上海撤退到武汉，再撤至重庆或香港，以中国电影制片厂和"中央电影摄影场"为基地，开展了大后方抗战电影的拍摄。从1938年1月起，中国电影制片厂在武汉开始了抗战电影制作，直到当年10月武汉失陷后，"中制"迁往重庆，抗战电影创作获得进一步发展。同时，重庆的"中央电影摄影场"、成都的西北影业公司，也是抗战电影制作的两个基地。另外，从1937年年底至1941年12月太平洋战争爆发这4年中，由上海转移到香港的部分电影工作者，团结香港电影同仁，开展了抗战电影的制作，亦取得了较大成绩。

上海租界区成为"孤岛"以后，那里的电影制作呈现出一种复杂的形态。他们的制片人以赤裸裸的营利为目的，不择手段地迎合"孤岛"民众心情苦闷下寻求感官刺激的需要，先后泛起了神怪、武侠、恐怖、古装片的浪潮。在战时，中国这片土地上，同时出现了解放区、大后方、"孤岛"、沦陷区等诸多电影基地，形成了复杂多样、完全不同的政治和意识形态的电影风貌，在中国电影史上留下了特殊的一页。

（四）战后现实主义电影（1945—1949）

中国在经历抗日战争后，到处是战争的创伤：社会经济全面崩溃，通货膨胀，时局动荡，社会混乱，中国影业陷入严重的困难与危机。拍片资金与器材奇缺，电影市场萧条，使许多民营影业公司成为朝生暮死的"露水公司"或"一片公司"，也使一些影片公司为求生存而粗制滥造庸俗、低级的影片，更加剧了电影业的混乱。在战后如此恶劣的社会环境下，广大进步电影工作者克服重重困难，团结电影界一切进步力量，一方面，开辟舆论阵地，宣传现实主义电影创作理论；另一方面，通过各种途径开展进步电影创作。

这一时期电影文化形成了两种鲜明对立的电影意识形态：一种是维护国民党统治利益的电影意识；另一种则是以社会批判为特征的进步电影意识。国民党垄断了统治区全部电影机构，进步电影工作者中的一部分人进入"中电"各厂，利用国民党的电影基地拍摄进步电影；另一部分人加入了拍摄进步电影的昆仑影业公司。同时，中共地下组织对文化、国泰、大同等民营影片公司也采取团结、争取的方针。在战后四年对立斗争中，尽管国民党当局对进步电影采取禁拍、篡改及删减等手段进行遏制，但这两种电影仍然赢得了20世纪40年代后期最具声势的地位。这便是战后现实主义电影勃兴与深化的过程。

在解放战争大背景下，产生了一大批优秀影片，这些影片主要特点是采取了暴露、隐喻及嘲讽的手法，控诉和揭露国民党政权的腐败与黑暗，揭示了人民斗争的出路；关注普通人物的命运，真实反映了沦陷时期和国民党统治下广大人民所遭受的灾难与痛苦；真实地反映了战时及战后广大民众失业、贫困、痛苦的遭遇；尖锐揭露了现实社会种种矛盾和弊端，特别是对战后国民党政治的腐败、接收大员的丑行作了充分的揭露。因此，这一时期进步电影所体现的现实主义精神，在对现实生活反映的真实性上，以及对现实的批判性上，均获得显著成就。同一时期，解放区电影也有了新的发展，在延安建立的延安电影制片厂，进行了《边区劳动英雄》的拍摄，但最终因战争影响而未能完成。

（五）新中国"十七年"电影（1949—1966）

1949年—1966年这17年，新中国电影的历程是光辉而又曲折的。首先表现在电影性质的划时代转变。随着社会制度发生根本性变革，原来的私营电影公司由公私合营而转为国营制片厂，中国电影也历史性地转变为社会主义性质。它以崇高的革命思想为指导，运用革命现实主义创作方法及新颖的艺术形式，反映了崭新的时代生活和人民的审美理念。

新中国成立17年间共出品670多部故事片和艺术片，它们都以健康的思想内容、鲜明的民族形式，塑造了广大工农兵、知识分子及其他劳动人民崭新的银幕形象；特别是创造了一大批具有革命英雄主义光彩的社会主义精神的新人形象，成为激励人民前进的生动榜样。新中国电影题材广泛，反映社会历史生活面异常丰富而广阔，这些都是旧中国电影无法比拟的。

新中国"十七年"电影虽然取得了很大成就，但也经历了曲折的历程。1950年，我国出品了60部影片。然而，随着1951年对电影《武训传》的批判，1951年到1952年的电影产量又一下子跌入了低谷。后经对电影体制的改革，以及指导思想的调整，1956年的电影产量又回升为42部，出现了一大批优秀影片。1957年的反右斗争扩大化及1958年的"拔白旗"运动等"左"倾政治路线的干扰，再一次严重影响了电影艺术领域的正常发展。为了迎接国庆十周年，周恩来总理亲自关心电影发展，从而扭转局面，使1959年出现了我国电影艺术的一次高峰，这一年出品的80部影片，大多艺术质量优异，题材、风格、样式多姿多彩，在电影史上留下了光辉的一页，《林则徐》《青春之歌》《我们村里的年轻人》等电影既富有浓郁的时代气息和民族色彩，又创造了众多不同历史时期的银幕形象。接着发生的三年自然灾害及"反修斗争"，使1961年电影业发展又出现下滑趋势。后来经过对文艺政策的调整，电影工作者的积极性受到激发，在1963年至1964年间，电影艺术再度获得发展，又出现了一批优秀影片，如《甲午风云》《小兵张嘎》《英雄儿女》等佳作都出现在这一时期。电影工业也具备了相当的规模，可以生产洗印、录音、摄影、放映等各种设备器材，中国电影事业形成全面发展的繁荣局面。

（六）"文革"时期电影（1966—1976）

这一时期，电影事业遭到严重摧残。

（七）新时期电影（1976—2000）

1976年10月，"四人帮"被打倒，十年动乱结束。中国电影事业获得了新生，电影生产开始复苏。党的十一届三中全会召开，标志我国进入了一个新的历史时期。广大电影工作者被激起了空前的创作热情，使电影取得瞩目成就。1979年是第一个电影丰收年，全年生产故事片60余部，优秀作品如《保密局的枪声》《吉鸿昌》《曙光》《北斗》等。1980年至1983年，解放思想、实事求是和改革开放的路线、方针深入人心，广大电影工作者更进一步明确了方向，电影创作获得更大发展，影片年产量上升到127部，特别是在艺术水平上达到了一个新的高度，具体表现在电影题材、样式、风格的多样化。如《天云山传奇》是第一部反映反右斗争扩大化问题的影片；《巴山夜雨》是一部具有浓郁诗情的影片；《被爱情遗忘的角落》是一部深沉的悲剧片；《城南旧事》是一部优美的散文叙事诗电影；《沙鸥》是一部富于哲理的散文诗电影。1984年以后，我国电影艺术的探索向纵深发展，电影语言、表现手法的多样性，审美追求的独特性，呈现出多元走向。如丁荫楠的《孙中山》、颜学恕的《野山》、张暖忻的《青春祭》等影片，都表现了第四代导演的艺术探索和追求，以及他们日趋成熟的功力与修养。在1984年至1986年期间，第五代导演异军突起，给中国银幕带来了青春的活力，令人耳目一新，如陈凯歌的《黄土地》，田壮壮的《猎场札撒》《盗马贼》等作品。

（八）21世纪中国电影（2000年至今）

进入21世纪，中国加入世贸组织，市场化进程加速，中国电影与世界电影接近与呼应。电影创作类型多样化，更加反映现实社会生活以及满足人民群众美好愿望，传统的主旋律电影演变为更为开放的主流电影，再至近十年来的新主流电影，上述种

种变化彰显着中国电影的时代色彩。

21世纪是中国电影由"破"到"立"的一个拐点。"破"即破除计划经济下的电影窘境。在20世纪90年代,计划经济下中国电影面临巨大困境,所谓看电影再也不能承载人民群众的文化娱乐诉求,市场严重萎缩。因此,电影的市场化改革成为20世纪以来电影从业人员的共识。与此同时,中国加入世界贸易组织加速这一变革进程。2000年以来,国家通过不断释放政策红利,推动电影体制与产业规程重构,激发市场活力。中国电影业破除了原本的体制束缚,不断地进行市场化改革,逐渐迈入高速发展的通道,从电影事业转型为电影产业的局面得以"立"。这20年来中国电影的发展不仅在于技术的巨大进步,"根本还在于精神价值、广阔的视野、对题材选择的开放,最重要的是它们的内容和思想境界已经今非昔比"①。

在创作形态上,多种类型的创作相继涌现、发展和成熟。在传播渠道上,互联网影视平台纷纷投身电影投资和制作领域,促使电影创作者在对于大电影、微电影、短视频等形态的探索中开拓中国电影未来新的可能。一些针对网络媒体和移动终端的新兴电影形态与电影消费模式正在孕育。在文化表现上,中国电影不仅不惧怕与海外商业大片的竞争,而且凭借其独特的本土"文化亲近力"和不断提升的艺术表现力与之分庭抗礼,中国电影表现出更开阔的时代风情、更明确的主流价值观、更多样的艺术性创作②,本土文化表现的美学形态逐步形成。总体说来,无论是在适应大众娱乐的视听效果方面,还是在平台延展与文化传播方面,当下的中国电影都呈现一种迥异于传统国产电影的全新态势与风貌。

第三节 电影媒介的社会功能

一、从本雅明到维利里奥

电影的媒介特性,首先影响了艺术与人之间的关系,以及人类感受世界的方式,同时,电影也使影像成为感受方式的一部分。承接着本雅明对摄影技术的探讨,我们也能窥见一些关于电影媒介性的影响。首先,是灵晕的消失。本雅明认为,艺术品具有两重价值——崇拜价值和展示价值。灵晕是艺术独特性与韵味,摄影、电影之于绘画,是机械复制时代的艺术作品,在现代复制技术条件下,展示价值被赋予了希望,

---

① 周星.从主旋律电影到新主流电影:中国电影核心价值观与丰富性发展之路[J].艺苑,2019(6):6-9.
② 周星.价值与意义:21世纪中国电影史述与发展新论[J].青岛科技大学学报(社会科学版),2022,38(3):48-55.

而崇拜价值被逐渐消解，也迎来了灵晕的消解。① 其次，电影也能够带来"惊颤"②体验，它表现为快速的印象与感觉，这是现代社会中由于事物与影像爆炸扑面而来的一种感受。电影训练人的感官，在一次又一次的"惊颤"体验中，帮助我们应对都市生活的冲击与创伤。在针对电影进行分析的部分，本雅明指出，电影结合了蒙太奇手法与复制技术，具有重构世界意义的力量，于是便拥有了开辟意识新领域的可能——这意味着摄影机能够捕捉我们的视觉化无意识，并且把这一无意识进行空间化的处理并再现给主体。③ 总体而言，在本雅明的理论里，他对电影在技术层面上所具有的革命性作了充分的解读与价值肯定。

从技术维度走到现实的哲学维度，作为一种媒介，电影除了具有空间上的"复制"特性外，还有时间上的"速度"特性，这一点在法国哲学家保罗·维利里奥（Paul Virilio）的竞速学中得到了体现，维利里奥认为，速度是现代世界一切活动的根本性维度，速度在这里得到了本体论意义上的断言。他写道："根本就没有所谓的'工业革命'，有的只是'竞速革命'；根本没有所谓的'民主政体'，有的只是'竞速政体'；也根本就没有所谓的'战略'，有的只是'竞速学'。"④

人类所有技术的演进与活动形态改良都是一种争取速度的方式，它们的追求不仅是提升自身的速度，还要提升世界运转的速度。也就是说，归根结底，技术的形态是速度的表象，速度才是技术的本质。这个理论为他的"竞速学"理论奠定了思想基础，也正是在这一理论的观照下，他将作为一种媒介技术发明的电影，看作速度维度上的知觉新变。⑤ 当哲学家从空间维度对电影的观照转向时间与速度，我们得以重新回到探讨现代世界中人的感知问题与社会的时间问题。维利里奥将电影比作典型的现代视觉义肢，这一媒介义肢打开了我们的感知所不能达到的维度，从而构建了一种前所未有的知觉体验，这一点与麦克卢汉"媒介即人的延伸"⑥一说十分相似，但维利里奥更加注重速度的感知。电影带来的感知速度是由其机械的物理速度——放映机马达的速度决定的，影像以24格每秒的速度播放。基于这一原理，它带来的视觉可能性与体验，与高速旅行所带来的体验是相通的。影像持续翻新，源源不断地扑面而来，使观影者成为一个"窥视—旅游者"⑦，即跟随镜头的速度变化去获得新的速度感知的人。

---

① 本雅明.机械复制时代的艺术作品[M].王才勇，译.北京：中国城市出版社，2002：10-15.
② 戴蓓芬.本雅明的电影美学思想：基于"惊颤"体验的艺术[J].北京航空航天大学学报（社会科学版），2019，32（5）：47-51.
③ 胡翼青.西方传播学术史手册[M].北京：北京大学出版社，2015：243.
④⑤ 郑兴."速度义肢""消失的美学"和"知觉后勤学"：保罗·维利里奥的电影论述[J].文艺理论研究，2017，37（5）：201-208.
⑥ 麦克卢汉.理解媒介：论人的延伸[M].何道宽，译.南京：译林出版社，2011：33.
⑦ 郑兴."速度义肢""消失的美学"和"知觉后勤学"：保罗·维利里奥的电影论述[J].文艺理论研究，2017，37（5）：201-208.

从这个意义上说，维利里奥的"竞速学"理论与本雅明的"惊颤"体验理论在两个维度上追问了电影的媒介性与现代性之间的关系。同时，这也说明现代社会的各个层面都处于加速之中，人不再与世界维持一种切近的、物质性的关系，只能保持一种不稳定的、非物质的联结。人们最直接的感受就是视觉维度上的频繁刷新与稍纵即逝，以及外部世界的去物质化、虚拟化。

电影在再现现实的基础上，也使现实世界产生了不可逆转的改变。这并不仅仅体现在观看的方式或是感知、娱乐生活上，而且进一步地扩大到了战争等征服性活动之中。

维利里奥关注着电影与战争的关系，尤其是电影如何影响了现代战争。他在另一论著《战争与电影》中，围绕战争在20世纪对电影技术的系统性运用，创造了"知觉后勤学"①这一概念，这一理论的核心观点是战争与电影都是作用于人的知觉，战场即知觉场，现代战争中的较量，其根本是知觉的较量。因此，运用电影等媒介技术来作为知觉的后备供应，与弹药、粮食的后勤一样，是战争获胜的重要因素。一方面，战争一直以来就有动员与宣传的部门，其在20世纪被作者称为"军队电影部"，主要职能是利用影像对平民进行战争宣传，增强大众对国家的认同，提升对战争的认识，鼓动整体士气。在这个意义上，知觉作用于认知判断，是一种影像化的说服与催眠。另一方面，战争中的电影媒介使得"影像的军事部"成为可能，其职能是把战场上的战术战略再现，并提供给战士参考。这是"知觉后勤学"影响力最大的部分，随着战争的媒介化、战场的电子化、瞄准的行为成为注视的几何化，彩色电影的涌现正是得益于后勤部门的侦窃活动。②

电影征服了战争，创造了全新的空间的军事使用方式，但"征服最终仅仅是影像的征服"③。现代技术带来的知觉供应渗透到了整个现代社会的机制中。

在思想领域，电影仍释放着不容小觑的潜力。在20世纪上半叶纪录电影与先锋电影的发展之中，论文电影这一交互性的动态模式逐渐被孕育，并于40年代诞生。论文电影的创作开始于创作者试图用电影这种公开发表的媒介形式来表达社会意见，从20世纪到今天涌现出许多长片、短片作品，如克里斯·马克的《西伯利亚来信》、吉加·维尔托夫的《持摄影机的人》。

论文电影融合了纪录片与先锋电影、实验电影传统，其中蕴含着艺术家与哲学家对公共领域表达的野心，他们希望将自己的思想用影像的方式书写出来。与其说它是一类片型，不如将其视作一种表达与书写运动。论文电影作为一种电影与思想实践，力图为精神与思想、理念寻找影像形式，让思想的世界变得可见。罗兰·巴特

---

① 维利里奥. 战争与电影：知觉的后勤学[M]. 孟晖, 译. 南京：南京大学出版社, 2011：4.
② 维利里奥. 战争与电影：知觉的后勤学[M]. 孟晖, 译. 南京：南京大学出版社, 2011：98.
③ 维利里奥. 战争与电影：知觉的后勤学[M]. 孟晖, 译. 南京：南京大学出版社, 2011：200.

（Roland Barthes）曾将论文电影这种形式称为一种将知识注入"无限反身性机器"[①]的方式。蒂莫西·科里根（Timothy Corrigan）也谈道，论文与论文电影并不创造实验、现实主义或者叙事的新形势，它们重新思考、组织现有的形式，构成一个观念对话的场域，以放大受众的参与性，激发公众的思想活动。[②]

与此同时，与这种论文电影实践相配套的电影俱乐部发掘了电影与公众对话的潜力。20世纪20年代，电影俱乐部成为观众群体形成的关键性机构，比起被视为一种娱乐，电影更是一个"可供讨论美学与社会问题和经验的场域"[③]。在这一系列形形色色的电影媒介新实践中，我们也见证了影像媒介如何改变人们的思考方式与知识的生产方式。

二、传播学中有关电影的效果研究

除了哲学家对电影这一媒介进行思辨以外，在传播学发展进程中不可忽视的还有电影作为一种大众媒介对人的影响，即关于电影的效果研究。在本书中，我们将主要介绍3项相关研究。

在电影效果研究中耗时最长也最具影响力的是佩恩基金项目研究，这是一系列关于大众传媒的效果研究，其中由布鲁默主导的电影方面的研究最为知名。第一次世界大战期间，电影已经成为被普遍接受的家庭娱乐方式。20世纪20年代，美国电影占领世界电影市场。在此期间，电影发展、成熟，成为一个主要的大众媒体。基于此，1928年，电影调查委员会开启了佩恩基金项目研究，这个研究也为大众传播学科化研究的诞生奠定了基础。[④]

布鲁默主要从电影对日常行为的影响和对青少年的长期影响入手介绍电影的效果。布鲁默认为，电影在青少年的日常行为上主要有三种影响——实质性的影响、情感的影响和概念建构的影响。从实质性的影响上讲，青少年会公开模仿电影角色的打扮、行为和恋爱方式；在情感上，电影会刺激观众产生大量的幻想，唤起年轻观众的情感，使其产生包括恐惧、惊吓、悲伤和怜悯等强烈感情；在概念建构的影响上，电影不仅是一个学习、模仿人际间行为的工具，而且是建构求爱、调情等形式男女关系概念的工具。

研究者发现，电影对青少年的长期影响主要包括四项：

第一，塑造认知，电影塑造了被试者在思考和诠释生活的各方面时所使用的模式；

[①] 科里根，黄兆杰. 论文电影的历史[J]. 艺术广角，2020（2）：125-136.
[②] 维利里奥. 战争与电影：知觉的后勤学[M]. 孟晖，译. 南京：南京大学出版社，2011：130.
[③] 维利里奥. 战争与电影：知觉的后勤学[M]. 孟晖，译. 南京：南京大学出版社，2011：134.
[④] 洛厄里，德弗勒. 大众传播效果研究的里程碑（第三版）[M]. 刘海龙，等译. 北京：中国人民大学出版社，2009：30-37.

第二，形成刻板印象，包括对不同种族和人种、坏人和英雄、富有和贫穷、邪恶和正义等社会概念的刻板印象；

第三，形成概念，电影为人们提供了战争、家庭、生活、工作、性、规范、浪漫行为、宗教信仰、男女的社会角色、父子之间的感情、大学生活以及众多其他的社会活动和社会秩序的概念；

第四，指导行动，电影中的内容会成为被试者现实生活中日常行为的指导，因为他们将日常生活仅仅视为以银幕为模型的翻版（青少年犯罪）。

除了布鲁默对电影效果展开了实验研究之外，霍夫兰在《我们为谁而战》的电影说服效果研究中，也发现了电影对于人们了解战争有关知识的效果很好。收看一周后，绝大多数受试者仍能清楚记得影片呈现的事实，可见这类影片应该是颇具功效的。同时，影片也在人们的意见和对事物的诠释上产生影响，看法的改变可以从对于影片的内容分析对照得知。然而，这种效果并不如知识增加的效果显著。影片对于与影片无关的事件几乎没有任何影响，一般对意见的测量会用来作为决定影片效果的标准。①

霍夫兰所领导的说服研究在大众传播效果研究史上最大的意义是揭示劝服的重要特征。这些发现也为战后数十年的劝服研究铺平了道路。在方法上，控制组这一研究工具虽然并不新鲜，但是此项研究成功地使之成为社会科学研究的一项准则。此外，他们精细的分析方法和调查设计以及对研究成果分门别类后所做的解释都具有示范意义。他们的研究证明，大众传播效果相当有限，并且因人而异，受者的个人差异可以导致他们有选择地感知和解释传播内容，并在他们身上引起程度不一的变化效果。这个观点对于"魔弹论"形成了很大的冲击。然而，他们忽视了人际关系对于大众传播的作用。②

此外，默顿和拉扎斯菲尔德在《广播和电影宣传的研究》中也发现了电影效果宣传的有限性，并在此基础上提出了"回飞镖"③效应。"回飞镖"效应指传播者向接受者宣传，但没有达到预期效果，甚至还产生一些意料之外的后果。他们认为，原因有以下几点：第一种情形是宣传者错误估计了受众的心理和精神状态；第二种情形是宣传者发现受众是一群心理异质的接受者，与宣传者的精神状态正好相反；第三种情形是结构的回飞镖效应，即如果宣传报道混乱或材料中的主题自相矛盾，就会导致宣传无效；第四种情形是错置例证导致的谬误。

---

① 洛厄里，德弗勒.大众传播效果研究的里程碑（第三版）[M].刘海龙，等译.北京：中国人民大学出版社，2009：124-133.
② 洛厄里，德弗勒.大众传播效果研究的里程碑（第三版）[M].刘海龙，等译.北京：中国人民大学出版社，2009：147.
③ 张杨波.重访默顿：宣传效果的社会基础——以《广播和电影宣传的研究》文本为例[J].浙江师范大学学报（社会科学版），2019，44（5）：52-60.

三、麦克卢汉的电影媒介思想

除了效果研究外,以麦克卢汉为代表的媒介环境学派也强调电影作为媒介对人感知的影响。在麦克卢汉看来,电影作为新的媒介形式,在一定程度上取代了旧媒介,并且其作为一种媒介技术也创造着属于它的媒介环境。"仅仅用机械手段加快速度,电影就把我们从序列和连接的世界送入了具有创造性轮廓和结构的世界。"①

电影以消费者的文化程度为前提,将隐晦而深刻的内容表达给受众的过程中,摄像机镜头拍什么时,受众会直观地接受此时画面所传递的讯息,受众一旦接受就会潜移默化地形成个体间存有差异的认知。②电影意味着我们要发明一种暗喻来重组我们的思想感情。电影作为技术的延伸,不断探索的是人体本身的心理影响及其所造成的社会后果的延伸。电影所创造的媒介环境,在消除部分身体功能局限的同时,完善了人的感官。

麦克卢汉提到的"感知革命"一词,主要探讨的是传播技术如何改变人类的基本感受。感知革命具有三个维度——声觉空间、视觉空间与感知空间。③

声觉空间是一个没有固定边界的球体,且是由事物自身所形成的空间,而非可以容纳事物的空间。同时,它不是能被容纳的图片式空间,而是处于一种流动的动态空间,无时无刻不在生成属于自己的空间维度。电影作为一种声觉空间,具有一种二维的平面关系,可以随着所依附主体的改变而发生变化。电影中所有声觉不断地汇聚、分散又重合,为电影带来了丰富的感染力与强烈的艺术感。声觉在影片的间歇与共鸣中完成了声觉空间的动态属性。电影在声觉空间下,体现出影片的多元共识性关系,不仅完成了自身对于影视艺术的独创,更是使观众原本屈服于视觉的其他感受得以恢复,并实现与观众各种感官的互动。④

除了声觉空间之外,电影也有视觉空间,它能将大众真实的感知与产生意识的工具紧密地联系在一起。电影的叙事方法正是通过正、反打镜头的组合所产生的机制来制造一个受众得以介入电影的出发点。视觉空间与听觉空间往往是互融共生的,在两者的相互作用下,多元的信息流形成,最终使整个世界的感知融成一种没有边界的多元中心球体,打破边界的束缚。⑤

由于电影媒介技术从文字拓展到影像声音的不断优化,电影场景得以不断趋于真实,从而激活观众的感觉。感官空间也因此成了艺术感知的一个重要表现途径。感觉经验划分为声觉空间与视觉空间,这两种空间是相互依存、相互作用的。任何一种空

---

① 麦克卢汉,秦格龙.麦克卢汉精粹[M].何道宽,译.南京:南京大学出版社,2000:290.
② 谢菲.马歇尔·麦克卢汉电影思想研究[D].兰州:西北师范大学,2021:23.
③ 谢菲.马歇尔·麦克卢汉电影思想研究[D].兰州:西北师范大学,2021:34-38.
④ 谢菲.马歇尔·麦克卢汉电影思想研究[D].兰州:西北师范大学,2021:35.
⑤ 高慧芳.论麦克卢汉的声觉空间与视觉空间:对麦克卢汉媒介思想的一种新理解[J].国际新闻界,2016(4):79-93.

间的出现必然会给另一个空间造成压制性影响,因此,必须在这两种空间下找到感知平衡的制约点。

沉浸在电影的媒介环境中,大众也实现了一部分时空的均衡。人作为连接电影媒介的载体,成为一个个节点,每个节点最终都能永久即时连接。电影通过影像胶片将个体的知觉与社会环境相连接,在电影媒介环境中,电影用蒙太奇的剪辑手法消灭了时间与空间带来的阻隔,从而造成了个人对"当下"感知的心理变化。①

值得注意的是,电影作为一个针对我们各感官形成的感官空间,也把人带入了真实空间与幻想之间的博弈。麦克卢汉认为,电影和意识流一样,都似乎给人提供了一种深切渴望的解脱,使人从日益增加的标准化和一致性的世界中解放出来。电影把极端的感染力推向了机械世界的极端,使人们进入了一个梦幻的写实主义世界。②我们在电影的世界中寻求真实与梦幻不断衔接的出口,在电影延伸的精神世界中掩饰或覆盖某些东西,从而达到内心的满足。因此,电影为大众提供了一个较为虚幻的梦境世界,受众在这个虚幻的梦境世界中沉浸于自己建构的心理状态中。正如空间是连续性的,电影打破时间与空间的壁垒,给予受众自我实现的价值。

四、电影、记忆工业与物质基础

"意识"是法国电影哲学的关键词,尤其体现为对于"影像"与"记忆"关系的研究:福柯把电影视为权力用来建构大众记忆的编码装置;雅克·德里达(Jacques Derrida)将电影看作对记忆的记录与播放;吉尔·德勒兹(Gilles Deleuze)认为,回忆是重要的时间—影像,它不是过去,而是被现实化或正被现实化的影像。法国哲学家贝尔纳·斯蒂格勒(Bernard Stiegler)从新的角度把电影与记忆联系在一起,他在德勒兹提出的"脑即银幕"观点的基础上,提出电影本质上是一个"记忆工业"。③他从技术、意识与文化工业的角度对电影的本质、生产机制和文化功能进行了分析,这些分析集中在"电影作为意识"这个基本判断上。电影作为意识有两个根本性原则:第一原则来自罗兰·巴特在《明室》中对摄影特性的阐述。他认为,电影与摄影一样,是两个时刻的重合,即抓取的时刻和被抓取之物的时刻的重合,让"现实性"与"过去"相重合。第二个原则是指电影与音乐一样,它是一种胡塞尔(Husserl)意义上的时间客体,本质上是一种"流",电影不像摄影处于某个曝光的瞬间,电影只能存在于流动中,只有在流动中电影才能展现和构成自身。④技术实现的"影片流"与观众的"意识流"相互重合。观众完全接受了影片流,在故事欲的作用下,电影图

---

① 谢菲. 马歇尔·麦克卢汉电影思想研究[D]. 兰州:西北师范大学,2021:39.
② 麦克卢汉,秦格龙. 麦克卢汉精粹[M]. 何道宽,译. 南京:南京大学出版社,2000:336.
③ 李洋. 电影与记忆的工业化:贝尔纳·斯蒂格勒的电影哲学[J]. 上海大学学报(社会科学版),2017,34(5):13-19.
④ 斯蒂格勒. 电影的时间与存在之痛的问题[M]. 南京:译林出版社,2012:14.

像的运动让观众具有电影特性的意识活动得以启动并获得解放。正如斯蒂格勒所言:"在市场中,随着文化工业的发展,意识的时间也成为某种商品。"[1] 在此意义上,电影成为意识的"义体",按照意识的方式把回忆物化下来,成为可以随时消费的意识商品。[2]

相对于从意识角度研究的学者,弗里德里希·基特勒在其理论思考中更为关注的,是去追问这种感知幻觉的生产机制,即隐藏在电影背后的媒介—物质基础。基特勒首先指出,电影的本质是一种"幻觉媒介"。因为电影影像表面上的"连续性"运动恰恰是建立在"非连续性"的物质基础之上,即建立在非连续、非运动的一个又一个独立画格的拼接组合之上(例如我们所熟悉的每秒16帧或24帧)。[3] 接着,基特勒通过列举卢米埃尔兄弟的写实镜头、格里菲斯的特写镜头和法国导演乔治·梅里爱所采用的特技手段,如慢动作、叠化、多次曝光、倒放与停机再拍,得出电影"只不过是把技术转译进观众的欲望,作为我们被欺骗的眼睛中的幻象,剪辑重新生产出运动的连续性与规则性"[4] 这一结论。概言之,基特勒通过对电影媒介的"幻觉性"的批判分析,思考的是"电影"自身作为一种具体的、历史的媒介技术形式的物质性基础。

五、景观社会与电影奇观

在电影诞生之初,卢米埃尔兄弟放映《火车进站》时,观众看到银幕上一辆火车迎面驶来,立刻弃凳而逃,这种反应正是视觉奇观引发的。也正因此,出现了风光片的盛行。此时的视觉奇观包含两个方面的意义:一是前所未有的活动影像挑战了当时静态图像的定势思维;二是陌生城市和自然景观的动态呈现激发了观众的好奇。后来,长期的观影使得观众对它日益熟悉而见怪不怪,再加之鲍特、格里菲斯、爱森斯坦等对电影蒙太奇、电影叙事美学技巧的探索,使得电影奇观美学特征不为人所察觉。

英国电影理论家劳拉·穆尔维(Laura Mulvey)率先指出了电影中的"奇观"现象[5],她依据精神分析学说,提出奇观与电影中"控制着形象、色情的看的方式"相关。[6] 当然,往前追溯,电影中的奇观概念源自法国哲学家居伊·德波(Guy Debord)关于景观社会的分析,而德波的"景观"和穆尔维的"奇观"在英文中是同

---

[1] 斯蒂格勒.技术与时间3:电影的时间与存在之痛的问题[M].方尔平,译.南京:译林出版社,2012:105.
[2] 张一兵.数字化资本主义与存在之痛:斯蒂格勒《技术与时间》的解读[J].中国高校社会科学,2017(3):56-66,158.
[3] 车致新."想象界"的物质基础:基特勒论电影媒介的幻觉性[J].电影艺术,2018(4):94-100.
[4] 凤仙.作为信息物质的媒介:《留声机电影打字机》中基特勒媒介思想的光与影[J].中国传播学评论,2019(00):57-71.
[5] 周宪.论奇观电影与视觉文化[J].文艺研究,2005(3):18-26,158.
[6] 穆尔维.视觉快感与叙事电影[M]//张红军.电影与新方法.中国广播电视出版社1992:206,208,212,215-220.

一个词（spectacle）。

德波发现："在现代生产条件占统治地位的各个社会中，整个社会生活显示为一种巨大的景观的积聚。直接经历过的一切都已经离我们而去，进入了一种表现。"[1] 他认为，当代社会商品生产、流通和消费，已经呈现为对景观的生产、流通和消费。因此，"景观即商品"的现象无所不在，"景观让人们看到的是一个既在场又不在场的世界，这是一个商品的世界，它统治着所有被经历的东西"[2]。显然，德波是从这个社会的发展趋势来解释景观问题的，在当代社会，传统的生产方式和法则已经失效，现在重要的是景观的生产、流动与消费。依照德波的思路，整个电影工业也就是景观社会的必然产物。

从历史角度看，电影诞生之初与戏剧关系十分密切。戏剧在相当程度上更带有话语特征，而传统电影带有很大的戏剧成分，因此，它带有更多的话语中心特征。比如希区柯克的一些悬疑片，其戏剧性和情节因素十分突出，语言、对白也显得非常重要。因此，文学性曾经是电影的内核，它具体体现为诸如剧本、对白、画外音、剧情结构、电影叙事性等。这类电影也就是所谓的叙事电影，更倾向于塑造人物性格、开掘深刻主题。

自20世纪80年代以后，奇观电影的发展越发明显，它逐渐成为主流电影。这一时期，那些获得高票房收入的巨片如印第安纳·琼斯系列片，史泰龙或施瓦辛格的影片，以及《侏罗纪公园》（1993）、《星球大战前传1：幽灵的威胁》（1999）等，其中的情节不过是为了展现一连串奇观事件的借口而已。叙事的特性和结构在当代电影中日趋衰落，叙事的完整性、复杂的线性结构、情节的安排等已变得远不如奇观场景重要。

回顾20世纪80年代以后走向全球的娱乐经济和电影文化，奇观作为一种新的电影形态已经占据了几乎所有的电影样式或类型，成为当代电影的"主因"。社会学家斯科特·拉什（Scott Lash）坚信："我的看法是，近年来的电影中，奇观不再成为叙事的附庸。就是说，有一个从现实主义电影向后现代主义电影的转变，在这个转变中，奇观逐渐地开始支配叙事了。"[3] 在拉什的表意体制的理论中，话语是与图像相对的，他认为，话语是理性、形式主义和以语言为中心的，而图像则是快感的、反理性主义的和以图像为中心的。到了后现代电影中，这类影片完全是"图像性"的，或者说就是"奇观性"的，其主要特征是图像对话语的凌驾，或者说是奇观支配着或压制了叙事。[4] 这种电影把影像的视觉快感提升到主导地位，电影的一切要素都必须围绕着这个要求来加以运用。奇观电影就是奇特影像的狂欢，但它也使电影真正实现了自身纯粹的视觉艺术本体论，不再屈从于其他非视觉的要求。

---

① 德波．景观社会[M]．张新木，译．南京：南京大学出版社，2017：3.
② 德波．景观社会[M]．张新木，译．南京：南京大学出版社，2017：19.
③ LASH S：Sociology of postmodernism[M]．New York：Routledge，2014：47.
④ LASH S：Sociology of postmodernism[M]．New York：Routledge，2014：48.

第四节 电影与其他媒介的互动

一、电影与电视

学者经常用"梦"和"窗"来形容电影与电视的区别：电影是一个由以剧作家和导演为代表的摄制组共同为观众所编织出来的一个梦；电视作为一种更大众化的媒体，是人们了解世界的一扇窗。[1]

"梦"与"窗"看似是两个事物，但就媒介本身而言，两者都是以影像为媒介的，它们都是通过一系列活动的影像和音响来达成效果的。[2]也有学者指出，因为电影与电视拥有相同的"质"，这个相同的"质"可以被界定为在最大限度地再现客观世界中最大限度地表现主观世界。因此，电影与电视是同一门艺术。但由于技术、传播渠道等的不同，电影与电视也存在很多的区别。

（一）技术的区别

电影和电视在技术上最根本的不同是它们所依赖的成像原理不同。电影最初利用的是光学成像原理，将镜头前面的景物和人物通过透镜成像在胶片上，通过胶片上的化学物质感光来记录下影像；而电视从诞生伊始便利用的是电子成像原理，把镜头前面的景物和人物通过摄像机的光电转换器件转换为电信号，再通过磁头转换为磁信号记录在磁带上，放映时则通过电子扫描来还原图像。[3]

由于摄影机与摄像机的成像技术不同，两者在电影制作技术上也具有一定的差别：摄影机是通过光学成像呈现的，它不能像电视机一样随时回放，这就对导演的技术经验提出了很高的要求；电视机拍摄使用的摄像机则可以直接连接机器和电脑，因此，也可以即时回放进而调整拍摄内容。

此外，在传播技术上，无论是电影还是电视都是需要复制的，电影的传播载体是拷贝（胶片），而电视则是磁带。一般情况下，影院播放的电影都是发行公司直接拷贝给影院，再通过放映机将拷贝的图像投射到银幕上并将声音传递给扬声器；而电视则是直接通过电台发射电磁波，或通过光缆传输和卫星转播，使电视机接收并还原成图像和声音。

（二）艺术表现区别

在整体上，电影和电视都是综合艺术，电影是以摄影为中心的各种艺术手段的综合，通过制作最终归结为有序的视听语言，进而合成为一部电影；而电视则是一种大

---

[1] 陈福刚．"梦"与"窗"：谈电影与电视的区别[J]．连云港师范高等专科学校学报，2005（2）：69-72．
[2] 卡维尔．看见的世界[M]．齐宇，利芸，译．北京：中国电影出版社，1994：13．
[3] 陈福刚．"梦"与"窗"：谈电影与电视的区别[J]．连云港师范高等专科学校学报，2005（2）：69-72．

综合,一方面它包括类似于电影那种以摄像为中心的各种艺术手段的综合,另一方面它也会吸纳和转播社会上一部分受观众欢迎、关注的节目或一些在其他电视台播出的节目。

电视的传播介质是屏幕,电影的传播介质则是银幕,二者在尺寸上有着明显的差异。屏幕和银幕的尺寸大小决定了它们的空间表现可能性。由于播放屏幕大小、播放器材的不同,电影更倾向于表现一些场面宏大、造型力度强的题材,通过镜头语言对人形成直观的冲击力,激发出观众的喜怒哀乐;电视具有面对面欣赏的特点,在家观赏的话距离也较近,比较适合自由的观赏方式,因此,电视更适用于普通、日常化的叙事题材,通过不同人物性格之间的冲突来构成情节。此外,由于播出时长的限制,电视相较于电影更容易表现复杂、细腻的故事情节,进而展现人物复杂的心理活动和丰富的思想感情。

在艺术表现手段上,陈福刚于2005年曾制作电影与电视的艺术表现手段对比表,如表7-1所示。[1]

表7-1 电影与电视的艺术表现手段对比表

项目 类别	场面	景别	调度	运动	节奏	色彩	声音
电影	宏大	远景、全景	频繁	频繁	紧凑明快	丰富	音乐、音响
电视	较小	近景、特写	较少	较少	跌宕起伏	一般	对白

由于电影的屏幕比较大,更强调视觉的冲击力,偏重于宏大的场景,如远景和全景等场面;而电视的屏幕较小,展现全景的表现力有限,其镜头多以近景、特写为主。此外,因为电影银幕大、镜头表现力强,所以电影在整体画面调度上会更加频繁,镜头运动和节奏感也比较紧凑、明快,通过运动的镜头来表现故事的感染力;而电视屏幕小,镜头的表现力有限,因此,一般调度、运动较少,主要依靠跌宕起伏的剧情来带动节奏。

(三)受众区别

在受众的接受心理上,电影与电视也有一定的区别。电视图像的直径一般不超过76.2厘米,因此,观众要明显比镜头上的人物大,观众往往是以俯视或者平视的角度来看电视屏幕。但电影则相反,银幕要远远大于观众,观众往往需要瞪大眼睛、仰视银幕。这样的观影姿势的区别也会影响到受众的接受心理。电视观众相较于电影观众会占据更强势的地位,这也让他们在心理上更加随意和自主,手中的遥控器也会加剧他们的"控制电视"的心理,因此,电视在观众面前的"示弱"就要更明显,其内容也需要更加生活化、家庭化,以吻合家庭收视的要求。[2] 而电影则相反,观众在观看

---

[1] 陈福刚."梦"与"窗":谈电影与电视的区别[J].连云港师范高等专科学校学报,2005(2):69-72.
[2] 石磊.论传播媒介差异与电视电影叙事的关系[J].青春岁月,2015(17):106.

电影时心理会更庄重，因此，电影的主题表现也更加宏大。

除了在技术、艺术表现和受众上的区别之外，我们也可以从麦克卢汉在《理解媒介：论人的延伸》一书中所提到的"冷媒介"与"热媒介"来看待电影与电视的区别。热媒介强调具有"高清晰度"，也就是麦克卢汉所说的"充满数据的状态"；而冷媒介则相反。① 因此，我们可以很容易地看出，电影是热媒介，电视则是冷媒介。电视的低清晰度使得电视不得不放弃大量全景的使用而转向小景别，否则观众就会因为模糊不清的视觉信息而参与不进来，从而使作品难以达到预期效果。电影制作中则会包含更多的明暗构图、剪辑等，电影银幕更大，可包含的数据更多，因此，电影是"热媒介"。②

当然，随着数字技术和互联网技术的发展，电影与电视的播放形式有统一化的发展趋势。数字化的电影和电视可以通过互联网快速传播，不再受传统方式的影响和限制，人们可以通过电脑和手机随时随地观看电影和电视作品，播放形式变得更加方便快捷。但传统播放方式的优势也是现代互联网技术所不具备的，电影和电视作品的播放方式正在保留传统形式的情况下逐渐向着多元化方向发展。

二、电影与网络的再融合

麦克卢汉在《理解媒介：论人的延伸》一书中提出"媒介杂交"（media hybridizations）这一概念，意指不同媒介的相互碰撞和交往融合。麦克卢汉指出："新媒介的出现从来不只在旧媒介里的简单增加，也不会和旧媒介和平相处。它从不会停止压迫旧媒介，直到它为自己找到新的位置和形态。"③ 接着，麦克卢汉提炼出了"媒介杂交"过程的"媒介四元律"，即提升、过时、再现、逆转。展开来说，"提升"指这个人工制造物使什么得到提升或强化（enhancement）；"过时"（obsolescene）指如果情景中的某个方面提升，原有未被提升的情景就会被取代；"再现"指新的形式使过去的什么行动或服务再现或被重新启用（retrieval）；"逆转"（reversal）指新形式被推向潜能的极限之后，它原有的特征会发生逆转。④

媒介的"提升—过时—再现—逆转"过程不仅指新媒介取代旧媒介的线性单向的过程，而且指媒介和媒介复杂的互相交融影响的形态演变过程。⑤ 网络电影这一影视形态的出现基于数字技术和网络技术的发展，全媒体成为影像叙事艺术的常见传播模式。在"互联网＋电影"模式中，互联网和电影的传播界限被打破，两种媒介的"杂交"体现了麦克卢汉所言的"媒介四元律"。

---

① 石磊. 论传播媒介差异与电视电影叙事的关系[J]. 青春岁月，2015（17）：106.
② 麦克卢汉. 理解媒介：论人的延伸[M]. 何道宽，译. 南京：译林出版社，2011：36.
③ Logan`R，The biological foundation of media ecology[J]. Media Ecology，2007，6（1）：19-34，150.
④ 陈卫星. 麦克卢汉的传播思想[J]. 新闻与传播研究，1997（4）：31-37，92.
⑤ 李璐. 媒介四元律[J]. 汉语言文学研究，2016（3）：94-96.

(一)电影题材的提升

网络电影的发展带来电影题材的个性化、多样化和自由化。网络电影一方面是电影元素融入互联网形成网络电影,或是简单复制获取互联网的播出平台;另一方面是互联网元素融入电影形成电影领域内的网络电影,从而使院线电影呈现网络化特征。[①] 电影在进驻网络平台后,为了适应网络这一媒介平台,其主题选择、内容定位也发生转向,趋向于迎合年轻群体。一方面,许多网络电影选择改编大热的 IP 和网络文学。近年来网络文学市场异常火爆,多年积累下来的网络文学书迷,是观影队伍的主力军。许多热门的网络小说陪伴了一代年轻人的成长,因此,当自己曾阅读过的小说变成电影出现在银幕上时,他们自然而然地成了忠实观众。另一方面,网络电影对准了观众的猎奇心和宣泄的心理诉求,其创作相对自由、主题较为宽泛、内容更为个性。

(二)实体场所限制的过时

网络电影以网络为传播载体和传播介质,意味着传统电影院的展演方式被部分取代。在当今社会,网络遍布于人们的日常生活中,成为生活实践的基础设施。因此,以网络为依托的网络电影具有更大的伴随性和日常性。传统院线电影要求观众付出额外时间成本,前往某个空间地点,预定某个时间段,进入特定的封闭环境完成观影。在观影过程中,观影者要脱离现实环境,转向特定时空,沉浸式体验该故事世界。观影者此时不仅与自身生活实际相脱钩,也与自身思维意识相脱钩,在意识流中与电影叙事、电影意识同构。网络电影的观看则嵌入观众的日常生活环境,观影者可以随时调整电影观看进度,无须面临线下观影中途退场时的尴尬和对沉没成本的考量,具有更高的自由度。

(三)大片效果的再现

在诞生初期,网络电影的时长不超过 30 分钟,叙事较为零散、随意。随着互联网逐步发展,越来越多"网络大电影"诞生,制作团队更专业,成本也实现攀升,网络大电影的投资力度不断向院线电影靠拢。基于此条件,网络大电影的时间长至一到一个半小时,影像的呈现效果也更有"大片"感觉。投资人与制片方在摸清网络传播规律后,为不同网络受众量身定制产业链,使得网络电影市场产业化、成熟化,不再仅仅是个体的自我表达,而是复归并再现"影视作品作为一种意识形态产物"的本质。个体在接受并追随网络电影后,网络电影进一步对人的认知产生潜移默化的影响,许多网络电影产生的标签都在社会文化中流行,甚至发展成为一种亚文化现象。

(四)电影仪式感的复归

网络电影的涌入对院线电影的制作提出了更高的要求。院线电影在这一过程中摸索出自身独有的优势——沉浸性。网络电影因随时随地、低成本观看而受宠,但随着时间发展,人们发现观影作为一种仪式的存在价值。人们通过具身参与观影活动,赋

---

① 周清平."互联网+"模式中现代影像艺术文化基因的融合与裂变[J].电影艺术,2016(1):60-66.

予了生活片段仪式性色彩，并在这一过程中建立起同一场域中的情感共同体。影院这个场所的特殊之处在于其既包含了地理场域，也包含了心理场域。不同年龄段、不同身份的人聚集在影院，并在规定的时间中共同观看同一部影片，共同进行情感体验，因此，观众个人的情绪表达建立在群体的情绪基础之上，增加了个人接收到的信息，并强化了人与人的情感传递。当人们将目光聚焦在电影人物与故事中，也会不自觉地将自己带入故事中。此时，传统院线电影的"实体局限性"这一劣势逆转为"仪式化场所"的优势。

知识卡片7：延伸阅读《低垂之眼：20世纪法国思想对视觉的贬损》片段

思考练习题

1. 电影走向通俗化了吗？纵观电影的发明过程及其早期实践，是否从电影的技术基因上就注定了它必定是通俗艺术之产物？还是有其他因素导致了它的通俗化呢？

2. 如何理解"声音重写电影史"这一句话？声音本身作为一种媒介，营造了与众不同的声音空间，对电影美学也有一定的影响。你是如何理解有声技术对电影发展的影响的，又是否认可波德维尔关于"声音重写电影史"的论断呢？

3. 胶片已死吗？卢卡斯拍摄数字化的《星球大战前传1：幽灵的威胁》时完全采用索尼高清视频，布景只在软件中存在，独自在绿幕前表演的演员被粘贴到同一个镜头中，制作者甚至可以通过数字技术擦除不想要的表情。你如何看待数字化电影取代胶片技术带来的变革？

第八章　网络媒介史

 本章要点

1. Web1.0 作为第一代 Web，可被视为只读 Web，也可以被视为认知系统，只提供有限的用户交互功能或内容贡献，只允许搜索和阅读信息。Web2.0 技术允许聚集和管理在社交互动中有共同兴趣的大型全球人群。

2. 新兴的媒介载体勾连起日益复杂的网络体系，需要把握网络媒介的类型及特征。

3. 互联网给人们生活和思想等各方面带来巨大影响。社会层面，互联网在政治、经济、文化等方面启发了众多领域的关联思考；理论层面，互联网从媒介观的视阈起始，借微观、中观、宏观的不同视角推进了理论提升。

第一节　互联网的诞生与发展

万维网（World Wide Web 的简称，通常称为 Web）不是互联网的同义词，而是互联网最突出的一部分，可以定义为基于技术网络与人类互动的技术社会系统。Web 是最大的可转换信息结构。在过去数十年中，网络和相关技术取得了很大进展，本章以纵向的时间轴作为主线，串联起网络媒介的发展历程。

一、前 Web 时代：互联网的诞生与发展（20 世纪初—1994 年）

将群居的本能深植入骨的人类，自漫漫历史长河之初就在不断探索彼此联系的方式。从"不与秦塞通人烟"到"阡陌相通，鸡犬相闻"，从"莎草纸"到"互联网"，人类寻求一切可能的媒介连接彼此、超越时间。互联网的出现从根本上改变了人类的交流与互动方式，将数亿同胞置于虚拟的"地球村"之中，比邻而居。那么，具有如此变革性意义的互联网是如何诞生的呢？

互联网的发展史短暂却繁杂，枝蔓甚多，由于技术是推动互联网发展的主要动力，本节将从技术发展的角度阐述互联网史，探析互联网的诞生过程。

（一）20世纪60年代前：冷战衍生，上下求索

未来的种子深埋在过去，如今无处不在的互联网却只是历史之河罅隙中的一粒微小种子。虽然互联网真正的发展是从20世纪60年代开始，但在此之前仍有许多因素互相作用，为这一技术提供了生长的沃土。此时互联网的发展仍处于种子期，深埋地下。

1. 思潮汹涌

早期一些科学家和文学家插上了想象的翅膀，为互联网的诞生勾画了基本的蓝图。在似真似幻的浪漫畅想中，互联网的雏形被慢慢描摹而出，逐步从朦胧的幻想走向现实。

早在1898年，马克·吐温就在《起源于1904年伦敦时间》中提出了"电传照相机"这一概念，它与电话相连，能让世界各地的人们彼此看见、听闻，且所有人都能同步获取其他人共享的信息。1923年，英国小说家赫伯特·乔治·威尔斯（Herbert George Wells）在《神一样的人》中想象了人们可以完全凭借无线电话和语音邮件相沟通的未来；1937年他还设想了"世界大脑"的概念，"将人类所有的知识通过缩微胶片保存在一个巨大的银行中，通过飞行器免费提供给用户使用"①。1934年，保罗·奥特勒（Paul Otlet）想象了"电子望远镜"的存在，它能使人们随意浏览数百万相链接的文字、图片、音频、视频资料等，不仅如此，人们还可利用电子望远镜相互发送信息并组建在线社区。凡此种种，不胜枚举。

最具有启迪性意义的还是1945年万尼瓦尔·布什（Vannevar Bush）在《大西洋月刊》中发表的《诚如所思》一文。他指出，二战前后信息量剧增，很快人类将迎来"信息爆炸"时代，为了更好地保存并方便调取人类的知识，可以使用"memex"（储存器）保存各种类型的知识，如文字、图片、音频等，使用memex可以自动从一条信息选取到另一条信息，类似于一种"机械化的私人档案馆和图书馆"。这种创造性的设想助推了此后的超文本链接、搜索引擎等发明。

2. 技术必需

当时科学技术的发展则成为互联网从幻想走向现实的基石。1942年，约翰·莫齐利（John Mauchly）和约翰·普雷斯伯·埃克特（John Presper Eckert）发明了第一台数字电子计算机——ENIAC。1945年，计算机之父冯·诺伊曼针对ENIAC提出了冯·诺伊曼结构，使用二进制大大简化了计算机的运作。1946年，美国军方定制的世界上第一台数字电子计算机——通用计算机诞生，提供了强大的算力支持。1947年，贝尔实验室制造出第一个晶体管；1958—1959年，锗集成电路和硅集成电路诞生。这些通信和计算机技术的日趋成熟，成为互联网得以发展的技术基石。

---

① 方兴东，钟祥铭，彭筱军. 全球互联网50年（1969—2019）：发展阶段与演进逻辑（上）[J]. 互联网天地，2019（10）：12-23.

3. 冷战衍生

事实上，互联网的诞生与政治密切相关，它是 20 世纪中叶美苏冷战不经意播下的种子。冷战时期的苏联人或许未曾意识到，一颗发射的卫星成为浇灌这粒种子的第一滴甘霖。1946 年英国首相丘吉尔发表铁幕演说，拉开了长达数十年、卷入世界上诸多强国的冷战的序幕。以北约、华约为首的美苏两方在军事、外交、科技等方面均展开了剑拔弩张的竞赛，其中科技方面的竞争尤为激烈。1945 年《布什报告》就建议要大力支持科学研究，提供研究经费，使大学和企业通过研究竞争来争取经费，以增强科学研究的活力。同时，二十世纪三四十年代，美国在大量逃亡的欧洲难民中挑选了数千名科学家，并通过《外来移民与国籍法》吸引外部人才，这为接下来的科学研究储备了充足的科学人才。

变故很快发生了。1957 年，苏联发射了人类历史上第一颗人造卫星"史泼尼克"，与此同时，苏联借助卫星宣布自身所研究的核弹可以攻击到世界上的任何地方。作为引领数次工业革命浪潮的科技强国却在太空竞赛中落后于对手，这瞬间点燃了美国的恐慌情绪。作为应对，美国国防部组建了高级研究计划局，简称"阿帕"（ARPA）。阿帕以研究未来科技为目的，筹备资金，将高校与国家科研体系、军事机构相关联，以孵化前沿科技。阿帕的另一成立初衷是应对核战可能会造成的信息系统的瘫痪。科学家开始研究一种类似于神经网络的巨大网状资源互通系统，来连接分散在各地的科学家并保存研究的知识。在这里，互联网的前身"阿帕网"被悄悄酝酿。可以说，冷战的时代背景和政治的强烈需要构成了互联网诞生的主要驱动力。

（二）20 世纪 60 年代至 70 年代：技术准备，基础搭建

自 20 世纪 60 年代起，互联网开始驶入正式发展的轨道。20 世纪 60 年代到 70 年代，这短短 20 年却产生了搭建互联网基础架构的两大核心技术——包交换技术与 TCP/IP 协议。此阶段是互联网发展中的萌芽期，所酝酿的技术支撑犹如植物的根茎深扎地底，而人们却只看见地面上露出的小嫩芽。

1. 思想背景：人机共生

1960 年，计算机科学家利克莱德（Licklider）针对布什提出的互联网设想给出了解决方案——"人机共生"，即通过人和计算机的共同协作来应对信息爆炸时代的知识处理难题。在人机共生的设想中，在面临复杂情况时，人负责"设定目标、制定假设、确定标准，并执行评估"[①]，计算机则负责后一阶段的反复验证。

2. 共同需求：共享网络

在阿帕项目组的实验过程中，作为技术办公室主任的利克莱德苦于计算机之间无法便捷交换信息、分散各地的科学家交流十分困难，于是在 1962 年进一步提出"银河网络"的概念，构想了一种能够将全世界各地计算机囊括其中的巨大系统，但却不

---

① 袁载誉.互联网简史[M].北京：中国经济出版社，2020：14.

知如何将其落地。1964年，在美国第二届信息系统科学大会上，利克莱德基于"人机共生"的理论号召全世界应该建构一种网络，即能够连接所有计算机以实现资源共享，这是目前电脑领域最重要的问题之一。1966年接替利克莱德职位的罗伯特·泰勒（Robert Taylor）也认同了利克莱德共享网络的诉求，延续了其构建共同网络的方案，并得到了美国军方高层的认可。共享网络、共享资源逐步成为人们一致的需求与愿景，数千万年来人类所渴望的联结彼此、沟通彼此的幻想距离实现仿佛只差一步之遥。

为了满足人们"互连""共享"的愿望，科学家们纷纷给出解决方案。1963年4月，利克莱德率先提出第一个解决方案——"分时网络"[①]，阿帕网的第一个雏形由此而生。具体来说，就是先建立一个庞大的电脑主机服务器，再建立多个主机终端，即便主机终端有损坏，也可以很快从主机服务器中调取数据。但这样的建构距离无数电脑的连接与共享的最终设想仍相差甚远。在此基础上，包交换技术的诞生推动了这一难题的解决。

3. 计算机的连接：包交换技术诞生

包交换技术的发展是20世纪60年代互联网发展史的主基调。讨论包交换技术之前首先要了解分布式网络这一概念。为了应对苏联可能发起的核战及其或将造成的信息系统瘫痪，科学家设想一种新型的网状结构。1960年，保罗·巴兰（Paul Baran）在《兰德报告》中大胆设想：将计算机看作互相连通的节点，假设每个节点都有N条链路。假如我们不断摧毁节点，那么可以发现只要N的数值越大，节点间的联通渠道被摧毁的可能性就越小。再大胆假设一下，如果N值无限大，是否这一通信系统就绝对不会被摧毁呢？[②]1964年，保罗写出了如何无限放大N值的执行方案，将其写成了名为《分布式通信网络》的报告并公布。自此，保罗构建出一种渔网状数据传输通道。

1964年，伦纳德·克兰罗克（Leonard Kleinrock）出版了《通信网络》，在这本书中首次提出了"分组交换"的概念。无独有偶，1965年唐纳德·戴维斯（Donald Davies）也提出了"分组交换"（packet-switch）的想法，即数据在发出端被拆分为许多小块并被标记接收点，通过无数的渠道传输，再在接收端快速组合。这就大大提升了处理海量数据的效率。

1967年，罗伯特·泰勒将曾成功联通两台异地电脑的拉里·罗伯茨（Larry Roberts）引入了阿帕项目组以加快项目进度。同年10月，一场意义重大的国际计算机协会研讨会加速了阿帕网的建设进程。在此会议上，拉里·罗伯茨发布了第一篇关于阿帕网设计的论文；罗杰·斯坎特伯里（Roger Scantlebury，唐纳德·戴维斯的学生，研发团队的主要成员）宣读了一篇关于数据包网络概念的论文，也就是戴维斯所

---

① 袁载誉. 互联网简史[M]. 北京：中国经济出版社，2020：14.
② 袁载誉. 互联网简史[M]. 北京：中国经济出版社，2020：24.

提出的"分组交换"概念;经由罗杰介绍,拉里·罗伯茨还了解到与"分组交换"思想相似的保罗·巴兰的"分布式网络"理论。无数的思想汇聚在一起,拉里·罗伯茨决定将分布式网络和包交换技术应用到阿帕网的建设中去。

1968年,为了解决终端接口计算机计算能力不足的问题,阿帕项目组将此任务交给了BBN公司。同年伦纳德的学生史蒂夫·克洛克(Steve Crocker)组织学员开发用于阿帕网通信的一级协议。

1969年是互联网发展史上极具意义的一年,被改造过后的接口信息处理机(IMP)研发成功,依次被送往加州大学洛杉矶分校、斯坦福研究所,此时阿帕网开始组网。10月,第一次阿帕网组网数据传输开始测试,"login"这个单词将从加州大学洛杉矶分校发往斯坦福大学,虽然只成功发出"lo"两个字母,但仍标志着互联网发展获得极大的胜利。[1] 很快,历经修复,两处网点的永久性通道建立。此后,加州大学圣芭芭拉分校、加利福尼亚大学、犹他大学也相继收到IMP并连入阿帕网,最终互联网历史上首个成熟的传输网络——由4节点组成的阿帕网构建成功。

4. 更大的网络:TCP/IP协议的发展

虽然包交换技术使得不同计算机可以相互联通,但各个科技强国都发展出了属于自己的局域网络。如何将不同的网络联结在一起,成为20世纪70年代电脑领域的主要议题。

知识卡片1: TCP/IP的诞生

20世纪60年代的包交换技术和70年代的TCP/IP协议是互联网得以发展的两大核心基建,它们共同组建了互联网的底层技术逻辑。包交换技术基于分布式网络,将计算机之间的连接构成渔网状,它通过将大数据在发端切分为小块并打包,再通过无数的通道快速传输,最后在终端再度组合解决了大数据承载的问题。而TCP/IP协议则是TCP协议和IP协议的相辅相成,后者负责规定数据输送的方法和运输路线,并利用数据包的无连接性迅速将数据包切分成多个小块,通过包交换技术完成组装,前者则负责在组装成功后触发反馈机制,告诉输出方数据已收到。由此,互联网的初始形态、数据通道、数据交换方式都已基本建立。在此过程中,不同的网络通过使用一致的TCP/IP协议最终兼容,人类凭借包交换和IMP所构建的一个个"小网",随着TCP/IP协议的普及最终连接成了"大网",横亘在人类历史长河的上空。

(三)20世纪80年代:已具雏形,初探应用

历经前20年的技术发展,互联网的前身阿帕网已然完成了基本搭建,逐渐铺陈开来的网络不断蔓延。20世纪80年代阿帕网已经具备基本能力,在此基础上人们开始探索阿帕网的更多应

知识卡片2: 阿帕网的初步探索

---

[1] 崔林. 媒介史[M]. 北京: 中国传媒大学出版社, 2019: 175.

用,与此同时,人们也希望进一步将"全世界连接起来"。此时,互联网的发展处于成长期,悄悄酝酿着一场互联网民用、商用的热潮。

1. 阿帕网的转变

此阶段阿帕网不断发展,主要趋势有三。

(1)协议从分散走向统一

首先是 TCP/IP 协议应用的规模不断扩大,最终统一。1982 年,TCP/IP 协议成为重要协议,并且第一次以此明确了互联网的定义,即通过 TCP/IP 协议连接起来的一组网络。对 TCP/IP 协议的广泛应用,使得原本囿于 1,000 台主机的阿帕网突破了束缚,能够将更多的主机相连接。同年 3 月,美国国防部宣布将 TCP/IP 协议作为所有军用计算机网络的协议标准,此时由于英国、挪威同属北约阵营,为了互通有无,也纷纷采用 TCP/IP 协议。1983 年 1 月,阿帕网完全采用 TCP/IP 协议。1984 年,美国国防部将 TCP/IP 协议作为美国所有境内计算机网络的共用协议。

(2)从军用走向民用

1983 年,原本的阿帕网开始分裂为阿帕网和 MILNET 两部分。MILNET 被并入美国的国防数据网用于军事,阿帕网则转为民用,并被美国国家科学基金会接收,该基金会主张促进民用基础科技发展。1985 年,美国国家科学基金网(NSFNET)在此基础上诞生了,这一网络主要用于各个大学和政府机构的研究工作,但很快链接了已建立的各种网络,不断扩大,并且大规模地扩充主要洲际站点的中枢,最终成为之后美国因特网的主干网。自此,阿帕网的研发目的发生根本性改变,从高高在上走向民间。

(3)全球联网最终形成

1986 年,NSFNET 的主干网建成,此时的网速只有 56bps。但它在美国建立了 5 个超级计算中心,提供了强大的算力,并资助运营了许多其他网络,如 SDSCNET、JVNCNET、SURANET、NYSERNET。此时美国已经掀起了联网热潮,许多区域研究和教育网络也纷纷连入 NSFNET 中。1988 年,NSFNET 主干网速率升级成为 1.544M bps,速度大大加快。1988 年年底,加拿大、丹麦、芬兰、法国、冰岛等 7 个国家连入 NSFNET。1989 年,澳大利亚、德国、以色列、意大利、日本、英国等 10 个国家也接入其中。终于,在这一年,互联网发展史的里程碑式发展节点——全球联网格局基本形成,且联网的主机数量首次超过了 10 万台。

2. 万维网登场

1989 年,随着协议的统一,连入 NSFNET 的网络逐渐增多。在命运般的 20 年轮回中,1998 年 8 月,阿帕网终于宣布功成身退,民用的浪潮已然势不可当,它将退出历史舞台,并把舞台交给新的成员——万维网,它的出现将互联推向极致,也真正实现了网络建设的初衷——资源共享、全世界同一个网络。

1989 年 3 月,蒂姆·伯纳斯·李(Tim Berners-Lee)提交了第一版万维网的规划书。1990年12月，蒂姆和罗伯特·卡里奥（Robert Cailliau）第一次成功通过因特网实现 http 代理与服务器的通信，解决了技术上的难关。在1989年至1991年期间，蒂姆编写了"浏览器"，用于将所有的资源整合至网页；制定了 url、http 标准；发明了构造文件的统一方法——html。可以说，html 和浏览器的出现为 Web1.0 时代的到来奠定了基础。1990年，阿帕网的最后一个站点撤销，该网络彻底停止使用，NSFNET 日益兴盛，连接了900多个网络，构成了当今世界互联网的雏形。

1991年，万事俱备，万维网真正被推出。它在因特网中的首次露面就广受赞誉，迅速被推广应用，这也意味着普通人真正能使用的互联网诞生了。万维网也成为打开互联网应用时代大门的敲门砖。

3. 应用的初探

随着互联网的发展，自20世纪70年代末期，人们就开始不断探索它的应用，使应用场景越发复杂，并且逐步从公益走向商业化。

1990年，随着阿帕网的退出、万维网的登场，互联网应用从浪漫的设想一步步变为现实，从4台主机的相连转变为横亘在全人类头顶上空的庞然大网。分布式网络、包交换、TCP/IP 协议，这些人类的思想结晶共同发挥作用，把因冷战抛下的一粒微小的种子培育成参天大树。当技术都已成熟，一个遍布地球的计算网络终于成型，一切探索都蓄势待发。在互联网史上，这一年是一个时代的落幕，也是另一个时代悄无声息的开始。

二、Web1.0时代：单向传递，信息聚合（1994—2000）

此阶段用户从浏览器单向获取信息，开发者不开放对外编辑网页的权限。Web1.0 时代开发者主要使用静态的 html 发布信息，并使用浏览器获取信息，大量资源以链接的形式在网页中呈现。此阶段的本质是为满足人们聚合、联合、搜索信息的需求。

（一）1994—1997：门户起步，商战爆发

在浏览器出现之前，互联网似乎是一个混乱无序的地方，很难检索或发送信息。这一领域似乎只属于有时间、技能和兴趣的电脑黑客。

直到浏览器出现，互联网才涌现出了一个个吸引大量受众的界面。对用户十分友好、能够协同多媒体的万维网浏览器，吸引了越来越多的互联网用户，网民数量每年基本都能翻一番；反过来，用户又促进了网络以及网页、服务等进一步发展。浏览器的出现和推广，是将互联网从一个专门的虚拟领域转变为一个可用的、有吸引力的、面向大量非专业用户的关键性开端。

1. 1994——商业化浪潮开启标志：Netscape 诞生

1994年网景（Netscape）诞生后，一时声名鹊起，成了网络的代名词。一年后，网景更是风光一时，在历史上留下了浓墨重彩的一笔。

网景公司由马克·安德烈森（Marc Andreessen）和吉姆·克拉克（Jim Clark）于 1994 年 4 月创立，目的是将领航员（Navigator）浏览器商业化。Navigator 浏览器最初是一种图形界面，可以在互联网上进行导航，也可以简化导航。在当时，领航员公司也是世界上最大的软件生产公司。

两家公司联手合作，通力垄断了互联网的关键组成部分，包括利用浏览器为网络用户提供图形界面，比如服务器，作为一种特殊的软件程序，运行在功能强大的个人电脑或大型机上，向浏览器提供"服务"信息（包括图片或声音）；还包括门户网站和美国在线聚合信息平台等，共同成为第一代互联网用户上网的起点。

2. 1995——门户网站不断发展，互联网浪潮开启

1995 年，互联网不断推动商业化发展。在雅虎之后，亚马逊、Craigslist、易趣、Match.com 和 MSN 等公司应运而生。在几年内，互联网已从学术和科学专家的精英核心小众网络扩展到拥有数百万用户的全球网络。许多通往全球的专用网络服务也迅速发展，包括 CompuServe、American Online 等。

雅虎可以说是门户网站的开山鼻祖。自 1994 年成立以来，它快速获得了人们的认可，跃升为全球第一门户。它最初被称为"推荐网页目录"，因为它的推荐系统做得非常成功，以至于在该公司上市后不久，其创始人就成了亿万富翁。然而，随着互联网行业的不断发展，为了应对新的互联网环境和新的竞争对手，公司不得不发展和改变。结果雅虎就成了今天我们看到的雅虎，它被设计成一个多功能集合的门户网站，几乎放弃了最初的目录功能。①

3. 1996——互联网商业化第一场大战，浏览器战争爆发

1996 年 4 月 30 日，是美国国家科学基金网骨干服务最终解体一周年。经过一年多的规划、重新配置、关闭和过渡，美国互联网已经完成了向多个骨干组成的新架构的转变，在新的互联网交换点连接起来。

在主干网退役之前，网络社区必须完成四项主要任务：②

第一，建立网络接入点（NAP）并将其转移到生产状态。

第二，将 NSFNET 和为地区赛提供服务的互联网服务提供商（ISP）附加到 NAPs 上。

第三，通过在 NAP 中放置 Route Servers，并建立路由注册中心来开发 RA 服务。

第四，将区域网络从 NSFNET 中移除，并将其连接到 ISPs 运营的网络上。

在这一互联网不断调整的初期阶段，微软持续性投入重金抢占浏览器市场。1996 年 7 月，Hotmail 正式开始商业运作，后被微软以 4 亿美元收购，意图将其转变为全球平台。当时，微软指出，此次收购通过在其产品中添加免费电子邮件来"完善其阵

---

① HOCK R. Yahoo! to the Max：an extreme searcher guide[M]. New Jersey：Cyber Age Books，2005：53.
② HARRIS S R, GERICH E. Retiring the NSFNET backbone service：chronicling the end of an era[J]. Conne Xions，1996，10（4）：4-5.

容"。从这个意义上说，微软收购 Hotmail 与约翰·迪尔收购滑铁卢汽油公司十分相似，这两家公司都希望为客户提供全套产品。

（二）1998—2000：技术迭代，泡沫破灭

从 1998 年到 2000 年，在被称为互联网泡沫的现象中，高科技企业的市值急剧增加，随后急剧下降。在此期间，许多私营公司决定在股票市场上通过首次公开募股（IPO）上市。然而，2000 年互联网泡沫破灭之后，高科技公司的 IPO 市值发生了戏剧性变化。

互联网行业存在的巨大泡沫其实有迹可循：1998 年 1 月，网景发布了亏损警告，股价下跌了 21%。最后，网景被当时最大的互联网接入服务提供商美国在线（AOL）收购。

2001 年，互联网行业的繁华一去不复返，很少再有公司上市，极少数选择了上市的公司其市场的首日回报率也比泡沫时期要低得多。

1. 1998——P2P 技术的诞生与应用

在因特网上传输的大多数信息使用服务器/客户端通信协议，其中一台高性能机器为多台低性能机器的请求提供服务。这些低性能机器具有服务器可以识别的身份，以确保服务器的安全。

与服务器/客户端网络不同，P2P 网络由节点或用户组成，这些节点或用户行为类似于服务器和客户端，能够同时请求信息并向其他节点提供信息。P2P 节点被称为 Servants，一端连接网络服务器，另一端连接用户客户端。

2. 1999——互联网史上疯狂的一年

在这一年，互联网行业的商业价值被充分体现，融资额巨大。在雅虎（1996 年）、亚马逊（1997 年）和易趣（1998 年）等几个早期互联网公司首次公开募股成功之后，越来越多的互联网公司上市。从 1999 年 1 月到 2000 年 2 月，总共有 298 家互联网公司在美国上市，是现有互联网股票数量的两倍多。

比公司数量的增长更令人震惊的是互联网股票价格的急剧上升。有学者的研究显示，1998—1999 两年期间互联网指数 NTDEX 的回报率超过了 125%，纳斯达克指数和标准普尔 500 指数的回报率分别为 85% 和 19.5%。全美 70% 以上的风险投资涌入互联网，IPO 筹集资金超过 690 亿美元。美国 371 家上市的互联网公司整体市值达 1.3 万亿美元，相当于美国股市的 8%。

3. 2000——互联网泡沫破灭

美国股票市场一段令人难忘的历史，是从 1996 年 1 月到 2000 年 3 月 24 日（"泡沫时期"），互联网股票价格上涨了 10 倍，但在接下来的几个月（"后泡沫时期"）里却下跌了 45%。许多人认为，互联网股价的这种急剧上升和下降不能用基本面来解

释，尽管越来越多的论文作者认为他们可以。①

关于互联网行业泡沫破灭的原因众说纷纭，例如，政治机构层面的管理问题、机构的盲目跟风等，一些金融观察家指责金融分析师误导投资者。例如，马尔基尔（Malkiel）在《华尔街日报》上写道："没有可信的建议来处理腐败研究的问题，这肯定导致了泡沫。"

同时，技术层面的千年虫问题成为泡沫破灭的导火索：由于计算机语言的年份只使用两位十进制数来表示，当系统进行（或涉及）跨世纪的日期处理运算时（如多个日期之间的计算或比较等），就会出现错误的结果，进而引发各种各样的系统功能紊乱甚至崩溃。因此，从根本上说，千年虫是一种程序处理日期上的漏洞，而非病毒。这其实彰显了互联网产业的泡沫性，进而成为泡沫破灭的导火索。

三、Web2.0：以人为本，交互协作（2000—2010）

依据已有研究对 Web2.0 时代的定义，我们将互联网在非移动端的截止时间划在 2010 年。Blogger Don 在《Web2.0 概念诠释》一文中从技术角度提出："Web2.0 是以 Flickr、Craigslist、Linkedin、Tribes、Ryze、Friendster、Del.icio.us、43Things.com 等网站为代表，以 Blog、Tag、SNS、RSS、Wiki 等社会性软件应用为核心，依据六度分隔理论、XML、AJAX 等新理论和技术实现的互联网的新一代模式。"

知识卡片3：六度分隔理论

进入 Web2.0，个人、教育、商业、就业、娱乐、医疗和其他社会目的都发生了变化。2000 年—2010 年，互联网的本质从静态闭合的 Web1.0 转变为高度动态和更具协作性的 Web2.0 环境，它允许终端用户运行软件应用程序进行协作、共享信息，并在线创建新的服务，交互性与社会性凸显。这极大地体现了以人为本、以网民为核心的理念。

知识卡片4：XML 及 AJAX

知识卡片5：长尾理论

知识卡片6：Web2.0 衍生应用

---

① BHATTACHARYA U, GALPIN N, RAY R, etal. The role of the media in the internet IPO bubble[J]. Journal of Financial and Quantitative Analysis, 2009, 44（3）：672.

第二节　互联网在中国的发展历程

一、中国接入互联网

（一）中国使用互联网的序幕

1987年9月，在德国人维纳·措恩（Werner Zorn）的帮助下，北京的计算机应用技术研究所和卡尔斯鲁厄大学计算机中心实现了计算机互联。9月14日，王运丰教授和措恩一起坐在西门子7760计算机前，看着显示器的屏幕泛着黑黝黝的光，他们谁都不知道这背后将是一个什么样的世界。发送的指令已经输入，沉吟片刻后，他们郑重地按下了回车键。7天之后，这份邮件终于穿越了大半个地球到达德国，邮件上写着"Across the Great Wall, we can reach every corner in the world""越过长城，走向世界"。

知识卡片7：瀛海威公司的成立

1989年11月，中关村地区教育与科研示范网络（简称NCFC）正式启动，该网络由中国科学院主持，联合北京大学、清华大学共同实施。1992年12月，清华大学校园网（TUNET）建成并投入使用，它是中国第一个采用TCP/IP体系结构的校园网。1990年11月28日，钱天白教授代表中国正式在SRI-NIC（Stanford Research Institute's Network Information Center）注册登记了中国的顶级域名CN，从此中国的网络有了自己的身份标识。

（二）中国正式接入互联网

1992年6月，日本神户举行INET年会，中国科学院钱华林研究员与美国国家科学基金会国际联网部负责人讨论了中国正式连入因特网的问题。次年，中国部分连入因特网的第一根专线（64K）开通，由中国科学院高能物理研究所接入美国斯坦福线性加速器中心（SLAC）。同年，NCFC专家们继续在INET年会等会议上重申中国连入因特网的要求。1994年4月初，美国华盛顿举办了中美科技合作联委会，会前，中方向美国国家科学基金会再次重申连入因特网的要求，并得到了美方的许可。

会后，NCFC工程连入因特网的64K国际专线开通，相比1992年专线的部分连入，这根专线实现了与因特网的全功能连接。中国也由此成为第77个拥有全功能因特网的国家。中国国家顶级域名（CN）自1990年注册登记后，服务器一直放置在国外。1994年5月，中国科学院计算机网络信息中心完成了中国国家顶级域名（CN）服务器的设置后，CN这一顶级域名服务器才正式回到国内。此后，中国互联网发展的画卷缓缓展开。

二、互联网在中国的发展与繁荣

（一）中国四大因特网主干网的互联互通

1994年7月初，清华大学等6所高校领头建设了"中国教育和科研计算机网"试验网，并通过NCFC的国际出口与国际因特网互联。1994年8月，国家教委正式将中国教育和科研计算机网（CERNET）的建设提上日程，并于次年建设完成。

1994年9月，中美双方签订国际互联网协议，旨在建设规模更大、更为开放的互联网。同年，协议的结晶——中国公用计算机互联网（CHINANET）投入建设。次年，基于这一网络的建设，北京、上海率先开通面向社会的因特网接入服务，拉开了中国互联网正式商用化的帷幕。1996年1月，由中国电信筹建的中国公用计算机互联网全国骨干网基本建成，中国公用计算机互联网开始正式面向全社会提供服务。

1996年2月，以NCFC为基础发展起来的中国科学院互联网络被正式命名为"中国科技网"（CSTNET）。

1993年，时任国务院副总理朱镕基在会议中提出建设国家公用经济信息通信网，这一部署工程被称为金桥工程。1996年9月，中国金桥信息网（CHINAGBN）基本建成，并开通了连入美国的256K专线。与中国科技网不同的是，中国金桥信息网主要为专线集团用户提供接入服务，并提供一定的个人用户单点上网服务。

1997年10月，上述四大骨干网实现了互联互通。四大骨干网的互联互通，是中国信息高速公路铺设的第一座里程碑，为之后互联网在中国的繁荣发展奠定了基础。

（二）互联网在中国的全面繁荣发展

在公用网络提供个人接入服务后，中国互联网正式进入商业化阶段。此后一年内，中国网民数量即达到62万人。2000年，全国共有约2,250万网民。

此外，互联网在西部和农村地区的普及水平也在不断提高。截至2008年年底，农村网民规模已达到8,460万人，全国98%的乡镇能上网、95%的乡镇通宽带，全国能上网的行政村比重达89%。[1] 与此同时，西部地区网民已达到5,822万人，渗透率为15.8%。[2]

随着互联网在全国范围内的不断普及，全国网民总量在2013年前后突破6亿大关，互联网已经渗透到约一半国民的生活之中。而互联网生态的主要构成者——博客、即时通信、网上搜索、网络购物、网络新闻、网络文娱等，也在改变人们生活习惯的同时取得了长足发展。

---

[1] 中国互联网络信息中心. 2008-2009中国互联网研究报告系列之"中国农村互联网发展状况调查报告"[EB/OL].（2009-04-13）[2022-09-20]. http://www.cnnic.net.cn/n4/2022/0401/c117-827.html.

[2] 中国互联网络信息中心. 2008-2009中国互联网研究报告系列之"西部地区互联网络发展状况报告"[EB/OL].（2009-12-20）[2022-09-20]. http://www.cnnic.net.cn/n4/2022/0401/c125-832.html.

1. 博客与社交类应用

2002年—2003年，博客应用进入萌芽阶段。此时，博客数量较少，且相互之间联系较少，读者群体尚未形成。在这一阶段，一些专业博客运营商创立并开始营业，如博客中国。

2004年—2006年是博客的快速成长阶段。博客作者、运营商规模都快速扩大，博客开始更多地进入网民的视野。由此，博客的商业化帷幕拉开。这一阶段，门户网站也纷纷入场，推出各种博客服务。如2005年，新浪网推出了新浪博客服务，并主打明星、名人博客，成功地吸引了大量读者，在各种博客服务中占据了一席之地。在门户网站和专业博客运营商的推动下，博客用户的规模不断扩大，它们还为网民提供了更为宽广的博客应用入口，进一步推动了博主与一般网民的互动，促进了读者群体和博主群落的形成，进而出现社区化趋势。

2007年起，门户网站的综合实力大大提升，其所创建的博客频道也随之如火如荼地发展，如腾讯、新浪、搜狐、网易博客。这个时期，专业博客网站的用户数、资金实力、媒体影响力都处于劣势，在推广水平上也不如门户网站。博客服务凭其用户集聚能力和社区互动能力，也反哺着门户网站。博客的内容服务也在门户网站中变得十分重要。这一时期，博客类型的细分也更为明确，如专业博客、名人博客等，它们都收获了较为稳定的读者群体，当中的意见领袖效应也越发突出，随着粉丝集群出现，社区化趋势愈加明显。

2008年，SNS元素开始进入博客的发展历程。这一时期，最为热门的SNS网站有开心网、校内网等。这些网站颇具娱乐元素和生活化内容，用户画像与社区化的博客群体重叠度极高，因此，可以与博客服务进行良好的结合。在当时，许多SNS网站都内嵌了博客功能，这些网站的火爆，也带动了更多用户成为活跃的博客用户，甚至使他们成为活跃的博主。这段时间，微博客也开始兴起，极大地降低了博客生产的门槛，也提高了博客更新的频率。表8-1为2002年至2009年博客与活跃博客的规模变化情况。①

表8-1 2002年—2009年博客与活跃博客规模变化

	2002	2003	2004	2005	2006	2007	2008	2009.6
用户数（万人）	51	159	459	1,306	3,422	4,700	16,200	18,100
活跃博客数（万个）	23	75	184	431	924	1,701	8,732	11,348
用户规模增长率	/	212%	189%	185%	162%	37%	245%	12%
活跃博客增长率	/	211%	145%	136%	114%	84%	413%	30%

---

① 中国互联网络信息中心.2008-2009中国博客市场及博客行为研究报告[EB/OL].(2009-10-22)[2022-09-20].http://www.cnnic.net.cn/n4/2022/0401/c123-851.html.

2. 网上即时通信

根据中国互联网络信息中心（CNNIC）的定义，即时通信（Instant Message，简称 IM）是指互联网上用以进行实时通信的系统服务。它允许多人使用即时通信软件实时地传递文字信息、文档、语音以及视频等信息流。在中国的即时通信市场中，1998 年成立的腾讯 QQ 在用户规模上占有绝对优势，截至 2009 年，其用户渗透率高达 97.4%，而渗透率位列第二的即时通信软件飞信，用户渗透率也仅达到 20% 左右[1]，远低于腾讯 QQ，可见腾讯 QQ 的绝对优势。与此同时，除了这些专业即时通信软件外，一些依托于其他互联网服务而衍生的专用即时通信软件也快速发展。如 2007 年阿里巴巴公司基于淘宝网服务整合推出的阿里旺旺等。这些软件并非面对全国用户，但在各自的细分市场发挥着极大的作用，使得即时通信软件更多地渗透到人们的互联网生活之中。2011 年 1 月 21 日，腾讯推出全新即时通信软件——微信，并取得了耀眼的成绩：在当时网民规模仅为 5 亿左右的情况下，微信推出后的 433 天内注册用户量即突破 1 亿。微信推出两年后，注册用户量就已突破 3 亿。

如今，即时通信软件也不再局限于通信功能，而是借助其用户规模极大的特有优势，转而搭载社交、搜索以及移动支付等功能，并不断探索为用户提供多元互联网服务。

3. 网上搜索

互联网发展带来了信息的指数爆炸式增长。检索自己需要的信息，也成为用户使用互联网时的基础需求，搜索引擎应运而生。1994 年，美籍华人杨致远等人创办了超级目录 Yahoo。它以分类目录的形式，提供检索服务，让搜索引擎的概念深入人心。此后，搜索引擎获得了极大的发展，并进入文本检索时代，即使用者可使用文本检索，链接至相应的网站等。中文互联网世界的搜索引擎也得到了一定发展，除了谷歌、雅虎等老牌搜索引擎外，百度、搜狗和新浪爱问等搜索引擎也百花齐放。早在 2006 年，百度就已经成为中文互联网世界中市场份额最大的搜索引擎。互联网时代，信息即资源。此后，搜索引擎的商业化序幕也逐渐拉开。

百度的主要商业化路径之一就是"竞价排名"。但由于广大互联网使用者对搜索引擎的朴素信任，竞价排名机制导致了许多被社会广泛关注的争议性事件发生。2008 年年底，中央电视台就曝光了百度竞价排名和谷歌搜索结果中存在的植入隐性广告等违规操作。此外，谷歌也被查出存在大量淫秽色情网站链接等不良网站。这些情况的曝光引发了社会民众对搜索引擎的严重信任危机，"魏则西事件"就是其中的标志性事件。

除此之外，随着人们版权意识的提高，搜索引擎所涉及的版权问题也开始凸显，

---

[1] 中国互联网络信息中心. 2009 年度中国即时通信用户调研报告[EB/OL].（2009-12-20）[2022-09-20]. http://www.cnnic.net.cn/n4/2022/0401/c123-828.html.

成为搜索引擎监管的另一个难题。

4. 网络购物

随着 21 世纪前期经济的高速发展，我国居民收入不断提高。从 2001 年到 2007 年，我国居民家庭人均年收入从 6,860 元增加到 13,786 元。到 2008 年，我国城镇居民人均可支配收入已经达到 15,780 元，与之相对应的是人们潜在消费能力的提高。我国居民家庭人均消费支出从 2001 年的 3,869 元增加到了 2007 年的 7,081 元，增幅达 83%。到 2008 年，我国城镇居民人均消费支出已达 11,242.8 元。同时，我国社会消费品零售总额也实现了快速增长，从 2004 年的 59,501 元增加到 2008 年的 108,488 元，其中，2007—2008 年的增幅最大，达到 21.6%。①居民收入提高，消费支出增长，揭示出社会消费活力的不断提高，为网络购物的发展奠定了基础。

此后，网络零售、C2C/B2C 模式、B2B2C 模式、O2O 模式层出不穷，且随着互联网的发展不断迭代，形成了融合线上线下、移动支付、物流网、互联网营销等方面内容的成熟生态系统。许多政策法规也相应出台，不断推动网络购物市场的规范化、规模化发展，如表 8-2 所示。②

表 8-2　部分网购市场促进及规范措施

时间	政府法规
2008 年 7 月	北京市工商局《关于贯彻落实〈北京市信息化促进条例〉加强电子商务监督管理的意见》
2009 年 3 月	上海市颁布《上海市促进电子商务发展规定》，允许 C2C 形式的一般网店经营者采取自愿办照的原则
2009 年 6 月	浙江省教育厅下发《关于对普通高等学校毕业生从事电子商务（网站）进行自主创业的认定的通知》，规定符合信用积分 1,000 分、好评率 98% 以上，月收入达到当地最低工资标准，从事电子商务（网站）经营 3 个月以上，由毕业生本人注册 4 条标准，可认定为"自主创业"，享受普通高校毕业生就业同等待遇
2009 年 9 月	广东省工商行政管理局主要职责作出调整，将工商局的"市场合同处"改为"市场规范管理处"，增加"指导网络商品交易及有关服务行为的监督管理"的职能

2015 年 7 月，国务院发布了《关于积极推进"互联网＋"行动的指导意见》，为互联网与传统产业融合及电子商务发展指引新方向。随后，电子商务领域的《"互联网＋流通"行动计划》出台，重点提出要大力发展农村电商、行业电商和跨境电商，并深化电子商务与其他产业的融合，普及网络化生产、流通和消费，完善标准规范、公共服务等支撑环境。

此外，3G 技术的发展与成熟也使得移动端的互联网使用更为普及，为电子商务开展移动端业务创造空间。随后，移动支付服务日臻成熟，如网购服务巨头阿里巴巴集团依托自身优势开发支付宝及其手机应用；传统银行开发网银服务和官方移动支付

---

①② 中国互联网络信息中心. 2009 年中国网络购物市场研究报告［EB/OL］.（2010-12-09）［2022-09-27］. http://www.cnnic.net.cn/n4/2022/0401/c119-870.html.

App，包括光大银行银商宝、中国工商银行 App 等，都为移动支付及移动端电子商务提供了成熟、便利的技术支撑，极大地促进了手机网络购物市场的疯狂扩张。

截至 2015 年 12 月，中国网络购物用户规模达 4.13 亿。与此同时，中国手机网购用户规模达 3.4 亿。①

5. 网络新闻

随着博客、SNS 等互联网应用的发展和门户网站用户的大幅增长，网络新闻的潜力开始被关注。早期，网络新闻主要由新闻媒体的"报道上网"组成。随后，随着互联网新闻网站、门户网站新闻版块和移动新闻应用不断发展，网络新闻服务逐渐成型。到如今，网络新闻已经摆脱了"专业新闻"的单一形态，与社交应用等深度结合。因此，与传统新闻相比，网络新闻的受众参与性和互动性极高，每个网民都可以直接在网上表达对各种新闻的观点，网络新闻使得新闻受众的卷入度不断增加，这一特质也为其自身的发展提供了更大潜力。网络新闻的高互动性和双向传播也使得网络舆论具备越来越强的社会影响力，随着网络新闻的发展，舆论场的形态也开始被改写。

此外，互联网信息凭其广泛、多元、海量、廉价的特点，使得长尾信息需求更为凸显，也更易被满足。专业化、小众化的新闻资讯在各类网络新闻应用中被提供给受众群体，算法推荐机制也由此不断发展起来。网络新闻的发展，使得用户的新闻需求更为细分化。

历经 20 多年的发展后，中国互联网新闻行业逐渐成熟，拥有庞大的用户规模。根据《第 38 次中国互联网络发展状况统计报告》②，截至 2016 年 6 月，互联网新闻市场用户规模达到 5.79 亿，网民使用率为 81.6%；手机端网络新闻用户规模为 5.18 亿，占移动网民的 78.9%。互联网新闻已经成为网民日常使用的高频、基础类互联网应用。

目前，互联网新闻行业已经形成了较为成熟的产业链：从上游新闻生产到新闻分发，从特异化内容制作到广告营销、公关舆情业务，互联网新闻已经不再是简单地从传统新闻到网络新闻，而是已经发展出了自己的全新生态系统，并受到合理、严格的监管。

6. 网络文娱

网络文娱中的网络文学是颇为草根和广泛的形式。

在互联网普及进程中，中国网络文学作品数量和读者规模不断扩大，产业链各环节开始成型，市场开始迈向成熟。截至 2010 年 12 月，中国网络文学用户规模达到

---

① 中国互联网络信息中心. 2015 年中国网络购物市场研究报告[EB/OL].（2016-04-17）[2022-09-27]. http://www.cnnic.net.cn/n4/2022/0401/c119-1102.html.
② 中国互联网络信息中心. 第 38 次中国互联网络发展状况统计报告[EB/OL].（2016-08-03）[2022-09-27]. http://www.cnnic.net.cn/n4/2022/0401/c88-1096.html.

1.95 亿人。① 同时，网络文学的商业化探索也逐渐深入，开拓了融合阅读收费、版权销售、合作出版、广播剧衍生等多元化商业模式。这一时期，晋江文学、红袖添香、榕树下等多家网络文学网站涌现。

与此同时，网络文学的力量远不止其所创造的市场价值，同时也在于其对其他产业的渗透。如网络文学正在成为文娱产业的上游资源，为文娱产业的各种产物提供创意源泉。知名游戏《诛仙》、知名电视剧《甄嬛传》等，都由网络小说改编而来。这些文娱作品放大了原网络小说 IP 的声量。

网络文学的力量还在于为所有互联网用户提供了写作和发表的机会。网络文学大大降低了人们参与文学创作的成本，同时也降低了读者获取作品、阅读作品并与作者互动的门槛。因此，最初的网络文学，也可以被视为一种极为繁盛的草根文学。随着网络文学平台和产业链的逐渐成熟，网络文学也开始走入主流世界的视野之中。许多传统文学名家也开始通过网络平台发布作品，而传统文学奖项也开始将网络文学纳入考量，如鲁迅文学奖就把网络文学加入参评范围内。

除网络文学外，网络游戏也是网络文娱的重要组成内容。

从单机游戏、网页游戏到客户端游戏，电子游戏搭乘互联网的快车，极速地发展成为用户量颇高的互联网应用。2001 年《传奇》公测，获得了巨大的成功，上线 2 个月在线人数突破 40 万，而当时全国上网计算机总数也仅在百万级别，《传奇》成为中国网络游戏史上第一个现象级游戏。

网络游戏发展的巨大潜力也引起了成熟互联网企业的关注。2003 年，网易推出西游题材游戏《梦幻西游》，并在当时创下了 271 万玩家同时在线的纪录。时至 20 年后的今日，《梦幻西游》仍在活跃运营中，并推出手游版本，且该游戏营收仍长居网游收入榜前三。2009 年，腾讯凭借旗下穿越火线、QQ 飞车等几款游戏吸引了大量玩家。根据《2010 年度中国网络游戏用户调研报告》统计数据，腾讯游戏的网络用户渗透率也因此高居第一，达到了总体用户的 50.4%。而此时，腾讯还未代理旗下风靡国内的王牌游戏《英雄联盟》。同时期，网易的用户比例为 35.7%，位列第二名，对《魔兽世界》的代理功居首位。腾讯、网易基于已有的互联网产品及广泛用户基础，也成功地布局各自的游戏版图。

上述报告还显示，中国 2010 年大型网络游戏用户规模为 2.96 亿人，而当时间来到 2013 年，全国的网络游戏用户数已经发展到 3.45 亿。② 以学生为主的用户群体特征也亟须政府不断完善监管政策，这也是促进中国网络游戏行业健康、持续发展的基础。

---

① 中国互联网络信息中心. 中国网络文学用户调研报告[EB/OL].（2011-08-19）[2022-09-27]. http://www.cnnic.net.cn/n4/2022/0401/c120-908.html.
② 中国互联网络信息中心. 2013 年度中国网民游戏行为调查研究报告[EB/OL].（2014-02-28）[2022-09-27]. http://www.cnnic.net.cn/n4/2022/0401/c121-1055.html.

三、互联网在中国的发展现状与未来

截至2021年6月,互联网在中国的普及率已经达到71.6%,全国网民规模达10.11亿,手机网民规模为10.07亿,农村网民规模达2.97亿。① 除规模不断扩张外,中国互联网的应用及网络安全方面也取得了极大的发展。

互联网各类应用渗透到全国网民生活的方方面面之中。根据中国互联网络信息中心《第48次中国互联网络发展状况统计报告》,截至2021年6月,中国即时通信用户规模达9.83亿,网络视频用户规模达9.44亿,网络支付用户规模达8.72亿,网络购物用户规模达8.12亿,网络新闻用户规模达7.60亿,网上外卖用户规模达4.69亿,在线办公用户规模达3.81亿,且仍处于稳步增长中。移动互联网中,各类为用户提供服务的第三方客户端也发展成熟:截至2021年6月,移动应用App中,游戏类App数量达72.9万款,工具类达46.5万款,电子商务类达29.5万款,社交通信类达27.1万款。丰富的App应用正在为广大中国网民的生活提供方方面面的便利。

随着互联网渗透到社会的方方面面,网络安全问题也逐渐得到重视。党的十八届四中全会就提出要完善网络安全保护方面的法律法规。2015年6月,《中华人民共和国网络安全法(草案)》通过,首次全方位地针对网络主权、网络产品和服务安全、网络运行安全、网络数据安全、网络信息安全等方面进行了法律法规框架建设,确立了基本原则,并设计了网络安全监督管理体制和监测预警与应急处理机制。在同年7月颁布的《中华人民共和国国家安全法》中,"建设网络与信息安全保障体系,提升网络与信息安全保护能力"成为维护国家安全的重要内容。

知识卡片8:青少年互联网使用问题

知识卡片9:网络安全问题

知识卡片10:数字劳工问题

知识卡片11:人工智能伦理问题

---

① 中国互联网络信息中心.第48次中国互联网络发展状况统计报告[EB/OL].(2021-09-15)[2022-09-27]. http://www.cnnic.net.cn/n4/2022/0401/c136-5278.html.

第三节 网络媒介的类型与特征

自 1990 年万维网登上历史舞台至今的 30 余年中，人类对互联网应用的探索持续不断。其间，无数网络媒介涌现，甚至在潜移默化中扭转了人类交流的内容与形式，正如海德格尔所说："人被置于技术的座驾之上。"[1] 网络媒介主要指"随着信息技术不断发展而出现的一种集多种传播方式于一体的新型媒介传播形式"[2]，它以互联网的技术发展为底座，是互联网时代传播的主要载体。由于本书第九章阐释移动互联网发展概况，本章主要讨论 Web1.0 和 Web2.0 时代网络媒介的类型与特征，并以此为窗口观测互联网在新时代的发展轨迹。

一、Web1.0：信息的聚合

Web1.0 时期最重要的关键词是"聚合"。这源于万维网所主要运用的静态与动态 html 技术和 www 被发明的初衷——聚合信息，共享知识。Web1.0 时期人们从网络上寻找、查看被聚合的信息流，但无法与之互动，只能单向地观看。这一阶段最主要的网络媒介类型是门户网站。

知识卡片 12：门户网站的发展历程与特征

"门户网站"一词主要来自英语"Portal Site"一词，"Portal"意为"（建筑物的）壮观的大门"，其入口属性一目了然。赵枫、苏惠香将其定义为"那些将网络上庞大的各种信息资源加以分类、整理并提供搜索引擎，让不同使用者能快速查询信息的网站"[3]。由此可见，门户网站不仅被看作接收海量信息的渠道，而且因为其中"搜索引擎"的属性被看作进入网络世界的大门。

门户网站的内容无所不包，对内容的聚合性明显，也因此在传播过程中占据绝对的上风，成为毋庸置疑的"中心"。同时，这种传播类似于传统媒体的传播模式，更像是一种漫无目的的"散射"，因此带来的传播结果具有难测量性。两者最终使门户网站呈现出"中心散射"的传播结构特征。

延续了传统媒体传播模式，又糅合了互联网信息聚合基因的门户网站，是 Web1.0 时代的主要网络媒介形式，更是 html 技术的得意之作。但随着技术的发展，越来越多的用户接入了互联网，人们不再满足于只是作为一个旁观者接收信息。门户网站中搜索引擎的加入看似只是一次平平无奇的功能迭代，却是人们渴望在互联网传

---

[1] 海德格尔. 林中路（修订本）[M]. 上海：上海译文出版社，2006：24.
[2] 周宇豪. 作为社会资本的网络媒介研究[M]. 武汉：武汉大学出版社，2014：14.
[3] 赵枫，苏惠香. 国内门户网站发展过程分析[J]. 现代情报，2005（12）：69-72.

播中拥有自我话语权的开始。"互动""更深地参与"等新需求进一步涌现,并随着博客的出现彻底爆发,人们也因此迎来了 Web2.0 的新传播时代。

二、Web2.0:用户的加入

门户网站开始加入评论区等互动途径,这或许意味着门户网站的发展已然到达顶峰。门户网站对于互动区的开发,引发了用户对进一步互动的渴求,这份渴求被博客的诞生彻底点燃,使得互联网陡然间跃入了 Web2.0 时代。Web2.0 时代最显著的特征是用户加入互联网的内容生产之中,单向的传播变为了双向的互动。互联网应用更加成熟,发展出博客、SNS、微博等。本节主要介绍 Web2.0 时代中最为重要的两种网络媒介类型——博客与 SNS。

(一)博客:书写者的舞台

博客起源于门户网站兴盛之时,这一概念从国外引进,是"Blog"或"Weblog"的中文翻译,亦被称为"部落格""网络日志"。① 用户主要利用博客进行文章写作、发布,这种网站通常由个人管理、不定时更新文章,文体多样,包括散文、评论、新闻等。其中发博客者一般被称为"博主",文章阅读者可留言、与博主进行互动。它往往被看作是继 Email、BBS、ICQ 之后出现的第四种网络社交方式。

2000 年博客进入中国,其诞生的初衷是使人们发布自己的心得,满足自我展现和他人沟通交流的需求,类似于一种可以交流的网络日记。2005 年被称为"博客元年",这一年中国的博客数量高速增长至 1,600 万,规模再创历史新高,博客产业初见雏形,许多门户网站也加入此赛道,开启了博客业务,推出了新浪博客、网易博客、腾讯博客、搜狐博客等。其中最具代表性的是

知识卡片 13:博客的特征

博客中国,在这一年率先获得了千万美元级别的投资,对互联网的又一投资潮由此而起,博客的商业价值也就此显现。随着博客的快速扩张和本身记录的功能凸显,其后期已然演变为家庭、公司、部门之间的沟通工具,并可用于企业内部沟通。

博客是博主自我展示的舞台:以博主为中心,进行一对多的传播。在此过程中,博主作为关系网的中心,但博主与读者也会产生双向互动,因此,内容生产具有开放性,从而导致了所形成的话语空间的复选性,构建起"中心互动"的传播模式。

(二)SNS:现实社交的迁移

在博客发展的后期,新的网络媒介类型 SNS 出现。SNS 是 Social Networking Service 的缩写,国内将其称为"社交网络"。② 这是一种全新概念的网络媒介,它主要指一类基于现实身份进行交流的平台,最早也是最具代表性的是海外的脸书,国

---

① 彭兰.网络传播概论[M].北京:中国人民大学出版社,2001:93.
② 李立耀,孙鲁敬,杨家海.社交网络研究综述[J].计算机科学,2015,42(11):15.

知识卡片14：SNS的特征

内则有人人网和开心网。用户在此类社交平台上展示与运营自己，并基于现实关系进行互动。SNS的诞生与发展主要基于六度分隔理论，它通过网络连接的方式进一步缩小了人们的分隔度数，助推实现了"通过六个人就能认识全世界的任意一个人"的设想。

对连接和互动的尝试是Web2.0时代典型网络媒介的特征。无论是博客还是SNS，它们的发展都展现出受众不断尝试参与互联网内容生产。在Web2.0的末期，越来越多的应用浮现，并逐步向Web3.0——移动互联网时代过渡，追求更广、更深的互动。

三、发展趋势：移动化与全民生产

Web2.0末期，网络媒介呈现出更强的互动性；Web3.0时期，媒介终端发生改变，从电脑端演变为移动端。在这段时间内，网络媒介在媒介属性上呈现出较强的移动化特质，在媒介内容上则展现出全民生产的特点，抢夺着原本属于传统媒体和"名人"的公共话语权。SNS的出现则是对这一现象的过渡，承上启下地刺激了人们对社交更强烈的需求。这一阶段主要的网络媒介有新闻客户端、微博和微信，即"两微一端"。

（一）客户端：门户网站的移动化迭代

2010年伊始，随着3G技术的发展，移动端逐步登上历史舞台。直至2014年，我国智能手机渗透率已高达85.8%。[①]在此基础上，网络媒介不断发生变化，客户端这一新兴媒介形式也应运而生。它主要指电脑、手机、智能电视等设备的第三方应用程序，起初多出现于电脑端，具体形式为电脑桌面第三方应用和固定的网页软件。但后来随着智能手机的普及和移动化浪潮的出现，客户端更多地被安装在智能手机上。由于客户端内容十分多元、无法穷尽，相互之间又差别极大，且本章主要讨论传播学视域下的网络媒介类型，本节主要讨论新闻客户端这一主要客户端类型。

新闻客户端主要在2010年前后发展起来，按照内容生产可分为三类。第一类是网易、新浪、搜狐等传统门户网站所开发的新闻客户端，它们往往与一些权威媒体如《人民日报》《新华日报》进行合作，将多种新闻媒体的内容聚合进自己的客户端中，采取"新闻+订阅"的模式。第二类是传统新闻媒体为了顺应互联网浪潮而研发出的客户端，基本内容大都来源于本身，虽然有充分的内容供应，但基本是独门独户。第三类则是以百度新闻、今日头条为代表的互联网聚合类平台，使用算法将互联网中所有的新闻内容进行聚合统一分发，内容上最为丰富，但质量良莠不齐，缺少精品内容。[②]2011年世界上首个针对平板电脑开发的移动新闻客户端The Daily在美国诞生，而国内知名的移动新闻客户端有腾讯新闻、搜狐新闻、今日头条等。

[①] 中国互联网络信息中心．第37次中国互联网络发展状况统计报告[EB/OL]．(2016-01-22)[2022-11-22]．http://www.cac.gov.cn/2016-01/22/c_1117860830.html．

[②] 曹玉枝．移动新闻客户端发展走向探析[J]．中国记者，2013(10)：107-108．

客户端的出现承上启下，既是对门户网站的移动化迭代，又是移动互联网的排头兵。随之而来的微博、微信的发展则更是凸显了"移动"的特质，甚至改变了原有大众传播的内在机制与逻辑。

知识卡片 15：新闻客户端的特征

（二）微博：意见领域与小舆论场

微博这一概念最早是美国推特（Twitter）网站创始人伊万·威廉姆斯（Evan Williams）在 2006 年提出，但学界并无准确定论。其中应用最为广泛的定义是卡普兰（Kaplan）和亨莱因（Haenlein）所提出的："微博是一种基于互联网的交换工具，允许用户之间交换短篇内容，如句子、图像和视频链接等。"[①] 杨晓茹等学者则认为微博是微型博客的简称，也是基于 Web3.0 所兴起的一种互联网社交服务。[②] 由此可见，微博延续了博客的特点，但又发展出属于自己的特色。

微博主要从海外兴起，最具代表性的是美国网站 Twitter，据 Twitter 公司财报，2022 年第二季度 Twitter 平均可变现日活跃用户数达 2.38 亿，同比增长 16.6%，已成为颇受欢迎的社交应用。国内最具代表性的微博则是新浪微博。微博按性质主要分为两类：一是专业性微博，二是门户网站微博，前者为专门的微博运营商所创建，后者则是从门户网站衍生而来。

知识卡片 16：微博的运作模式

微博的传播模式呈现出"弱中心化＋内容"的特征，即在传播结构上以发声的用户作为传播节点，以人为中心进行双向传播，削弱了绝对信源的权威性。但与此同时，在整体的传播结构中需要依赖意见领袖率先对事件发声，再进行从意见领袖到用户、从用户到次用户的多级传播，因此，可以说，微博整体的传播结构是"弱中心化"的。除此之外，微博的内在传播逻辑是内容驱动而非社交驱动，内容的价值在其中得到充分凸显，内容本身呈现出短小、碎片化的特征。因此，微博的传播是在弱中心节点所织成的网中由内容的流动所驱动的，具有"弱中心化＋内容"的特征。

（三）微信：多圈层贯通的封闭社交生态

微信是移动互联网发展中十分重要的网络媒介类型之一。它由腾讯于 2011 年推出，"是一款建立在手机通讯录基础上的新型移动即时通信软件"[③]。2011 年前后，海外也推出了许多"类微信"的社交软件，如 WhatsApp、Talkbox、Line、kik 等，均表现亮眼，将全世界带入社交通信的巨网之中。

微信具有"去中心化＋社交"的传播特点。这体现在微信通过线上聊天、微信

[①] KAPLAN A M, HAENLEIN M. The early bird catches the news: nine things you should know about micro-blogging[J]. Business horizons, 2011, 54（2）：105-113.
[②] 杨晓茹.传播学视域中的微博研究[J].当代传播，2010（2）：73-74.
[③] 靖鸣，周燕，马丹晨.微信传播方式、特征及其反思[J].新闻与写作，2014（7）：41.

群、朋友圈，构建了一对一、相互之间基本平等的人际传播网络，其中不存在绝对权威的信源和意见领袖，因此，完全达成了去中心化。同时，驱动其发展的内在因素是社交需求而非内容，并且因为微信基于熟人社交带有强社交属性，将连接与互动推向了极致。

学者彭兰曾指出"互联网的本质就是连接"[1]，这深深地体现在互联网的技术演进和网络媒介变迁中。从观众只能单向观看的门户网站，到渐渐加入互动性的博客的诞生（虽然那只是以表演者为中心的互动），再到 SNS 出现所带来的去中心化本质，互联网中的每一个用户、每一个信息发布的节点都被囊括进一个平等的、四通八达的信息分享网络。随着客户端、微博、微信的出现和发展，互联网中信息传播的层级逐步复杂，连接的网络也越来越密集，这再也不是聚光灯只打在表演者身上的独角戏时代，而是个"全民生产"的时代，给予每一个人平等的话语权。这亦是自 1969 年 RFC 请求协议出现起，一直隐隐流传的自由、平等、共享的互联网精神的另一体现。

知识卡片 17：微信的传播模式

第四节　网络媒介的社会影响

20 世纪以来，互联网随着技术的产生、更新与迭代，在全球范围内迅速发展和普及。互联网不仅重新定义了媒介与社会，也以其极大的开放性、大众化、交互性、匿名性、时空跨越性与技术接入和使用的低门槛等优势，重新定义了人类生产、生活的方方面面。每一天，几十亿人能够时时刻刻通过互联网与他人建立无数联系，这种新技术早已在潜移默化中改变甚至塑造了人们的政治、经济、文化生活。[2]

一、政治：互联网时代的民主

在人类迄今发明和推行的种种政治制度中，可以说，民主是弊端最少的一种。"民主"本身是个好东西，但并不是十全十美的，仍然有许多内在的不足。换言之，民主永远在路上，永远存在着理想与现实的冲突。[3]

（一）前互联网时代的政治生活

在互联网尚未走进普通人日常生活的前互联网时代，传递政治信息、组织民主生活的方式有很多，其中最重要的还是通过传统媒体，通过使用广播、电视、报纸等方式，传递公共信息，鼓励民主参与。在这种情境中，单一的官媒传播是主流。改革开

---

[1] 彭兰. 网络传播概论[M]. 北京：中国人民大学出版社，2001：112.
[2] 张冠文. 互联网交往形态的演化：媒介环境学的技术文化史视角[D]. 济南：山东大学，2013.
[3] 郭焕云. 从虚拟到现实：网络民主的起源考证与价值辨析[J]. 山东社会科学，2015（12）：171-175.

放以来，我国新闻媒体一直实行"事业单位企业化管理"体制，即从原先单一的公共体制向名义上的国有商业体制演变。此策本意是坚持"事业性质"，确保国家对传媒的所有权和控制权。[①] 这就在一定程度上产生了一些弊端。另外，在传播效果上，人们接收的政治信息有限，对政治信息的独立思考能力薄弱，这使得现实与理想中的基于理性的政治讨论，还存在很大距离。

（二）互联网时代的政治生活

互联网技术产生初期，人们对其寄托了无比美好的想象，认为互联网能给人类社会带来翻天覆地的变化。电子乌托邦主义者对媒介技术的发展寄予了无条件的乐观期待，认为新的传播技术必将把人类带入一个高度自由、民主和平等的理想国。这种思想是建立在对新媒介某些技术特性的期待的基础之上的。[②] 他们认为，信息技术给予人们平等地获取信息及大范围地民主决策的可能。在这些技术的乐观主义者看来，当前存在的技术已经在很大程度上具备此种民主雏形，而随着技术的不断推进，目前现实存在的瑕疵会逐渐得到完善，国家的影响力会随着技术进步而逐渐界限模糊，取而代之的是一个人人得以参与的集体决策体系。早在1995年，劳伦斯·格罗斯曼就满怀憧憬地写道："不久，许多美国人将坐在家里或工作场所里，利用技术及终端、微处理器和小键盘表达意见，告诉政府应该做什么，议论国家大事了。"[③]

互联网的确是行动者之间非常有效的交流方式。短时间内，互联网使持同样异见的抗议者快速找到彼此，建立实时联系，将他们动员起来进行抗议活动。2010年的"阿拉伯之春"[④] 是典型例证。突尼斯年轻人穆罕默德·布瓦吉吉的悲剧事件博得了突尼斯大众的同情，也激起了突尼斯人长期以来对政府的怒火，致使突尼斯爆发了大规模的街头抗议。1月到3月，民众抗议席卷了阿拉伯地区，引发政局动荡。其中几个国家民众抗议的结果是，突尼斯、埃及、利比亚、也门等地出现政权崩溃或大规模叛乱与社会暴力。

抗议活动之所以能造成这种前所未有的浩大声势，是因为人们在网络上大规模交流、相互声援的方式是当局无法控制的。人们从个体层面输出海量信息，重新构建个体的社会网络，迸发出了巨大能量。[⑤] 因此，有人干脆将这些抗议活动称为脸书革命或推特革命。正是由于忌惮互联网的力量，多国政府当局限制了互联网的使用，甚至完全关闭了互联网。

在特殊事件的政治动员中，互联网是否真的有这么大的能量还有待商榷。然而，

---

① 李向阳. 媒体"事业单位企业化管理"体制亟待改革[J]. 中国广播，2014（12）：88.
② 电子乌托邦思想指的是一种什么倾向[EB/OL].（2018-11-11）[2022-11-22]. https://www.lishixinzhi.com/zs/post/638570.html.
③ 世界经济：20世纪90年代互联网四大预言的破灭！[EB/OL].（2019-01-06）[2022-11-28]. https://baijiahao.baidu.com/s?id=1621842250416470947&wfr=spider&for=pc.
④ 吕文增. 网络政治与社会运动：以"阿拉伯之春"为例[J]. 比较政治学研究，2019（2）：235-262，360.
⑤ 王磊，刘亚男. 近年来我国网络民主研究述评[J]. 社会主义研究，2016（5）：156-164.

互联网自身虽然不一定能引发政治革命，但其蕴藏的政治力量却不容小觑。如 2008 年汶川地震后网民的关注，其实就可以看作一场突发公共危机状态下的舆情治理事件。[①] 网民对事态发展的关注是对知情权、监督权的行使，实际上也对政府的政治治理提出了更高的要求，主要体现在如下几个方面：对灾区信息的时间性要求；对救援行动的解释性要求；对网络谣言的澄清性要求。

以上三点含义都比较明确。比如在汶川地震发生伊始，各大门户网站充分发挥新媒体和融合新闻的优势，及时发布震区的相关信息，符合第一点时间性要求。而在一些新闻事件中，正是初期的公开信息太少，才致使网上流传的相关信息鱼龙混杂，这就是没有做到第一点和第二点。若网上流传的谣言不能被及时澄清，就会干扰人们的正常判断，造成心理恐慌，扰乱生活秩序，也会增加公民的质疑、不满情绪。

二、经济：互联网与商业变革

20 世纪 90 年代，由于因特网的出现及其商业化应用，全世界商业模式开始纳入网络技术因素。

（一）萌芽：贸易新形态

1992 年，一批硅谷的公司和机构采取联合行动，建立了贸易网络（commerce net）的电子市场，将互联网作为高科技公司间的贸易媒介，使芯片制造厂商、系统设计厂商、信息发布公司和客户联系起来。专家们预测："这个计划的成功将导致国内国际贸易的一次革命。"[②] Web1.0 时代商业模式的盈利都基于一个共通点，即巨大的点击流量。无论是早期融资还是后期获利，依托的都是众多的用户和高点击率。以点击率为基础上市或开展增值服务，取决于受众的群众基础，群众基础的情况又决定了盈利的水平和速度。这充分地体现了互联网眼球经济的色彩。

（二）滋长："互联网+"新模式

继 1991 年互联网开启商业用途之后，互联网的性质发生了变化，逐渐成了一个售卖产品和服务的大型商场，这一点在 Web2.0 时代亚马逊繁荣发展、淘宝诞生之后表现得尤为明显。以互联网为载体的数字经济也成为时代风口，"互联网+"经济模式流行起来。正是在这样的背景下，消费主义话语经由网络媒介入侵了人们日常生活的方方面面。

举例来看，人们现在已经对"双十一"习以为常。这样一个商业节，是在近十年的时间里由商家通过互联网一步步建构出来的。"双十一"的诞生脱胎于青年和校园文化的"光棍节"。2009 年 11 月 11 日，天猫借"光棍节"的热度做了一次营销，促销与"光棍节"之间的逻辑是："光棍节"要"脱单"，就需要买东西表白，买东西

[①] 王贤，薛小荣. 突发公共事件中的网络舆情危机与政府治理：以汶川地震时期的网络舆情为分析[J]. 信息与电脑（理论版），2009（11）：78，80.

[②] 张春玲. Internet 的商业化应用探析[J]. 现代情报，1996（3）：9-11.

请上天猫。① 在这个思路下,第一次"双十一"并没有组织全网商家参与,而是找了一些能够和"脱单"、表白等商品挂钩的商家,促销力度也有限。出乎意料的是,第一次"双十一"获得了巨大的成功。尝到甜头的淘宝,在2011年将"双十一"作为全面的促销节隆重推出,13分钟后,第一个销售额破百万的店铺产生。这些数据使传统零售商大为惊讶,因为以往一个大型综合商场最热门的店铺春节销售额也只能是百万元级别的。从2016年开始,"双十一"开始展现娱乐化和狂欢色彩,甚至模仿春晚做起综艺晚会。这些惊人的数据、多样的形式都彰显着电商节的巨大成功,此后"双十二"、618等电商节也相继出现。

"双十一"的成功是消费主义与媒介、技术的合谋。首先,电商需要有实实在在的机器设备和巨大数量的真人来处理"双十一"期间产生的数据流。其次,要有快到不可想象的计算和处理能力的系统。这不是某一家电商公司能够独立完成的,而是要和整个城市包括网络建设、电力建设、传输建设在内的多项基础建设相匹配才能实现。再次,要有强大的物流能力。物流能力在很大程度上代表着全社会的组织、协调和控制能力。最后,要把"双十一"的狂欢实现到今天这个程度,还必须依托智能手机的普及,并在此基础上解决便捷支付的问题。

总之,互联网作为一种全新的媒介参与建构了商业节的仪式性活动,也发挥着连接其背后各要素、使其正常运转的基础设施作用。由此,"双十一"显然已经完成了节庆的文化建构,在实质上实现了"商业议程设置"的作用。

三、文化:互联网文化新生态

(一)空间文化与门户网站

在互联网发展初期,网站传播在某种程度上仍然是传统媒体的延续②,其中以门户网站形式存在的区域文化传播网站具有重要的"名片"作用。几乎所有省、区、市都在互联网发展之初就建立了自己的门户网站,网站内容不乏对区域文化的推介、宣传,这赋予了区域文化传播低成本、大范围、高效率的可能性。这是一种从网站到用户的单向行为,是"发布—浏览"模式,没有给网民互动留下空间。

(二)信息文化与新闻生产

在新闻业操作层面,媒介技术的发展为新闻书写提供了更多可能性:融合性报道应运而生,改变了新闻生产逻辑;数字时代,人人皆是自媒体,传统新闻价值受到挑战,假新闻、反转新闻屡见不鲜;算法进入新闻场域之后,新闻行动者网络在非人行动者的力量下更新、重塑。

知识卡片18:三个预言

---

① 郑绩."双十一":新节庆的诞生、未来与隐喻[J].浙江学刊,2018(2):2,10-17.
② 彭兰.网络传播概论[M].北京:中国人民大学出版社,2001:81.

对于新闻业来说，互联网同时带来了机遇和挑战。

1. 机遇

得益于技术发展，形式多样的融合性新闻流行起来，成为媒介融合的代表性产物。融合性新闻有两个不同的含义：其一，指在一篇报道内的多媒体手段融合；其二，指各种媒体平台的报道构成一个有机整体，将不同形式的报道在多个平台上用不同方式分发，以满足不同用户群体的需求，形成一个合理的报道体系。

知识卡片19：媒介融合

《卫报》对"棱镜门"事件的报道是第一种形式融合性报道的优秀范例。斯诺登于2013年曝光了美国国家安全局一项代号为"棱镜"的秘密项目——多年来，美国中央情报局与美国联邦调查局通过电信巨头、网络巨头来监控美国公民的通话记录、电子邮件、聊天记录等隐私资料。6个月后，《卫报》发布了一篇题为《解密美国国家安全局档案》[①]的专题报道，该报道的核心目标之一是让普通人理解"棱镜"这一监听项目对他们来说意味着什么。这篇融合性报道结合了大量视频、交互式信息图表，使读者身临其境，唤起了他们对互联网隐私安全问题的重视以及对个人隐私权的保护意识。

2. 挑战

技术助力于新闻书写，但同时也将我们带入了后真相时代。其表现之一即反转新闻层出不穷。《牛津词典》所公布的2016年年度词汇就是"后真相"（post-truth）。与传统的"真相时代"注重现实依据和客观真相不同，"后真相时代"更加注重对主体的观点、信念和情感的宣泄，这是网络谣言、政治谎言和虚假新闻层出不穷的深层原因。解读"后真相时代"，可以从以下三个维度出发。

在价值维度上，网络技术迎合了受众"坏的主观性"。每个人都拥有参与讨论和表达意见的权利和渠道，但越来越重视个人的感受和吸引力，而拒绝客观的、官方的真相报道。即使所表达意见与事实不符，人们也会无条件坚持自己的观点。

在技术维度上，许多自媒体为追求流量，一味迎合大众趣味，因而为"伪真相"的传播推波助澜。

在社会维度上，受众对媒体的信任危机也是"后真相时代"出现的原因之一，而层出不穷的反转新闻又带来更严重的信任危机，造成了一个"恶性循环的怪圈"。

（三）网络文化与社交媒体

从文化层面来讲，网络文化实际是一种新兴的大众文化，其打开的公众个性化表达空间孕育的颠覆或改写文化工业的愿景最终没有实现。但网络文化具有的开放性、多元性、分权性、集群性和参与性等特点，有利于亚文化的发展。网络文化也催生了

[①] 解密美国国家安全局档案［EB/OL］.（2021-12-06）［2022-11-29］. https://www.theguardian.com/world/interactive/2013/nov/01/snowden-nsafiles-surveillance-revelations-decoded.

黑客、恶搞、粉丝、网红、段子、表情包等文化现象。

社会化媒体是Web2.0时代的代表性应用，也是网络文化生产的主阵地，其中的代表之一就是微博。在用户关系上，微博与SNS是相似的，但微博的使用重心在内容传播而非单纯社交上。在微博中，具有公共价值的信息更容易得到广泛传播。也因此，微博可以被视作一种社交化的大众传播平台。这也是它大受媒体、政府机构以及企业欢迎的原因。

微博有如下传播特点[①]，也因此塑造了独一无二的社交文化。

第一，内容上的微型化。简单的内容使个体参与信息传播的门槛进一步降低，人们不必像在博客中那样端着架子作凝重思考，而是可以随时记录自己的所见、所想。因此，微博的信息发布频率通常比博客要高。

第二，交流结构的开放性。微博以个人为中心，转发又很方便，能将外界信息随时吸收进来，并且容易形成持续刺激，使人们处于兴奋状态，可以轻易实现"病毒式"传播。

第三，信息传播与社交有机结合。微博是基于社交的信息传播平台，以人际关系网络为传播网络，传播结构开放，信息流动容易，因此，刺激性的话题就很容易"引爆"，成为公共话题。

第四，传播载体的轻量化。微博允许手机访问、更新，因此，信息传播的时空限制减少了，时效性增强，来自第一时间、第一现场的内容更丰富。这一功能使过去没有时间写博客的业界精英、专业人士得以更多地参与微博信息传播，丰富了微博内容的构成，提升了信息专业性。

微博等社区既是不少人政治参与的空间，也为粉丝群体的文化表达提供了据点。媒介的赋权使粉丝在网络世界拥有了可以集结并自由表达的社区，同时粉丝也通过话语的生产，圈定了自己的社群边界，构建了自己的文化领地。粉丝文化由此产生了新变化与新特征：[②]

第一，表达空间从隐蔽到显现。前互联网时代，粉丝的文化表达囿于写信、打电话等形式，表达空间隐于公众视野之外，不被他人关注知晓。互联网则使他们的文化表达行为有了更大的可见性。

第二，表达渠道从单一媒介到融合媒介。网络社区、弹幕网站、百度贴吧、微信公众号、漂流瓶、路牌广告以及各种手机应用等，都是粉丝聚集表达的传播空间。

第三，表达符号载体从单一到多元。文字、图像、声音被整合于许多既有的表达类型之中，粉丝可以运用一种或是同时运用多种符号载体来表达。

第四，文化表达主体从个人到社群。媒介技术的发展促进了粉丝社群的形成与发

---

① 彭兰.网络传播概论[M].北京：中国人民大学出版社，2001：112.
② 张建敏.媒介技术驱动与粉丝文化表达变迁[J].现代传播（中国传媒大学学报），2019（4）：34-39.

展,粉丝群体中的领导阶层和组织程序也在实践中逐步完善。

借助数字媒介,媒介粉丝由过去被动的信息接收者,转变为主动的文化表达者,粉丝文本成为媒介文化产品最直接、最活跃的消费反馈,并已然形成一种反推动力,影响媒介文化产品的生产与传播。对周边商品的消费促进了粉丝群体内的身份认同,粉丝经济作为一种新型的文化经济模式发展起来,并展现出粉丝群体强大的消费能力。为了榨取粉丝群体的经济效益,商家采用多种促销形式来促进粉丝消费,典型案例是各产品选用流量明星作为代言人。这些产品采用明星"冠名"的方式,邀约粉丝为这一冠名权买单。类似腾讯视频代言人年卡的捆绑售卖模式只是另类的"打榜"。粉丝为了支持自己喜爱的明星进行消费,并非为了商品的实际使用价值付费,而是为其符号价值、情感价值付费。身处于组织化、阶层化的粉丝群体之中,粉丝们的情绪容易受到带动,他们完成的群体消费行为如同一场"荣誉之战"。

知识卡片20:第五权力

知识卡片21:数字鸿沟

知识卡片22:消费社会

第五节 互联网媒介的理论影响

很多涉及解释个体与社会关系、媒介的连接性的理论,在互联网时代都发生着消解、嬗变、解构再重构的变化。无数旧的理论被历史淹没,无数新的学术概念成果又被创造出来,当然也有许多经典理论历久弥新。作为互联网时代的数字移民和原住民,从这些理论的变迁中,我们能看到社会、看到媒介,同时也会看到自己。

一、微观窥见:基于互联网的交往与舆论,拟态环境破碎重组

马克思作为学术界巨擘,他的著作预见资本主义的消解,却没有预见互联网提供的无限赛博空间。当然,本节只是引入他和李普曼对于"交往与舆论"的一些看法和论述,试图从微观层面抽象出:电脑和互联网的出现,对于公众的交往互动产生着怎样的影响。

舆论是自然、普遍存在的一种交往状态,现代意义上的舆论概念始见于18世纪法国启蒙思想家卢梭的《社会契约论》。卢梭第一次科学地界定了舆论的确切含义,把舆论从个人思想拓展为社会公众集体性思想的代名词。马克思与恩格斯在研究资本

主义生产方式时，也给予舆论充分关注，意识到它与社会交往的重要作用，马克思把舆论视为"一般关系的实际的体现和明显的表露"[①]。

（一）比较研究：个体参与的方式、交往与舆论关系

1992年李普曼的《公众舆论》问世，他在个体参与的方式、交往与舆论关系的层面，呈现了完全不同的叙述视角，这里将马克思、恩格斯的相关理论与李普曼的相关思想做一个简单对比，见表8-3。

表8-3 马克思、恩格斯相关理论与李普曼思想对比

角度	马克思、恩格斯	李普曼
	宏观	微观
历史	人类历史发展与文明进程的角度	着重剖析舆论本体，以及其内部盘根错节的关系网
互联网时代	以政治时事为主的主流价值观传播	以娱乐为主的互联网信息传播
交往的含义	非常广泛，既指物质意义上的商业贸易、交通运输，也指精神意义上的信息传通，还指男女间的性爱。他们对"交往"一词的使用包含了其全部意义，指个人、社会团体、民族、国家间的物质交往和精神传通。他们在强调交往更广泛社会意义的同时，也大量使用了现代传播学的基本概念 communication 这个词	简单地分为舆论的主体——公众；舆论的客体——事实、公共事务；舆论的本体——意见。交往则是意见研究中的一个部分，划归于舆论内部关系探索
交往方式	马克思将舆论、迷信和自发冲动视为这个时期的社会精神方面的三种约束力量。恩格斯认为在原始社会，交往处于封闭的状态，舆论范围小，形成后相当稳定	只有达到人与人之间真诚坦荡的交往，才可以消解交往对于舆论的限制

（二）核心提炼：大众媒介转向下，负面刻板印象突围

马克思、恩格斯对"交往"的论述高屋建瓴，虽然他们是传播学的先驱，但毕竟更偏向社会学的宏观层面，其概念含义冗杂，这里就不多展开了。

相较而言，李普曼从传播功能层面，剖析了媒介如何塑造"拟态环境"，又如何对人的认知和行为造成巨大影响；反向来说，即个体的成见如何形成，又如何消解。这在互联网时代，仍然是经久不衰的议题。

李普曼意识到大众传播必定会对社会产生极大的影响，并在其著作《公众舆论》和《自由与新闻》中提出了重要的观点，即"拟态环境"是"刻板成见"（stereotype）选择和加工、重新加以结构化之后向人们提示的环境。因为这种加工、选择是在媒介内部完成的，一般人看不见，人们也很难意识到，所以会视"拟态环境"为客观环境本身。李普曼将人们带着刻板成见对拟态环境做出评价的行为等同于"瞽者骑瞎马"，他认为公众舆论仅仅是他人脑海里的图像罢了。

他在书中记录了一次颇有趣味的实验。[②] 在一场化装舞会上，突然会议厅大门被

[①] 陈力丹.精神交往论：马克思恩格斯的传播观[M].北京：开明出版社，1993：166.
[②] 李普曼.公众舆论[M].阎克文，江红，译.上海：上海人民出版社，2006：56.

人撞开,一个小丑冲了进来,一个持枪黑人在后面狂追。随后,他们在大厅中央停下厮打。小丑倒下了,黑人扑上去开枪射击,然后两人一起冲出了大厅。整个事件持续了不到 20 秒钟。会议主席要求在座各位当即写出一篇报告,因为肯定会有一次司法调查。

交上来的 40 篇报告中,关于主要事实的错误低于 20% 的只有 1 篇,有 14 篇的错误为 20%—40%,有 12 篇达 40%—50%,有 13 篇高达 50% 以上。同时,有 24 篇杜撰了 10% 的细节,有 10 篇的杜撰率高于 10%,低于 10% 的只有 6 篇。简言之,至少有 10% 的报道内容是虚假报道。

那么他们究竟看到了什么呢?有的人认为有什么说什么要比无中生有更容易,而有的人则看到了自己对这场打斗的成见。他们在自己的生活经历中,全都形成了一系列关于打斗的印象,这些印象在类似事件发生时仍在他们眼前晃动。只有一个人用这些印象取代了不到 20% 的实况,有 13 人则超过了一半。在 40 位观察者中,有 34 人用先入之见取代了至少 10% 的事实。

在当今这个信息大爆炸的年代,公众信息的接收和选择在很大程度上受到新闻报道的影响,大众传播媒介依然是公民认识外部世界的重要途径,但可视化的传播方式也在不断压缩着成见所依存的拟态环境。李普曼认为,在公众了解现实世界的过程中,新闻报道产生了重要的影响,并且公众对新闻报道所传达的内容和信息有着相当的依赖。因此,他认为,公众会根据传播媒介构建的拟态环境产生和形成公众意见。

对于新近发生的事件,媒体会选择性地报道,因此,产生了"议程设置"和"螺旋效应",这些都证明了大众传媒以及新闻报道所呈现出的拟态环境对于公众感知信息起到重要的作用。公众舆论往往代表大多数,伴随着压倒性胜利。在新闻传播过程中,对事件过分披露甚至渲染,极容易使舆论导向偏激,公众舆论通过自由的网络平台将被不断发酵形成网络舆论,最终形成新的刻板印象。

李普曼的"舆论"并非在讲社会,而是在讲社会中每个个体的意见如何在媒介交往中形成。所谓舆论也并非如今这样带有负面含义,而是指中立的意见,但在他的时代很难实现。因此,他提出的突围方法是"如果舆论界想要发出声音,那么就必须利用新闻界加以组织,而不是像今天这样由新闻界加以组织",他猜想这样的组织会由政治科学来完成。

(三)核心提炼:成见并未消失,拟态环境的不断破碎与重组

在互联网出现之后,随着信息大爆炸,李普曼的愿景其实已经实现了——人人都是新闻生产者,人人皆为把关人。并非由政治科学,而是由在虚拟空间中交往的个体完成了这样的把关行为,个体的成见不再以稳定不变的形态固化着周遭的拟态环境,而是极易借助便捷的交往突围。

其实"拟态环境"和托马斯的"情境"、布尔迪厄的"场域"等类似概念殊途同归,但在互联网出现之后,它们适用的场景已经发生了巨大的变革。

在信息发布主权集中的传统媒介时期,传播活动主要由大众媒介中的报纸、广播、电视来执行,进行单向、线性的点对面式的传播。相比传统媒介,新媒介具有更加多元化的特点,任何两个网民都可以通过网络连成一线进行沟通交流和互动。如此一来,就密密交织成一张巨大的网,网民通过自主的沟通与搜索,可以更加准确地了解外部世界,拟态环境的概念也渐渐模糊起来。

在传统媒体时代,人们通过单一的、宏观的、单向性的传播,在极少互动的情况下从相对单一的平台接收信息。在新媒体环境下,网络进万家,信息互动非常方便快捷。网民不但可以接收信息,还可以创造信息。由于各种社交平台的出现,网民可以更加轻松方便地了解到自己生活圈以外的事物,拓展自己的生活圈、朋友圈。网络的出现也给多种文化提供了产生更多交集的机会,消除了语言和文化的界限,打破了旧有思想的壁垒,逐渐削弱着刻板意见。

在李普曼所处的传统媒介时代,拟态环境和刻板意见就像愚公家门前的两座大山,想要消除它们实现公众舆论何其困难。然而,到了新媒体时代,拟态环境以及刻板意见都发生了一系列变化。网络的出现使公众舆论置身在一把双刃剑之下。在新的时代背景之下,更加需要正确的舆论引导。这就对网民的素质提出了更高的要求,需要他们能够做到保持理性、冷静地对事实真相进行判断,摒弃内心成见,公正地进行表达,正确地使用网络平台,将维护互联网的舆论环境视为己任。只有这样公众舆论才能发挥真实、良性的作用。

二、中观制衡:互联网驱动下,平台社会外治力与内驱力的角逐

互联网时代个体的拟态环境所依附形成的平台化、数据化及媒介化,自然成为中观层面需要探究的领域。当然这个划分只是相对而言的,可能并不十分合理,这里主要参考 2018 年年底牛津大学出版社出版的《平台社会:互联世界中的公共价值》(*The Platform Society*:*Public Values in a Connective World*)[①],也就是"平台社会"的视角。作者是荷兰皇家艺术和科学院前主席何塞·范·迪克(José van Dijck),她也是对平台社会较早进行系统开拓性研究的领军学者。

Web1.0 时代以来,社会的移动化、数字化转型不断加速,互联网平台已逐渐成为组织和构架社会几乎所有领域的新方式。大数据、云计算、物联网、5G、区块链等数字技术快速发展,各种基于互联网平台的社交模式与传播生态正在对人类生活进行全方位的渗透。在西方,查德威克(Chadwick)立足于 Facebook、Google、Airbnb 和 Uber 等平台向全世界蔓延的现象,提出互联网平台深刻影响着人类社会的组织结

---

① VAN DIJCK J,POELL T,DE WAAL M. The platform society:public values in a connective world[M]. New York:Oxford University Press,2018:21-30.

构、经贸形式、文化习俗以及生活方式。①在中国,"平台化"同样构成了一种全新的经济结构与社会文化形态,如阿里巴巴、百度、腾讯、滴滴等互联网企业,已在新技术驱动下实现了对社会生产与再生产过程的重塑。在2020年新冠疫情中,各种平台有效地协助政府、企业、社区以及家庭实行防控措施,成为国家治理体系和治理能力的重要支撑力量。可以说,不仅平台化是全球社会的一种发展趋势,而且平台的基础设施化与基础设施的平台化已成为新的社会变革力量。

(一)数字化的平台社会下,传统公共价值观的瓦解

社会的平台化所带来的首要问题是:平台社会的公共价值如何捍卫?一方面,"平台"这一概念大量出现在当代技术、商业和经济的学术讨论中,政策话语与市场话语中大量充斥着关于互联网平台推动社会进步的乐观叙事;另一方面,对于平台、平台属性对公共利益的复杂影响及其规范机制的讨论依然不足。

平台社会基本上就是不同层面平台化的集合体。②对既有平台的讨论,涉及微观的单个平台、中观的多平台生态系统以及宏观的地缘政治意识形态。日常生活中所使用的Google、Facebook等一类移动互联平台,属于第一重微观层面的单个平台。

对单个平台解析,主要从技术、商品化(经济)以及选择(运营)三个维度进行。技术可供性是平台得以发展的第一重因素、基础性因素,以数据为基础、以接口为渠道、以算法为手段,最终使用户得以在虚拟的网络中构建新的意义空间。在这样的虚拟意义空间中,用户被异化为数据池中的商品,打包售卖给广告主以获得经济价值,传统的经济模式被破坏,如"新闻""交通""医疗""教育"等传统行业被迫转型,寻求适应平台化趋势的新模式。

以新闻行业为例,由于商业化模式的改变,媒体对于即时性用户数据的需求增长,能够产生高参与度的内容成为主流。因此,"把关人"机制也发生了改变,对于平台内容的选择性过滤,颠覆了以往信息传播"过滤—分发"的模式,倒置为了"分发—过滤",这使得"虚假内容"和"病毒式内容"破坏了以往的新闻中立性和全面客观的新闻生产价值守则,甚至会对政治选举产生重大影响。

故而,在平台宣称自己并不生产商品内容,只是将使用平台的用户数据化为商品的前提下,如何定义平台应该承担的社会责任,公共价值观该由怎样的管理机制来维系,这样的责任又该由谁来监督等一系列问题在这个飞速发展变化的平台社会中亟待解决。

(二)新常态下,平台社会外治力与内驱力的可能与可为

外治力主要来自政府、公共组织以及公众舆论,内驱力则来自前文所提到的技

---

① 席志武,李辉.平台化社会重建公共价值的可能与可为——兼译《平台社会:连接世界中的公共价值》[J].国际新闻界,2021,43(6):165-176.
② 范·迪克,孙少晶,陶禹舟.平台化逻辑与平台社会:对话前荷兰皇家艺术和科学院主席何塞·范·迪克[J].国际新闻界,2021(9):49-59.

术、商业模式及"把关人"选择。

外治力的实现需要通过共谋,基于共同的利益关系才能得以实现。在美国式的意识形态下,铭刻在企业生态系统中的是根深蒂固的自由主义价值观,个人只负有在自己所在社区中组织自己生活的主要责任,而对国家组织的集体几乎没有义务。在这种背景下,平台公司所展现出来的,是想方设法规避传统行业既有的法律法规,声称自己不生产任何实际的商品,不负有实际的责任义务。

因此,如《平台社会》的作者在每章节的末尾反复提出的解决措施,即直接要求营利性平台机构"透明开放",实在是难以想象的。开放性不应该是所谓的"谈判前提",而应当作为谈判过程中的一个条件,放在可交换的位置来谋求进一步的共识。开放运行机制的算法,对于声称自己是技术公司的平台方来说,相当于把自己的命脉拱手让人,除非一个公司走到穷途末路,需要被兼并或者遭到了重大的社会舆论声讨,否则应该不会做出如此"自绝后路"的行为。

理想情况下,平台社会拥有一种可协商的社会契约,要求所有参与方对其创建和执行行为负责。但这只可能是理想,因为从谈判机制和利害关系的角度探讨平台问责制如何建立等问题,需要在共同利益的前提下,比如更宏大的共建项目下,重大的公共事件或者社会舆论的压力下,参与各方有共识地进行谈判,才能够最终达成具备可行性的平台管理规范,为平台社会公共价值观的维系保驾护航。

而这种管理规范的实施,也绝不能如何塞·范·迪克所说,依靠头部的平台公司持续监控和内部维系。因为这种方式是伪"内驱力",实际上还是来自外部的压力。现行的平台内驱力是与外治力相矛盾的,也就是最大化经济利益,因此,呈现给受众的是一种内外力的"角逐"。要真正调动平台的内驱力,需要依靠的是激发平台从管理规范中获利,或者补偿性获利。毕竟监管也需要更多的运营成本,只有这种运营能够持续性获利时,平台方才能有内驱力真正将责任制一以贯之地落实下去。虽然具体的可行性措施尚未可知,但内驱力的问题若能解决,平台社会的问题也就随之消解了。

平台社会的背景下,传统的行业秩序崩溃,经济模式瓦解,公共价值观受到冲击。目前提出的管理措施主要集中于外治力的层面,期盼从政府、公众等外部压力的层面促使平台自治,但最终落脚点还是在于激发平台的内驱力,从根本上真正实现对平台社会的管理。

可能的方向还有探究在不同的意识形态背景下,受政府和社会管制的类似平台公司,它们的发展模式发生过什么样的转变,它们的服务条款中对于自己所承担的责任和义务,有哪些不同的表述。

三、媒介观——互联网哲学对"媒介"概念的重构

最后这一部分与其说是理论,不如说是一个后现代视角的宏观抽象。因为说到了

平台是作为基础设施型的媒介存在，说到了新的世界观，就免不了抽象的理论建构，本书只是提供一个视角，希望能够引发进一步探讨。

借用彼得斯在《奇云：媒介即存有》中呈现的视角，我们研究媒介是什么，互联网时代的"媒介"和以往的"媒介"相比发生了什么样的转变？互联网时代的媒介有什么特征？这本书在抽象概括的层面给出了这个问题的答案。①

（一）元素型媒介——再探互联网哲学的"媒介"概念史

从媒介哲学研究来看"奇云"，可以将其直译为奇异的大气层中的数字云，含义其实就是一种"虚无"，是比"存有"更深层次的存在。作者认为，互联网的数字景观存在自然的缺失。当下的媒介哲学研究，应该是自然哲学、技术哲学和互联网哲学内在的关联性解读。

作为中介的"媒介"也在很长一段时间内，统领对"媒介"的定义：媒介是容器和环境，它容纳了一种可能性，而这种可能性又锚定了我们的生存状态，并使人类能够"为其所能为"，媒介是讯息的制度性载体，包括报纸（社）、广播（台）、电视（台）以及互联网（公司），这些其实都是思想史上新近才出现的概念。

正如约生·霍利西（Jochen Hörisch）所说："其实，我们在进入19世纪以后很长一段时间内，在提到'媒介'（media）一词时常常还用来指各种自然元素，如水、土、火和空气等。"② 这也是"元素型媒介"的由来。

在20世纪的大部分时间里，媒介一般被视为讯息和意义的发布者——为选民提供投票信息、为消费者制造购买欲望等。这个时候，媒介是前景而不是背景。

过去半个世纪以来，随着主流传播技术从广播和电话发展到互联网，情况又回到了历史曾有过的更为常态的媒介秩序混乱的时代，回到了那个媒介曾经是我们的基本生存装备的传播环境中。

借用黄旦先生的一段话："'元素型媒介哲学'将媒介，与水、土和空气以及一切基础设施等平起平坐，不存隔阂，无高下之别，去彼此之分。对今天地球的存续而言，谁能说得清是氮更重要还是互联网更重要？"③

（二）海洋的隐喻——在媒介化层面解构互联网

在彼得斯那里，媒介具有显著的特性，就是能把相联系的其他东西转变为媒介，如船为媒介，船进入海，海便也成为媒介。作为一种"杠杆"，媒介驱动学者从历史到现状，由自然到科技，多方面展示媒介、自然、人类的相互缠绕和演化共生。

这种隐喻能够帮助我们更好地理解作为元素型媒介的互联网。实际上，海洋的隐喻在赛博空间中处处可见。如一个世纪前业余无线电爱好者说的"（电）波里捞鱼"（fishing the waves），今天我们所说的网上"冲浪"以及面临的信息"浪潮"。

---

① 彼得斯.奇云：媒介即存有[M].邓建国，译.上海：复旦大学出版社，2020：12-25.
② 彼得斯.奇云：媒介即存有[M].邓建国，译.上海：复旦大学出版社，2020：2.
③ 黄旦.云卷云舒：乘槎浮海居天下：读《奇云》.新闻大学，2020（11）：111-123，128-129.

索尼公司多年前在英国推行"随身听"时，将其命名为"偷渡者"（stowaway）；互联网（internet）一词中，本身嵌入了"渔网"（net）；计算机连接通过"码头"（docks）和"端口"（ports）连接；谷歌最初将"扫描书籍放在网上"的项目成为"海洋计划"（Project Ocean）。

因此，在数字信息的汪洋大海中，人类要生存，就要立足于"船"，正如黄旦先生所说的"乘槎浮海居天下"。我们当然知道，这里的船也是一种隐喻，指代各种元素型媒介，或者一整套艺术、技术。

这种"船"展示出我们为了在非人的环境中生存，是如何去发明各种技术的。正是在这一点上，呈现了人类的以及所有基础设施在本质上具有的技术型原理。因此，海洋超越了陆地，互联网超越了以往的传统媒介。

如果说人类的历史是我们与能指之关系变化的历史，那么媒介史就应该成为人类历史的关键内容。

（三）重构——成为"自然"的互联网

列夫·马诺维奇（Lev Manovich）指出，数字媒体将媒介的逻辑从以前的小说和电影的"叙事"模式转变成今天计算机的"数据库"。[1]让-佛朗索瓦·利奥塔（Jean-Francois Lyotard）也说："各种各样的数据库……对后现代人而言就是'自然'。"[2]这样的观点确实有失偏颇，如海德格尔的技术哲学一般，但对我们理解成为"自然"的互联网这一观点，是具有启发性的。

当然这种"自然"并非真的生态大自然，而是一种类比，旨在揭示互联网作为一种元素型媒介，其内在的规律性与逻辑性。

以著名的图灵实验为例，对于图灵机来说，元讯息和讯息本身没有实质性的区分，图灵所用的多得数不清的卷轴纸条中同时包含数据和如何处理这些数据的代码。比如 DNA 代码中，混合着结构性讯息和控制性信息的基因。也就是说，控制代码的遗传信息嵌入在代码之后，并由代码本身管理，将关于事务的"元讯息"递归到事物本身之中，这就是图灵时代的媒介具有的显著特征。

互联网之所以成为"自然"，或许在于其内在逻辑和规律的不可抗性：文字代码永远不能在报错的时候运行。正如太阳永远不会从西边升起，生活在自然中的个体都要遵守自然规律，成为自然的一部分，而不可能脱离自然。

或许将互联网看作"自然"的另一重原因，在于大数据曾经只属于自然界、属于上帝视角，而现在却能够依托互联网成为一朵巨大的数字云。当然，这可能要归结于彼得斯的基督教信仰，因此，他才会有这样的断言：媒介不仅是"关于"这个世界的，而且"就是"这个世界。媒介即存有，即人类之境况。

---

[1] MANOVICH L.Software takes command：extendry the language of new media[J].2013：21.
[2] 彼得斯.奇云：媒介即存有[M].邓建国，译.上海：复旦大学出版社，2020：342.

最后，无论我们从微观、中观还是宏观角度分析互联网，其实都是在探讨它们背后的机制是什么、为什么它们能够冲击以往的旧媒介、这对我们日后的研究有什么启发性思考，就是"是什么""为什么""怎么做"的问题。

1. 中国互联网事业经历了数十年亦步亦趋的发展后，是否有可能引领全球互联网事业的新革命？在5G时代到来的当下，世界将迎来什么样的新景观，中国又将在其中扮演什么样的角色？

2. 在全球与本土不同的意识形态背景下，我国受政府和社会管制的平台公司，它们的发展模式发生过什么样的转变？与国际公司有哪些异同？

3. 简要介绍互联网时代的政治生活特点。

4. 元素型媒介是如何从一种"存有"上升为更深层次的"虚无"？

5. 互联网的数字景观存在自然的缺失，和互联网本身成为"自然"，两者内在的关联与矛盾如何解决？

第九章　手机与移动互联网史

> **本章要点**
>
> 1. 手机与移动互联网的发展脉络、重大历史事件。从1G到5G，手机经历了多次更新迭代。手机运行速度越来越快，智能化程度越来越高，与人的融合程度也越来越高。
>
> 2. 手机基于时空重塑成为个人媒介，极大地影响了人的社会身份和人际交往。手机短信的出现助推文本的复兴，移动阅读的兴起则在影响人类思维的同时重塑信息传播模式。
>
> 3. 移动互联网在技术发展的基础上，向着四大方向纵深发展：从社交到场景、从大众传播到分众传播、从具象时空到抽象时空、从感官延伸到具身发展。
>
> 4. 进入移动互联网时代，可供性理论、数字劳工、景观社会和全景监狱的概念有了新拓展，并呈现出新特点。

第一节　移动创造未来

手机发展史，就是人类追求移动化的发展史。在手机之前，无论是被摩西刻在石板上随身携带的"十诫"，还是越来越轻便的纸质书籍，都能说明人们早就已经开始尝试随身携带媒介。

保罗·莱文森说："只需要看看历史上的任何一段时间，我们就能够注意到人在路上一边走一边打电话的雏形。"[1] 他将人类历史上媒介的移动性发展总结为两条路径：一是把传播的产品送达移动的消费者，如书籍和车载收音机；二是把各行各业的人都变为媒介生产者，如铅笔和照相机。手机无疑是以上两条路径的综合。

---

[1] 莱文森. 手机：挡不住的呼唤[M]. 何道宽, 译. 北京：中国人民大学出版社, 2004：4-5.

一、技术的准备

手机的发明离不开科学技术的进步。无线电、晶体管的发明,以及信息论的提出,都为通信技术的产生做了技术上的准备。液晶显示屏技术、锂电池设备等也为未来便携式电子通信设备的产生提供了必要的技术支持。

20世纪40年代中后期,无线电技术迎来了与传统交换电话网络广泛融合的时代,美国电话电报公司将电话交换机技术延伸到移动通信领域。这一时期出现了一些前手机时代的"移动设备",但这些设备要么体积庞大难以移动,要么并未进入全民商用阶段,如图9-1所示。随着通信技术以及便携式设备的日益发展,这些情况得以改善。

知识卡片1:无线电、晶体管与信息论

知识卡片2:前手机时代的"移动设备"

图 9-1 房车内的移动电话

二、1G时代:移动的通信工具

(一)第一代移动通信技术

手机诞生初期,采用的是第一代移动通信技术,也就是1G。该技术使用模拟无线电传输,系统依靠频率的不同来区别用户。①20世纪80年代,贝尔实验室首次提出了模拟的、仅限语音的蜂窝电话标准,并通过了美国联邦通信委员会的许可。所谓蜂窝,是指为了解决移动通信中的信号问题,人们仿效蜜蜂的蜂房形式,采用正六边形形成一个面状服务区,以实现信号的全覆盖。②

(二)"大哥大"的问世

1973年4月3日,摩托罗拉高级工程师马丁·库珀(Martin Cooper)在美国纽约的一条人行道上,用手持电话拨出了全球第一通手机通话。

---

① 靖鸣,刘锐.手机传播学[M].北京:新华出版社,2008:23.
② DAINOW E. A concise history of computers, smartphones and the internet[M]. Charleston: Create Space Independent Publishing Platform, 2017: 43.

贝尔实验室的母公司 AT&T 公司是 20 世纪 60 年代的通信巨头，由于 FCC 的反垄断打击，以及 AT&T 公司固守在传统的固话领域，而错失了移动电话的机会。摩托罗拉则抓住了这次机会，它的前身是车载收音机巨头——"高尔文制造公司"，后又涉足半导体、汽车业和通信业。[①] 摩托罗拉一直以来就对"移动"情有独钟，而马丁·库珀更是认为："人是生而移动的，人从根本上、本质上是移动的个体，人们最终是要无线连接的，这是一场革命。"[②]

知识卡片 3：大哥大有多贵？

10 年以后，摩托罗拉第一款移动商用电话在 1983 年问世，DynaTAC 8000X 以马丁·库珀 1973 年的那部手持电话为原型，是名副其实的"最贵重的砖头"，当时只有少数富豪才买得起。

（三）功能与问题

第一阶段的手机只是固定电话的补偿性媒介，主要是满足通话的基本功能性需求，存在许多问题：通话时间短，内存容量小；体积庞大，机型笨重；保密性差，容易被并线或遭第三方窃听；受传输带宽限制，不能进行长途漫游；传输速率低且系统容量小，业务形式单一，只能实现语音通话等。

正是由于硬件价格和话费都非常高昂，手机一度成为身份、财富、权力的象征，这样的"展示效应"超过了其他奢侈品所能够带来的心理满足感。[③]

三、2G 时代：移动的小型多媒体

（一）第二代移动通信技术

2G，即第二代手机通信技术规格。与 1G 的模拟信号不同，2G 开始以数字信号语音传输技术为核心。这种模式可以使用算法来实现纠错和压缩等功能，且可以使信号传输稳定性更强，大大增强了数据的保密性，还能够提供语音、数据、传真传输等一系列增值服务。2G 有两种数字移动电话标准，即 GSM 和 CDMA。

1991 年，世界上第一个 GSM（Global System for Mobile Communications，全球移动通信系统）网络在欧洲建成。1994 年，中国的 GSM 数字网建设启动，这意味着模拟通话系统和 GSM 两网并存的格局开始。

（二）手机市场的全方位拓展

依托于 2G 的通信终端也迎来迭代。昂贵的"大哥大"败给了小巧、便捷的数字移动电话。摩托罗拉不肯舍弃模拟通话系统的垄断地位，没有及时调整市场战略，因此，其霸主地位迅速下滑。各大手机生产商争相扩大市场份额，来自芬兰的诺基亚和来自瑞典的爱立信后来居上，与摩托罗拉形成了三足鼎立之势。2000 年前后，这三

---

① 陆悦，幸玮，傅桦. 手机版图：拇指帝国的较量[M]. 北京：光明日报出版社，2006：56.
② 周颖，沈艳秋. 手机发展史[J]. 科技信息，2010（33）：599-600.
③ 党鹏，罗辑. 手机简史[M]. 北京：中国经济出版社，2019：14.

家厂商占据了中国 90% 以上的手机市场份额。①

知识卡片 4：爱立信和诺基亚的发展历程

在这个时代，无论是手机功能，还是手机造型，都开始全方位的扩展：第一款整合 MP3、移动存储器功能的手机——西门子 6688；第一款彩屏手机——爱立信 T68；第一款使用塞班系统、内置摄像头拍照的滑盖手机——诺基亚 7650……现在看来"过时"的功能却在当时使得手机从移动电话领域破局，展开更广阔的前景。

（三）手机媒体基本成型

在 2G 时代，各种手机媒体基本成型，以文字和语言信息为主。短信是继通话以后最重要的手机人际传播形态，能为人们提供即时互动与暂时延宕的选择自由，深刻改变了人们的沟通方式。1992 年，世界上第一条短信在英国发送成功。我国的短信业务开通于 1998 年，截至 2009 年年底，工信部数据显示，我国各类短信发送量已达到 7,840.4 亿条。②

短信之后，可以传输多媒体的彩信也出现了，彩信可以传输文字、彩色图片、声音甚至动画，大大提升了信息的丰富程度。手机报是彩信的一个重要业务，也是手机媒介与新闻业相结合、新兴数字增值业务与传统媒体相结合的早期尝试之一。手机报操作模式包括彩信和 WAP 网站浏览两种模式。2004 年 7 月 18 日，《中国妇女报》推出全国第一份"手机报"。③ 部分媒体也向订阅用户推出通过访问手机报的 WAP 网站在线浏览信息的模式。④ 2G 时代的手机报大多采用的是彩信模式，但 WAP 网站浏览模式是现在我们使用的腾讯新闻、今日头条等手机新闻客户端的雏形。

（四）移动互联网的雏形

2G 时代移动互联网开始出现。为了将移动设备和网络连接起来实现无线数据业务，人们提出了许多解决方案，其中之一就是上文提到的无线应用协议（WAP）。WAP1.1 版于 1999 年 6 月正式发行，其具有多厂商设备可以互操作的特点，使其成为业界被广泛接受和使用的无线信息网络连接方式。⑤

中国的移动互联网建设与世界基本是同时起步的。1999 年，广东移动梦网（当时叫广东风采）率先推出了 GPRS 上网模式，开启了中国移动互联网元年，但其发展并不顺利。2000 年 12 月，中国移动正式推出了移动互联网业务品牌——"移动梦网"（Monternet），包括短信、彩信、手机上网、百宝箱（手机游戏）等多元化的信息服务。在移动梦网技术支撑下，涌现了雷霆万钧、空中网等一大批服务提供商（SP）。

---

① STEINBOCK D. The Nokia revolution: the story of an extraodinary company that transformed an industry[M]. New York：AMACOM, 2001：213.
② 匡文波. 手机媒体概论[M]. 北京：中国人民大学出版社, 2006：60.
③ 李健. 手机报纸, 看上去很美？[N]. 中国经营报, 2005-08-22（B04）.
④ 叶蓁蓁. 技术将重新构建媒体版图[J]. 青年记者, 2016（24）：4.
⑤ 靖鸣, 刘锐. 手机传播学[M]. 北京：新华出版社, 2008：37.

2004 年年底，我国 WAP 注册用户达到了 3,650 万，市场规模近 12 亿元。[①]

移动梦网用户的上网资费包括向移动提供的通信费和向运营商提供的信息服务费，其中的运营服务商存在业务不规范、乱收费等现象。2006 年 4 月，国家开展了移动梦网专项治理行动，大批服务提供商因为违规运营退出了市场。

（五）2G 的意义与问题

2G 时代的手机功能仍然停留在起步阶段，数据传输速率极低，且储存空间较小，但作为数字信号的 2G 在当时已经是一大突破。在移动通信网络升级的保障下，手机传播技术由单一的语音形式向丰富的文字、图片、影像等多媒体传播方向发展。

知识卡片 5：消失在时光里的移动设备

四、3G 时代：移动的电脑

（一）第三代移动通信技术

所谓 3G，即第三代移动通信技术，与 1G、2G 相比，3G 主要是将无线通信和国际互联网等通信技术全面结合，以此形成一种全新的移动通信系统。目前国际电信联盟接受的 3G 标准主要有以下 3 种：WCDMA、CDMA2000 与 TD-SCDMA。[②] 这种移动技术可以以较快的速度处理图像、音乐等媒体形式，还包含电话会议等一些商务功能。为了支持上述功能，无线网络可以对不同数据传输的

知识卡片 6：2.5G 时代

速度进行充分的支持，真正实现移动办公与休闲娱乐相结合，3G 时代的到来标志着手机由通信终端逐渐转变为个人信息终端。

（二）多核时代与操作系统之争

3G 时代，我们现在通常意义上的智能手机出现，即拥有独立的操作系统，可以由用户自行安装与卸载软件，并可以接入互联网的移动终端设备。

智能手机的兴盛离不开硬件的发展。2011 年后，智能手机硬件开始进入"双核"时代：摩托罗拉、LG 等手机厂商均推出了双核处理器[③]，双核处理器使得智能手机拥有更快的速度，能够承担更多功能。

除了硬件之外，手机之所以能实现丰富功能，也离不开操作系统及基于该系统的各种应用。智能手机上的主流操作系统有 palmOS、Symbian、Windows Mobile、Linux、Android、iPhoneOS（即 iOS）与黑莓 OS 7 种，其中 Android 和 iOS 占有率最高。

2007 年年底，谷歌宣布成立开放手机联盟（Open Handset Alliance），84 家终端和运营企业加入该联盟，其中包括谷歌、中国移动、HTC、三星等领军企业，它们支

---

① 靖鸣，刘锐. 手机传播学［M］. 北京：新华出版社，2008：39.
② 匡文波. 手机媒体概论［M］. 北京：中国人民大学出版社，2006：60.
③ 匡文波. 手机媒体概论［M］. 北京：中国人民大学出版社，2006：3.

持谷歌发布的系统和应用,并共同开发安卓系统,这种结盟战略使得安卓横扫整个智能手机市场。①

与此同时,另一匹黑马横空出世,即苹果的独立生态系统——iOS。苹果公司在MP3市场取得巨大成功后,便向手机市场进军。与联盟派的安卓相比,iOS与硬件的整合度更高,操作界面美观,用户体验稳定,其封闭性生态也带来了更高的安全性。iOS针对消费者的设计获得了巨大的成功,2010年第四季度,苹果公司的iOS占据了全球智能手机操作系统26%的市场份额。②

(三)中国3G网络的建设

由大唐移动主导开发、政府强力支持的TD-SCDMA技术是中国第一个由企业自主研发、拥有自主知识产权的3G标准,与欧洲的WCDMA和美国的CDMA2000一起成为第三代手机(3G)技术的三大国际标准。③经过一年多的3G网络试点商用,2009年1月7日,工业和信息化部批准中国移动、中国电信、中国联通三大电信运营商分别增加TD-SCDMA、CDMA2000、WCDMA技术制式的第三代移动通信(3G)业务经营许可,中国移动互联网开始全面进入3G时代。在3G时代,网速大幅提升,更多网络应用和服务应运而生,移动互联网掀开了新的发展篇章。

3G时代,运营商与生产厂商密切合作,中国联通、中国移动分别推出CDMA、GSM手机定制,试图主导手机产业链。④与此同时,各大电脑时代的互联网公司也开始抢占移动互联网的风口,百度、腾讯、奇虎360等大型互联网公司推出手机浏览器,新浪、优酷、土豆等互联网公司也开始推出手机移动客户端,甚至与生产厂商合作,将其作为"预装软件"保留在手机的出厂环节。

(四)3G的意义与问题

3G时代,手机开始实现由人际沟通工具向大众媒体的跨越。但在初期,手机只是电脑在移动端的补偿,其中的大部分App也是PC端应用的移植,功能相对单一,仍然以信息交互、大众传播等传统互联网和媒体功能为主,很多创新的移动互联网应用尽管已经上线,却并没有得到大规模应用,成熟的商业模式也较少。

到了3G时代后期,即2011年到2013年,手机厂商之间的竞争日趋激烈,智能手机价格快速下降,推动了智能手机的大规模普及,同时激发了如微博、微信等手机第三方服务应用的大规模涌现。⑤与此同时,各大互联网公司都在推进业务向移动互联网端口转型,人们对网络速度和网络质量的要求也越来越高,4G已成为众所期待的新技术。

---

① 新浪科技.谷歌推开源移动操作系统33家巨头加入手机联盟[EB/OL].(2007-11-06)[2022-12-07]. http://tech.sina.com.cn/t/2007-11-06/01051833733.shtml.
② 管蕾.iOS 10开发指南[M].北京:人民邮电出版社,2017:2.
③ 管蕾.iOS 10开发指南[M].北京:人民邮电出版社,2017:18.
④ 陆悦,幸玮,傅桦.手机版图:拇指帝国的较量[M].北京:光明日报出版社,2006:18.
⑤ 陆峰.我国移动互联网发展史话[J].互联网经济,2016(8):86-93.

五、4G 时代：移动的"义肢"

（一）第四代移动通信技术

4G 是第四代移动通信技术的简称，以正交频分复用技术（OFDM）为核心技术，它是多载波传输技术的一种。此外，4G 集 3G 与 WLAN 于一体，图像传输速度和质量都显著提高。从 3G 到 4G 的时代，人们在购物、消费、出行、搜索、社交、导航等各种生活场景中都开始广泛使用手机，手机媒介超越传播领域，成为具备各种增值服务的综合信息终端。

（二）中国 4G 网络的建设

2013 年，中国移动开始加速 4G 网络建设，在全国 15 个城市进行了 4G 扩大规模试验。2013 年年底，工信部正式向三大运营商发放 4G 牌照；2015 年，工信部又向联通和电信发放了"LTE/第四代数字蜂窝移动通信业务（LTE FDD）"经营许可证。至此，4G 进入规模化发展的新纪元。

（三）传统行业生态的深刻变革

智能手机的大规模普及应用，也激发了手机移动应用呈现大规模爆发式增长，并渗透到生活的方方面面，成为日常生活中不可或缺的一部分。2015 年到 2017 年短短 3 年间，4G 建设快速推进，中国移动应用市场的总销售额增幅达到 250%，中国用户在移动应用中的总消费额达到 110 亿美元，市场规模持续位列世界第三，同时是全球增长速度最快的市场。与 3G 时代基于 PC 端移植的 App 不同，4G 时代的互联网业务大多以移动端为主流，直播、移动电竞、移动支付等基于移动端的新产业形态兴起。与此同时，不少以 PC 端为入口的业态逐渐衰落。

1. 手机移动支付

手机支付是金融服务和电信服务的结合体，移动支付作为电子商务的重要一环，已经成为网络购物、小额支付等的主要选择。多家银行、中国银联与运营商纷纷推出"闪付"业务，在手机 SIM 卡中推出银行的金融应用功能，可以做到电子现金小额支付。除了银行以外，支付宝和微信是规模颇大的第三方支付平台，与原有的银行卡和现金支付相比，手机移动支付便捷，不受时空约束。

2. LBS 服务与共享经济

基于位置的服务（Location Based Service，LBS）是通过电信移动运营商的无线通信网络（如 GSM 网、CDMA 网）或外部定位方式（如 GPS）获取移动终端用户的位置信息（地理坐标或大地坐标），在 GIS（Geographic Information System，地理信息系统）平台的支持下，为用户提供相应服务的一种增值业务。

当前热门的 LBS 服务包括商家促销、线上社交、精准定位等诸多用途，其中，部分共享经济就是在 LBS 和互联网服务的基础上发展起来的。①

共享经济借助网络等第三方平台，将供给方的闲置资源使用权暂时性转移，实现生产要素的社会化，通过提高存量资产的使用效率为需求方创造价值，促进社会经济的可持续发展。② 但同时，由于企业的盲目扩张和法律法规的不够完善，共享经济常常出现"运营跟不上推广"的乱象，造成了行业的泡沫化和社会管理负担的加重。

3. 手机游戏

4G 推动了手机游戏产业的发展，手机游戏生态链主要由游戏内容开发商、电信运营商、游戏运营商及用户共同组成，横跨电信、互联网、计算机、软件、消费电子等诸多领域。③ 智研咨询发布的《2020—2026 年中国手游行业市场分析预测及投资价值咨询报告》显示：2018 年中国手机游戏市场规模达 1,455.1 亿元。④

知识卡片7：手机游戏沉迷问题

4. 手机短视频与直播

4G 在传输效率上的提升，使得随时随地收看流畅清晰的网络视频已经不是问题，更是催生了直播和短视频自媒体的火爆。短视频具有简明、生动等特质，易于表达和病毒式传播，而自媒体直播则显得更加真实、具有亲和力，主播可以与观众进行互动。⑤ 与文字媒介相比，短视频和直播的生产与传播门槛几乎为零，这使得相关行业迅速向三、四线城市下沉。2018 年，快手日活突破 1.6 亿，人均单日使用时长超过 70 分钟。同年，抖音在全球覆盖了超过 150 个国家和地区，并成为 App Store 年度下载排行榜的冠军。

移动支付、可穿戴设备、移动视频、滴滴专车等新的应用创新和商业模式创新不断涌现，引发传统行业生态的深刻变革。从零售、餐饮、家政、旅游等生活服务，到电信、教育、农业、金融乃至医疗健康行业，移动互联网深入生活的每一个角落，全方位、深刻地改变了原有行业的运行方式和盈利模式。

六、5G 时代：移动的智能生活

从手机和移动互联网的发展趋势上来看，手机速度变得越来越快，智能化的程度越来越高，与人的融合程度也越来越高。2019 年 6 月 6 日，工信部向中国电信、中国移动、中国联通、中国广电发放 5G 商用牌照，中国正式进入 5G 商用元年。目前 5G 仍处于普及和规模化阶段，但可以看出，其发展仍然围绕以上 3 个趋势，与数据分析、人工智能、物联网等技术一同把世界带到智能化时代，更深度地融入工业、能

---

① 孙慧英. 手机媒体与社会文化[M]. 广州：世界图书出版公司，2016：180.
② 郑志来. 共享经济的成因、内涵与商业模式研究[J]. 现代经济探讨，2016（3）：32-36..
③ 冯宜. 手机媒体对文化产业影响力研究[J]. 今传媒，2017，25（8）：13-14.
④ 2019 年中国手机游戏行业发展现状及行业发展趋势分析[EB/OL].（2020-02-15）[2022-12-07].https://www.chyxx.com/industry/202002/834180.html.
⑤ 王晓红，任垚媞. 我国短视频生产的新特征与新问题[J]. 新闻战线，2016（17）：72-75.

源、教育、医疗等领域。此时的手机不再仅仅局限在手机的物质本体上，而是作为智能制造、万物互联的一部分，在生活的各个方面延伸我们的感官，同时影响和改变我们的生活方式，乃至推动人类生产生活的大变革。

第二节　4G前夜：手机影响社会

与今天不断推陈出新的智能手机相比，4G前夜的1G、2G和3G手机的功能远远称不上丰富，但它们也推动了人类社会生活的巨大变迁，我们可以从过去窥见当下的历史雏形。

一、手机：重塑时空的个人媒介

时间和空间是人类感知世界的方式，是人类生存和社会生活展开的两个最基本的维度。手机的诞生具有划时代的意义——它兼顾了移动和交流的双向性，打破了固定电话对人的时空束缚，重塑了人类的生活方式和社会交往方式。

作为媒介环境学派的第三代旗手，保罗·莱文森是系统研究手机等新媒介的代表人物。他提出，在手机问世前，人就是交流的"移动家园"，人类依靠双腿支撑和大脑指挥来实现人与人的短距离交流，而传播技术使家庭日益成为交流的温馨之地，电话、收音机、电视等媒介填充了家庭空间，但"走出家门以后，我们却几乎被剥夺得干干净净，受到生物学范围的局限，没有远程交流手段却又不得不完成多种任务"[1]。手机问世后成为"移动的家园"，凭借其移动性和双向传播特征，电话成为一种伴随性媒介。当手机接入移动互联网后，书籍、报纸、电视、收音机、照相机等媒介都被随身带至户外，手机成为家庭外面的家庭，一个可以漫游的媒介之媒介[2]。

作为"移动的家园"，手机重塑了时间和空间。个人与个人的直接关系得以建立，手机极大地影响了个人在家庭之外的社会身份和人际交往。

（一）时间迟滞性的减少

一直以来，时间的迟滞性存在于人类历史上的各种媒介中，人类则致力于减少迟滞性，以实现传播的直接性（immediacy）。然而，正如莱文森指出的，immediacy的词头"im"对其词根"mediate"（中介调停）构成了否定，其中蕴含着媒介与直接性的深层矛盾[3]。迟滞性包含两方面：一方面，需要走到媒介所在的特定位置才能使用，如家里、办公室、公共电话亭、邮局等；另一方面，信息的收发也需要耗费一定的时间。因此，交流的直接性都未能通过固定电话、收音机、电视等媒介实现。手机则在

---

[1] 莱文森.手机：挡不住的呼唤[M].何道宽，译.北京：中国人民大学出版社，2004：47.
[2] 莱文森.手机：挡不住的呼唤[M].何道宽，译.北京：中国人民大学出版社，2004：48.
[3] 莱文森.手机：挡不住的呼唤[M].何道宽，译.北京：中国人民大学出版社，2004：47.

很大程度上减少了迟滞性，基本满足了人类的即时交流，在很大程度上消解了媒介与直接性的矛盾。诚然，手机的信号障碍、忙音等问题也不容忽视，但"所有的这些技术困难仅仅是技术婴儿期和童年期的问题"[①]，莱文森等技术乐观主义者认为，也许在不远的未来，手机可以与直接性画等号。

（二）社会空间的重构

手机重构了社会空间，并进一步影响了人在空间中的身份和社会交往。

1. 基本社会空间边界的模糊

布尔迪厄曾定义三种基本的社会空间，即家庭、工作与社交，在手机广泛应用之前，三种基本空间的边界还较为清晰，社会身份总体来说是根据场所定位的——"在特定时间被描绘的社会身份，很大程度上依赖于个人被定位的社会环境，以及他们与谁在一起。例如，如果人们在家，他们可能正在维护父母或配偶的社会身份，因为他们与其家庭在一起。"[②]

实际上，移动性并非手机的专利，可移动的媒介早已有之。从古时的石板、泥板，到近代以来的收音机、摄像机等都可随身携带，但其共同的缺点在于不能实现双向的交流。固定电话出现以后，远程的双向交流得以实现，实现了信息的瞬间可达，也突破了电报对信息容量的限制。但固定电话仅能在家庭空间或者办公场所使用，不能很好地保护个人隐私。[③]手机问世之后，不同个体之间可以建立脱离特定场所的直接关系，手机成为完全个人化的交流媒介，基本的社会空间界限变得模糊，人的身份边界也变得更有弹性。

2. "互联空间"的开拓

手机除了带来家庭、工作和社交空间边界的模糊之外，还开拓了"空间之间的空间"——互联空间（interspace），可以理解为我们常说的"在路上"："通信手段的移动性使得先前具有短暂性、过渡性的互联空间变成了相对独立、日益重要的社会领域。它是不同领域的交叠，人们在那儿杂耍各种角色，管理诸多社会身份。"[④]即使一个人走在路上，也可以利用手机与他人联系和交流，在这一过程中选择性地管理社会身份。但与此同时，手机客观上也助长了"谎言"的诞生，比如，人们为应对不想参与的聚会邀请，明明在家，却告知电话里的另一方自己在公司加班。

概言之，手机建立了"实时连接"的最初形态，同时赋予了人们自主决定连接地点的权利，也满足了人类"边走边说"的原始需求。尽管1G时代的手机只是移动的电话，功能单一，但人们可与不在场的人取得即时的联系，有利于及时处理紧急情况和安排临时会面。同时，不同于住所、工作场合及公共领域的电话为多个人提供通信

---

① 莱文森. 手机：挡不住的呼唤[M]. 何道宽，译. 北京：中国人民大学出版社，2004：57.
② 黄鸣奋. 拇指文化、手机与社会存在[J]. 读书，2009（4）：157-163.
③ 王婷. 多维视野下的中国手机媒介：基于技术文化史的研究[D]. 济南：山东大学，2016：31.
④ 黄鸣奋. 拇指文化、手机与社会存在[J]. 读书，2009（4）：157-163.

服务，有了手机，人们可在卧室等自己的私人空间或者寻找无人、僻静场所打电话，这相对有效地保证了对话的私密性。

3. 私人空间与公共空间的混合

手机在带来便利的同时，也带来了私人空间与公共空间的混合，如今这一问题似乎愈演愈烈，引发了广泛的讨论。

私人空间被手机侵占。莱文森将手机铃声形容为"挡不住的呼唤"，认为手机使现代人开始丧失真正意义上的独处时间，而成为随时待命的"被叫方"，电话里的大部分内容都和所处的场所没有关系，还可能打断正在做的事。同时，手机铃声虽然来自一个私密的地方——人的衣袋，但很容易吸引公共空间其他人的注意，而在公共场所接听个人电话一定程度上也是私人空间对公共空间的侵入。①

除了手机铃声在公共空间的响起，2G时代以来的手机在相机功能上也不断优化，这种"长眼睛的手机"进一步混淆了公共空间与私人空间的界限，无论是被偷拍还是偶然入镜，手机无疑加大了个人隐私泄露的风险。

3G时代以来，随着互联网技术的进步和以手机为主的移动终端的迅速发展，传统"媒介使用"的预设前提被打破，受众不再仅仅是在特定时间和空间内使用媒介，而是呈现出一种连续不断的新媒介使用状态。人们的媒介使用、生活方式逐渐趋向于今天的"永久在线，永久连接"。②

知识卡片8：手机改写家庭权力关系

二、手机与人际传播

人际传播是个人与个人之间的信息传播活动，是一种最典型的社会传播活动，也是人与人社会关系的直接体现。③ 人际传播分为直接传播和间接传播，直接传播主要是通过口头语言、类语言、体态语的传递进行的信息交流；间接传播是指通过传播媒介进行远距离交流。④ 手机凭借其移动性、便携性和交流的即时性特征极大地拓展了人际传播的范围，改变了人与人之间的交流形式。

（一）短信：文本的复兴

文字是人类掌握的第一套体外化符号系统，标志着人类社会迈入了文明时代。但纵观人类社会的媒介发展史，几乎一切新生媒介都会受到批判，文字也未能幸免。作为新生媒介，它曾引发了人们对交流失败的惶恐。例如，柏拉图笔下的苏格拉底抨击文字损害人的记忆，认为文字没有人性，缺乏内在性，它摧毁正宗的对话，缺乏亲切

---

① 莱文森. 手机：挡不住的呼唤[M]. 何道宽，译. 北京：中国人民大学出版社，2004：70-73.
② 周葆华. 永久在线、永久连接：移动互联网时代的生活方式及其影响因素[J]. 新闻大学，2020（3）：84-106，120.
③ 郭庆光. 传播学教程（第二版）[M]. 北京：中国人民大学出版社，2011：71.
④ 李丹丹. 手机新媒体概论[M]. 北京：中国电影出版社，2010：112.

感，忽视交流的对象。[1]

20世纪以来，广播、电影、电视等大众媒介以其吸引人的声音和图像占据了主流媒介的地位，电话以双向语音交谈的方式淘汰了以文本形式存在的电报，1G时代的手机作为移动的电话，使语音进一步成为占据主导地位的交流符号。而进入2G时代，手机短信功能的增加产生了一种以电子文本为载体的新型人际传播方式，带来了文本的复兴。短信之所以盛行，除了价格相对低廉以外，自然有其自身独特的优点，并且满足了人们的特定需求。以传统的文本为载体的人际传播媒介是书信，其时效性比较差，并且存在永远无法寄出的"死信"（失效的邮件）[2]，但其优点在于更能传达态度的郑重和情感的真挚。电子邮件实现了信息的即时发送，但并不能保证对方能够即时查阅，因此，仍存在不同程度的滞后。相比之下，手机能够更大限度地保证信息的即时收发，这就创造出了短信这种不同于传统书信和电子邮件的新型文本。[3]

1. 作为补救性媒介的短信

保罗·莱文森认为，电子文本是一种补救性媒介，它弥补了苏格拉底指责的文字没有互动性的缺陷。同时，与出口即逝的口语相比，文字也是一种补救性媒介。[4] 显然，手机短信就是莱文森所指的一种电子文本，其双向的互动性不仅是对苏格拉底语境中书面文本的补救，也是对语音通话的一种补救：文本和语音一样具有传递的瞬时性，但短信文本具有特殊的优势——无声、精确、耐久、灵活。

如果说1G时代的电话铃声对公共空间造成干扰，那么短信这种无声的文本则提供了一种能够适宜更多场合的交流方式。短信不仅能让人即时交流，也能让人延时交流，短信给收信人很大的回旋余地与思考空间，诸如拒绝、道歉、告白之类很难直接用口头语言表达的话，都可以通过短信委婉地叙说。这在较为含蓄的中国文化语境中尤其适用，必要时，短信还可加强信息传递的逻辑性和完整性。此外，短信还可以在适量的范围内长期储存，方便随时查看，这时短信便发挥了通过文本代替人脑记忆的功能。此外，短信使人更轻易地"一心二用"甚至"一心多用"，开辟了更多元的场景，比如人们可以一边开会一边发短信，这可以理解为2G时代的"在场"与"不在场"。

2. 短信对感官的整体延伸

麦克卢汉认为"媒介是人体的延伸"，不同媒介延伸了人的不同部分，也延伸了不同的感官，他将人类的媒介史发展分为口语、拼音文字与印刷媒介、电子媒介三个阶段，并提出，在口语媒介时代，人们没有借助任何外在性媒介进行交流，各种感官

---

[1] 彼得斯.对空言说：传播的观念史[M].邓建国，译.上海：上海译文出版社，2017：68-69.
[2] 彼得斯.对空言说：传播的观念史[M].邓建国，译.上海：上海译文出版社，2017：245.
[3] 王婷.多维视野下的中国手机媒介：基于技术文化史的研究[D].济南：山东大学，2016.
[4] 莱文森.软利器：信息革命的自然历史与未来[M].何道宽，译.上海：复旦大学出版社，2011：96.

处于平衡状态，这时人们处于结成亲密社群的部落化时代；拼音文字和印刷媒介塑造了理性的、碎片的、个人的文化，这一时期被麦克卢汉称为"脱部落化"的黑暗时代，它引发了现代社会的种种弊端；而电子媒介时代，人们又回到了依赖口语的黄金时代，即"重新部落化"的时代。电子媒介时代的感觉器官的延伸不再是单一的延伸，而是整体的延伸，因此，人们得以回到部落化时代的感官平衡状态。①

循着麦克卢汉的这种乐观思想来看，手机自诞生起就在电话的基础上进一步延伸了人的听觉，实现了远距离的口语交流。而短信这种新型的电子文本则几乎延伸了人的所有感官：除了基本的视觉需要之外，信息收发的铃声延伸了人的听觉，震动模式以及手指操作延伸了人的触觉，并在此基础上形成了社会的"拇指文化"，人们在打电话时可能出现走神的情况，但在发短信时往往全神贯注，注意力的在场削弱了物理性缺场造成的虚拟感。②

3. 人际传播的情境性与短信的不足

在人际传播方面，人们多用手机短信维护人际传播中的强关系。美国社会学家马克·格兰诺维特（Mark Granovetter）最早提出了强关系与弱关系的概念，其中，强关系是指联系频繁的关系，而弱关系则是联系不够频繁的关系。③与传统的书面文字不同，由于字数限制和即时互动的要求，短信的文字通常较为简短，其作为日常交流的媒介工具又呈现出口语化甚至亲密化的特征。

人际传播具有鲜明的情境性，而文字符号的缺陷正是不能运用一些辅助性的表达手段，使用短信交流无法察言观色，也无法接收负载于声音上的语气、语调、停顿等副语言信息，因此，从某种意义上说，传播的质量会受到影响。④为了模拟现实中人们的表情和体态，增强交流的在场感，字符表情伴随着短信出现了，这也就是今天常用的表情包的开端。与此同时，人们会在节假日利用短信群发功能来维护弱关系，在省时省力的同时也造成了信息同质化严重的后果，消解了手机媒介个性传播的特点。

（二）手机多媒体：人性化的发展趋势

莱文森从语言、文字、机器印刷、光化学媒介、电子媒介、互联网和手机的更迭交替中发现，技术在模仿、复制人体的感知模式和认知模式，"一切媒介的性能终将越来越人性化"。⑤有学者总结了媒介人性化理论内核的三个层面："从媒介进化本身规律看，媒介使用功能越来越符合人类感官愉悦的要求，媒介外形设计越来越符合人性审美需求；从人性化的角度看，媒介必然沿着人类传播要求的方向进化；从媒介与自然关系的传播效果看，媒介必然朝着不断消弭时空障碍的方向进化。"⑥

---

① 刘海龙. 大众传播理论：范式与流派[M]. 北京：中国人民大学出版社，2008：432-433.
② 王婷. 多维视野下的中国手机媒介：基于技术文化史的研究[D]. 济南：山东大学，2016：32-33.
③ 彭兰. 连接与反连接：互联网法则的摇摆[J]. 国际新闻界，2019（2）：20-37.
④ 李丹丹. 手机新媒体概论[M]. 北京：中国电影出版社，2010：61.
⑤ 莱文森. 软利器：信息革命的自然历史与未来[M]. 何道宽，译. 上海：复旦大学出版社，2011：5.
⑥ 陈功. 保罗·莱文森的人性化趋势媒介进化理论[J]. 湖南科技大学学报（社会科学版），2016（1）：178-184.

人性化是媒介补救的方向，如果说互联网是广播、电视和印刷媒介的补救性媒介，那么以手机为终端的移动互联网便成为传统 PC 互联网的补救性媒介，手机"将传统的通信技术与移动互联网融为一体，成为目前最贴合人的补救性媒介"①。3G 时代，人们可以利用手机语音、文字、图片、视频等多种方式进行交流，手机技术不断进步的过程也是人际传播的特性与手机传播特性愈加契合的过程，传播手段多样性的重要发展动力之一即人际交往的情境性和双向互动性的要求，这贴合了莱文森的媒介人性化理论。

极具人性化的手机便利了人的交往，除了麦克卢汉、莱文森等乐观派之外，也有人指出人们对手机的媒介依赖及其对人际交往造成的弊端。雪莉·特克尔（Sherry Turkle）提出现代人的"群体性孤独"，意指人们越来越迷恋虚拟世界中的社交关系，而与现实世界中更加真实的社交关系越发疏远。②人们常常用来调侃"低头族"的一句话是"世界上最远的距离就是我坐在你面前，你却在玩手机"，这正是群体性孤独理论所反思的现象。也有学者对"群体性孤独"的说法提出质疑，认为其假设出来的结论在"线上社交"和"线下社交"中，区分出了优劣，"孤独社交"类似于一种技术决定论问题，它承载着人们对技术的"道德恐慌"。③

三、移动阅读与大众传播

与手机短信相伴随的，是一场阅读方式的革命：移动阅读的兴起。"纵观人类历史，阅读方式的每一次演变，都和文本介质直接相关，也就是和技术的变迁有关，而且每一种新技术创造的新介质，都会进一步催生新型的社会交往活动乃至改变社会权力关系，印刷术与宗教改革就是典型的历史个案。"④考察手机的移动阅读史，也是探求人类社会的变迁史。

阅读可分为广义的阅读和狭义的阅读，狭义的阅读即传统阅读，指对人类知识生产和成果的摄取和传承；广义的阅读，指信息社会中的所有媒介渠道的信息获取行为。目前，移动阅读的定义更倾向于后者。移动阅读的内容从早期的短信文字形式发展为包括文字、图片、音频、视频等多种媒体形式，呈现方式多样化，如手机报、电子书、网络小说、网络杂志、博客等。

（一）移动阅读影响人类思维

移动阅读是手机技术发展和都市生活节奏加快带来的必然结果，它改变了人们的阅读习惯，影响了人们的思维。与纸质阅读、PC 网络阅读相比较，手机移动阅读具

---

① 郑燕.人是媒介的尺度：保罗·莱文森媒介思想研究[D].济南：山东大学，2014：91.
② 特克尔.群体性孤独：为什么我们对科技期待更多，对彼此却不能更亲密？[M].周逵，刘菁荆，译.杭州：浙江人民出版社，2014：20.
③ 董晨宇，张恬.反思"孤独社交"：社交媒体真的让我们更加疏离吗[J].新闻与写作，2019（6）：48-52.
④ 孙玮，褚传弘.移动阅读：新媒体时代的城市公共文化实践[J].探索与争鸣，2019（3）：118-126，144.

有随时随地的便捷性。在阅读内容上，手机移动阅读主要以各类新闻资讯和非严肃性、消遣性内容为主，内容篇幅更倾向于短小精悍的微型阅读。在阅读方式上，由于读者身处移动环境，阅读时间短，干扰因素多，阅读节奏较快，快餐式、浏览式、随意性、跳跃性、碎片化的阅读特征突出。手机移动阅读呈现浅阅读的趋势，引发了人们对信息肤浅化与人的思维能力下降的担忧。

对此，也有学者提出相反的观点。彭兰认为，过去的纸质阅读所说的"深"，是在"封闭"的环境中完全基于媒体提供的信息来实现的，其所谓的"深度"思考其实在较大程度上受到媒体视角的限制。而在新媒体环境下，人们可以在开放的、四通八达的信息网络中，主动地去寻找相关信息和他人的评论，当用户为了特定目的不断去拓展自己的阅读领域，即使他读的内容很多都是短文章，最终这些短文章也可能汇聚成深度的认识与思考。因此，并不能简单地将碎片化阅读与浅阅读和浅思考画等号。①

（二）移动阅读重塑传播模式

移动阅读使手机不再仅仅是人际传播的媒介，而是具备人际传播和大众传播双重属性。大众传播，是指专业化的媒介组织运用先进的传播技术和产业化手段，以社会上一般大众为对象进行的大规模的信息生产和传播活动。②传统的大众传播模式是以传者为中心的线性传播模式，受众只是被动地接收信息，难以形成反馈和互动。报纸、广播、电视被称为传统三大媒体，互联网出现后被冠上了第四媒体之名，而手机能否被称为"第五媒体"存在颇多争议，但不可否认的是，手机的出现是对报纸、广播、电视、网络四大媒体的突破，具有开创性意义。

1. 信息传播突破时空限制

手机凭借便捷性、即时性、灵活性等特征，很快成为新兴的大众传播渠道，突破了新闻等信息传播的时空限制，移动阅读使信息传播的渠道以一切可能的方式拓宽，渗透到大众生活的每个角落。随着手机的普及以及传播技术由单一的语音形式向丰富的文字、图片、影像等多媒体传播形式发展，手机逐渐成为小型移动多媒体终端，信息获取的门槛进一步降低，社会大众在更大范围内接收信息。手机媒体的信息传播速度也极快，这一点集中体现在一些突发事件中，如"9·11"事件发生后的3分钟内，新浪网就向其用户发送了第一条消息。③

2. 以受众为中心的传播模式初步形成

手机改变了信息传播者和使用者的关系，重构了以传者为中心的信息生产和传播的模式。大众传播的受众不再只是沉默的信息接收者，而是可以成为信息的反馈者。手机短信是一种汇集式的传播形式，由手机运营商、信息平台提供商、大众媒体和手机用户共同构成，手机用户可以通过发送信息到短信平台与媒体互动，实现信息的反

---

① 彭兰.重构的时空：移动互联网新趋向及其影响[J].汕头大学学报（人文社会科学版），2017（3）：93-102.
② 郭庆光.传播学教程（第二版）[M].北京：中国人民大学出版社，2011：99.
③ 李丹丹.手机新媒体概论[M].北京：中国电影出版社，2010：117.

馈。①2005年,湖南卫视的《超级女声》采用观众短信投票的方式决出比赛排名,形成了空前盛大的"追星"之势。

受众自身也成了信息的采集者和传播者,这集中体现在一些突发事件中,如2005年英国伦敦连环爆炸案,一些现场目击者用手机的摄像功能拍下了事故现场,各地媒体纷纷向他们索求现场画面。②此外,手机是个性化的媒介。用户可通过手机短信自主订阅内容和服务,手机接入移动互联网后,更是使用户自主搜索内容愈加便捷,初步验证了尼葛洛庞帝在20世纪90年代提出的"个人日报"(The Daily Me)这一对互联网时代的信息个性化的预言。③

总而言之,以手机为主要终端的移动互联网的发展,进一步赋予了受众参与传播和进行反馈的权利,重构了传统的大众传播形态,促进了社会权力结构的变迁。然而,随着信息传播范围变广、信息量的增加和信息流通的速度加快,手机也成了垃圾信息和谣言的温床,手机的发展需要相关法律法规和政策举措的持续跟进。

第三节 移动互联网的纵深发展

在各项基础设施基本建成后,移动互联网便向着纵深发展的方向前进,主要体现在以下四个方面。

一、从社交到场景

在互联网时代,社交成为内容生产的动力,人们的关系网络成为信息的传播渠道,"无社交不新闻"成为共识。④随着技术的继续发展,网络传播的即时性和急速性逐渐消灭了人类意识中的时间和空间,传播由单纯追求速度的量变逐渐转化为追求个性化适时体验的质变,场景的意义被大大强化。⑤

"场景"一词本来是影视用语,指在特定的时间、空间内发生的行动,或因人物关系构成的具体画面,是通过人物行动来表现剧情的一个特定过程。⑥在传播语境下,场景是指人与周围景物的关系的总和,其最为核心的要素是场所与景物等硬要素,以及与此密切相关的空间与氛围等软要素。⑦简单来说,场景强调当时当下。互联网时代,传播构建在社交的基础之上。移动互联网时代,场景成了更深层次的基础,社交

---

① 李丹丹. 手机新媒体概论[M]. 北京:中国电影出版社,2010:114.
② 李丹丹. 手机新媒体概论[M]. 北京:中国电影出版社,2010:120.
③ 尼葛洛庞帝. 数字化生存[M]. 胡泳,范海燕,译. 海口:海南出版社,1996:192.
④ 彭兰. 场景:移动时代媒体的新要素[J]. 新闻记者,2015(3):20-27.
⑤ 梁旭艳. 场景传播:移动互联网时代的传播新变革[J]. 出版发行研究,2015(7):53-56.
⑥ 吴声. 场景革命:重构人与商业的连接[M]. 北京:机械工业出版社,2015.
⑦ 郜书锴. 场景理论:开启移动传播的新思维[J]. 新闻界,2015(17):44-48,58.

逐渐发生在各式各样的场景之中,近些年兴起的场景社交,就是以场景为基础,所有社交方式都是在场景结构上建立起来的。

移动能够产生快速切换的时空,并产生用户在各个时空内的数据。这些数据能够帮助分析用户实时状态的需求、生活习惯。移动传播的本质是基于场景的服务,即对场景(情境)的感知及信息(服务)适配。① 场景分析的最终目的是通过理解用户在特定场景中的需求,以便即时提供相关的服务和信息。如宿务航空在香港利用雨天促进消费的案例。

知识卡片9:宿务航空案例

二、从大众传播到分众传播

随着信息传播技术及移动互联网的发展,越来越多的人有了移动化的信息发布端口。3G之后,手机的高度移动性使得影像传播能够随时随地自由地展开,这极大地激发人们的传播欲望,使人的表达更加随性和多元。这凸显了传播的主体——人在传播过程中的首要位置,更多人参与了信息的生产与传播中②,媒体和社会发展迎来了第二次大的进步——从大众传播到分众传播的转化。大众传播的特点是在信息传递的过程中一点对多点,体现的是集体的、社会的、国家的意志;分众传播在信息传递过程中多点对多点,体现的是承认差异,尊重个性。③ 虚拟社区是窥探分众时代的典型窗口。

传播(communication)与社区(community)有天然的联系。由手机形成的社区概念与强调地域性的传统概念不同,超出了地域的范围,扩展和深化到抽象的精神意识领域,属于"精神社区"④,即"它的共同成员感建立在价值、起源或信仰等精神纽带之上"⑤。精神社区强调价值认同、归属感或信仰等精神纽带。作为这种社区的成员,强调一种精神或文化上的维系力。由移动设备构建的社交群体组成的"精神社区"是虚拟的,但不同于互联网的虚拟性,移动设备因为定向而具备个人识别的唯一性,它全面渗透在人们的日常生活中。此时,虚拟空间所建构出的在场便成为一种全身心投入的在场。

亚文化是虚拟社区的典型代表。移动互联网的快速发展使得亚文化群体有了更集中也更亲密的关系。在亚文化这一虚拟的精神社区中,兴趣相似的人们相聚,并在交流中认可彼此与自我,不断强化自己的身份认同。无数亚文化的背后,既是碎片化的生存,也是

知识卡片10:李宁的品牌转型

---

① 郜书锴.场景理论:开启移动传播的新思维[J].新闻界,2015(17):44-48,58.
② 卢维林.基于媒介发展史角度的手机媒体探讨[J].东南传播,2011(2):65-66.
③ 熊澄宇.从大众传播到分众传播[J].瞭望新闻周刊,2004(2):60.
④ 王萍.手机媒介传播:弥漫于空间——对手机媒介建构的空间结构的探析[J].西南民族大学学报(人文社科版),2007(10):163-166.
⑤ 英克尔斯.社会学是什么[M].陈观胜,李培茱,译.北京:中国社会科学出版社,1981:68.

碎片化的传播，更是碎片化的场景。社交软件和智能手机的器官化带来了一些变化，其裂变式的放大能力和蜂窝式的自我复制能力，既造就群体性孤独，也成就新的商业机会。①"李宁"运动品牌的转型或许可以看作一次亚文化应用的成功案例。

在大家的差异化和个性化尽数展现的同时，分众传播也引发了新的权利问题。以手机为代表的移动互联网终端，整合了各类媒体，逐渐成为人们获取资讯的主要渠道。这种极大的便利性在满足人们需求的同时，也进一步推动和促进了人们对自我呈现与社会表达的渴望。移动互联网"去中心化"的"网络—节点"传播结构以及"随时随地"的特征的发展，使人们的分享意愿与表达行为能够以一种更为便捷、即时的方式实现，弥补了传统互联网的信息发布缺口，它打开了不同阶层人的共在场景，将更多的表达权、传播权和知情权赋予了普通的社会大众，一方面造就了"全民发声"的社会舆论结构，另一方面也模糊了新闻生产的边界，新闻传播格局由传统的"媒—众"关系演变为多元行动者参与的网络。②但与此同时，社会表达中出现的非理性的群体极化和网络民粹主义现象，也背离了麦克卢汉所想象的网络乌托邦。此外，关系赋权成为移动互联网时代的另一种分配权力的方式。社交是移动互联网时代的重要属性，伴随着人们对移动互联网络的依赖，以及移动互联网在人们生活中的渗透，在社交平台上拥有更大关系网的人往往也有更大的话语权，如当前各色网红、关键意见领袖（KOL），因为他们有足够多的粉丝，所以在遇到重大事件时，他们的发声往往会影响更多人对事件的看法。

三、从具象时空到抽象时空

1G 时代和 2G 时代对人们时空观念的影响，主要体现在速度加快和社会空间变得模糊的层面，人们很容易发现生活节奏的加快、工作对生活的打扰等。但到了 3G、4G、5G 时代，人们很难再发现这种明显改变了，因为这种技术带来的时空观念的变化已经融入了我们的日常生活，我们的时空观念变得更加抽象了。

（一）时空媒介观：时间、空间与媒介相互嵌套

知识卡片 11：《精灵宝可梦 GO》案例

米歇尔·德·塞尔托（Michel de Certeau）将空间（space）和地点（place）做了二元划分，"地点"是在空间中被规定的稳定位置，而这一稳定位置中展开的实践构成了空间。"空间"与"地点"的分野将空间的移动实践属性标识出来。如果说"地点"是功能化的空间，那么"空间"就是被赋予移动性的"地点"。"移

---

① 吴声. 逻辑思维联合创始人吴声：正在发生的场景革命［EB/OL］.（2015-07-09）［2022-10-30］. https://www.jiemian.com/article/322929.html，2015-7-9.
② 喻国明，马慧. 互联网时代的新权力范式："关系赋权"："连接一切"场景下的社会关系的重组与权力格局的变迁［J］. 国际新闻界，2016（10）：6-27.

动"成为"空间"和"地点"区分的重要实践。[①] 李耘耕在论文中以游戏《精灵宝可梦 GO》为例探讨了这种新兴的时空媒介观念。

通过对移动实践和网络轨迹的强调，时间维度被纳入城市空间的讨论中。移动是空间和时间交互的结果，它是对时间流逝在空间中的记录。如现在的数字地图，人们可以在地图上看到自己走过哪些地方，甚至可以在过程中不断记录、回忆，并且赋予其独一无二的意义。在这个过程中，时间以空间的形式被保存下来，个体的时间被留存在位置媒介之中，也通过电子网络印刻在城市空间之中，得以在虚拟空间中分享、流转乃至成为个人身份的确证。[②] 再如大众点评中人们对各种美食、美景的打卡，朋友圈中带定位的生活记录，在这些"空间"中消磨的时间，都与媒介相互嵌套、紧密连接。

（二）难以意识到的时空变化背后：自由与隐私的消逝

在当今时代，人们难以发现时空观念的变化，自然也就难以注意因时空观念变化带来的枷锁。

首先是自由的消逝。媒介的移动性越强，媒介对人们生活的渗透力也就越强。随着 5G 时代的到来和智能手机的普及，信息的丰富性、获取信息的便利性、功能的多样性、伴随的移动性给人们带来了空前的行动自由和精神自由。人们外出所有的吃喝玩乐和信息需求，通过一台小小的智能手机即可完成。智能手机带来的所有的自由自在仍然都是表面的，人们在使用过程中所产生的一切数据，都在技术后台的监视或有关机构的监视之中。[③]

其次是隐私的暴露。每个人终究会慢慢变老，直至死亡。这个时候，人们会意识到时间价值大于个人隐私，因为留给自己的时间不多了。特别是随着技术的发展、生活节奏的加快，人们行进的速度也在不断加快，这一场景下，当电脑比自己还了解自己时，我们根本无力拒绝诱惑。设备为我们安排的生活可以让有限的生命变得更轻松、更高效、更精彩，那么我们就等于延长了生命、提高了生命质量。获得这一切的前提就是要牺牲自己的部分隐私。场景时代带来的积极与消极影响，表面上看是技术问题，实质上是个信任的问题。"信任"这一重要关系资源，不仅隐身在服务、数据、商业中，当然也隐身在技术中。在这样的时代背景下，人与人、人与数据、数据与数据之间的基本信任丧失了。[④]

四、从感官延伸到具身发展

传统上，当人们讨论媒介影响时，倾向于认同麦克卢汉"媒介是人的延伸"观点，但随着移动互联网的纵深发展，媒介已经逐渐成为人体的一部分，甚至人成为媒

---

①② 李耘耕.从列斐伏尔到位置媒介的兴起：一种空间媒介观的理论谱系[J].国际新闻界，2019（11）：6-23.
③ 陆地，高菲.论媒介演进的"魔术化效应"[J].现代传播（中国传媒大学学报），2021（3）：10-19.
④ 郜书锴.场景理论：开启移动传播的新思维[J].新闻界，2015（17）：44-48，58.

介本身。

（一）具身性

移动互联网让位置成为重要的信息，而所谓的位置，正是身体在空间中的方位。这一媒介技术的变化，成为身体进入传播学视野的重要原因之一，越来越多的学者对具身媒介产生了兴趣。

所谓具身媒介，是以"身体参与传播活动的完整度"作为划分标准，将媒介形态分为四个阶段。第一，身体媒介时期，在这一阶段，人主要通过动作、表情、口语等身体语言传递信息，媒介以生物学意义上的身体，即肉体的形式存在，每一个个体就是一个独立的媒介，此时身体等同于身份。第二，无身体媒介时期，即身份和肉体脱离，身份变成了传播中的符号，大家看不到人，只能看见名字。纸质出版物、广播、电视等，以视觉、听觉符号代替了身体语言，传受双方的身体无须在场，便可以实现信息传播。第三，身体化媒介时期，随着网络传播时代到来，身份重新稳固下来，人以节点形式存在于微博、微信等整合媒介平台上。身体是"数字身体"，不具备实体形态，但发挥身体作为完整系统的功能，每个人在平台上都有一个自己的比较稳定的"身份"，不易更换，这时候的身体仍然不重要，但是身份非常重要，很难更换。第四，类身体媒介时期，人体内嵌入技术设备，技术身体和机器人共同成为传播主体，身份和身体结合起来，网络匿名性消逝，人和机器共生，但并不是完全身体化，因此称之为类身体。

就当前而言，我们正处于身体化媒介时期向类身体媒介时期转变的阶段，主要还是身体化媒介时期。在当下的移动互联网中，人们仍主要是以一个个"数字身体"存在于网络之中。

（二）虚拟"在场"与虚拟身体

在柏拉图的古希腊哲学传统中，所谓"媒介"，一直被认为是弥补"缺席"的一种"在场"形式，这个根深蒂固的思想持续地影响着传播学研究。在当前移动网络时代，扎根于新媒体传播实践的反思开始了，新媒体传播越来越强大的技术具身趋势，改变了身体—主体存在论的"在场""缺席"的基本含义，创造了人类社会崭新的"在场"——虚拟远程在场。①移动网络时代的地理媒介创造了更加多元的在场和缺席状态，正如2020年受到疫情影响，多数大学的毕业典礼采取了"云毕业"形式，无论毕业生人在哪里，只需要打开附近的移动设备，露出头像，便可以线上的形式拍下毕业照片。

随着虚拟技术的发展，类身体媒介时期的特征与技术表征也越发显著。虚拟身体成为技术发展的重要方向。

---

① 孙玮.交流者的身体：传播与在场——意识主体、身体—主体、智能主体的演变[J].国际新闻界，2018（12）：83-103.

虚拟身体可以通过各种技术方式模拟、创造各种身体的感官，如视觉、触觉、听觉等，以营造身体在场的"真实"感觉。这种虚拟现实技术与传统大众媒介技术有着根本性的差异，即身体与技术的耦合。当前的移动网络、虚拟现实、人工智能技术制造了身体与技术的耦合。虚拟身体在虚拟世界的在场，更多地依赖交互作用，交互作用通过制造一种身体感觉器官的感受，实现了虚拟身体的在场。智能身体的赛博人作为主体，使得在场的状态突然变得复杂而诡异，"虚拟实在"这样的概念的出现及其映射的现实，使得形而上学传统中的"在场""媒介""再现""真实""实在"等概念都需要重写[①]，"元宇宙"成为势不可当的发展趋势。

第四节　移动互联网时代理论的新发展

一、从可供性到移动可供性

（一）可供性被引进传播学

可供性（affordances）起源于生态学的理论视角，詹姆斯·杰尔姆·吉布森（James Jerome Gibson）在《视知觉的生态学进路》一书在论及动物与环境的关系时提出："一个具体环境的可供性，就是它为动物提供的东西，它准备或供应了什么，无论是好是坏……它在某种程度上涉及环境与动物两方面……意味着动物与环境之间存在着互补性。"[②] 吉布森试图通过对可供性这一概念的界定来阐释环境和生物之间的关系，后来其被引入设计学，用于研究设计对用户的影响、评估设计的有效性。而媒介本身作为一种设计，具有天然的技术人工属性[③]，其特性、机制也在塑造着受众的行为、文化，因此，可供性理论也是适用于传播学研究的有效工具。

在传播学视角下，2015年，施罗克（Schrock）提出传播可供性，探讨主体对效用的感知与技术客观性质之间的互动以及如何改变传播实践或惯习，他认为，移动媒体具有可携带性、可用性、可定位性和多媒体性四个维度的可供性。[④]

潘忠党针对新媒体的可供性，提出了比较全面的指标，分别是生产可供性、社交可供性和移动可供性[⑤]，这是可供性概念首次被引入中国传播学界。每个层面的可供性

---

① 孙玮.交流者的身体：传播与在场——意识主体、身体—主体、智能主体的演变[J].国际新闻界，2018（12）：83-103.
② GIBSON J J. The ecological Approach to visual perception：classic edition[M]. New York：Psychology press，2014：119.
③ 景义新，沈静.新媒体可供性概念的引入与拓展[J].当代传播，2019（1）：92-95.
④ SCHROCK A R. Communicative affordances of mobile media：portability, availability, locatability, and multimediality[J]. International Journal of Communication，2015，9（1）：18.
⑤ 潘忠党，刘于思.以何为"新"？"新媒体"话语中的权力陷阱与研究者的理论自省：潘忠党教授访谈录[J].新闻与传播评论，2017（1）：2-19.

要素均可具体化为若干种可供力（如图 9-2 所示），三个层面的可供性要素之间相辅相成，每个可供性要素的可供力之间也互斥互补，且"在三种可供性上水平越高的媒体，往往就是越'新'的媒体"。

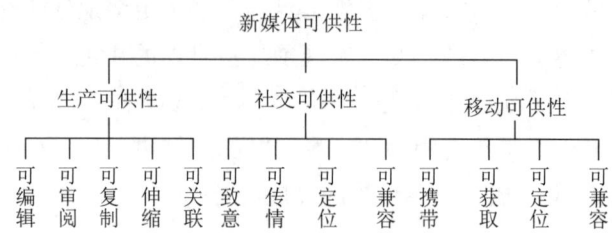

图 9-2　可供性框架图

（二）移动可供性的指标

1. 可携带

可携带指在通勤途中、家庭、工作场所等均可便携使用。① 智能手机现在可以拥有与计算机相匹敌的处理能力，而便携性将移动媒介与台式电脑从根本上区分开来，移动手机最大的可供性就是用户能够在全世界范围内活动。②

2. 可获取

可获取指用户使用和传播的多重性、高频率和直接性。③ 最初，移动电话被认为实现了个人与社交网络之间的持续连接，即"永久在线、永久连接"，然而，用户可以选择持续连接或者断开连接。个人往往通过策略性地运用可获取性来达到不同的传播目标，即他们并不通过持续的社交互动，而是利用可获取性进行调整，以适应不断变化的社交环境。

3. 可定位

可定位指基于位置特性进行相关信息的监控和协调。④ 随着手机出现 GPS 功能，位置信息虽然仍然由固定的地理坐标来定义，但是它们重新获得了动态意义，这是因为依附于它们的位置信息处于不断变化之中。

4. 可兼容

可兼容指移动媒介是一种综合的媒介，能够提供图文视听元素的多屏共享和同步传输。⑤ 比如拍照记录日常，这种基于图像的实践大大扩展了移动媒介的社交功能。

二、从劳工到数字劳工

手机本是作为辅助用户的工具，职能应是为用户带来便利和轻松，但长时间使用

---

① 景义新，沈静. 新媒体可供性概念的引入与拓展[J]. 当代传播，2019（1）：92-95.
② ARNOLD M. On the phenomenology of technology: the "Janus-faces" of mobile phones[J]. Information and Organization，2003，13（4）：231-256.
③④⑤ 景义新，沈静. 新媒体可供性概念的引入与拓展[J]. 当代传播，2019（1）：92-95.

手机后会使人感觉到的"累",本质上是用户作为数字劳工的劳动异化。

(一)受众到劳工的转向

阿尔文·托夫勒(Alvin Toffler)在1971年提出"产消者"现象,用以说明"消费者和生产者之间的界限越来越模糊",消费者开始承担企业的部分生产劳动。

在2017年网易云音乐地铁营销活动"看见音乐的力量"中,用户的留言被作为素材出现在地铁车厢的广告里。这种以个体的知识和才华为基础,用情感、兴趣等表象来造成某种"同意",从而对用户进行"无偿剥削"的行为在移动互联网时代随处可见。

1977年,传播政治经济学的早期代表人物达拉斯·史密斯(Dallas Smythe)发表了《传播:西方马克思主义的盲点》(以下简称《盲点》),系统阐述了"受众商品论"的概念,为传播学研究开启了从"受众"到"劳工"的转向。

在《盲点》发表后,许多学者与之进行论争,"盲点之争"由此爆发,一些学者开始围绕着劳动议题展开讨论。但这些讨论基本上停留在以电视为主的传统媒体时代,如加利和李凡特使用"观看即工作"的隐喻来研究电视受众劳动力价值的被剥削过程。①

(二)数字劳工的特征与影响

进入网络时代,我们都在不同程度上成为"网络劳工"。网络已不单是一种物理存在的生产工具,其本身就是一种新的生产方式。②

"数字劳工"这一概念则拓展了新型劳工的数字化特征。

福克斯(Fuchs)在《数字劳动与马克思》这本书中,对数字劳工给出了一个相对清晰的定义:"数字劳工是电子媒介生存、使用以及应用这样的集体劳动力中的一部分,他们不是一个确定的职业,他们服务的产业定义了他们,在这个产业中,他们受资本的剥削。"③

随着移动设备的普及化,劳动工作与日常生活边界模糊,带来了数字劳动"劳心"和"劳力"的双重负担。正如达拉斯·史密斯所言,所有的非睡眠时间都是劳动时间。④

"数字劳工"继承了达拉斯·史密斯的"受众商品论",但"数字劳工"对移动互联网时代有更强的解释力,让我们关注到平台背后资本的积累模式,也让我们思考剥削以及如何剥削的问题。

在社交媒体当中,用户的生产行为是自主的,这种自主性遮蔽了"劳动"——能动的主体选择一种无偿的劳动来生产文化和知识,而这些劳动所生产的内容本应该由资本家来支付报酬。

知识卡片12:短视频用户分类

---

① 袁潇. 数字劳工:移动游戏中青少年玩家的非物质劳动研究[J]. 当代传播,2020(5):105-107.
② 邱林川. 新型网络社会的劳工问题[J]. 开放时代,2009(12):128-139.
③ FUCHS C. Digital labour and Karl Marx[M]. London:Routledge,2014:125.
④ 姚建华. 传播政治经济学经典文献选读[M]. 北京:商务印书馆,2019:25.

传播政治经济学者尤里安·库克里奇（Julian Kücklich）使用"玩工"（playbour）的概念来界定通过玩耍的形式在其闲暇时间内创造价值的用户。①

休闲时间应是用来自我发展、自我享受的一种自由时间。但在移动游戏中，其以给予"自由"与"娱乐"的方式索要人们的精力、时间和情感，娱乐兴趣与网络劳动工作的界限趋于模糊，空闲时间中的娱乐活动成为数字经济中的生产实践。游戏玩家自愿进入游戏体系中付出劳动，因此，被异化的不仅是劳动过程，也是自我生产的过程，它包括人类创造力的商品化，即自我商品化过程。②

数字经济的商业逻辑使得玩家自身及其技术使用行为、个体情感、社交关系被劳动化与商品化，他们最终成为移动游戏中的产消者和异化的劳工。在商业运行过程中，移动游戏被建构出玩具与工具的双重属性，将其吸纳进资本循环与增值的社会工厂中。③

值得注意的是，在"数字化生存"繁荣的同时，脱离数字化的反连接运动也在悄然拉开。④今天人们正在面临过度连接的重负，因此，"社交媒体倦怠""手机上瘾症""数字戒毒"等有关数字网络沉迷的社会热词和学术研究不断涌现，"戒手机""远离屏幕计划"等豆瓣小组拥有大量成员。

移动互联网海量的信息与广泛的连接，成为社会加速的"展示窗"，不仅展现了信息社会的快速更迭，也通过人际交往中的表演效应，加强了个体对社会更迭的紧张感。换句话说，互联网平台推动了"加速文化"的形成，其裹挟着发展主义成为占据当代生活的主流意识形态，而发展、变迁、加速本身也就成为社会加速的目的。⑤

三、景观社会的构建与反叛

（一）概念与演进

居伊·德波在《景观社会》一书中提出了"景观社会"的概念，他指出："在现代生产条件下无所不在的社会，生活本身展现为景观的庞大堆聚。直接存在的一切都转化为一个表象。"⑥

德波延续了马克思商品拜物教的批判逻辑，指出景观社会就是这种物化关系的景观化。不仅鲍德里亚所说的商品的符号价值以景观的形式呈现，人的社会关系和社会生产方式也都被景观化了。社会生产方式的决定性结构由商品生产主导转换为由影像生产主导的"景观生产方式"。手机既为这种"景观生产方式"服务，又是景观社会的产物。

---

① KÜCKLICH J. Precarious playbour: modders and the digital games industry[J]. Fibreculture Journal, 2005（5）: 1-5.
② 姚建华. 数字劳工：产消合一者和玩工[M]. 北京：商务印书馆，2019：5.
③ 袁潇. 数字劳工：移动游戏中青少年玩家的非物质劳动研究[J]. 当代传播，2020（5）：105-107.
④⑤ 李子仪，姬德强. 数字劳工的"罢工"？——作为加速社会"减速策略"的数字反连接研究[J]. 新闻界，2021（11）：43-55.
⑥ 德波. 景观社会[M]. 王昭凤，译. 南京：南京大学出版社，2006：3.

在印刷传播时代（19世纪二三十年代至50年代），人们接触的景观仅是不具象的文字，个体产生的景观也不丰富。

大众传播时代（19世纪50年代至20世纪90年代）则是电视影像堆积的时代。生动的、具象化的景观大门第一次被开启，被资本控制的大众媒体制造景观，向受众狂轰滥炸。这一时期的个人景观生产大多被资本裹挟，导致景观交换开始出现非面对面交往的对象，电视明星是这一时期典型的交换对象。在大众传播时代，人们观看的景观大多是媒体一手制造的，并且生产与交换受困于资本，交换双方并不对等。

在社交媒体所创造的媒介环境时代（20世纪90年代至今），中介化的特性使得传播权力被下放，观看景观、交换景观的权力变得更自由。① 尤其是上网流量资费下降，以及技术赋权后，视频的生产与传播的门槛降低，视频成为人们日常表达的方式之一。

（二）移动手机对景观社会的反叛与构建

移动手机的出现一方面在加速构建景观社会，另一方面在"反叛"旧有的景观社会。

以智能手机为代表的移动新媒体的发展，使得"拍客"这一群体不断扩大，近两年又出现了拍客（vlogger）群体。拍客健全了"景观社会"普通公民的图像语言能力，也健全了他们的图像思维，这些也有助于景观社会的加速构建。

认知心理学认为，"使用语言的细节会决定你如何把思维转化为语言，还会决定你思维的本质"。② 语言决定思维，图像语言同样可以决定思维。在传统媒介社会，人们只会观看图像，处在图像语言单向度的使用状态，造成图像批判能力的缺失。而以拍客为代表的群体掌握了拍摄和传播的基本技能，能够打破统治阶级对图像奥秘的知识垄断，让他们从图像本身就能看出图像的"破绽"与虚伪性。

拍客构建的"小众景观"，一定程度上是在"反叛"旧有的景观社会。

景观社会一度是由权力阶层和精英阶层构建的。长期以来，"景观社会"一直是经过大众媒介的集体把关而构建起来的旧"景观社会"。而新媒体时代，普通民众利用手机，通过抖音、快手等平台构建了一个生存空间，把表现真我生存状态的"景观社会"构建起来③，打破了景观社会中陈旧的默认追随，并走向主动追随和自娱自乐的文化狂欢，加剧了奇观化现象。

在今天的移动网络环境中，短视频中的网红或明星以极其具象的视听符号介绍某些商品的神奇魔力，有意无意地塑造大众的消费意识，造成无处不在、无时不在的景观消费，此时人们的消费不再是基于自身需求的消费，而是被不断更新换代的视听影像激发的虚假的需要。

---

① 张薇.景观社会与新型社会交往中的自我景观[J].甘肃社会科学，2021（3）：26-30.
② 弗里德曼，舒斯塔克.人格心理学：经典理论和当代研究[M].许燕，译.北京：机械工业出版社，2011：112.
③ 徐尚青，潘元金.移动新媒体时代的拍客对"景观社会"的构建[J].新闻界，2012（22）：39-43.

我们不再依赖于资本从外部提供景观,而是自身成为景观制造体系的一部分,即我们自己在制造景观。这些关于我们自身的图像,既可以是迎合景观制造的"材料",也可以作为抵抗景观的图像政治的"工具",在社交媒体上传、分享自拍照而彰显其在互联网空间的存在,本身便意味着一种反抗。

四、从全景监狱到共景监狱

(一)数字时代的隐私问题

移动互联网的普及以及物联网的应用不仅加快了日常生活从线下到线上的转移,还培育了受众流动性和移动性的行为特点,由此积聚了更多碎片化、非结构化的数据。数据的发生场域越来越随机,这意味着数据的采集随时空变动而转移①,海量数据的涌现就导致隐私权成了不可忽视的问题。

萨缪尔·沃伦(Samuel Warren)和路易斯·布兰迪斯(Louis Brandeis)在19世纪时便提出,隐私权是人们享受独处的权利。②相较于起初对于物理空间隐私的强调,互联网时代的隐私保护对象不仅涉及有关人的一切信息,还包括人对信息自主决断的权利。传统的隐私权对应的是固定的住所,而现代的隐私权还叠加了线上虚拟空间,且现实场景的流动性也比以往更强。

隐私本身是受保护的"后台"行为,却因为现代受众的"永久连接"而逐渐"前置",私人领域呈现"前台化"的趋势,用户隐私在被动获取与主动曝光之间一览无余,我们从"全景监狱"时期的"被监视"到了如今"共景监狱"时期的"互相监视"。③

(二)全景监狱、超级全景监狱与共景监狱

"全景监狱"由边沁于1785年提出的"圆形监狱"发展而来,米歇尔·福柯在《规训与惩罚:监狱的诞生》一书中将其解释为"一种在空间中安置肉体、根据相互关系分布人员、按等级体系组织人员、安排权力的中心点和渠道、确定权力干预的手段和方式的样板"。④这是一种不对称的监视体系,站在瞭望塔楼上的监视者可以随时环视身处每一个囚室的犯人,却不被他们看到,犯人之间也不允许交流。

马克·波斯特(Mark Poster)在福柯的语境下出发,提出"超级全景监狱",即"通过数据库对私人与公共空间界限的消解,实现对人的全面的无时无刻的监视和规训"⑤,这是"全景监狱"在电子时代的升级。

---

① 王长潇,刘娜.人工智能时代的隐私危机与信任重建[J].编辑之友,2021(8):101-106.
② WARREN S, BRANDEIS L. The right to privacy[C]//Killing the messenger: 100 years of media criticism. New York: Columbia University Press, 1989: 1-21.
③ 王长潇,刘娜.人工智能时代的隐私危机与信任重建[J].编辑之友,2021(8):101-106.
④ 福柯.规训与惩罚:监狱的诞生[M].刘北成,杨远婴,译.北京:生活·读书·新知三联书店,2003:231.
⑤ 张金鹏.超级全景监狱:信息方式下的权力技术:波斯特论信息方式下的统治模式[J].南京社会科学,2007(8):40-45.

"共景监狱"则是"一种围观结构，是众人对个体展开的凝视和控制"。每个人都可能成为凝视的一方，也可能成为被凝视的一方，有学者将这种现象称为"参与式监视"或"横向监视"，如此情况下，隐私侵犯的风险与不确定性便不言而喻。

知识卡片 13：截屏塑造共景监狱

超级全景监狱与全景监狱相比，打破了时空限制，将监视和规训渗透到人们日常生活的方方面面。同时，它还具有更大的隐蔽性，能够在个体不知情的情况下对其进行监视和规训。然而，全景监狱和超级全景监狱都过于关注强权的一方，忽略了被监视者的动态变化。"共景监狱"则概括了当下观看与被观看同时进行的特点。齐格蒙特·鲍曼（Zygmunt Bauman）和大卫·里昂（David Lyon）在《液态监视》里提出我们正处于"后全景监狱时代"，不过这种监视的目的不再只是规训，而是侧重于数据的采集、分析和利用。①

思考练习题

1. 从"可供性"的角度来看，在"移动"以外，手机还有哪些客观特性与其他行动者产生了相互作用？

2. 互联网的移动性对人际传播有何影响？在移动互联网时代，现实与虚拟如何区分？

3. "移动互联网"让世界变得更加个人化还是更加公共化？

4. 媒介智能的本质是什么，人的智能和机器的智能的本质差异到底是什么？手机等智能媒介对人进行"殖民"以后，人与世界的认知关系是怎样的？

5. 手机对人际关系产生了怎样的影响？手机使人们变得更亲密还是更疏离？

6. 时间价值和隐私价值哪一个更重要？你是否愿意为了时间价值而放弃隐私价值？

7. 在"永久在线、永久连接"的互联网生活方式中，用户是否有"被遗忘"的可能？

---

① 董晨宇，丁依然. 社交媒介中的"液态监视"与隐私让渡[J]. 新闻与写作，2019（4）：51-56.

参考文献

阿伯克龙比. 电视与社会[M]. 张水喜, 鲍贵, 陈光明, 译. 南京: 南京大学出版社, 2000.

阿特休尔. 权力的媒介[M]. 黄煜, 裘志康, 译. 北京: 华夏出版社, 1989.

埃杰顿. 美国电视史[M]. 李银波, 译. 北京: 中国人民大学出版社, 2012.

埃默里 E, 埃默里 M, 罗伯茨. 美国新闻史: 大众传播媒介解释史(第九版)[M]. 展江, 译. 北京: 中国人民大学出版社, 2009.

埃默里 E, 埃默里 M. 美国新闻史: 大众传播媒介解释史(第八版)[M]. 展江, 殷文, 译. 北京: 新华出版社, 2001.

安德森. 想象的共同体: 民族主义的起源与散布[M]. 吴叡人, 译. 上海: 上海人民出版社, 2005.

巴杰. 摄影的精神[M]. 朱攸若, 李岳, 译, 杭州: 浙江摄影出版社, 2018.

巴勒特. 媒介社会学[M]. 赵伯英, 孟春, 译. 北京: 社会科学文献出版社, 1989.

北京大学哲学系外国哲学教研室. 古希腊罗马哲学[M]. 北京: 商务印书馆, 1961.

本雅明. 机械复制时代的艺术作品[M]. 王才勇, 译. 北京: 中国城市出版社, 2002.

彼得斯. 对空言说: 传播的观念史[M]. 邓建国, 译. 上海: 上海译文出版社, 2017.

彼得斯. 奇云: 媒介即存有[M]. 邓建国, 译. 上海: 复旦大学出版社, 2020.

波德维尔, 汤普森. 世界电影史[M]. 范倍, 译. 北京: 北京大学出版社, 2014.

波斯曼. 技术垄断: 文化向技术投降[M]. 何道宽, 译. 北京: 北京大学出版社, 2007.

波斯特. 第二媒介时代[M]. 范静哗, 译. 南京: 南京大学出版社, 2001.

波斯特. 信息方式: 后结构主义与社会语境[M]. 范静哗, 译. 北京: 商务印书馆, 2000.

波兹曼. 娱乐至死[M]. 章艳, 译. 桂林: 广西师范大学出版社, 2011.

布茨.美国受众成长记[M].王瀚东,译.北京:华夏出版社,2007.

曹璐.广播新闻理念与实务创新研究[M].北京:中国广播电视出版社,2007.

常江.中国电视史1958-2018[M].北京:北京大学出版社,2018.

陈力丹.精神交往论:马克思恩格斯的传播观[M].北京:开明出版社,1993.

崔林.媒介的变迁:从印刷术到互联网[M].北京:中国传媒大学出版社,2020.

崔林.媒介史[M].北京:中国传媒大学出版社,2017.

《当代中国的广播电视》编辑部.中国广播电视大事记[M].北京:北京广播学院出版社,1987.

党鹏,罗辑.手机简史[M].北京:中国经济出版社,2020.

德波.景观社会[M].王昭风,译.南京:南京大学出版社,2006.

德布雷.媒介学引论[M].刘文玲,译.北京:中国传媒大学出版社,2014.

德弗勒,丹尼斯.大众传播通论[M].颜建军,王怡红,张跃宏,等译.北京:华夏出版社,1989.

朵生春.中国改革开放史(上卷)[M].北京:红旗出版社,1998.

方汉奇.中国新闻传播史 第二版[M].北京:中国人民大学出版社,2009.

费里奇.现代信息交流史:公共空间和私人生活[M].刘大明,译.北京:中国人民大学出版社,2008.

费斯克,等.关键概念:传播与文化研究辞典(第二版)[M].李彬,译.北京:新华出版社,2004.

费希尔.语言的历史[M].崔存明,胡红伟,译.北京:中央编译出版社,2012.

芬克尔斯坦,麦克利里.书史导论[M].何朝晖,译.北京:商务印书馆,2012.

弗里德曼,舒斯塔克.人格心理学:经典理论和当代研究[M].许燕,王芳,等译.北京:机械工业出版社,2011.

福柯.规训与惩罚:监狱的诞生[M].刘北成,杨远婴,译.北京:生活·读书·新知三联书店,2003.

高金萍.西方电视传播理论评析[M].北京:中国传媒大学出版社,2008.

戈夫曼.日常生活中的自我呈现[M].冯钢,译.北京:北京大学出版社,2016.

郭庆光.传播学教程(第二版)[M].北京:中国人民大学出版社,2010.

郭镇之.中国电视史[M].北京:中国人民大学出版社,1991.

郭镇之.中外广播电视史[M].上海:复旦大学出版社,2005.

哈贝马斯.公共领域的结构转型[M],曹卫东,王晓珏,刘北城,等译.上海:学林出版社,1999.

海德格尔.林中路(修订本)[M].孙周兴,译.上海:上海译文出版社,2004.

胡翼青,张军芳.美国传播思想史[M].上海:复旦大学出版社,2019.

胡翼青.传播学:学科危机与范式革命[M].北京:首都师范大学出版社,2004.

胡翼青.西方传播学术史手册[M].北京：北京大学出版社，2015.

胡正荣.传播学概论[M].北京：高等教育出版社，2017.

黄瑚.中国新闻事业发展史[M].上海：复旦大学出版社，2004.

霍慧新.电话与近代上海城市（1882-1949）[M].北京：科学出版社，2017.

霍克海默，阿道尔诺.启蒙辩证法：哲学断片[M].渠敬东，曹卫东，译.上海：上海人民出版社，2006.

基特勒.留声机 电影 打字机[M].邢春丽，译.上海：复旦大学出版社，2017.

江秀乐.系统科学知识词典[M].西安：陕西人民教育出版社，1991.

靖鸣，刘锐.手机传播学[M].北京：新华出版社，2008.

卡维尔.看见的世界[M].齐宇，利芸，译.北京：中国电影出版社，1994.

凯瑞.作为文化的传播[M].丁未，译.北京：华夏出版社，2005.

柯林武德.历史的观念（增补版）[M].何兆武，张文杰，陈新，译.北京：北京大学出版社，2010.

克劳利，海尔.传播的历史：技术、文化和社会 第六版[M].董璐，何道宽，王树国，译.北京：北京大学出版社，2018.

克罗齐.历史学的理论和历史[M].田时纲，译.北京：中国社会科学出版社，2018.

匡文波.手机媒体概论[M].北京：中国人民大学出版社，2006.

莱文森.人类历程回放：媒介进化论[M].邬建中，译.重庆：西南师范大学出版社，2017.

莱文森.软利器：信息革命的自然历史与未来[M].何道宽，译.上海：复旦大学出版社，2011.

莱文森.手机：挡不住的呼唤[M].何道宽，译.北京：中国人民大学出版社，2004.

莱文森.数字麦克卢汉[M].何道宽，译.北京：社会科学文献出版社，2001.

莱文森.思想无羁：技术时代的认识论[M].何道宽，译.南京：南京大学出版社，2004.

莱文森.新新媒介（第二版）[M].何道宽，译.上海：复旦大学出版社，2014.

莱文森.真实空间：飞天梦解析[M].何道宽，译.北京：中国人民大学出版社，2006.

李彬，王君超.媒介二十五讲[M].北京：清华大学出版社，2004.

李彬.全球新闻传播史（公元1500-2000年）[M].北京：清华大学出版社，2005.

李丹丹.手机新媒体概论[M].北京：中国电影出版社，2010.

李磊.外国新闻史教程[M].北京：中国传媒大学出版社，2008.

李普曼．公众舆论［M］．阎克文，江红，译．上海：上海人民出版社，2002．

林婕．外国新闻传播史［M］．北京：光明日报出版社，2020．

林文刚．媒介环境学：思想沿革与多维视野［M］．何道宽，译．北京：北京大学出版社，2007．

刘海龙．大众传播理论：范式与流派［M］．北京：中国人民大学出版社，2008．

刘华蓉．大众传媒与政治［M］．北京：北京大学出版社，2001．

刘萍，李灵．中国电视剧［M］．武汉：湖北美术出版社，2005．

刘习良．中国电视史［M］．北京：中国广播电视出版社，2007．

卢文浩．中国传媒业的系统竞争研究：一个媒介生态学的视角［M］．北京：中国经济出版社，2009．

陆晔，赵民．当代广播电视概论 第二版［M］．上海：复旦大学出版社，2010．

陆悦，幸玮，傅桦．手机版图：拇指帝国的较量［M］．北京：光明日报出版社，2006．

罗德曼．认识媒体［M］．邓建国，译．北京：世界图书出版公司，2010．

罗杰斯．传播学史：一种传记式的方法［M］．殷晓蓉，译．上海：上海译文出版社，2012．

洛厄里，德弗勒．大众传播效果研究的里程碑 第三版［M］．刘海龙，等译．北京：中国人民大学出版社，2009．

马特拉．世界传播与文化霸权［M］．陈卫星，译．北京：中央编译出版社，2001．

麦克卢汉，秦格龙．麦克卢汉精粹［M］．何道宽，译．南京：南京大学出版社，2000．

麦克卢汉．理解媒介：论人的延伸［M］．何道宽，译．南京：译林出版社，2019．

曼彻斯特．光荣与梦想：1932—1972年美国实录［M］．北京：商务印书馆，1978．

芒福德．技术与文明［M］．陈允明，王克仁，李华山，译．北京：中国建筑工业出版社，2009．

毛春波．电信技术发展史［M］．北京：清华大学出版社，2016．

梅罗维茨．消失的地域：电子媒介对社会行为的影响［M］．肖志军，译．北京：清华大学出版社，2002．

弥尔顿．论出版自由［M］．吴之椿，译．北京：商务印书馆，1958．

闵冬潮．国际妇女运动：1789~1989［M］．郑州：河南人民出版社，1991．

尼葛洛庞帝．数字化生存［M］．胡泳，范海燕，译．海口：海南出版社，1997．

彭兰．网络传播概论［M］．北京：中国人民大学出版社，2001．

普尔．电话的社会影响［M］．邓天颖，译．北京：中国人民大学出版社，2008．

钱承军．建国前中国共产党报刊研究［M］．北京：中国文联出版社，2009．

裘锡圭. 文字学概要[M]. 北京：商务印书馆，1998.
让纳内. 西方媒介史[M]. 段慧敏，译. 桂林：广西师范大学出版社，2005.
萨杜尔. 世界电影史[M]. 徐昭，胡承伟，译. 北京：中国电影出版社，1982.
萨根. 伊甸园的飞龙：人类智力进化推测[M]. 吕柱，王志勇，译. 石家庄：河北人民出版社，1980.
萨瓦尔. 隔间：办公室进化史[M]. 吕宇珺，译. 桂林：广西师范大学出版社，2018.
赛弗林，坦卡特. 传播学的起源研究与应用[M]. 陈韵昭，译. 福州：福建人民出版社，1985.
施拉姆. 人类传播史[M]. 游梓翔，吴韵仪，译. 台北：远流出版公司，1994.
石长顺. 电视传播学[M]. 武汉：华中理工大学出版社，2000.
舒德森. 发掘新闻：美国报业的社会史[M]. 陈昌凤，常江，译. 北京：北京大学出版社，2009.
斯丹迪奇. 从莎草纸到互联网：社交媒体 2000 年[M]. 林华，译. 北京：中信出版集团，2015.
斯丹迪奇. 维多利亚时代的互联网[M]. 多绥婷，译. 南昌：江西人民出版社，2017.
斯蒂格勒. 技术与时间 3：电影的时间与存在之痛的问题[M]. 方尔平，译. 南京：译林出版社，2012.
孙慧英. 手机媒体与社会文化[M]. 广州：世界图书出版公司，2016.
塔格. 表征的重负：论摄影与历史[M]. 周韵，译. 重庆：重庆大学出版社，2018.
特克尔. 群体性孤独：为什么我们对科技期待更多，对彼此却不能更亲密？[M]. 周逵，刘菁荆，译. 杭州：浙江人民出版社，2014.
王次炤. 艺术学基础知识[M]. 北京：中央音乐学院出版社，2006.
王行娟. 电话心理咨询的理论与实践[M]. 北京：昆仑出版社，2000.
王银桩，赵淑萍. 美国广播电视简史[M]. 北京：北京广播学院新闻系，1985.
王宇. 北欧媒介研究[M]. 北京：社会科学文献出版社，2016.
维利里奥. 战争与电影：知觉的后勤学[M]. 孟晖，译. 南京：南京大学出版社，2011.
文斯. 人类进化史：火、语言、美与时间如何创造了我们[M]. 贾青青，李静逸，袁高喆，等译. 北京：中信出版集团，2021.
翁. 口语文化与书面文化：语词的技术化[M]. 何道宽，译. 北京：北京大学出版社，2008.
吴声. 场景革命：重构人与商业的连接[M]. 北京：机械工业出版社，2015.

西伯特，彼得森，施拉姆.传媒的四种理论[M].戴鑫，译.北京：中国人民大学出版社，2008.

夏德元.电子媒介人的崛起[M].上海：复旦大学出版社，2011.

徐利明.中国书法风格史[M].南京：江苏凤凰美术出版社，2020.

许寿椿.汉字复兴的脚步：从铅字机械打字到电脑打字的跨越[M].北京：学苑出版社，2014.

晏绍祥.世界上古史[M].北京：中国人民大学出版社，2009.

姚建华.传播政治经济学经典文献选读[M].北京：商务印书馆，2019.

姚建华.数字劳工：产消合一者和玩工[M].北京：商务印书馆，2019.

叶家铮.电视传播理论研究[M].北京：北京师范大学出版社，2000.

伊德.技术与生活世界：从伊甸园到尘世[M].韩连庆，译.北京：北京大学出版社，2012.

伊尼斯.传播的偏向[M].何道宽，译.北京：中国人民大学出版社，2003.

伊尼斯.帝国与传播[M].何道宽，译.北京：中国人民大学出版社，2003.

英克尔斯.社会学是什么？——对这门学科和职业的介绍[M].陈观胜，李培茱，译.北京：中国社会科学出版社，1981.

虞吉.中国电影史[M].重庆：重庆大学出版社，2017.

袁载誉.互联网简史[M].北京：中国经济出版社，2020.

詹金斯.文本盗猎者：电视粉丝与参与式文化[M].郑熙青，译.北京：北京大学出版社，2016.

张彩.世界广播发展研究[M].北京：中国传媒大学出版社，2007.

张红军.电影与新方法[M].北京：中国广播电视出版社.1992.

张昆.大众媒介的政治社会化功能[M].武汉：武汉大学出版社，2003.

张学智.日本电视[M].北京：中国电影出版社，2001.

张振华.中国广播电视新论[M].北京：中国广播电视出版社，2004.

赵鼎生.西方报纸编辑学[M].北京：中国人民大学出版社，2002.

赵玉明.中国现代广播史料选编[M].汕头：汕头大学出版社，2007.

郑超然，程曼丽，王泰玄.外国新闻传播史[M].北京：中国人民大学出版社，2000.

中国广播电视年鉴编辑委员会.中国广播电视年鉴（1986）[M].北京：中国广播电视出版社，1987.

仲呈祥，陈友军.中国电视剧历史教程[M].北京：中国传媒大学出版社，2009.

周安华.戏剧艺术通论[M].南京：南京大学出版社，2005.

周宇豪.作为社会资本的网络媒介研究[M].武汉：武汉大学出版社，2014.

PFROMMER C. 彭运鹗. 科学与技术：在经济发展中的作用[J]. 世界科学, 1982（6）.

巴比, 约翰. 点对点的传通：从视觉电报到移动电话的电信网络[J]. 赵文才, 译. 全球传媒学刊, 2017, 4（3）.

白珩瑶. 媒介发展与社会变革：以电报在近代中西社会的发展为视界[J]. 新闻研究导刊, 2017, 8（7）.

卞冬磊. "可见的"共同体：报纸与民族国家的另一种叙述[J]. 国际新闻界, 2017（12）.

曹晚红, 李瑶, 刘柏煊. 新媒体时代德国广播的发展现状与趋势[J]. 中国广播, 2013（8）.

曹玉枝. 移动新闻客户端发展走向探析[J]. 中国记者, 2013（10）.

车致新. "想象界"的物质基础：基特勒论电影媒介的幻觉性[J]. 电影艺术, 2018（4）.

陈传文, 涂强. 博客：开创一种新的生活方式[J]. 南昌大学学报（人文社会科学版）, 2009, 40（6）.

陈福刚. "梦"与"窗"：谈电影与电视的区别[J]. 连云港师范高等专科学校学报, 2005（2）.

陈功. 保罗·莱文森的人性化趋势媒介进化理论[J]. 湖南科技大学学报（社会科学版）, 2016, 19（1）.

陈吉德.《定军山》：中国电影的开山之作[J]. 电影文学, 2005（1）.

陈卫星. 麦克卢汉的传播思想[J]. 新闻与传播研究, 1997（4）.

陈长松. 论手抄新闻沿街叫卖的可能性[J]. 新闻爱好者, 2009（15）.

褚悦闻. 向陌生人说"心里话"：都市妇女的热线电话研究——以上海妇女儿童心理热线为例[J]. 新闻大学, 2011（1）.

戴蓓芬. 本雅明的电影美学思想：基于"惊颤"体验的艺术[J]. 北京航空航天大学学报（社会科学版）, 2019, 32（5）.

邓建国. 从认识论到本体论：彼得斯《奇云》中的"媒介道说"[J]. 新闻记者, 2019（11）.

丁未. 电报的故事：詹姆斯·凯瑞《作为文化的传播》札记[J]. 新闻记者, 2006（3）.

丁依然. 从"剥削"中突围：数字劳工研究的现状、问题和再陌生化[J]. 新闻界, 2021（5）.

董晨宇, 丁依然. 社交媒介中的"液态监视"与隐私让渡[J]. 新闻与写作, 2019（4）.

董晨宇, 张恬. 反思"孤独社交"：社交媒体真的让我们更加疏离吗[J]. 新闻与写作, 2019（6）.

段寿建, 邓有林. Web 技术发展综述与展望[J]. 计算机时代, 2013（3）.

范·迪克, 孙少晶, 陶禹舟. 平台化逻辑与平台社会：对话前荷兰皇家艺术和科学院主席何塞·范·迪克[J].国际新闻界,2021,43(9).

方德运,吴雪.媒介融合背景下欧洲广播的发展与启示[J].声屏世界,2013(11).

方兴东,钟祥铭,彭筱军.全球互联网50年(1969-2019):发展阶段与演进逻辑(上)[J].互联网天地,2019(10).

方正,叶海涛.17世纪英国内战中的政治宣传及其效果:以新闻书为分析模本[J].南昌航空大学学报(社会科学版),2017,19(1).

冯宜.手机媒体对文化产业影响力研究[J].今传媒,2017,25(8).

凤仙.作为信息物质的媒介:《留声机电影打字机》中基特勒媒介思想的光与影[J].中国传播学评论,2019(00).

高慧芳.论麦克卢汉的声觉空间与视觉空间:对麦克卢汉媒介思想的一种新理解[J].国际新闻界,2016(4).

高坤.古罗马、中世纪西方新闻样式特征[J].青年记者,2012(17).

高璐.被割裂的"传播"与"沟通":对清末官方报刊观念的探讨[J].新闻界,2021(2).

郜书锴.场景理论:开启移动传播的新思维[J].新闻界,2015(17).

郭焕云.从虚拟到现实:网络民主的起源考证与价值辨析[J].山东社会科学,2015(12).

郭镇之.继往开来:纪念人民广播事业65周年[J].中国广播电视学刊,2005(12).

韩鸿,贺冬琴.《战国纵横家书》:我国最早的新闻信辨析[J].新闻界,2016(15).

何道宽.媒介环境学:从边缘到庙堂[J].新闻与传播研究,2015(3).

何梦祎.媒介情境论:梅罗维茨传播思想再研究[J].现代传播(中国传媒大学学报),2015(10).

胡耀亭.漫话第二次世界大战中的"广播战"[J].中国广播电视学刊,1995(7).

胡泳.《泰晤士报》的历史沿革[J].新闻研究资料,1991(2).

黄旦.从新闻职业化看西方新闻自由思想的历史演变[J].浙江大学学报(人文社会科学版),2004(1).

黄旦.耳目喉舌:旧知识与新交往——基于戊戌变法前后报刊的考察[J].学术月刊,2012,44(11).

黄旦.云卷云舒:乘槎浮海居天下——读《奇云》[J].新闻大学,2020(11).

黄瑚.论中国近代新闻事业发展的三个历史阶段[J].新闻大学,2007(1).

黄鸣奋.拇指文化、手机与社会存在[J].读书,2009(4).

黄维钧,刘晔,顾晓阳.交流与探讨:中日电视艺术交流活动在京讨论会纪要[J].电视文艺,1984(4).

黄怡静.晚清白话报刊的历史钩沉:论白话报刊的社会功能与历史功绩[J].新闻传播,2012(2).

蒋苓,魏庆征.特尔斐神谕浅说[J].自贡师专学报,1992(1).

景义新,沈静.新媒体可供性概念的引入与拓展[J].当代传播,2019(1).

靖鸣,周燕,马丹晨.微信传播方式、特征及其反思[J].新闻与写作.2014(7).

康诵诗.美国FCC关于高级电视(ATV)的举措[J].广播与电视技术,1996(2).

科里根,黄兆杰.论文电影的历史[J].艺术广角,2020(2).

李继东.英国公共广播电视政策变迁的意识形态成因分析[J].新闻大学,2007(3).

李磊磊.欧洲近代报纸产生的环境因素分析[J].中国出版,2011(24).

李立耀,孙鲁敬,杨家海.社交网络研究综述[J].计算机科学,2015,42(11).

李璐.媒介四元律[J].汉语言文学研究,2016(3).

李向阳.媒体"事业单位企业化管理"体制亟待改革[J].中国广播,2014(12).

李洋.电影与记忆的工业化:贝尔纳·斯蒂格勒的电影哲学[J].上海大学学报(社会科学版),2017,34(5).

李耘耕.从列斐伏尔到位置媒介的兴起:一种空间媒介观的理论谱系[J].国际新闻界,2019,41(11).

里格斯.古埃及的象形文字[J].曹磊,译.书摘,2020(1).

连枫.中国门户网站的发展现状分析[J].山西财经大学学报:高等教育版,2008(1).

梁旭艳.场景传播:移动互联网时代的传播新变革[J].出版发行研究,2015(7).

梁颐.尼斯特洛姆和斯特雷特论"媒介环境学是什么"[J].新闻界,2014(5).

刘晗,田林.北美媒介环境学派媒介技术态度观探析[J].吉首大学学报(社会科学版),2015,36(6).

刘激扬.新媒体挑战下广播优势的再认识[J].现代传播(中国传媒大学学报),2009(5).

刘柳.无视觉书写,第二次书写革命[J].中外文摘,2020(19).

卢维林.基于媒介发展史角度的手机媒体探讨[J].东南传播,2011(2).

陆地,高菲.论媒介演进的"魔术化效应"[J].现代传播(中国传媒大学学报),2021(3).

陆峰.我国移动互联网发展史话[J].互联网经济,2016(8).

吕黎."打字机"的前世今生:2017年媒介考古学著作举隅[J].中国图书评论,2018(2).

吕文增.网络政治与社会运动:以"阿拉伯之春"为例[J].比较政治学研究,2019(2).

吕永峰,何志武.逻辑、困境及其消解:移动短视频生产的空间实践[J].编辑之友,2019(2).

马凌.美国建国初期政党报刊的形成:杰斐逊与汉密尔顿之争的另一个侧面[J].哈尔滨工业大学学报(社会科学版),2002(4).

孟伟，张帅．开掘音频特性融合发展再现广播新价值：2020年中国广播发展综述［J］．中国广播电视学刊，2021（3）．

闵惠泉．历史上三次说话的冲动与革命：基于口语、电话和数字网络的即时交流［J］．现代传播（中国传媒大学学报），2012（1）．

聂卉．论西方言论出版自由思想的发展：以弥尔顿、詹姆斯·密尔和约翰·密尔的出版言论为例［J］．新闻爱好者，2016（7）．

宁朝山．工业革命演进与新旧动能转换：基于历史与逻辑视角的分析［J］．宏观经济管理，2019（11）．

潘忠党，刘于思．以何为"新"？"新媒体"话语中的权力陷阱与研究者的理论自省：潘忠党教授访谈录［J］．新闻与传播评论，2017（1）．

彭兰．场景：移动时代媒体的新要素［J］．新闻记者，2015（3）．

彭兰．连接与反连接：互联网法则的摇摆［J］．国际新闻界，2019（2）．

彭兰．重构的时空：移动互联网新趋向及其影响［J］．汕头大学学报（人文社会科学版），2017（3）．

强月新，张明新．中国传媒产业间的广告资源竞争：基于生态位理论的实证分析［J］．新闻与传播研究，2009，16（5）．

冉华，周立春．2007—2013广播、电视与网络媒介产业间的竞争态势：基于生态位理论与受众资源的实证分析［J］．现代传播（中国传媒大学学报），2015（11）．

任晓琴．媒体时代广播的"私人定制"：以荔枝FM和喜马拉雅为例［J］．视听，2015（5）．

沈阳城．探析传统广播新媒体化的发展趋势及前景［J］．今传媒，2021，29（3）．

师建国．手机依赖综合征［J］．临床精神医学杂志，2009，19（2）．

石磊．论传播媒介差异与电视电影叙事的关系［J］．青春岁月，2015（17）．

孙宝传．电话的发明与"电话报纸"的出现［J］．中国传媒科技，2011（12）．

孙尚森，余桂生，兰敏华．移动通信中国发展史［J］．中国新通信，2018，20（9）．

孙玮，褚传弘．移动阅读：新媒体时代的城市公共文化实践［J］．探索与争鸣，2019（3）．

孙玮．交流者的身体：传播与在场——意识主体、身体-主体、智能主体的演变［J］．国际新闻界，2018（12）．

屠忠俊．电信与新闻传播（上）［J］．当代传播，2001（1）．

王菲．浅论博客在中国的传播和发展［J］．理论界，2009（5）．

王军．内地电视综艺节目四十年回眸（1980-2019）［J］．东南传播，2021（4）．

王棵锁，窦金启."主体—位置"转向中的精神分析女性主义电影理论［J］．电影理论研究，2020（3）．

王磊，刘亚男．近年来我国网络民主研究述评［J］．社会主义研究，2016（5）．

王蕾.美国现代报业竞争与黄色新闻浪潮[J].新闻知识,2003(Z1).

王萍.手机媒介传播:弥漫于空间——对手机媒介建构的空间结构的探析[J].西南民族大学学报(人文社科版),2007(10).

王伟军,孙晶.Web2.0的研究与应用综述[J].情报科学,2007(12).

王贤,薛小荣.突发公共事件中的网络舆情危机与政府治理:以汶川地震时期的网络舆情为分析[J].信息与电脑(理论版),2009(11).

王晓红,任垚媞.我国短视频生产的新特征与新问题[J].新闻战线,2016(17).

王一牛,高文斌,杨小冬,等.SARS流行期间热线电话心理咨询应用评估[J].中国行为医学科学,2003(5).

王予.让人一听就明白:谈广播语言口语化[J].新闻爱好者,2009(22).

王长潇,刘娜.人工智能时代的隐私危机与信任重建[J].编辑之友,2021(8).

潇子.评电视专题片《共和国之魂》[J].创作评谭,1998(2).

晓宁.打字机、办公室与女打字员[J].装饰,2012(11).

熊澄宇.从大众传播到分众传播[J].瞭望新闻周刊,2004(2).

徐尚青,潘元金.移动新媒体时代的拍客对"景观社会"的构建[J].新闻界,2012(22).

徐栩.论中国古代"抄书人"的演变及其历史地位[J].郑州大学学报(哲学社会科学版),2011,44(4).

闫霄.新媒体环境下广播节目传播策略:以《奇妙的博物馆之旅》为例[J].中国报业,2020(10).

燕道成.中外传媒责任伦理研究综述[J].当代传播,2010(2).

杨晓茹.传播学视域中的微博研究[J].当代传播,2010(2).

杨叶青.车轮子拯救了广播?——移动收听市场研究[J].视听界,2008(3).

叶小路,邹霞.Web2.0综述及其发展趋势展望[J].软件导刊(教育技术),2008(12).

叶蓁蓁.技术将重新构建媒体版图[J].青年记者,2016(24).

殷晓蓉.关于电报的传播学意义:一种基于媒介技术与文化内涵的思考[J].新闻大学,2011(1).

于成.打字机、女秘书、计算机与思想的生成[J].读书,2019(2).

喻国明,马慧.互联网时代的新权力范式:"关系赋权"——"连接一切"场景下的社会关系的重组与权力格局的变迁[J].国际新闻界,2016(10).

袁潇.数字劳工:移动游戏中青少年玩家的非物质劳动研究[J].当代传播,2020(5).

张爱军,朱欢."截屏"社交的权力异化:逻辑、风险及其规制[J].新视野,2021(4).

张春玲.Internet的商业化应用探析[J].现代情报,1996(3).

张金鹏.超级全景监狱:信息方式下的权力技术:波斯特论信息方式下的统治模

式[J].南京社会科学,2007(8).

张薇.景观社会与新型社会交往中的自我景观[J].甘肃社会科学,2021(3).

张晓娴,张梅.即刻真实、想象空间与自我观照:情感电台中的听觉文化[J].未来传播,2020,27(2).

张杨波.重访默顿:宣传效果的社会基础——以《广播和电影宣传的研究》文本为例[J].浙江师范大学学报(社会科学版),2019(44).

张一兵.数字化资本主义与存在之痛:斯蒂格勒《技术与时间》的解读[J].中国高校社会科学,2017(3).

张昱辰.媒介与文明的辩证法:"话语网络"与基特勒的媒介物质主义理论[J]国际新闻界,2016(1).

赵枫,苏惠香.国内门户网站发展过程分析[J].现代情报,2005(12).

赵行知.改变与回归:广播转型中的听觉文化与情感价值[J].中国广播,2021(10).

郑绩."双十一":新节庆的诞生、未来与隐喻[J].浙江学刊,2018(2).

郑兴."速度义肢""消失的美学"和"知觉后勤学":保罗·维利里奥的电影论述[J].文艺理论研究,2017,37(5).

郑也夫.文字的起源[J].北京社会科学,2014(10).

郑志来.共享经济的成因、内涵与商业模式研究[J].现代经济探讨,2016(3).

钟大丰."影戏"理论历史溯源[J].当代电影,1986(3).

钟瑞.谈谈播音口语化(广播讲座17)[J].新闻战线,1984(8).

周葆华.永久在线、永久连接:移动互联网时代的生活方式及其影响因素[J].新闻大学,2020(3).

周东涛.荷马史诗与线形文字泥版档案的发现[J].上海档案,1985(3).

周清平."互联网+"模式中现代影像艺术文化基因的融合与裂变[J].电影艺术,2016(1).

周玮.2004年中国疾病预防控制中心健康教育所"性病/艾滋病咨询热线"人工电话记录分析[J].中国健康教育,2005(10).

周宪.论奇观电影与视觉文化[J].文艺研究,2005(3).

周晓虹.文化反哺:变迁社会中的亲子传承[J].社会学研究,2000(2).

周颖,沈艳秋.手机发展史[J].科技信息,2010(33).

周裕琼.数字代沟与文化反哺:对家庭内"静悄悄的革命"的量化考察[J].现代传播(中国传媒大学学报),2014(2).

朱春阳.如何撬开阻隔全国性电视产业市场生成的大门?——以2005-2012我国省级卫视"选秀"节目热潮演变为例的阐释[J].新闻大学,2013(5).

朱雪忠,漆苏.美国专利改革法案内容及其影响评析[J].知识产权,2011(9).

左宁,吕卓.可视化直播:交通广播搭建全媒体传播新架构[J].中国广播,2017(2).

金珠.媒介融合时代广播媒体发展策略研究[D].武汉：华中科技大学，2012.

赖铃.共生理论下的中国广播媒介发展研究[D].重庆：西南政法大学，2010.

沈勇.电报应用与新闻传播：以民国前期为视界（1912-1936）[D].杭州：浙江师范大学，2012.

王婷.多维视野下的中国手机媒介：基于技术文化史的研究[D].济南：山东大学，2016.

谢菲.马歇尔·麦克卢汉电影思想研究[D].兰州：西北师范大学，2021.

余龙.移动互联网背景下我国广播类App发展困境与策略研究[D].重庆：重庆大学.

张冠文.互联网交往形态的演化：媒介环境学的技术文化史视角[D].济南：山东大学，2013.

郑燕.人是媒介的尺度[D].济南：山东大学，2014.

BANKS J, DEUZE M.Co-creative labour[J].International Journal of Cultural Studies，2009，12（5）.

BARNOUW E.Tube of plenty：the evolution of American television[M].NewYork：Oxford University Press，1990.

BHATTACHARYA U，GALPIN N，RAY R，etal.The role of the media in the internet IPO bubble[J].Journal of Financial and Quantitative Analysis，2009，44（3）.

CAREY J W.Harold Adams Inns and Marshall Mcluhan[J].Anitoch Review,1967，27（1）:5-39.

DAINOW E.A concise history of computers，smartphones and the internet[M].Charleston：Create Space Independent Publishing Platform，2017.

FRANQUET R，Montoya M.Cross-media production in Spain's public broadcaster RTVE：innovation，promotion，and audience loyalty strategies[J].International Journal of Communication，2014（8）.

FUCHS C.Digital labour and Karl Marx[M].London：Routledge，2014.

GIBSON J J.The ecological approach to visual perception：classic edition[M].NewYork：Psychology Press，2014.

GILBERT R J，KATZ M L.An economist's guide to U.S.v.Microsoft[J].Journal of Economic Perspectives，2001，15（2）.

GUTERL F.Ericsson bets on a cellular world[J].IEEE Spectrum，1991，28（2）.

HARRIS S R，Gerich E.Retiring the NSFNET backbone service：chronicling the end of an era[J].Conne Xions，1996，10（4）.

HOCK R.Yahoo! to the max: an extreme searcher guide[M].NE2005.

JACKSI K, ABASS S M.Development history of the world wideweb[J].International Journal of Scientific&Technology Research, 2019, 8 (9).

KAPLAN A M, Haenlein M.The early bird catches the news: nine things you should know about micro-blogging[J].Business horizons, 2011, 54 (2).

KLEMENS G.The cellphone: The history and technology of the gadget that changed the world[M].Jefferson: McFarland & Company, 2014.

KÜCKLICH J.Precarious playbour: modders and the digital games industry[J].Fibreculture Journal, 2005 (1).

MARVIN C.When old technologies were new: thinking about electric communication in the late nineteenth century[M].New York: Oxford University Press, 1988.

Nystrom C.Towards a science of media ecology: the formulation of integrated conceptual paradigms for the study of human communication systems[D].New York: New York University, 1973.

POOL I.The social impact of telephone[J]. Library Quarterly Information on Community Policy,1977, 48 (3).

POSTMAN N.Teaching as a conserving activity[M].NewYork: Delacorte Press, 1979.

SCHROCK A R.Communicative affordances of mobile media: portability, availability, locatability, andmultimediality[J].International Journal of Communication, 2015 (9).

STEINBOCK D.The Nokia revolution: the story of an extraordinary company that transformed an industry[M].New York: AMACOM, 2001.

STRATE L.Understanding MEA, the official newsletter of the media ecology association[J].In Medias Res1, 1999, 1 (1).

VAN DIJCK J, POELL T, DE WAAL M.The platform society: public values in a connective world[M].New York: Oxford University Press, 2018.

WASHBOURNE L.A survey of P2P Network security[J].arXiv, 2015 (4).

YOUNG W R.Advanced mobile phone service: introduction, background, and objectives[J].Bell System Technical Journal, 1979, 58 (1).

后　记

　　编写本书的想法由来已久，当始于在南京大学新闻传播学院执教新闻史之初。漫漫岁月里，我先后讲授过数门与媒介史相关的课程："外国新闻史""电子媒介发展史""媒介发展史""媒介通论"，以及研究生课程"媒介史研究专题"。虽然我也同时教授新闻传播学的其他课程，但似乎从未偏离媒介史这个领域。

　　依然记得早年作为"青椒"刚执教时与陈力丹老师的书信来往，陈老师得知我将要教授"外国新闻史"，多次指点我如何讲授这门课，还特意把他写的《新闻史教学大纲》寄给我。前段时间整理书籍，翻到这本大纲和陈老师的来信，百感交集。时光如白驹过隙，转眼20年过去了，但前辈对后学无私的帮助和提携仍令我记忆犹新。

　　2014年，胡翼青兄策划出版一批丛书，曾把《媒介发展史》列为其中一本，让我承担该书的编写任务。无奈因种种原因错过良机，是为憾也。

　　2021年秋，我遇到了这批优秀而勤奋的年轻人。在我们的研究生课堂上，大家脑力激荡、热烈讨论和表达观点，探讨关于媒介变迁与技术发展对人、社会和文化的冲击和影响，每一次新旧媒介的交锋所带给人类社会的冲击和改变，媒介演化背后呈现的人类社交本能，以及推动媒介演化的社会因素和深层逻辑，等等。时常感受到他们扑面而来的青春的活力、活跃的思维和具有创新性的想法，师生之间常沉浸于其中而忘了下课时间。冥冥之中，感觉是时候了，是把想法和思考诉诸笔端，形成《媒介史》一书的时候了。

　　书稿撰写以及不断修改花了一年多的时间，这一年多在新冠疫情的反反复复中度过。这期间我与本书编委会成员：曹玥、陈丽敏、陈逸飞、姜新雅、李秀梅子、卢洋、卢悦、张馨月，在线上和线下开过许多次会，做过无数次讨论。书稿汇集过来，在2022—2023年冬季最寒冷的日子，在不幸感染了新冠病毒的高热病痛及康复中，我断断续续完成了本书的改稿、统稿和修改完善工作。这是疫情三年以来最难忘的一段经历。

　　本书由我构思设计了本书的整体框架结构，撰写了序、绪论、后记，并进行了全书的修改、统稿。参与撰写的还包括南京大学的部分研究生，他们分别承担了以下章节的撰写。第一章：曹玥；第二章：陈逸飞、王霁；第三、四章：陈逸飞、华婕；第五章：李秀梅子、姜红莉、赵婷婷、张一可；第六章：姜新雅、郭雅祺、黄怡、杨

后　记

君涵；第七章：卢洋、张欣叶、徐丽娟、夏婉青；第八章：张馨月、张瑜晨、全超琪、郭小菲；第九章：陈丽敏、卢悦、吕缇萦、谢雨欣。因受字数限制，本书将大量内容做成了知识卡片，以二维码形式提供拓展阅读。感谢各位同学为本书付出的辛苦劳动，感谢编委会成员们在整个成稿过程中做出的努力。感谢卢悦对全书参考文献的格式进行了统合和校订。也感谢我的研究生陈小乔、刘芝伶进行了部分文献资料收集工作。

感谢南京大学新闻传播学院的支持。

感念所有帮助过我的师长和朋友，恕不一一写下你们的名字。

感谢中国传媒大学出版社李水仙主任提供的专业指导。

感谢我的家人，谢谢你们的体谅、包容和关爱。特别感谢远在芝加哥大学读大一的儿子，得知我生病极为担心和牵挂，每天两次视频来关心我、安慰我，陪我熬过病中最艰难的一段时间。

世界是年轻人的，愿儿子和我所有的学生们以梦为马，不负韶华；前路浩荡，未来可期！

王蕾

2023 年 1 月 28 日

图书在版编目（CIP）数据

媒介史 / 王蕾主编 . -- 北京：中国传媒大学出版社，2024.5
ISBN 978-7-5657-3633-9

Ⅰ.①媒… Ⅱ.①王… Ⅲ.①传播媒介—新闻事业史—世界 Ⅳ.① G219.1

中国国家版本馆 CIP 数据核字 (2024) 第 056345 号

媒介史
MEIJIE SHI

主　　编	王　蕾
策划编辑	李水仙
责任编辑	李水仙　蒋　倩　姜颖昳
特约编辑	李明远
封面设计	卡古鸟设计
责任印制	李志鹏

出版发行	中国传媒大学出版社		
社　　址	北京市朝阳区定福庄东街 1 号	邮　　编	100024
电　　话	86-10-65450528　65450532	传　　真	65779405
网　　址	http://cucp.cuc.edu.cn		
经　　销	全国新华书店		
印　　刷	艺堂印刷（天津）有限公司		
开　　本	787mm × 1092 mm　1/16		
印　　张	18.75		
字　　数	410 千字		
版　　次	2024 年 5 月第 1 版		
印　　次	2024 年 5 月第 1 次印刷		
书　　号	ISBN 978-7-5657-3633-9/G · 3633	定　价	69.00 元

本社法律顾问：北京嘉润律师事务所　郭建平